B2B eCommerce

Gerrit Heinemann

B2B eCommerce

Grundlagen, Geschäftsmodelle und Best Practices im Business-to-Business Online-Handel

Springer Gabler

Gerrit Heinemann
Hochschule Niederrhein, eWeb Research
Center, Mönchengladbach
Nordrhein-Westfalen, Deutschland

ISBN 978-3-658-27366-8 ISBN 978-3-658-27367-5 (eBook)
https://doi.org/10.1007/978-3-658-27367-5

Die Deutsche Nationalbibliothek verzeichnet diese Publikation in der Deutschen Nationalbibliografie; detaillierte bibliografische Daten sind im Internet über http://dnb.d-nb.de abrufbar.

Springer Gabler

Lektorat: Barbara Roscher

Springer Gabler ist ein Imprint der eingetragenen Gesellschaft Springer Fachmedien Wiesbaden GmbH und ist ein Teil von Springer Nature.
Die Anschrift der Gesellschaft ist: Abraham-Lincoln-Str. 46, 65189 Wiesbaden, Germany

Vorwort

Während sich digitalisierte Transaktionen seit den Neunzigern bei Herstellern und Großhändlern in Form von elektronischem Datenaustausch, automatischer Bestellung und eProcurement etabliert haben, betreibt nur eine kleine Minderheit der deutschen Hersteller echten eCommerce. Erst wenige B2B-Anbieter stellen für ihre gewerblichen Kunden Online-Shops zur Verfügung, obwohl diese nachweisbar die Transaktionskosten in der Abwicklung der Bestellungen reduzieren und zugleich die Kundenbindung erhöhen können. Ausnahmslos sagen Verbände und Experten deswegen auch ein signifikantes Online-Wachstum im B2B-Segment voraus.

Auffallend ist jedoch, dass dabei häufig nicht differenziert wird, weder nach Wertschöpfungsstufen noch nach Verwendungen und Bedarfen. Während zweifelsohne für fertige Produkte – sowohl für Industriegüter als auch für Konsumgüter – der die Kataloge ersetzende Verkauf über Online-Shops naheliegt, bleibt die Vorteilhaftigkeit für Projekt- und Anlagengeschäfte, Zuliefergeschäfte sowie Systemgeschäfte weitgehend ungeklärt. Nicht ohne Grund ist der europäische B2B Online-Markt bisher noch stark fragmentiert und besteht weitestgehend aus Nischenanbietern sowie Adresslisten und Branchenverzeichnissen. Dominante Marktführer – vor allem mit einem Ökosystem wie bei Amazon – fehlen noch immer.

Daher ist es wenig überraschend, dass gerade erfahrene B2C-Spieler wie Amazon jetzt auch in den B2B Online-Markt einsteigen. Neben Amazon sind bereits andere Akteure wie etwa der globale Marktplatz Alibaba.com, eBay Supply, Mercateo, WerLiefertWas und EuroPages aktiv. Dies könnte sich vor allem auch wegen einer „Konsumerisation im B2B-Geschäft" zu einer enormen Bedrohung für den deutschen Großhandel entwickeln: Dieselben B2B-Kunden, die heute bei Amazon Supply einkaufen, sind zugleich auch B2C-Kunden bei Jeff Bezos und erwarten deswegen den gleichen Service, also „B2Me". B2C-Anbieter können hier ihre Erfahrungen sowie ihre Bekanntheit ausspielen und mit Hilfe von Services wie Lieferantenkrediten ihre B2C- zu treuen B2B-Kunden machen. Deswegen ist es nicht verwunderlich, dass im B2B-Bereich zunehmend ähnliche Prinzipien der Kundenansprache zum Einsatz kommen wie in der B2C-Kommunikation. Zunehmend betreiben viele Konsumgüteranbieter neben einem B2C- auch einen B2B-Shop. Dabei entsteht eine neuartige Kombination aus

„Consumerated B2B und Disintermediated B2C“, also eine Art Hybrid-Vertrieb der Markenartikler. Der passende Begriff dafür heißt „B2B2C“ und wird in der E-Commerce-Szene bereits angewendet.

Folgende Faktoren dürften das B2B Online-Wachstum in den nächsten Jahren befeuern: Erstens investieren derzeit vor allem die Großkonzerne, größeren Mittelständler und „Hidden Champions“ in Digital- und Vernetzungsprojekte, was zu einem höheren Vernetzungsgrad der Unternehmen untereinander führen wird. Die wachsenden Investitionen in digitale Geschäftsprozesse bewirken zweitens eine umfangreichere digitale Kommunikation nach innen und außen, was ebenfalls den Vernetzungsgrad befeuert. Immer mehr Unternehmen verkaufen drittens auf Marktplätzen und lernen damit den Online-Verkauf in erster Instanz kennen. Der Einstieg in digitale Geschäftsmodelle sorgt viertens für einen höheren Digitalanteil an der Wertschöpfung. Und fünftens besteht ein großer Nachholbedarf im Mittelstand, der zunehmend erkannt wird.

Mönchengladbach, Deutschland Gerrit Heinemann

Inhaltsverzeichnis

Über den Autor

Prof. Dr. Gerrit Heinemann leitet das eWeb Research Center der Hochschule Niederrhein in Mönchengladbach, wo er seit 2005 BWL, Managementlehre und Handel lehrt. Außerdem ist er Gastprofessor am Management Centrum Innsbruck und an der Leipzig School of Media.

Vor seiner wissenschaftlichen Laufbahn war er rund 20 Jahre lang in verantwortlichen Positionen im Handel tätig, u. a. als Zentralbereichsleiter Marketing der Douglas Holding AG, als Zentralgeschäftsführer der Drospa Holding und als Leiter des „Competence Center Handel und Konsumgüter" bei Droege & Comp. Heute bekleidet er verschiedene Aufsichtsratsfunktionen in eCommerce- bzw. Handelsunternehmen und begleitet Start-ups im Advisory Board.

Prof. Heinemann ist Autor von über 250 Fachbeiträgen und 21 Fachbüchern zu den Themen Digitalisierung, E-Commerce, Online- und Multi-Channel-Handel. Sein Buch „Der neue Online-Handel" ist auch in englischer sowie chinesischer Version erschienen und kommt Anfang 2020 in elfter Auflage heraus.

Abkürzungsverzeichnis

3D	dreidimensional
3G	dritte Generation
4G	vierte Generation
5G	fünfte Generation
AGB	Allgemeine Geschäftsbedingungen
API	Application Programming Interface
App	Applikation
B2B	Business-to-Business
B2B2C	Consumerated B2B und Disintermediated B2C
B2C	Business-to-Consumer
bevh	Bundesverband des Deutschen E-Commerce- und Versandhandels e. V.
BITKOM	Bundesverband Informationswirtschaft Telekommunikation Neue Medien
BMWi	Bundesministerium für Wirtschaft und Energie
BP	Business Process
C2C	Consumer-to-Consumer
CAGR	Cumulated Average Growth Rate
CD	Computer Disc
CEO	Chief Executive Officer
CMS	Content Management System
CNC	Cost per New Customer
CPO	Cost per Order
CPQ	Configure Price Quote
CRM	Customer Relationship Management
CSV	Comma Separated Values
D2C	Direct-to-Consumer
DSGVO	Datenschutz-Grundverordnugn
DSL	Digital Subscriber Line
e	Electronic
EAI	Enterprise Application Integration
EBIT	Earnings before Tax and Interests

EBITDA	Earnings before Taxes, Interests, Depreciation and Amortisation
EC	Electronic Cash
ECC	eCommerce-Center
ECR	Efficient Consumer Response
EDI	Electronic Data Interchange
EDIFACT	Electronic Data Interchange for Administration, Commerce and Transport
EDV	Elektronische Datenverarbeitung
ERP	Enterprise Resource Planning
EU	Europäische Union
FAQ	Frequently Asked Questions
FMCG	Fast-moving Consumer Goods
FTE	Full Time Equivalent
GAFA	Google, Amazon, Facebook, Apple
GPS	Global Positioning System
GU	Generalunternehmer
HDE	Hauptverband des Deutschen Einzelhandels
HTML	Hypertext Markup Language
http	Hyper Text Transfer Protocol
IaaS	Infrastructure as a Service
IfH	Institut für Handelsforschung
Inc	Incorporation
IP	Internet Protocol
IT	Informationstechnologie
JIT	Just in Time
KIT	Kommunikations- und Informationstechnologie
LBS	Location-based Services
LTE	Long Term Evolution
M	Mobile
MAM	Media Asset Management
MB	Megabyte
MIT	Mittelstands- und Wirtschaftsvereinigung der CDU/CSU
MRO	Maintainance, Repair and Operations
MST	Marktplatz-Schnittstellen-Tool
NDA	Non-Disclosure Agreement
NOS	Never Out of Stock
ODM	Original Design Manufacturer
OECD	Organisation for Economic Co-operation and Development
OEM	Original Equipment Manufacturer
OMS	Order Management System
OSB	OEM for System Builder
PaaS	Platform as a Service
PIM	Product Information Management

PIMS	Product Information Management System
PLM	Private Label Manufacturing
PoS	Point of Sale
PVH	Produktionsverbindungshandel
RFID	Radio Frequency Identification
ROI	Return on Investment
ROMPO	Research Online Mobile – Purchase Offline
ROPO	Research Online – Purchase Offline
SaaS	Software as a Service
SB	System Builder
SDD	Same Day Delivery
SEA	Search Engine Advertising
SEM	Search Engine Marketing
SEO	Search Engine Optimization
SoLoMo	Sozialisierung – Lokalisierung – Mobilisierung
TAB	Tencent, Alibaba, Baidu
TCO	Total Cost of Ownership
TCP	Transmission Transport Protocol
UDP	User Datagram Protocol
URL	Uniform Resource Locator
USP	Unique Selling Proposition
VAR	Value-added Reseller
VK	Verkaufspreis
W3C	World Wide Web Consortium
WAT	Web Analytics Tool
WLAN	Wireless Local Area Network
WWS	Warenwirtschaftssystem
WWW	World Wide Web
XML	Extensible Markup Language

Spezifikation des B2B eCommerce 1

Zusammenfassung

Experten sagen durchweg ein signifikantes Online-Wachstum im B2B-Segment voraus, obwohl elektronische Transaktionen zwischen Unternehmen nicht neu sind. Bereits vor der Erfindung des eCommerce vernetzten Hersteller und Großhändler ihre EDV-Systeme, um per Electronic Data Interchange (EDI) eine automatische Bestellung zu ermöglichen. Dies bezieht sich jedoch vornehmlich auf Wiederholungskäufe bzw. Dispositionen und ist mit einem relativ hohen Ressourcen- und Systemaufwand verbunden. Gleiches gilt für die vergleichsweise aufwendigen EDI-Schnittstellen. Deswegen lohnt sich ein derartiges eProcurement in der Regel nur bei größeren Unternehmen, während die deutsche Wirtschaft zu 99 % aus kleinen und mittelständischen Betrieben besteht. Diese sind oft „zu klein" für derartige EDI-Lösungen oder bringen die systemtechnischen Basisvoraussetzungen wie u. a. performante ERP-Systeme nicht mit. Insofern könnten Online-Shops und web-basierte Bestellplattformen für Geschäftskunden einfachere sowie attraktivere Lösungen darstellen. Die Formen des B2B eCommerce unterscheiden sich dabei signifikant, je nachdem, um welche Kunden- und Anbieterarten sowie Verwender- und Einkaufsarten es sich handelt.

1.1 B2B versus B2C eCommerce

B2B eCommerce bezeichnet den Online-Handel mit Unternehmen bzw. Organisationen als Kunden, während im B2C eCommerce immer der Konsument der Adressat und der Verkäufer in der Regel der Einzelhandel ist (Heinemann 2018a, 2019a). Dagegen sind B2B-Betreiber in der Regel sowohl Hersteller bzw. Produzenten als auch Großhändler bzw. Produktionsverbindungshändler (PVH). Letztere stellen eine besondere Form des Großhandels dar, über den Industriegüter vertrieben werden. Demgegenüber kennzeichnet

G. Heinemann, *B2B eCommerce*, https://doi.org/10.1007/978-3-658-27367-5_1

der direkte Verkauf von Herstellern an Hersteller das Zuliefergeschäft. Diese Unterscheidung ist in Abb. 1.1 dargestellt.

B2B und B2C eCommerce (nachfolgend teilweise mit B2B und B2C abgekürzt) unterliegen ohne Zweifel – und das insbesondere im Backend – jeweils anderen Ausgangssituationen, denen Rechnung getragen werden muss. Das Frontend und die Usability sind dagegen bei B2C und B2B durchaus vergleichbar. Während sich der B2C eCommere vorrangig darauf fokussiert, Umsätze zu maximieren, steht im B2B eCommerce bisher in erster Linie die Prozesseffizienz im Vordergrund. Dabei spielen zum Beispiel Produktdaten eine wichtige Rolle. Diesbezüglich geht es vor allem darum, Geschäftsprozesse und Daten zwischen Unternehmen zu vernetzen. Die Systeme sollten dabei die komplexen Austauschprozesse unterstützen und deswegen möglichst benutzerfreundlich sein. Auch müssen die Abläufe so einfach und so schnell wie möglich von den Mitarbeitern bedienbar sein. Hier handelt es sich in den Unternehmen zwar um professionelle Einkäufer, allerdings sind die meisten gewerblichen Einkaufsentscheidungen standardisiert. Zusätzlich sollten die Systeme auch die Neukundenakquisition sowie die Initiierung neuer Geschäfte unterstützen (Haller 2018a, b).

Wesentliche Unterschiede zwischen dem B2B und B2C eCommerce sind die Motivation der Kunden und deren Kaufverhalten, was zwangsläufig unterschiedliche Funktionalitäten der Software sowie deren Architektur und der dahinter liegenden Prozesse zur Folge

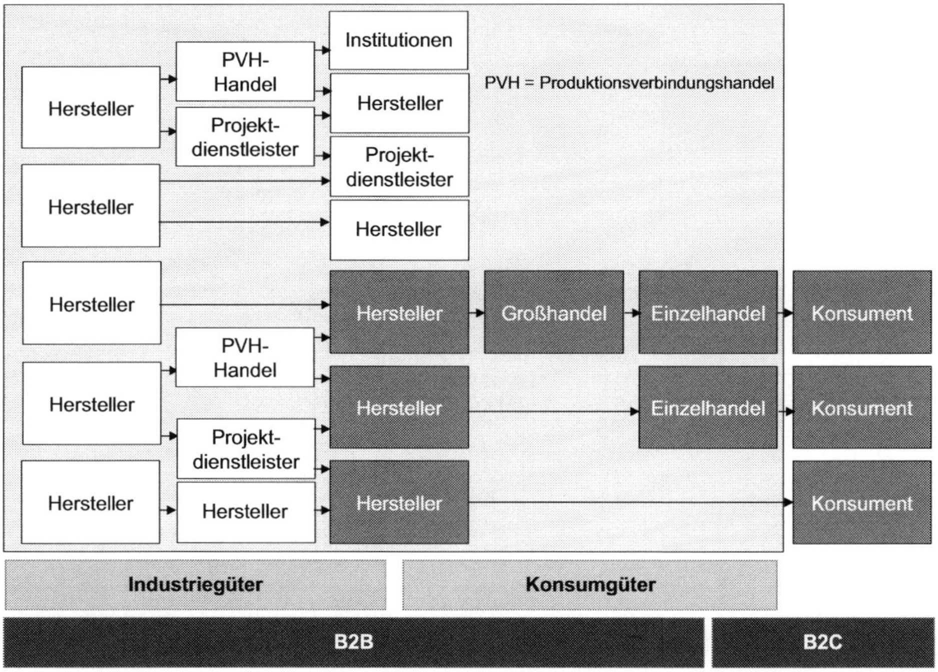

Abb. 1.1 B2B versus B2C. (In Anlehnung an Backhaus und Voeth 2014)

hat. So liegt der durchschnittliche Einkaufsbetrag im B2B bei knapp 500 US$, während der Warenkorbwert im B2C bei gerade einmal gut 80 US$ liegt (Haller 2018a). Rund 74 % der B2B-Einkäufer verbringen mehr als 4 Stunden pro Tag mit der Produktsuche, wobei 57 % des Einkaufsprozesses bereits abgeschlossen werden, ohne dass eine aktive Kommunikation zugrunde liegt. In 30 % der Fälle sind dabei fünf Menschen am B2B-Einkaufsprozess beteiligt, ansonsten mindestens zwei. Insofern geht es nicht darum, nur eine Person – zum Beispiel den zuständigen Einkäufer – zu überzeugen, sondern Konsensentscheidungen zwischen verschiedenen Interessenlagern und Fachbereichen herzustellen. So zeigen Studien eine abnehmende Wahrscheinlichkeit des Kaufs bei steigender Teamgröße. Deswegen müssen sich B2B-Händler intensiv mit ihren Kunden auseinandersetzen, um die Komplexität ihrer Einkaufsentscheidungen zu verstehen.

Aber nicht alles im B2B-ist anders als im B2C eCommerce. So erwarten Kunden im B2C und B2B die gleiche Customer Experience. Schließlich kaufen gewerbliche Einkäufer im privaten Umfeld auch bei Amazon & Co. ein. Diese Erfahrung prägt die Erwartung in Hinblick auf Navigation, Menüstruktur, Labeling sowie Icons etc. und erfordert auch im B2B eine hohe Convenience-Orientierung seitens des Betreibers. Dementsprechend stellt die „Konsumerisation des B2B“ einen Schlüsseltrend im eCommerce dar (Heinemann 2019a). Schließlich deckt sich die Digital-Sozialisierung von „privaten“ und „gewerblichen“ Einkäufern, die im Zweifel ein und dieselbe Person sind. Daraus allerdings abzuleiten, dass B2C- und B2B-Prozesse mehr oder weniger identisch seien und jedes B2C-Retail-Shopsystem mit ein paar wenigen Handgriffen zugleich auch zu einer B2B eCommerce-Plattform umgebaut werden kann, könnte fatale Folgen haben (Haller 2018a, b). Denn B2B eCommerce ist nicht ganz so einfach, wie es oft dargestellt wird. Zwar sind die Anforderungen an Convenience und die Erwartungen bezüglich Customer Experience im B2B und B2C durchaus ähnlich. Die zugrunde liegenden Ziele und Einkaufsprozesse sind jedoch unterschiedlich (vgl. Abb. 1.2).

Unterschiede zwischen B2B und B2C Commerce führen zu anderen Prozessanforderungen

Eigenschaft	B2B	B2C
Kaufverhalten	Höhere Kauffrequenz je Kunde	Höhere Kundenfluktuation/Churn Rate
Kundengewinnung	Kundenstamm, wenig Neukunden	Kundengewinnung hat oberste Priorität
Pricing	Nettopreise/Konditionenvielfalt	Einheitliche Bruttopreise
Warenkörbe	Wenige große Orders, viele Artikel	Viele Orders u. Warenkörbe, wenig Artikel
Freigabe/Budgets	Umfassende Regelungen	Allenfalls Altersbeschränkung
Gängige Zahlarten	Rechnung/Vorkasse	Paypal, Kreditkarte, Factoring etc.
Retouren/Widerruf	Verbraucherschutz nicht erforderlich	Umfassende Verbraucherschutzrechte
Datenschutz	Wichtig, aber lockere Regelungen	Wichtig mit strengen Regelungen

Abb. 1.2 Unterschiede zwischen B2B und B2C. (Quelle: Himmel 2018)

Dies soll an sieben Aspekten verdeutlicht werden, nämlich Kaufverhalten, Kundenakquise, Zahlarten, Warenkörbe, Freigabe/Budgets, Retouren/Widerruf sowie Datenschutz.

- Das Kaufverhalten im B2B wird durch vergleichsweise wenige Kunden bestimmt, die jeweils relativ häufig einkaufen, während dies im B2C genau umgekehrt ist und dazu noch eine hohe Kundenfluktuation vorliegt.
- B2B arbeitet in der Regel mit stabilen Kundenstämmen ohne große Abschmelzung. Im B2C muss dagegen ein großer Teil des Marketing-Budgets in die Kundenbindung sowie in Loyalitätsprogramme investiert werden.
- Im B2B wird in der Regel auf Rechnung oder mit Vorkasse gekauft, während im B2C neben dem Rechnungskauf vor allem PayPal und Kreditkarte die gängigen Zahlarten sind.
- Die Warenkörbe im B2B sind deutlich größer und setzen sich aus einer Vielzahl an Positionen mit meist geringer Orderzahl zusammen. Im B2C ist die Anzahl der Warenkörbe viel höher, allerdings mit geringer Positionszahl sowie relativ niedrigen VK-Werten.
- Im B2C erfolgen im Gegensatz zum B2B keine Budgetfreigaben.

Erwartungen an B2B-Online-Shops werden entweder nicht oder über-erfüllt

Vergleich zwischen den erwarteten und angebotenen Informationen in B2B Commerce			
Informationen	**Erwartung B2B**	**Angebot B2B**	**Abweichung**
Verfügbarkeit	92%	90%	-3%
Preisübersicht	91%	100%	9%
Technische Spezifikation	91%	92%	1%
Erwartete Lieferzeit	89%	67%	-22%
Lieferkosten	73%	74%	1%
Staffelpreise	72%	49%	-24%
Rechnungshistorie	64%	46%	-18%
Gesamte Bestellhistorie	60%	62%	2%
Kundenbewertungen/-meinungen	59%	28%	-31%
Sonderangebote/Rabatte	57%	62%	5%
Downloads (u.a. Anleitungen)	54%	69%	15%
Informationsgraphiken	43%	36%	-7%
Produkt-/Anleitungsvideos	42%	54%	12%

Abb. 1.3 Erwartungen an B2B Online-Shops. (Quelle: Haller 2018 a, b; ibi Research 2018)

- Während Retouren im B2C ein großes Thema sind, spielen diese bei gewerblichen Käufern eher eine untergeordnete Rolle.
- Schließlich gibt es auch beim Datenschutz große Unterschiede, da dieser im B2B eher entspannter als im B2C gesehen wird.

Zusammenfassend sollten B2B-Shopbetreiber auf konkrete Maßnahmenempfehlungen achten, wie sie z. B. eine Untersuchung von ibi Research über das Online-Einkaufsverhalten im B2B eCommerce darstellt (Haller 2018a, b; ibi Research 2018) (vgl. Abb. 1.3).

Unabhängig von den Erwartungen an B2B Online-Shops ist das bestehende B2B-Universum schon heute gewaltig und dürfte im Hinblick auf die erzielten Online-Umsätze schon jetzt den B2C eCommerce überholt haben.

1.2 Digitales B2B-Universum

Wesentliche Unterscheidungsmerkmale zwischen B2B und B2C sind zunächst die Anzahl der Kunden sowie deren Differenziertheit. Während in Deutschland mittlerweile 63 Mio. der rund 70 Mio. Erwachsenen über 14 Jahren das Internet nutzen und 50 Mio. von ihnen regelmäßig online shoppen, gibt es in Deutschland maximal 0,41 Mio. B2B-Kunden. Diese beziehen sich auf das verarbeitende Gewerbe sowie den Großhandel mit zusammen rund 3500 Mrd EUR Nettoumsatz, davon gut 1162 Mrd. EUR im Großhandel (Statista 2018; Destatis 2019a). Dabei betreiben von den rund 245.000 produzierenden Betrieben und ungefähr 155.000 Großhändlern nur rund 5500 Unternehmen einen B2B Online-Shop (Zimmermann 2017). Dies entspricht einer Online-Penetration von gerade einmal 1,3 %. Wie eine Studie von ibi research ermittelt hat, gibt es konkrete Gründe für die geringe Anzahl an B2B Online-Shops hierzulande (Zimmermann 2017; ibi research 2018; Heinemann 2019a):

- Die Wirtschaft ist überwiegend mittelständisch geprägt und lebt vom mehrstufigen Vertrieb. Dabei ist jede Handelsstufe spezialisiert und liefert Wertschöpfungsbeiträge im Hinblick auf Informationen, Sortiment und Preis. Deswegen war eine hohe IT-Kompetenz für die Unternehmen bisher nicht erforderlich.
- Aufgrund der bisher intensiven Bearbeitung der Kunden schließt ein Online-Kanal keine Versorgungslücken, sondern muss über echte Mehrwerte aufgebaut werden und sich einen Markt bereiten.
- Im gewerblichen Bereich ist die Zahl der Produktvarianten um ein Vielfaches größer als im Endkundengeschäft. Darüber hinaus hat jedes Produkt einen kundenindividuellen Preis, weswegen die Komplexität eines B2B Online-Shops schlicht und ergreifend höher ist.

Deswegen darf nicht verwundern, dass bisher nur ein geringer Teil der deutschen Unternehmen seine Waren und Dienstleistungen über digitale Kanäle verkauft, sei es über einen Webshop oder eine mobile App, obwohl immerhin jeder vierte Betrieb elektronischen Datenaustausch (EDI) nutzt. Gerade im B2B-Mittelstand gibt es noch viele weiße Flecken auf der digitalen Landkarte (Graf 2017). Vielfach sind Stammdaten noch nicht digitalisiert, und selbst Kundendatenbanken sind Mangelware. Zwar haben 45 % aller deutschen Unternehmen eine CRM-Software implementiert. Aber nur gut die Hälfte der CRM-Willigen, nämlich 24 %, nutzen ihr CRM und die Kundendaten über das Erfassen der Daten hinaus – zum Beispiel für Marketingzwecke. Deswegen darf nicht verwundern, dass kleine und mittlere Unternehmen über digitale Kanäle jährlich zwar 153 Mrd. EUR transferieren, wovon aber mit 144 Mrd. EUR der überwiegende Teil über digitale Transaktionen wie zum Beispiel EDI und nicht über Online-Verkäufe generiert wird. Nur ein kleiner Teil der Mittelständler, und zwar gerade einmal 16 %, nutzt überhaupt die Möglichkeit, seine Produkte oder Dienstleistungen online zu vermarkten, davon wiederum nicht einmal ein Zehntel über eigene Online-Shops. Insofern ist davon auszugehen, dass in den kommenden Jahren vor allem der Generationswechsel in den Führungsetagen zu einem überdurchschnittlichen Online-Wachstum führen wird, auch weil Konkurrenten und Kunden Digitalisierung anbieten beziehungsweise nachfragen werden (Graf 2017). Aktuelle Zahlen, wonach die Investitionen in den Ausbau von B2B-Shops deutlich steigen, untermauern diese Entwicklung. Waren 2016 noch rund sechs Prozent des B2B-Online-Umsatzes für Reinvestitionen vorgesehen, werden für 2017 bereits neun Prozent erwartet (Graf 2017). Ein Teil davon wird sicherlich für den Ausbau der Prozesse verwendet, die weit über Systemgrenzen hinweg implementiert werden müssen, und für eine stärkere Verzahnung von Offline- und Online-Prozessen sowie die Umsetzung einer Omnichannel-Strategie (Thürling 2015). In jedem Fall werden die Investitionen aber den B2B eCommerce in den nächsten Jahren befeuern. Lag im Jahr 2013 das Gesamtvolumen aller digitalbasierten Transaktionen inklusive EDI noch bei insgesamt 870 Mrd. EUR, so betrug dieses in 2018 schon rund 1300 Billion EUR. Die entsprechenden Zahlen des B2B eCommerce für Waren und Dienstleistungen sind in Abb. 1.4 dargestellt.

Seriöse Prognosen für digitalbasierte Transaktionen gehen in den nächsten Jahren von einem zehnmal höheren Wachstum im Vergleich zum jährlichen Wirtschaftswachstum aus (Graf 2017). Dies entspräche einem jährlichen Zuwachs (CAGR) von 15 %. Von den gesamten B2B eCommerce-Umsätzen in 2020 werden dabei rund ein Drittel und damit 362 Mrd. EUR wirklich webbasiert erfolgen. Dieser Wert dürfte per Ende 2017 bei rund 300 Mrd. EUR gelegen haben. Der Rest entfällt auf eProcurement und EDI-Transaktionen. Der reine eCommerce-Umsatz im B2B – also echter Online-Umsatz für Waren und Dienstleistungen – lag 2018 nach Berechnungen des ECC-Köln bei rund 180 Mrd. EUR (Hudetz 2018), was einem Wachstum von 21 % sowie einem Online-Anteil in diesem Segment von 5,1 % entspricht (IFH Köln 2019). Im MRO-Bereich lag der Online-Anteil für C-Teile schon bei 16 % (+11 %) und damit bei über 55 Mrd. EUR. Demzufolge liegt der Online-Anteil im B2B-Markt derzeit immer noch deutlich niedriger als im B2C-Handel (Non-Food) mit rund 20 % (bevh 2019). Immerhin arbeiten im B2B eCommerce bereits rund 100.000 Menschen, also rund ein Drittel der Beschäftigten der deutschen Internetwirtschaft (Graf 2017).

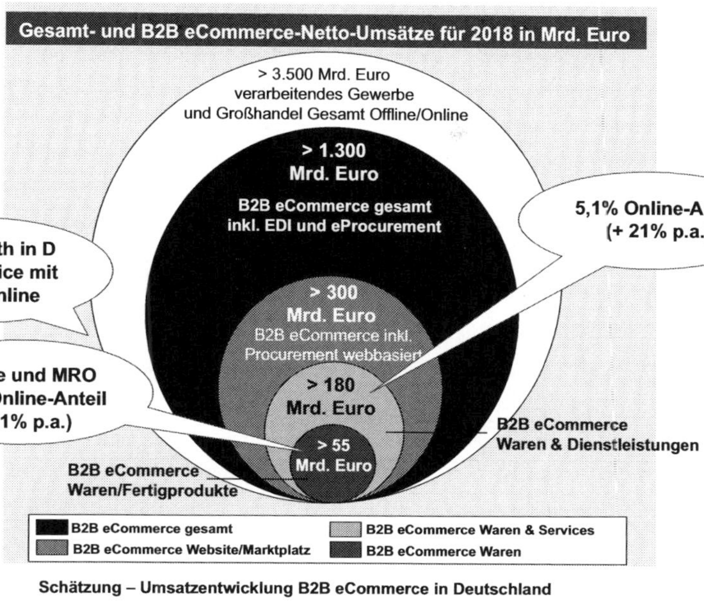

Abb. 1.4 Umsätze im B2B eCommerce in Deutschland. (In Anlehnung an Graf 2017; Hudetz 2018; IFH Köln 2019)

Im Gegensatz zum B2C-Online-Handel decken im B2B eCommerce vor allem deutsche Unternehmen die Nachfrage ab, deren Digitalisierungsstand sich jedoch je nach Branche stark unterscheidet. Mehr als ein Viertel der 5500 Unternehmen mit B2B Online-Shops erwartet zukünftig eine Zunahme der eCommerce-Umsätze. Dabei dürften folgende Faktoren das B2B-Wachstum befeuern (Graf 2017):

- **Höhere Vernetzungsgrade:** Vor allem Großkonzerne, größere Mittelständler und „Hidden Champions", die zusammen den größten Teil des deutschen Bruttoinlandprodukts erwirtschaften, investieren gegenwärtig in Digital- und Vernetzungsprojekte. Das sorgt für einen höheren Vernetzungsgrad der Unternehmen untereinander.
- **Ausbau digitaler Geschäftsprozesse:** Die wachsenden Investitionen in digitale Geschäftsprozesse bewirken eine höhere digitale Kommunikation nach innen und außen, was wiederum den Vernetzungsgrad befeuert.
- **Forcierung der Online-Verkäufe:** Immer mehr Unternehmen verkaufen auf B2B-Marktplätzen und launchen eigene Online-Shops bis hin zu eigenen B2B-Marktplätzen.
- **Multiplikation digitaler Geschäftsmodelle:** Der Einstieg in digitale Geschäftsmodelle sorgt mittelfristig für einen höheren Digitalanteil an der Wertschöpfung, die wiederum verstärkt digital abgebildet wird.
- **Nachholbedarf im eCommerce:** eCommerce spielt im deutschen Mittelstand bisher kaum eine Rolle. Insofern besteht ein großer Nachholbedarf.

Erfolgskritisch für alle Unternehmen ist die Verzahnung von Offline- und Online-Prozessen sowie die Umsetzung einer Omnichannel-Strategie. Werden die verschiedenen Kanäle nicht über Schnittstellen vernetzt, kann der Kunde nicht serviceorientiert auf allen Kanälen bedient werden. Vor allem Betriebe, die noch in Silos denken und damit Filiale versus Online oder Vertrieb versus Marketing abgrenzen, werden es schwer haben (Thürling 2015). Wichtigste Voraussetzung für eine erfolgreiche B2B-eCommerce-Strategie ist jedoch, die Differenziertheit in der Unternehmenslandschaft in Hinblick auf Anbieter- und Verkaufsarten sowie Kunden- und Verwenderarten zu verstehen.

1.3 Anbieter- und Verkaufsarten im B2B eCommerce

Das Ziel eines B2B Online-Shops sollte es sein, neben einer Umsatzsteigerung auf Anbieterseite zweifelsohne auch die Produktivität auf der Kundenseite zu erhöhen. Seine Funktionalität muss insofern die Arbeit der Einkäufer leichter, schneller, transparenter und kosteneffizienter machen. Wesentliche Voraussetzung für die Steigerung der Prozesseffizienz auf der Kundenseite ist die optimale Produktkonfiguration im B2B Online-Shop, da hier mehrere Produkte oft voneinander abhängen. Eine maßgeschneiderte Markise kann auf einem bestimmten Untergrund nur mit spezifischen Halterungen befestigt werden. Die dafür erforderlichen Halter können dabei ebenfalls nur mit kompatiblen Schrauben fixiert werden usw. Für die Auswahl der richtigen Produktkombinationen ist Know-how notwendig, das in eine Produktkonfiguration ausgelagert werden kann.

B2B-Kunden kaufen insofern anders ein. Dies soll anhand der folgenden Aspekte beleuchtet werden (Haller 2018b):

Komplexe und standardisierte Einkäufe
In der Regel haben B2B-Unternehmen Kunden, mit denen sie eine langfristige Beziehung aufbauen, was in der erforderlichen Qualitäts-, Mengen- und Lieferstabilität begründet liegt. Wenn ZF zum Beispiel keine Achsgetriebe in ausreichender Zahl und Qualität liefern kann, stehen als unmittelbare Folge bei BMW die Montagebänder still. Dadurch kommt es schnell zu enormen Ausfallkosten und mitunter Schadensersatzforderungen. Darüber hinaus ist das Zusammenspiel der unterschiedlichen Kanäle im B2B sehr komplex, da neben dem Online-Shop noch Außendienst, Service, Callcenter und höchstwahrscheinlich Printkataloge vorliegen (Haller 2018b). Eine Untersuchung von IbI Research zum Thema „Online-Kaufverhalten im B2B eCommerce" (ibi research 2018) zeigt die Vielfalt der B2B-Kanäle auf (vgl. Abb. 1.5).

Die Kanäle ergänzen sich untereinander, und insbesondere der Online-Shop hat zunehmend Support-Funktion für die Offline-Kanäle, da auch im B2B-Bereich mehrheitlich ROPO betrieben wird (Hudetz 2018). Funktionalitäten, die wiederkehrende standardisierte Einkaufsprozesse unterstützen können, sind bspw. vorgefertigte Suchresultate anhand bereits zuvor gekaufter Produkte, Merklisten oder artikelnummernbasierte

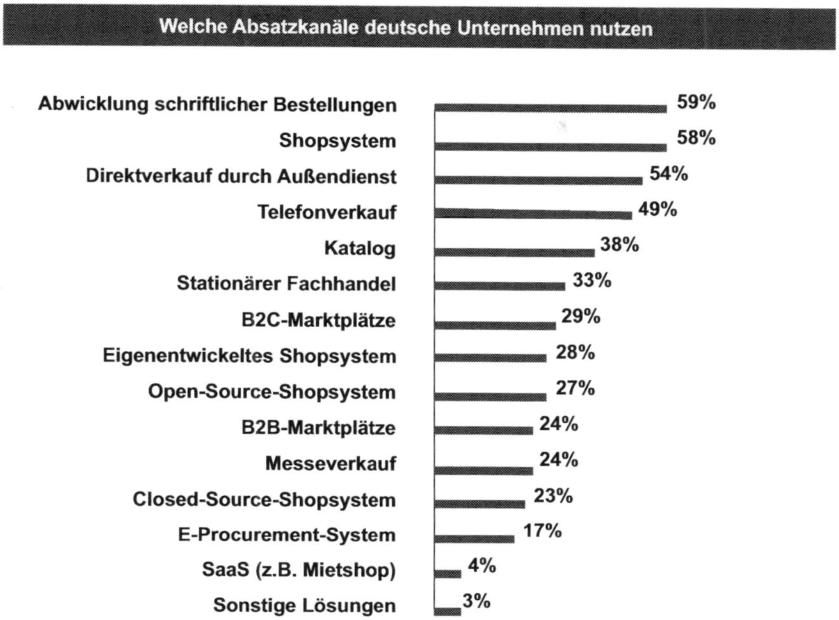

Abb. 1.5 Genutzte B2B-Kanäle deutscher Unternehmen. (Quelle: ibi research 2018)

Formulare für Schnellbestellungen, Punch-out-Verfahren oder Upload von XML-/CSV-Dateien. Ohne Zweifel nehmen aktuell die Umsätze über Online-Shops zu, doch machen standardisierte Austauschprozesse dabei noch einen hohen Anteil des gesamten Umsatzes aus (Haller 2018b).

Große Bestellmengen

Verglichen mit B2C sind im B2B die Bestellmengen wesentlich größer. Dabei liegen in der Regel erheblich mehr Produkte im Warenkorb, die wiederum mit unterschiedlichsten Preisregeln versehen sind. Deswegen wird eine leistungsstarke Pricing Engine benötigt, da sonst der Browser zu lange für die Berechnung benötigt. Problematisch wird es, wenn die Preise direkt aus dem ERP-System generiert und nicht entsprechend aufbereitet werden. Dadurch kann die Performance im Check-out leiden, da das ERP in der Regel nicht auf Performance ausgelegt ist (Haller 2018b).

Spezifische Produktkataloge

Unternehmen arbeiten häufig mit speziell zugeschnittenen Katalogen für unterschiedliche Kundengruppen, die nicht selten auch noch kundenspezifisch ausgerichtet sind. B2B-eCommerce-Systeme benötigten deswegen leistungsfähige Produktkatalogfunktionalitäten, die zum Beispiel das Bulk Editing unterstützen (Haller 2018b).

Langlebige Kundenbeziehungen
Im gewerblichen B2B-Vertrieb wird Wert auf den Aufbau und das Management langfristiger Kundenbeziehungen gelegt, die auf Gegenseitigkeit beruhen. Sowohl die Kunden-Akquisition als auch die Evaluation von Lieferanten sind im B2B kostenintensive Prozesse. Das erhöht den Wert der Kundenbeziehung, zumal im B2B die Conversion Rate bei rund 10 % und damit enorm hoch liegt. Deswegen werden viele Servicefunktionalitäten benötigt, mit denen der Einkäufer auch zurechtkommen muss. Dies betrifft u. a. das Vertragsmanagement sowie die Rollen-, Budget- und Rechteverwaltung für Buying Centers. Deswegen kommen auf der Verkäuferseite häufig CRM-Lösungen zum Einsatz, die nahtlos mit der eCommerce-Software kommunizieren können, um bspw. Verkaufszyklen effektiv abbilden zu können (Haller 2018b).

Komplexe Logistik
Im B2B sind in der Regel die Liefer- und Rechnungsanschrift unterschiedlich. Bereits während des Einkaufsprozesses müssen verschiedene Lieferanschriften eingebucht werden. Ebenso sind die Logistikprozesse komplexer und umfassen bspw. Lieferrampen, Liefertore, Kühlketten, Gefahrgüter oder mehrere Lagerorte (Order Splitting). Basierend auf verschiedenen Konditionen müssen möglicherweise immer ganz unterschiedliche Waren geliefert werden. Deswegen kann es schnell zu unübersichtlich werden, wenn mehrere Händler in das B2B-Portal eines Unternehmens integriert werden, sodass dann eigene Order-Management-Systeme benötigt werden. Darüber hinaus sind auf Verkaufs- sowie auf Einkaufsseite zahlreiche Backend-Schnittstellen notwendig. So müssen CRM, ERP und Callcenter verbunden werden, damit jede Person alle notwendigen Informationen jederzeit zur Verfügung hat. Deswegen weist B2B höhere Integrationsanforderungen auf als B2C (Haller 2018b).

Genaue Bestandsübersicht und Lieferverfolgung
Im gewerblichen Bereich ordern Einkäufer gewöhnlich große Mengen. Dafür benötigen sie detaillierte Informationen über die verfügbaren Stückzahlen. Genauso wichtig sind auch verlässliche Angaben zum Lieferdatum sowie die Möglichkeit, Lieferungen nachzuverfolgen. Dabei handelt es sich oft um Zwischenprodukte oder Rohstoffe, die in den Produktionsprozess einfließen müssen. Auch für diese wird nicht selten eine ausführliche Beratung durch geschultes Personal benötigt. Nicht selten liegen dabei komplexe Szenarien vor, bei denen Einkäufer ebenso wie Verkäufer verschiedene Personen mit unterschiedlichen Bedürfnissen und divergierenden Interessen bedienen müssen. Dabei benötigen alle involvierten Parteien einen einheitlichen Wissensstand über ein Produkt und die zugehörigen Informationen im Verkaufs- und Lieferprozess. Das erfordert Tools, die weit über die üblichen Self-Service-Portale vom Typ „Mein Konto" eines B2C-eCommerce-Systems hinausgehen (Haller 2018b).

Komplexe Produkte und Solution Selling

B2B-Produkte können – falls es sich nicht um C-Teile handelt – mitunter stark erklärungsbedürftig sowie sehr variantenreich sein. Daraus folgen dann höhere und komplexere Produktattribute, wobei die Einkäufer nicht selten interne Vorgaben befolgen müssen, die sich in den Produktinformationen widerspiegeln sollten. Beispiele dafür sind Explosionsgrafiken für Ersatz- und Verschleißteile sowie Lagerungshinweise. Zusätzlich lassen sich durch Grafiken die benötigten Teile wesentlich einfacher finden (Haller 2018b). So können Explosionsgrafiken es den Einkäufern erleichtern, benötigte Teile zu identifizieren, beispielsweise über die Marken-/Modellauswahl im KFZ-Ersatzteilhandel. Diese Anforderungen machen nicht selten ein besonders leistungsfähiges Produktinformationsmanagement notwendig.

Kundenspezifische Preise und Verhandlungen

Im B2B-Bereich haben Unternehmen in der Regel eine große Verhandlungsmacht, da die Umsätze um ein Vielfaches höher sind als im B2C. Daraus ergeben sich nicht selten selbst für gleiche Angebotsleistungen unterschiedliche Preislisten, die sogar mit jeweils spezifischen Produktkatalogen individualisiert sein können. Zusätzlich können Mindestabnahmemengen in definierten Zeiträumen mit entsprechenden Preisstaffelungen verhandelt werden. Dies hat vielschichtige Konstellationen zwischen Verkäufern und Käufern zur Folge und führt meist zu komplexen Preisstrukturen. Das wiederum erfordert eine leistungsfähige Price Engine, um Systemzusammenbrüche beim Check-out zu vermeiden. Bei mehreren hundert verschiedenen Artikeln kann es schnell zu mehreren tausend verschiedenen Preisen kommen. Dabei entstehen oft Differenzen zwischen den Preisen im ERP und im Online-Shop. Da die Preise jedoch in der Regel vertraglich festgelegt werden, kann es deswegen schnell zu Ärger mit Kunden kommen. Eine leistungsfähige B2B eCommerce-Software muss also die Ergebnisse von Preisverhandlungen abbilden können (Haller 2018b).

Suchfunktion statt Navigation

In einem B2B Online-Shop ist das Angebot häufig sehr vielfältig und nicht selten unüberschaubar, da es wesentlich mehr Attribute, Varianten und Produktkombinationen gibt. So arbeiten B2B-Kunden vorwiegend mit Artikelnummern, während B2C-Kunden eher über Kategorien, Produktnamen und Marken suchen. Deswegen stellt im B2B-Kontext die Suchfunktion in 7 von 10 Fällen das Einstiegstor in die Seite dar. Dafür wird eine leistungsfähige Suchfunktion benötigt, die neben Autokorrektur, Autovervollständigung und Facettenfunktion auch eine Semantik beherrscht. Hinzu kommt, dass die generellen Suchschemata im B2B-Bereich nicht nur einfache Stichworte umfassen, sondern normalerweise lösungsorientiert sind. So wird zum Beispiel im Handwerkerbereich nach „Kaputter Holzrahmen“ oder „Kratzer im Lack“ gesucht. Deswegen muss eine sehr ausgereifte Suchfunktion bereitstehen (Haller 2018b).

Einzelne Käufer und Gruppen
Im Einkauf von Unternehmen kann es sich entweder um einzelne Personen handeln, oder aber um Buying Center. Dabei können Einkäufer verschiedene Rollen haben. Zusätzlich sind Vorschriften, Genehmigungsprozesse und Regulierungen zu berücksichtigen. Dadurch werden sich unter anderem mehrfache Log-ins für ein Unternehmen erforderlich. Auch müssen unterschiedliche Rollen, Kostenstellen, Freigabeprozesse oder Budgetverwaltungen berücksichtigt werden (Haller 2018b).

Spezifische Systemlösungen
Professionelles Einkaufen benötigt effiziente Systeme, um die Arbeit effektiver gestalten zu können. Die Tätigkeiten und Prozesse im Backend des Verkaufs und Einkaufs sind komplex und hoch spezialisiert. Das betrifft funktionale, informative und technische Aspekte. Deren Anforderungen muss ein B2B-eCommerce-System erfüllen. Durch die komplexen Prozesse entstehen zum Beispiel besondere Performance- und Lastszenarien für die Pricing Engine. Auch werden im B2B-Kontext automatisierte eCommerce-Systeme immer wichtiger, da sie über standardisierte API die notwendige Konnektivität zu Drittsystemen gewährleisten. Diese wird auch durch die komplexe Customer Journey einer B2B-Einkäufergruppe erforderlich, die wesentlich mehr Kontaktpunkte und Informationsbedürfnisse aufweist, als im B2C eCommerce üblich ist (Haller 2018b).

1.4 Kunden- und Verwenderarten im B2B eCommerce

Normalerweise erwirbt im B2B eCommerce der Kunde ein Produkt, um es zur Erstellung eigener Leistungen zu verwenden. Dabei kann es sich um Roh-, Hilfs- und Betriebsstoffe oder aber um Investitions- und Anlagegüter wie zum Beispiel Produktionsmaschinen, Computer, Büromöbel oder Kraftfahrzeuge für den Fuhrpark handeln (Godefroid und Pförtsch 2013; Backhaus und Voeth 2014). Dabei sind die Kunden- und Verwenderarten höchst unterschiedlich: Ob Hersteller, Original Equipment Manufacturer (OEM), Original Design Manufacturer (ODM), Großhändler, Distributor, Value Added Reseller, Ingenieurbüro, Generalunternehmer, Beratungshaus, Einzelhändler, Autohändler, Werkstätte, sonstige Organisationen oder staatliche Stellen – der Vielfältigkeit sind keine Grenzen gesetzt, zumal diesen jeweils wieder unterschiedlichste Betriebstypen oder Geschäftsmodelle zugrunde liegen können.

Hersteller: Produzenten, OEM und ODM
Grundsätzlich benötigen alle Arten von Herstellern Materialien oder Produkte, um diese zu neuen Leistungen zu konvertieren. Hersteller, die Produkte kaufen, um sie nahezu unverändert in ihren eigenen Produkten zu verwenden, werden gewöhnlich als OEM-Verwender bezeichnet. Diese verwenden dann „Ingredient Brands" wie zum Beispiel Teile von Bosch, Hella oder Continental. Demgegenüber sind Original Design Manufacturer (ODM) Unternehmen, die in großem Stil Auftragsfertigung übernehmen.

Die Produkte werden von anderen Unternehmen entwickelt und unter deren Marke verkauft, ohne dass sie eine eigene Produktion besitzen. Diese Art der Auftragsfertigung praktizieren praktisch alle großen Mode-Labels wie u. a. adidas, Boss oder Nike. Aber auch Automobilhersteller greifen bei Kapazitätsengpässen gerne auf ODMs zurück (Godefroid und Pförtsch 2013; Backhaus und Voeth 2014). Nicht selten entsteht allerdings ein gewisser Begriffswirrwarr dadurch, dass sich auch die Hersteller in der Automobilindustrie selbst als Original Equipment Manufacturer (OEM) bezeichnen und es für sie spezielle OEM-Zulieferer gibt (at-rs 2016).

Großhändler: Verbundgruppen, Distributoren und Value Added Reseller
Diese Art von Wirtschaftsunternehmen kauft Produkte einzelner oder mehrerer Hersteller und vertreibt diese dann an andere Verwender. Dabei steigern sie die Werthaltigkeit des Produktangebotes in der Regel durch zusätzliche Leistungen wie u. a. Lagerung, Marketing, Finanzierung und Service. Sind die Kunden andere Hersteller, handelt es sich in der Regel um Produktionsverbindungshändler, ansonsten um normale Großhändler oder Verbundgruppen. Einen Schritt weiter gehen Value Added Reseller (VAR), die das Produkt mit eigenen Komponenten ergänzen (z. B. Software oder Veredelung). Dabei konzipieren sie auch nicht selten eigene Branchen-oder Anwenderlösungen und sind wichtige Vermarktungspartner (Godefroid und Pförtsch 2013; Backhaus und Voeth 2014).

Projektdienstleister: Projektierungs-, Ingenieurbüros, Generalunternehmer und Beratungshäuser
Handelt es sich um komplexe Produktsegmente, sind in der Regel Projektdienstleister wie zum Beispiel Projektierungs-, Ingenieur-oder Beratungshäuser tätig. Obwohl sie im Beschaffungsprozess häufig nur eine beratende Funktion haben, nehmen sie im Rahmen ihrer Tätigkeit großen Einfluss darauf. So entwerfen sie u. a. die Anforderungsprofile für neue Anlagen oder Anwendungen. Sie genießen aufgrund ihrer Qualifikationen und Herstellerneutralität beim Kunden hohes Ansehen (Godefroid und Pförtsch 2013; Backhaus und Voeth 2014).

Einzelhandel: Konsumgüterhandel, Apotheken, Autohändler und Werkstätten
Bei Konsumgütern stellen die Einzelhändler die Kontaktstelle zu den Endkunden dar. Sie haben als Gatekeeper herausragende Bedeutung und sind überwiegend für die Vermarktung und den Verkauf der Produkte zuständig. Darüber hinaus übernehmen sie die Lagerhaltung und zunehmend die Zustellung der Waren. Auch sind sie in der Regel Servicepartner für die Endkunden und Anlaufstelle für Produktmängel und haftungen sowie Garantieleistungen. Dies gilt insbesondere für Autohändler und Werkstätten (Godefroid und Pförtsch 2013; Backhaus und Voeth 2014).

Institutionen: Sonstige Organisationen und staatliche Stellen
Auch öffentliche und private Institutionen wie u. a. Parteien, Wohlfahrtsverbände, Kirchen, Umweltorganisationen oder transnationale Organisationen kaufen Bedarfe ein.

Dies gilt auch für staatliche Stellen, die in der Regel bestimmten Vergaberegeln folgen sowie für Organisationen, die aufgrund ihrer Rechtsform an das öffentliche Haushaltsrecht gebunden sind. Selbst privatwirtschaftliche Organisationen verfolgen häufig spezielle Zielsysteme, die das Beschaffungsverhalten bestimmen (Godefroid und Pförtsch 2013; Backhaus und Voeth 2014).

1.5 Digitale Reifegrade und Barrieren im B2B eCommerce

Egal um welche Kunden- und Verwenderarten es sich handelt: Studien belegen, dass fast die Hälfte der mittelständischen Unternehmen die Digitalisierung für nicht relevant hält und 54 % von ihnen sich noch nicht mit dem Thema Digitalisierung auseinandergesetzt haben (Deutscher Bundestag 2015; Wittmann et al. 2017; ibi research 2018). Diese digitale Verweigerungshaltung dürfte bei mittelständischen Herstellern noch ausgeprägter sein als im lokalen Handel, wo Projektinitiativen zur Digitalisierung des innerstädtischen Handels bei weiten Teilen der örtlichen Händlerschaft regelrecht auf taube Ohren stoßen oder zum Rohrkrepierer werden (mgetail2020 2015; Nordbayerne 2019).

Dennoch ist nicht zu leugnen, dass die Digitalisierung die Wirtschaft tief greifend verändert. In dieser Einschätzung sind sich eigentlich alle Experten einig (Deutscher Bundestag 2015). Allerdings zeigt sich ein gewisses Maß an Hilflosigkeit unter Mittelständlern beim Thema Digitalisierung. Auch ist eine Theoriearmut bei dieser Thematik festzustellen, da die meisten betriebswirtschaftlichen Theorien aus einem anderen Industriezeitalter stammen. Wissenschaft und Wirtschaft müssen sicherlich enger verknüpft werden; allerdings ändert das wenig an dem steigenden Handlungsdruck. Insofern muss insbesondere dem mittelständischen Handel „mit dem Schuhlöffel" hineingeholfen werden, wie Jörg Müller-Lietzkow von der Universität Paderborn empfiehlt (Deutscher Bundestag 2015). Auf der anderen Seite ist jedoch nicht zu befürchten, dass der Mittelstand als Folge der mit der Digitalisierung einhergehenden Konzentrationsprozesse zugrunde gehen wird. Die Digitalisierung bietet vielmehr auch Chancen, Barrieren für den Markteintritt einzureißen. So eröffnet Cloud Computing zum Beispiel kleinen und mittleren Unternehmen (KMUs) die Möglichkeit, hochwertige Software zu nutzen, die sich früher nur große Unternehmen leisten konnten (Deutscher Bundestag 2015). Diese Chancen werden aber bisher kaum genutzt. Während die Digitalisierung bereits einen Großteil des alltäglichen Lebens bestimmt, stehen vor allem im Mittelstand die größten Veränderungen erst noch bevor (Heinemann 2019a).

Insofern ist klar: Hersteller und Großhändler müssen im B2B-Vertrieb den digitalen Wandel auch im Online-Geschäft schneller als bisher vollziehen. Wer zu zögerlich ist, verliert heute schon die Zukunftschancen. Immerhin sind 77 % der Unternehmen überzeugt, dass Betriebe, die jetzt nicht ihr Digitalisierungstempo erhöhen, in spätestens fünf Jahren ihre Geschäftstätigkeit einstellen werden (Krah 2019). Der digitale Reifegrad der Unternehmen zeigt, dass nur 56 % der Prozesse und Abteilungen schon voll digitalisiert sind. In welchen Bereichen das insbesondere der Fall ist, zeigt Abb. 1.6.

Anteil digitaler Prozesse in Unternehmen	%
Bestellverfolgung und -management	64,2
Produktdatenmanagement	63,1
Marketing	61,4
Angebotserweiterung	61,2
Kundenservice	59,6
After-Sales-Service	57,0
Omnichannel Customer Experience online und offline	55,6
Außendienst von Vertrieb und Service	53,8

Abb. 1.6 Anteil digitaler Prozesse in Unternehmen. (Quelle: Krah 2019)

Im Jahr 2018 investierten deutsche Unternehmen durchschnittlich 1,54 Mio. EUR in die Digitalisierung ihrer Vertriebs- und Serviceprozesse. Diese Summe soll 2019 auf 1,79 Mio. EUR steigen. Allerdings hapert es noch bei der richtigen Strategie, denn nur knapp über die Hälfte der Unternehmen verfügen bereits über ein starkes Konzept zur Digitalisierung von Vertrieb und Dienstleistungen im B2B-Sektor (Krah 2019). Schlicht und ergreifend fehlt es an Innovatoren und Pionieren, wobei im B2B eCommerce das Thema Pionier besonders herausfordernd ist, weil es auch entsprechende Technik verlangt. Diese Technik gibt es in Deutschland kaum, und auch Nachwuchs ist Mangelware. Die USA schöpfen aus dem Silicon Valley mit Stanford als Institution. Ein solches Forschungszentrum bräuchten wir eigentlich auch in Europa, haben wir aber (noch) nicht. Vielleicht erkennt die Industrie das endlich und gründet eine eigene Forschungseinrichtung – finanziert von den Familienstiftungen der großen deutschen Unternehmer-Clans –, ohne immer auf die Politik zu warten. Denn wir benötigen zukünftig mehr Innovation auf der technischen Seite (Geistreich78 2015) und auch eine Umkehr der bisherigen Förderpolitik, wonach das Bundeswirtschaftsministerium ausschließlich technische Produktinnovationen fördert und keine innovativen Handelskonzepte. Diese gelten als anwendungsorientiert und sind deswegen nicht förderwürdig. Insofern ist die schlechte digitale Lage in Deutschland kein Zufallsprodukt, sondern hausgemacht. Das trifft auch beim Thema schneller Netze zu, denn in unserem Land ist die Breitbandversorgung katastrophal schlecht (OECD 2018). Zum Arbeiten benötigen die Unternehmen eine ausreichende Internetgeschwindigkeit, denn die Anforderungen an Online-Darstellungen werden immer höher. Wie solche Voraussetzungen geschaffen werden können, zeigt beispielsweise das kleine Estland, welches heutzutage als digitaler Trendsetter gilt (Dialogplattform Einzelhandel 2015). Jeder Bürger hat verfassungsmäßig einen Anspruch auf das Internet – und dies schon seit 2000. WLAN muss kostenfrei fast überall zugänglich sein, auch in öffentlichen Verkehrsmitteln und auf dem Land. In Deutschland muss außerdem der nicht einmal flächendeckend vorhandene Mobilfunkstandard 4G 2016 schneller werden. Diese Erkenntnis ist mittlerweile auch in der deutschen Politik angekommen. Nur gehandelt wird offensichtlich nicht in ausreichendem Maße (OECD 2018).

1.6 Dichtung und Wahrheit bei der digitalen Infrastruktur

Nur jeder zweite Betrieb hat in Deutschland Zugang zum schnellen Netz, wie das statistische Bundesamt im Januar 2019 mitteilte (Destatis 2019b). Spitzenplätze in der EU belegen Schweden und Dänemark mit jeweils 75 %, während lediglich 51 % der Unternehmen in Deutschland über einen festen Breitbandanschluss mit einer Datenübertragungsrate von mindestens 30 MB pro Sekunde verfügen. Aber selbst derartige Übertragungsraten gelten unter Fachleuten heute schon nicht mehr als ausreichend (Techbook 2019). Mittlerweile ist allen klar, dass Deutschland ein digitales Entwicklungsland ist und gewaltig aufholen muss (Heinemann 2018c). Auch steht nicht mehr zur Diskussion, dass dazu dringend die digitale Netzinfrastruktur ausgebaut werden muss. Während Politik und KIT-Verbände die Situation bisher gern schönredeten, ist es spätestens seit der Aussage unseres Bundeswirtschaftsministers, dass ihm das deutsche Mobilfunknetz peinlich sei, mit dieser digitalen Lüge vorbei (Die Welt 2018). Eigene Verantwortung für die Situation weist Altmaier jedoch von sich, obwohl er vom 17. Dezember 2013 bis zu seiner Ernennung zum Wirtschaftsminister am 14. März 2018 immerhin Bundesminister für besondere Aufgaben und Chef des Bundeskanzleramtes war. Offensichtlich geht es zunächst nur um Schuldzuweisungen, wie das derzeit eigentlich bei allen Vorsitzenden der im Bundestag vertretenen Parteien sowie auch sämtlichen Vertretern der Bundesländer üblich ist. Und das gilt auch für hochrangige Branchenvertreter sowie Verbandsvertreter, die offensichtlich ebenfalls einknicken, so wie jüngst der Bitkom-Präsident Achim Berg, als er die 5G-Flächendeckung als zu teuer darstellte.

Wie aber kommen wir jetzt bei dem Thema weiter, um nicht die wohl letzte große Chance einer digitalen Aufholjagd in Deutschland zu verpassen und bei den Zukunftsnetzen im OECD-Ranking vom fünftletzten endgültig auf den letzten Platz abzurutschen? Denn bei der Mobilfunk- und Glasfaserverbreitung sieht die Situation mittlerweile mehr als dramatisch aus. So kommt Deutschland bei den Glasfasernetzen mit gerade einmal 2,3 % Penetration nur auf den 29. von 34 Plätzen (OECD 2018). Wichtig erscheint jetzt vor allem, zwischen Dichtung und Wahrheit zu unterscheiden (Heinemann 2018c). Das soll in den nachfolgenden Abschnitten im Detail erläutert werden.

These 1: Wir benötigen kein Glasfasernetz – 5G reicht aus

Antennen und Masten eines jeden Mobilfunknetzes, auch bei 5G, sind immer die Enden eines dafür benötigten Kabelnetzes. Dass Kupferleitungen sich überlebt haben, ist mittlerweile auch der Telekom klar, auch wenn sie diese als Breitbandnetze definiert. Hier ist allerdings Vorsicht geboten, denn unter dem „Zauberwort" Vectoring wird lediglich die über Kupferkabel bezogene Internetverbindung durch den Ausgleich störender Strömungen optimiert. Derartige Internetanschlüsse lassen allerdings selbst unter idealen Bedingungen nicht mehr als 50 MB pro Sekunde erwarten (Heinemann 2018c; Techbook 2019). Da die Kabel bis zum nächsten Verteiler aber durchweg länger sind als im Idealzustand, dürften es in der Realität sogar nur maximal 20 MB pro Sekunde sein. Besser als gar nichts, allerdings nur das „Aufmotzen" einer Vergangenheitslösung. Immerhin verspricht der 5G-Standard mehr Durchsatz, Kapazität und zugleich sinkende Betriebskosten. Darüber hinaus soll die direkte Anbindung der Mobilfunkstationen an das Glasfasernetz bei der 5. Mobilfunkgeneration weiter an Bedeutung gewinnen. Problem ist nur, dass wir mit nur 2,3 % Penetrationsrate eigentlich so gut wie kein Glasfasernetz haben und trotz aller Neuerungen bzw. Bekundungen die bereits bestehenden Mobilfunkstandorte das Grundgerüst für das 5G-Netz bilden werden (Heinemann 2018c).

These 2: Der Netzausbau ist zu teuer und muss über die Versteigerungserlöse finanziert werden

Angeblich sind bis zu 750.000 Antennen und 9000 zusätzliche Mobilfunkstandorte erforderlich, um 5G flächendeckend umzusetzen. Dabei werden Ausbaukosten zwischen 60 und 130 Mrd. EUR kolportiert, die der Staat nicht aufbringen könne (Heinemann 2018c). Deswegen müsse die Netzagentur die 5G-Frequenzen versteigern, um mit den Einnahmen den Netzausbau zu ermöglichen und die Netzbetreiber über Auflagen zur flächendeckenden Versorgung zu zwingen.

Der Reihe nach: Auch wenn der Ausbau den Staat wirklich 130 Mrd. EUR kosten sollte, wäre diese Summe immer noch verschwindend gering im Vergleich zu den für die „systemrelevante" Bankenrettung in 2009 gezahlten Beträge. Die Rettung des Digitalstandortes Deutschland ist allerdings mindestens genauso systemrelevant wie damals die Rettung der Banken. Für die viertgrößte Volkswirtschaft der Welt und den größten Wirtschaftsstandort der EU wären selbst 150 Mrd. EUR locker verkraftbar, zumal die Bundesrepublik mit ihrer vergleichsweise geringen Verschuldungsquote noch genug Finanzierungspotenzial hat. Zudem sollten Mobilfunkbetreiber auch wirtschaftlich arbeiten können, sodass ein völliges Abwälzen des Netzausbaus auf Privatunternehmen eher kontraproduktiv wäre. Es gibt Berechnungen, wonach mit 2/3 Flächendeckung in Deutschland rund 85 % aller Haushalte erreicht würden und diese Abdeckung zudem aus Betreibersicht wirtschaftlich darstellbar wäre (Heinemann 2018c). Für das restliche Drittel müssten rund 14 Mrd. aufgewendet werden, was für den Staat nun wirklich verkraftbar wäre. Wir sprechen bei diesen Beträgen bisher allerdings ausschließlich über den 5G-Standard. Das Glasfasernetz müsste zusätzlich kommen und sollte einer verantwortungsbewussten Politik jeden Preis wert sein (Heinemann 2018c).

These 3: Das 5G-Netz kommt schnell und sichert den Digitalstandort
Immerhin hat das Kabinett einen aus zehn Digitalexperten bestehenden Digitalrat der Bundesregierung eingesetzt. Dieser soll offiziell der ganzen Bundesregierung zur Verfügung stehen. Wozu eigentlich? Dass wir Glasfaser brauchen, ist eigentlich klar. Dass 5G schnell kommen muss, ebenfalls. Allerdings wird auch der Digitalrat nicht zaubern können und sollte mit seiner geballten Expertise eigentlich wissen, dass nicht nur andere Industriestaaten deutlich weiter sind. Während Südkorea 5G-Netze bereits bei den Olympischen Spielen in 2018 nutzte, wird sich der 5G-Ausbau in Deutschland noch über Jahre hinziehen. Dabei gelten die Nutzungsrechte aus den zu versteigernden Frequenzen überwiegend erst ab 2021 (Heinemann 2018c; Techbook 2019). Darüber hinaus gibt es bisher kaum Endgeräte für 5G, sodass – ähnlich wie beim Dieselverbotsdrama – der Endnutzer zum Kauf neuer Geräte genötigt wird. Bis Anfang 2023 verlangt die Netzagentur eine flächendeckende Versorgung aller Haushalte, aller Bundesautobahnen, aller wichtigen Bundesstraßen sowie der wichtigsten Schienenwege (vermutlich nur ICE) (Heinemann 2018c). Bis 2024 können die Betreiber das Netz auf alle übrigen Bundesstraßen ausweiten. Auflage ist allerdings eine Übertragungsrate von 100 MB, die alleine schon im Kupferkabelnetz nicht umsetzbar ist. Der Digitalbeirat dürfte bestätigen, dass diese Netzgeschwindigkeit für die digitalen Zukunftsthemen – also autonomes Fahren, virtuelle Realität sowie Industrie 4.0 – bei weitem nicht ausreichen wird. Und es sei noch einmal eindringlich darauf hingewiesen: Ohne Glasfasernetz wird es nicht gehen, und das ist in den letzten Jahren kaum gewachsen (Heinemann 2018c).

These 4: Die Politik nimmt das Digitalthema ernst und handelt
Trotz Vectoring, Digitalbeirat und durchaus korrekten digitalen Visionen: Es wird noch viel schlimmer kommen! Die digitale Situation in Deutschland wird sich bis zum Ausbau von 5G – also bis 2023 – nicht wesentlich verbessern, sondern eher noch erheblich verschlechtern. So hat die mobile Internetnutzung in den letzten Jahren stark zugenommen und wird dies voraussichtlich auch in den nächsten Jahren tun. Bisher ist die übertragene Datenmenge jedes Jahr um mehr als 50 % gewachsen (Heinemann 2018c). Mit ziemlicher Sicherheit wird die Nutzung auch zukünftig im selben Ausmaß weiter zunehmen. Dabei hat nicht nur die durchschnittliche Dauer der mobilen Internetnutzung in Deutschland im internationalen Vergleich noch reichlich Luft nach oben, sondern auch die Art der Nutzung. Insbesondere der Trend zu hochauflösenden Videos (4K und 8K) erfordert immer höhere Datenraten und Kapazitäten im mobilen Netz. Die dabei zu erwartende höhere Datenmenge wird das bestehende Netz in den nächsten Jahren erheblich überlasten, bis hin zu Totalzusammenbrüchen.

Was den Ausbau sicherlich erheblich behindert und kein Tabu sein darf, sind die enormen Bauauflagen in Deutschland. Diese betreffen nicht nur die Art und Anzahl der Kabelrohre und -anschlüsse für Gebäude und Privathäuser, sondern auch das Verbot oberirdischer Leitungen oder nicht tief gelegter unterirdischer Leitungen. Alleine die übertriebenen Auflagen für Bau und Verlegung verteuern den deutschen Netzausbau um ein Mehrfaches im internationalen Vergleich. Eine entsprechende Gesetzesänderung sollte schnell möglich sein, wenn sie denn auch wirklich gewollt ist (Heinemann 2018c).

Fazit

Es ist nicht mehr zu ertragen, dass Politik und Interessengruppen wieder anfangen, in Bezug auf die digitalen Fakten zu lügen. Schon was die digitale Agenda dazu sagte, war schlicht und ergreifend hohles Geschwätz! Und auch der Digitalbeirat dürfte bei dieser Gemengelage wohl nur ein Papiertiger sein! Schließlich warnte Frau Merkel schon seit 2013, dass Deutschland den Anschluss verpasse und die Digitalisierung in allen Lebensbereichen wichtig für den Erhalt des Industriestandortes Deutschland sei. Alles Worte statt Taten, denn die Situation hat sich seitdem deutlich verschlechtert und Deutschland rangiert heute im internationalen Vergleich allenfalls im Mittelfeld. Wir kommen nach aktuellen Studien nur auf Platz 18 von 63 Staaten (OECD 2018). Das heißt: Sowohl bei digitalen Technologien als auch bei der digitalen Ausrichtung von Geschäftsmodellen und staatlichen Institutionen ist Deutschland das Gegenteil von exzellent. Was soll der Digitalbeirat dazu noch sagen (Heinemann 2018c)?

2 Grundlagen des B2B eCommerce

Zusammenfassung

Neben dem Thema Digitalisierung ist derzeit vor allem der Begriff der „Industrie 4.0" in aller Munde. Dieser vernachlässigt allerdings weitgehend den B2B eCommerce und spricht lediglich von einer Vernetzung zwischen den Unternehmen und den von ihnen benutzten Plattformen. Das ist aber nicht neu, denn das gab es bereits vor dem Internet-Zeitalter bzw. vor der dadurch eingeleiteten digitalen Revolution, die vor allem dadurch gekennzeichnet ist, dass sie neue Geschäftsmodelle hervorbringt. Daher gilt es, die digitalen Grundlagen sowie die Besonderheiten der virtuellen Wertschöpfung zu klären. Dies ermöglicht eine differenzierte Betrachtung nach Geschäftstypen, die stark durch ihre Stellung in der Wertschöpfungsstufe und die Art der Kundeninteraktion geprägt sind. Diese Faktoren bestimmen, welche Marketing- und Verkaufspolitik Sinn macht, um den Anspruch an ein kundenzentriertes Unternehmen überhaupt erfüllen zu können. Klassische Handelsmodelle werden es deswegen zunehmend schwerer haben, auf dem sich stetig wandelnden Markt zu überleben. Vor allem digitale Plattformen und Online-Marktplätze sind in der Lage, effiziente Marktmechanismen vergleichsweise kostengünstig und schnell zu gewährleisten. Gerade für B2B Multi-Channel-Anbieter wird es immer wichtiger, sich durch zusätzliche Serviceleistungen vom klassischen Geschäftsmodell abzugrenzen und dadurch beim B2B-Kunden zu punkten.

2.1 Digitale Grundlagen des B2B eCommerce

Industrie 4.0 beinhaltet eine große offene Flanke, als es innovative Geschäftsmodelle außen vor lässt. Virtuelle Wertschöpfung spiegelt insofern einen völlig veralteten Stand der Digitalisierung wider. Dieser ist nach wie vor funktional ausgerichtet und betrachtet

G. Heinemann, *B2B eCommerce*, https://doi.org/10.1007/978-3-658-27367-5_2

die Digitalisierung allenfalls auf EDI-Basis. Das ermöglicht noch keine Revolution der Geschäftsmodelle und Geschäftssysteme, was jedoch Voraussetzung für Kundenzentrierung und daher für B2B-eCommerce-Lösungen erforderlich ist. Für diese liegen bereits unterschiedlichste Shop-Systemoptionen vor, deren Vorteilhaftigkeit je nach Betriebsform sowie Geschäftstyp stark variiert. Insgesamt wird die Customer Journey auch im B2B bereits stark durch Plattformen beeinflusst. Dies bietet Unternehmen vielfältige Möglichkeiten, die Informations- und Kaufprozesse der Kunden durch digitale Services zu unterstützen. Dazu ist es unumgänglich, auf die Bedürfnisse und Wünsche der B2B-Kunden einzugehen. Je besser es B2B-Anbietern gelingt, Beschaffungsprozesse mittels interaktiver Self-Services zu vereinfachen, desto eher rückt der Produktpreis im B2B eCommerce in den Hintergrund.

2.1.1 Physische versus virtuelle Wertschöpfung

Vor allem in produzierenden Unternehmen ist die physische Welt aus Material, Fabriken, Produkten und Kunden den Managern vertraut. Im Zuge der Digitalisierung wurde diese Welt bereits in den 90er Jahren von einer virtuellen Sphäre überrollt, nämlich der der digitalisierten Informationen (Rayport und Sviokla 1996). So gesellte sich zum „Marketplace" der „Marketspace", der insbesondere den Industrie-Managern vielfach nicht geheuer war. Mittlerweile sammeln die Unternehmen zwar in der Regel alle nur erdenklichen Informationen über Märkte, Kunden und Mitbewerber, stellen die Datenfülle allerdings häufig noch als Problem dar („Big Data Problem"). Mithilfe dieser Informationen lässt sich aber die gesamte physische Wertschöpfungskette zweifelsohne weit besser steuern, angefangen von der Beschaffung der Materialien bis zur Auslieferung der fertigen Produkte und Leistungen. Dadurch wird eine weitere, und zwar die virtuelle Wertschöpfungskette gebildet (vgl. Abb. 2.1).

Etliche Auto- und Flugzeugbauer haben bereits einige ihrer Teilfunktionen entsprechend umgebaut. Aber wenige Unternehmen haben wirklich erkannt, dass sich mithilfe dieser Daten zusätzlich Wert erzeugen lässt. In der Regel hakt es auf der Absatzseite, wie die VW-Beispiele Gett (Hage 2018) oder Heycar zeigen (CIO 2018).

Im Grunde stellt die virtuelle Wertschöpfungskette eine Ergänzung der physischen Wertschöpfung dar. Dabei bieten sich grundsätzlich vier Möglichkeiten an, wie Informationen für eine bessere Wertschöpfung genutzt werden können (Marchand 1999; Heinemann 2017; Hollensen 2017; Heinemann 2018a):

1. Verbessertes Arbeitsqualität: Angesichts verbesserter Transparenz lässt sich die Arbeitsqualität in allen Funktionen verbessern, so z. B. Finanzen, Rechnungswesen oder Controlling. Deswegen sollte vor allem in diesen Bereichen auch nicht an IT-Ressourcen gespart werden.

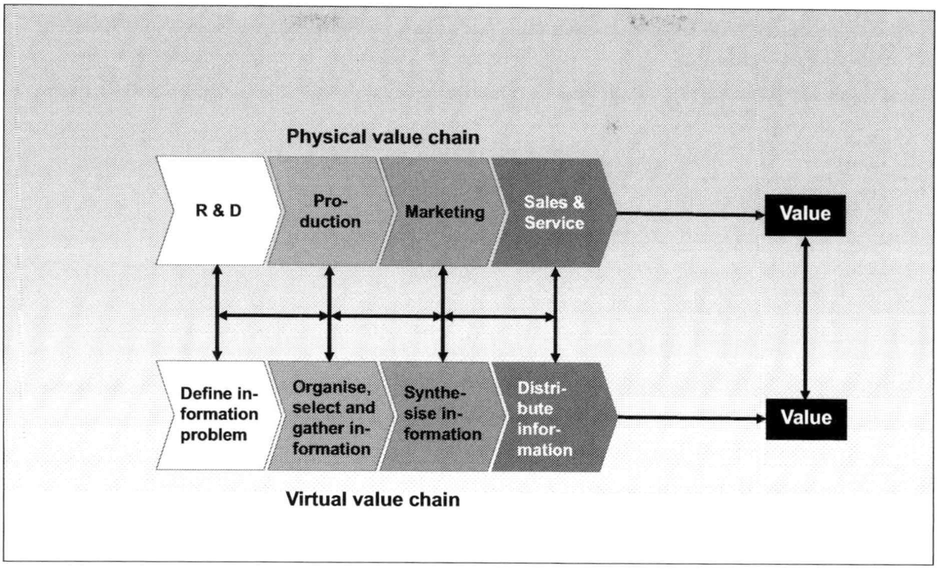

Abb. 2.1 Virtuelle Wertschöpfungskette als Ergänzung der physischen Wertschöpfungskette. (Quelle: Hollensen 2017)

2. Wirksameres Kostenmanagement: Verbesserte Informationen ermöglichen vor allem Prozessoptimierungen und vereinfachte Transaktionen. Dies steht in engem Zusammenhang mit Business Re-Engineering sowie einer kontinuierlichen Verbesserung.
3. Erfolgreichere Produkt- und Serviceangebote: Je mehr Daten über die Kunden und ihre Nachfrage vorliegen, umso besser können kundenspezifische Angebote gemacht werden. Auch das Teilen der Informationen mit Marktpartnern verbessert in der Regel die Kundenzufriedenheit und erhöht die Kundenbindung.
4. Optimierte Neuproduktentwicklung: Kundendaten können auch helfen, neue Produkte zu entwickeln, die von den Kunden eher akzeptiert werden. Sie ermöglichen zudem kürzere Entwicklungszyklen und eine schnellere Markteinführung.

Diese vier Möglichkeiten erfordern leistungsstarke elektronische Systeme, wie die großen Internet-Plattformen bzw. Informations-Intermediäre zeigen. Sie haben damit vor allem die Wettbewerbssituation sowie die Art der Kundenbeziehung radikal geändert. Deswegen müssen diese „vier digitalen Möglichkeiten" um die „interaktive Schnittstelle" zum Markt ergänzt werden, nämlich echten B2B eCommerce. B2B eCommerce ergänzt die Digitalisierung um zwei zentrale Aspekte, die durch das Internet radikal an Relevanz gewonnen haben (Marchand 1999; Hollensen, S. 2017; Heinemann 2017; Heinemann 2018a):

1. Halten und Verteidigen der Kundenbeziehung: Traditionelle Intermediäre – wie der stationäre Fachhandel – haben heute bereits vielfach ihr Alleinstellungsmerkmal an der Kundenschnittstelle verloren und spielen häufig keine dominierende Rolle mehr für die Produktauswahl der Kunden. Sie verlieren für den Internetnutzer immer mehr an Relevanz, wodurch auch die Bindung und demzufolge die Zahlungsbereitschaft der Konsumenten weiter zurückgeht.
2. Radikale Verbesserung der Wettbewerbsfähigkeit durch neue Geschäftsmodelle: Die Kunden von heute sind zugleich Internetnutzer und erwarten auch von den Herstellern einen exzellenten Online-Shop, in dem sie ihre Kaufentscheidungen vorbereiten können. Ansonsten wandern auch deswegen die Kunden sukzessive zu Plattformen ab.

Stefan Quandt hat es anlässlich der Verleihung des Herbert Quandt Medien-Preises bereits im Sommer 2015 überdeutlich gesagt. Der größte BMW-Aktionär empfiehlt, die Digitalisierung nicht als Gespenst an die Wand zu malen, sondern deren Chancen im Verbund mit den ureigenen Stärken gezielt zu nutzen, denn die Zeit dränge. Vor allem die Kundenschnittstellen müssten verteidigt werden, über die man derzeit (noch) die Hoheit innehabe: „Aber nur wer direkt mit seinen Kunden kommuniziert, wird ihre Wünsche verstehen. Und nur wer sich konsequent an diesen Kundenwünschen orientiert und für die entsprechenden Bedürfnisse die beste Lösung anbietet, wird letztlich im Wettbewerb bestehen können“ (Quandt 2015). Dieser Satz erinnert zweifelsohne an den Erfinder der Kundenzentriertheit, den Amazon-Gründer und -Chef Jeff Bezos. Zugleich bringt er eine Entwicklung auf den Punkt, die in nahezu allen Branchen zu beobachten ist und wohl alle bisherigen Wertschöpfungsketten über kurz oder lang auf den Kopf stellen wird: Die digitale Revolution treibt die Entkopplung bisheriger Wertschöpfungsketten voran, wodurch klassische Anbieter wesentliche wertschöpfende Aktivitäten nicht mehr wahrnehmen können beziehungsweise werden. An ihre Stelle treten – beispielsweise an der Kundenschnittstelle – Infomediäre mit herausragender Angebotsvielfalt, Makler mit unendlich großer Auswahl, Empfehlungs-Engines mit individuellen 1:1-Empfehlungen, Preis- und Produktsuchmaschinen mit Beratungsfunktion sowie soziale Netzwerke, die vertrauenswürdige Meinungen und Empfehlungen von Freunden bündeln (Heinemann 2015). Mit seiner Warnung liegt Quandt also genau richtig. Es ist zu begrüßen, dass er Europas Unternehmen dazu aufruft, Apple, Google & Co. Paroli zu bieten und den eigenen Kontakt zum Kunden zu verteidigen, zumal auch Bundeskanzlerin Merkel 2019 auf dem Weltwirtschaftsforum in Davos ins gleiche Horn stieß mit der Bemerkung, wir seien beim Entstehen der Plattform-Ökonomie weit zurückgefallen (Doll 2019).

In der Tat geht es um die Hoheit über die Kundenschnittstelle. Hier ist jedoch festzustellen, dass diese in einigen Branchen bereits abgegeben wurde. So ist die Veränderung der Wertschöpfungskette in der Reisebranche praktisch schon vollzogen. Nur die Konsequenzen daraus werden erst mit Zeitverzug richtig erkennbar sein. Buchungen werden in der Regel bereits überwiegend auf Internet- Reiseportalen getätigt. Booking.com und Expedia.com erreichen mit jeweils rund 90 Mrd. US$ Buchungsvolumen

Größenordnungen, an die selbst die Top-Reiseveranstalter der Welt nicht herankommen (Booking Holdings 2019; Expedia Group 2018). Dabei werden schon heute die höchsten Gewinnmargen der Wertschöpfungsstufe „Vertrieb“ durch diese Portale erreicht – allein rund 4 Mrd. US$ Nettogewinn bei Booking Holdings (Booking Holdings 2019). Klassische Anbieter wie Thomas Cook verlieren zusehends ihre Position als „Alles-aus-einer-Hand-Anbieter“ und degenerieren zum austauschbaren Logistikdienstleister, und zwar mit allen finanziellen Risiken aufgrund des assetintensiven Geschäfts. Bezeichnend ist dabei, dass die klassischen Anbieter den großen Reiseportalen praktisch kampflos das Geschäft und den direkten Kundenkontakt überlassen haben. Genauso, wie sich dies jetzt auch schon im Einzelhandel abzeichnet, wo Amazon & Co. zunehmend die Kundenschnittstelle besetzen. Insider gehen davon aus, dass mittel- bis langfristig keine Branche von diesem disruptiven digitalen Wandel verschont bleibt (Heinemann 2017). Jedes attraktive Marktsegment wird von Investoren so lange befeuert, bis sich ein digitaler Player durchsetzt. Eine Markt-Disruption ist insofern für jede Branche unvermeidbar, wie Abb. 2.2 zeigt.

Neben der Reisebranche und dem Einzelhandel wurden auch die Branchen Medien und Musik komplett verändert. Dieser Veränderungsprozess wurde sicherlich durch die

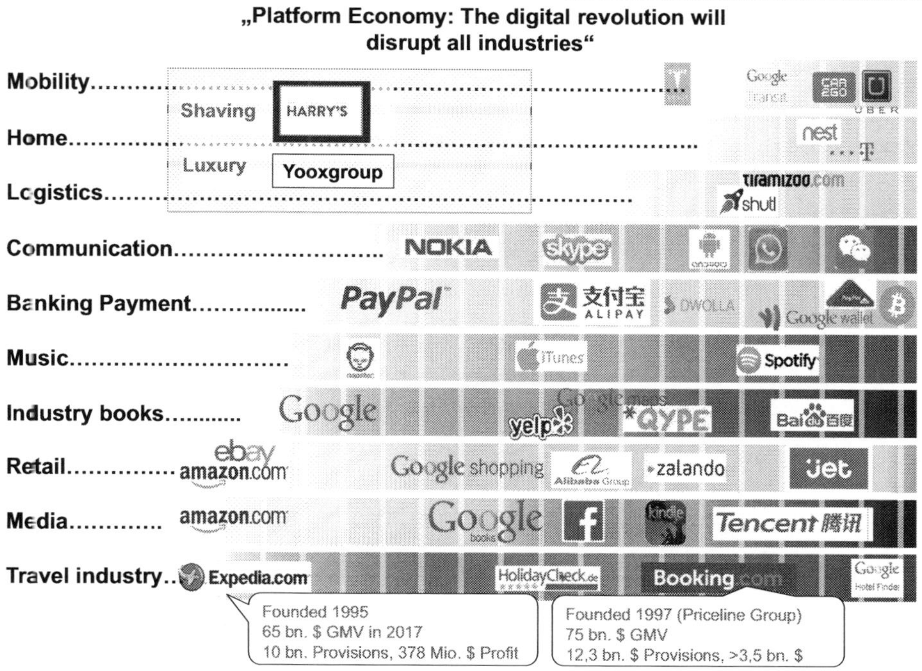

Abb. 2.2 Beispiele für digitale Disruption durch neue Informationsintermediäre. (Quelle: Heinemann 2017 auf Grundlage von dgroup 2016)

Digitalisierung der Produkte in Form von E-Books und Musik-Downloads zusätzlich befeuert. Auch dem Bankensektor steht mit Paypal & Co. ein ähnlicher Paradigmenwechsel bevor, ebenso wie der Logistikbranche mit Tiramizoo und Shutl.com. Selbst die in Hinblick auf Vertriebsstrukturen eher konservative Autobranche sieht sich bereits mit ähnlichen Herausforderungen konfrontiert, da Tesla & Co. Neuwagen jetzt auch ohne Niederlassungen verkaufen. Der komplette Gebrauchtwagenmarkt findet ja auch schon mehr oder weniger online statt. Insofern besteht in allen Branchen für etablierte Anbieter die Gefahr, wie die Reiseanbieter mit ihren in der Vergangenheit aufgebauten Fixkostenapparaten eher zu einer Art Erfüllungsgehilfe ohne direkte Kundenbeziehung in der Geschäftsanbahnung zu werden (Heinemann 2019a).

Welche Schlussfolgerungen sind daraus für die europäischen Anbieter zu ziehen? Offensichtlich hat die Mehrzahl der Unternehmen in Deutschland leider immer noch nicht realisiert, mit welcher Wucht die digitale Revolution zuschlägt. Es besteht nicht nur Zeitdruck. Eher ist Alarmstimmung angesagt. Insofern ist der Vorstoß von Herrn Quandt uneingeschränkt zu begrüßen. Auch wenn die ersten Unternehmenschefs zur Online-Offensive blasen, tun sie dies – gemessen an den digitalen Systeminvestitionen (Beispiel BMW, Mercedes und VW) – immer noch überwiegend halbherzig bis gar nicht (Doll 2019). Um eines werden sie allerdings nicht herumkommen: digitale Mobilisierung! Und das kostet – wie Händler am Niederrhein zu sagen pflegen – zunächst einmal „Kohle ohne Ende".

2.1.2 Phasen der Digitalisierung

Selten wurde vor allem bei produzierenden Unternehmen ein Schlagwort in den letzten Jahren so inflationär benutzt wie Digitalisierung. Die übliche Aussage ist in der Regel: „Wir sind bereits digital unterwegs". Doch ist gerade für die meisten Hersteller und Großhändler nicht klar, was Digitalisierung für das Unternehmen überhaupt bedeutet. Zweifelsohne hat sie mit Computern und Rechenleistung zu tun. Beides gibt es aber schon recht lange, zumal der erste elektronische Universalrechner bald 80 Jahre alt wird (Disrupt Consulting 2016; Raitner 2018). Insofern macht es Sinn, die verschiedenen Phasen der Digitalisierung einmal genauer zu betrachten.

Erste Digitalisierungsphase Bereits in den 60er Jahren wurden Computer zur Beschleunigung bzw. Optimierung von Geschäftsprozessen eingesetzt. Ob Buchhaltungssysteme, Maschinensteuerung, Betriebsdatenmanagement, Automatisierung oder Vernetzung von Maschinen und Standorten – eigentlich unterstützte die Digitalisierung in nahezu allen Funktionsbereichen schon recht früh die betrieblichen Leistungen. Typisch für diese Ära ist die Geschichte von SAP, einem Unternehmen, das 1972 gegründet wurde und als marktführender Hersteller von Enterprise-Resource-Planning-(ERP-)Systemen bis heute das Kerngeschäft im Backend hat. Im Grunde genommen ist SAP ein Synonym für den Begriff Industrie 4.0, bei dem es in erster Linie um die intelligente Automatisierung der Produktion geht. Diese ist typisch für die erste Digitalisierungsphase, die in erster Linie funktionsorientiert dachte und durch das Internetzeitalter in eine zweite Phase überging.

Zweite Digitalisierungsphase Durch das Aufkommen des Internets und die damit verbundene Datenexplosion veränderten sich die Vorzeichen der Digitalisierung. Während es bis zur Jahrtausendwende überwiegend um die Unterstützung operationaler Prozesse ging, legte das Internet den Fokus eher auf neue Geschäftsmodelle und damit auf eine ganzheitliche Betrachtung des Unternehmens. Die von Amazon erfundene Kundenzentrierung ist typisch für die neue Phase der Digitalisierung. Dabei geht es vor allem um digitale Disruption und die durch sie ausgelöste digitale Revolution (Disrupt Consulting 2016; Raitner 2018). Ihr Beginn lässt sich auch daran festmachen, dass 2002 erstmals mehr Informationen digital als analog gespeichert wurden (Disrupt Consulting 2016).

Diese zwei Phasen der Digitalisierung sind in Abb. 2.3 dargestellt. Die erste Phase steht dabei maßgeblich für die Etablierung des Intranets sowie das Aufkommen des Extranets.

Intranet Als Intranet werden Rechnernetze bezeichnet, die unabhängig vom öffentlichen Netz benutzt werden und nicht öffentlich zugänglich sind. Sie bieten in der Regel andere, zusätzliche oder eingeschränkte Funktionen. Unabhängig von seiner technischen Definition wird der Begriff Intranet auch oft für die Zusammenfassung der unternehmensinternen Web-Kommunikation genutzt. Dabei soll das Intranet gewöhnlich die

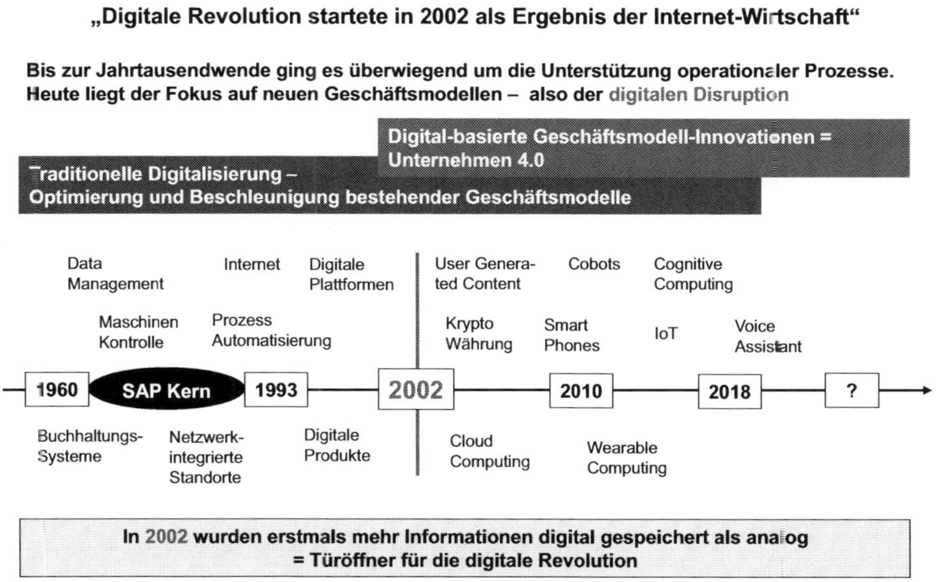

Abb. 2.3 Die Phasen der Digitalisierung. (In Anlehnung an Disrupt Consulting 2016)

Informationsversorgung für die Mitarbeiter sichern und verbessern. Dies erfordert eine Optimierung der Geschäftsprozesse in Hinblick auf die qualitätsgesicherte Bereitstellung der Informationen, deren zielgruppenorientierte (personalisierte) Verteilung sowie das schnelle Finden und die einfache Nutzung von Informationen im Rahmen der täglichen Arbeit. Inhalte sind dabei in der Regel betriebsinterne öffentliche Informationen wie Betriebsvereinbarungen, Absprachen, Verfahrens- und Arbeitsablaufanweisungen. Auch Dokumente, Formulare oder Mitarbeiterzeitschriften können Gegenstand sein, wobei der Zugriff der Mitarbeiter häufig über ein Internetportal erfolgt. Der Zugang wird in der Regel durch Verriegeln gesichert und ist über einfache Authentisierungsverfahren wie z. B. über eine „Login"-Maske möglich (Meier et al. 2015; Wikipedia Intranet 2019).

Extranet Das Extranet stellt eine Erweiterung des Intranets dar, wenn ein weiterer, privilegierter Benutzerkreis einen gesicherten Zugang von außerhalb des Unternehmens hat (Zahn et al. 2001). Extranets stellen Informationen anderen Unternehmen, Kunden oder Partnern – nicht aber der Öffentlichkeit – zur Verfügung. Sie ermöglichen einen effizienten Austausch von vertraulichen Daten über Unternehmensgrenzen hinweg und eignen sich auch dafür, Wertschöpfungsketten kooperativ zu optimieren. Die Themen Efficient Consumer Response (ECR) inklusive Electronic Data Interchange (EDI) stehen synonym für das Extranet, das im Prinzip die gleichen Techniken nutzt wie das Internet (u. a. TCP/IP, UDP). Zwar kann das Extranet mittlerweile über Schutzmechanismen auch an das Internet angeschlossen werden, in der Regel handelt es sich aber um ein vollkommen separates privates Netz, das ausschließlich durch eine separate Standleitung oder Einwahl erreichbar ist (Zahn et al. 2001).

2.1.3 EDI versus Industrie 4.0 versus B2B eCommerce

Die Digitalisierungs-Diskussion differenziert häufig schon nicht mehr zwischen Intranet und Extranet. Insofern macht es Sinn, ein paar Begriffe sauber zu trennen, die jeweils für die unterschiedlichen Phasen der Digitalisierung stehen, nämlich EDI, Industrie 4.0 sowie schließlich B2B eCommerce:

EDI Elektronischer Datenaustausch bzw. EDI ist die Basisfunktion von Extranets unter direkter Beteiligung von Anwendungssystemen der involvierten Unternehmen/Organisationen. Dabei sendet der Sender einseitig Nachrichten an einen Empfänger. In etlichen EDI-Anwendungen schickt der ursprüngliche Empfänger seinerseits eine Nachricht zurück. Dies ist allerdings ein anderer Prozess, der zeitlich getrennt abläuft und wiederum ein reiner Sendevorgang ist. Insofern erfolgt die Kommunikation bei EDI nach dem Push-Prinzip und nicht interaktiv, was einer der entscheidenden Unterschiede zum eCommerce ist. Vor allem das eProcurement nutzt für automatische Dispositionen EDI und Extranet, betreibt dabei aber keine Digitalisierung im aktuell verstandenen Sinne sowie auch keinen eCommerce, obwohl die Transaktionen vielfach fälschlicherweise dort eingeordnet werden. Zudem wurde EDI bereits in den 1960er Jahren in den USA eingesetzt. Dabei gab es zwar noch keine Standards, allerdings erfolgte die Übertragung der Daten mit den damals verfügbaren Mitteln über Telefon- und Telex-Leitungen auf elektronischem Wege (Zahn et al. 2001; Wikipedia EDI 2019; Wikipedia Extranet 2019). Mittlerweile sind EDI-Standards wie insbesondere EDIFACT gängig, die den unternehmensübergreifenden Transfer standardisierter Geschäftsdaten sicherstellen.

Industrie 4.0 Die vielbeschworene Industrie 4.0 fokussiert in erster Linie auf die Produktion und ist damit eher „isoliert funktionsbezogen". Zwar lässt sich das eProcurement durchaus dem Fabrik-4.0-Verständnis zuordnen, wobei dann dort auch Extranet-Transaktionen stattfinden können. In erster Linie erfolgt der Datenaustausch hier aber unternehmensintern und fällt unter den Begriff Enterprise Application Integration (EAI). Demgegenüber bedeutet EDI immer die Beteiligung mindestens zweier verschiedener Institutionen. Dabei besteht durchaus eine große Schnittmenge der für EAI und EDI eingesetzten Werkzeuge, weswegen auch viele Komponenten gleichzeitig für beide Anwendungen entwickelt und eingesetzt werden. Im Gegensatz zu EAI muss jedoch beim EDI immer auch ein Vertrag zwischen den EDI-Partnern geschlossen sowie die technische Kompatibilität auf beiden Seiten sichergestellt werden. Zudem erfordert EDI einen relativ hohen Ressourcen- und Investitionsaufwand, weswegen EDI-Anwender in der Regel vor allem größere Unternehmen sind. Die Meinung allerdings, dass das „teure EDI und Intranet" durch das „billige Internet" und insbesondere durch XML abgelöst würden, ist nicht uneingeschränkt richtig. Denn die Herausforderungen an EDI-Implementierungen sind immer in erster Linie fachlicher und/oder geschäftlicher Natur und weniger werkzeug- oder technologieabhängig. So ist das Aushandeln von Lieferbedingungen zwischen Lieferant und Kunde immer gleich aufwendig, unabhängig davon, ob eine XML- oder eine EDIFACT-Nachricht verwendet wird (Yokogawa 2019; Wikipedia EDI 2019; Wikipedia Industrie-4.0 2019). Keinesfalls steht die „Fabrik 4.0" jedoch für eine ganzheitliche und zukunftsfähige Digitalisierung des produzierenden Unternehmens. Das gilt auch nicht für das „Additive Manufacturing", ein Begriff, unter dem nun angeblich neue revolutionäre Verfahren auch die industrielle Produktion erobern (Bender 2018). Dabei geht es eher um die gesamtheitliche Entwicklung industrieller Bauteile in Metall und Kunststoff – von der Idee über die Produkt- bis zur Prozessentwicklung –, jedoch weniger um die Schnittstelle zum Kunden. Zweifelsohne gibt das Additive Manufacturing unter Einsatz von 3D-Druckern die Freiheit, Produktion ganz neu zu denken. Dadurch wird es möglich, Bauteile effizienter, flexibler und günstiger zu entwickeln und ihnen neue Funktionen für neue Anforderungen zu verleihen (z. B. anhand kompakterer Designs oder kleinster funktionaler Strukturen, die mit konventionellen Mitteln entweder gar nicht oder nur mit extremem Aufwand möglich wären). Ebenso können Ausfallzeiten vermieden, Produktionszeiten minimiert und Ersatzteile auch in kleinen Stückzahlen wirtschaftlich auf die jeweiligen individuellen Anforderungen hin gefertigt werden (Bender 2018). Es hat allerdings mit dem B2B eCommerce im eigentlichen Sinne nichts zu tun.

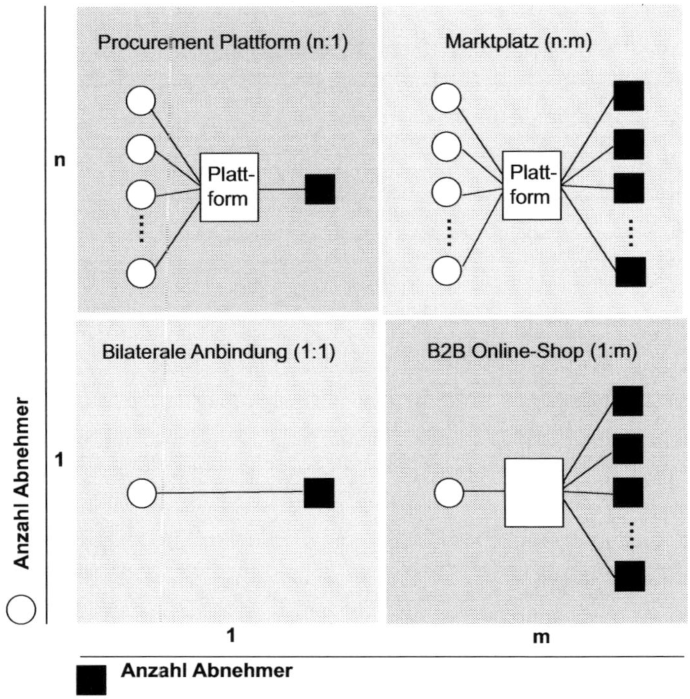

Abb. 2.4 Arten elektronischer B2B-Transaktionen. (Quelle: Agentur Handel 2016)

B2B eCommerce Was Intranet, Extranet, EDI und Industrie 4.0 nicht auf dem Schirm haben, was jedoch die Zukunft aller Industrien bestimmen dürfte: interaktiver Datenaustausch – also echter Verkauf über das Internet und damit echter B2B eCommerce. Dabei spielt die direkte Kundenbeziehung eine immer wichtigere Rolle. B2B eCommerce stellt grundsätzlich eine elektronische Transaktion dar, die jedoch in unterschiedlichen Arten auftreten kann und deswegen genauer spezifiziert werden muss. In Abb. 2.4 sind die vier Arten elektronischer Transaktionen dargestellt, die sich jeweils nach Anzahl der Anbieter sowie der Nachfrager unterscheiden (Agentur Handel 2016):

- **Bilaterale Anbindung:** Diese Form liegt bei einem automatischen Datenaustausch zwischen zwei Unternehmen auf Basis des EDI vor. Diese erfolgt in der Regel im sogenannten bilateralen eProcurement im Rahmen des Extranet (elektronische Beschaffung). Diese Form des computergestützten Einkaufs ist gängig, weil damit Industrieunternehmen bei Erreichen eines Minimalbestands Vorprodukte ihrer Produktion automatisch nachbestellen können. Große Konzerne bestellen nach diesem Verfahren in der Regel Commodities wie Papier, Toner oder Büromaterialien (Thürling 2015). Dies ermöglicht den einfachen Einkauf über interne Systeme, bei dem einzelne Bestellungen per Schnittstelle automatisch an vorher festgelegte Lieferanten weitergereicht werden. Zuvor sind natürlich abhängig vom Beschaffungswert die notwendigen Freigaben und Berechtigungen zu klären. Bilaterale Anbindungen gelten nicht als Form des B2B eCommerce, da sie nicht internetbasiert sind.

- **B2B Online-Shop:** Hierbei geht es um Plattformen oder Online-Shops, bei denen einzelne Anbieter Waren oder Dienstleistungen für eine Vielzahl von Nachfragern bereitstellen. Dabei handelt es sich um einen typischen Online-Shop mit direkter Transaktionsmöglichkeit. Diese Form stellt das geschäftskundentypische Äquivalent zum B2C Online-Shop dar, wobei anbietende Unternehmen nicht an Endkunden, sondern an Handelsbetriebe oder verarbeitende Unternehmen verkaufen (Agentur Handel 2016). Der B2B Online-Shop gilt als klassische Form des B2B eCommerce.
- **Verkauf über Marktplätze:** Das dritte und derzeit umsatzmäßig noch bedeutendste Geschäftsmodell ist der Daten-, Informations- und Warenverkehr über Marktplätze. In diesem Fall tritt eine Vielzahl an Käufern vielen Verkäufern gegenüber. Ziel ist, unter möglichst perfekten Marktbedingungen ein effizienzmaximierendes Verhältnis von Angebot und Nachfrage zu erreichen. Die umfangreiche Präsenz von Käufern und Verkäufern bietet für Kunden und Anbieter vor allem den Vorteil einer nahezu totalen (Preis-)Transparenz, die wiederum Kostenersparnisse ermöglicht. Marktplätze werden weder von Käufer- noch von Verkäuferseite betrieben, sondern von einem zusätzlichen Vermittler bzw. Intermediär wie zum Beispiel Mercateo oder Simple System bereitgestellt (Agentur Handel 2016). Marktplätze gelten als klassische Form des B2B eCommerce, die auch mit Online-Shops kombinierbar ist. Sie sind in der Regel offen und stellen häufig eine Angebotsform für unterschiedliche Bedarfe dar. Ihr wesentliches Kennzeichen ist die aktive Kundenakquisition und -bindung.
- **Procurement-Plattformen:** Hier werden in der Regel die Beschaffungstätigkeiten (Procurement-Tätigkeiten) eines Unternehmens in einem elektronischen System gebündelt, wie zum Beispiel in Procurement-Plattformen. Dies ermöglicht Zulieferern, Angebote für nachgefragte Waren und Dienstleistungen automatisiert abzugeben. Käufer treten in diesem Fall mit ihrer Nachfrage an einen breiten Markt meist ausgewählter Zulieferer, um die eigenen Bedarfe effizient und kostengünstig zu decken (Agentur Handel 2016). Procurement-Plattformen sind dem B2B eCommerce zuzuordnen, sofern sie internetbasiert funktionieren. Im Gegensatz zu Marktplätzen sind sie nicht offen und in der Regel strukturiert, d. h. auf bestimmte Bedarfe fokussiert.

Neben den B2B-eCommerce-Aktivitäten betreiben immer mehr Hersteller, vor allem produzierende Unternehmen oder Wholesaler aus der Konsumgüterbranche, auch einen B2C-Shop und damit vertikalen Online-Handel. Ob Boss oder Adidas, Seidensticker oder Esprit, die Kombination von B2B und B2C zu einem hybriden Online-Verkauf ist mittlerweile gängig. Selbst Auto-Hersteller wie Mercedes Benz betreiben mittlerweile diese Art des Verkaufs als Teil einer Multi-Channel-Distribution.

2.1.4 Plattformökonomie im B2B eCommerce

Rechenleistung allein bewirkt noch lange nicht die Digitalisierung der neuen Art. Zwar lässt sich damit eine Fülle an Informationen in digitaler Form erstellen, umwandeln und bearbeiten. Alles bleibt aber zunächst einmal lokal und auf standortbezogene Effekte begrenzt. So war das Problem der Musikindustrie nicht die MP3-Datei per se, sondern in erster Linie die bessere Vernetzung von Computern mit den dadurch möglich gewordenen Filesharing-Plattformen à la Napster. Die zunächst nur lokal vorhandene digitale Information wurde dadurch für alle und überall zugänglich. Gleichzeitig war die Musikindustrie noch in ihrem alten Geschäftsmodell, dem Verkaufen von Tonträgern, gefangen. Sie wurde erst durch digitale Visionäre wie Steve Jobs mit dem iTunes Store oder die Gründer von Spotify aus dieser Falle befreit. Zwar ist die Vernetzung der Geräte die Basis, den entscheidenden Unterschied machen jedoch die Plattformen mit ihren Kundenbeziehungen. Zudem waren das mobile Internet und dabei das iPhone in Kombination mit dem App-Store ein wesentlicher Game Changer, denn jede neue Anwendung auf dieser Plattform führte zu einer Aufwertung des iPhones (Raitner 2018).

Mittlerweile entstehen auf Smartphone- und App-Basis permanent neue digitale Plattformen, auf denen Anbieter und Nachfrager zueinander finden (Heinemann 2018b). Den Anfang machte zwar der B2C-Bereich, doch mit der zunehmenden Konsumerisation des B2B-Bereichs sind derzeit ähnliche Entwicklungen auch im gewerblichen Kaufverhalten und in den B2B-Kommunikationsprozessen zu beobachten. Durch das Internet wird der Empfänger einer Botschaft auch (unmittelbar) zum Sender einer Botschaft. Dadurch werden die ursprünglichen Rollen der Kommunikationspartner zum Teil vermischt oder gar aufgehoben; die Sender-/Empfänger-Rollen werden simultan. Mit der Virtualität wird die Präsenz im Kommunikationsprozess überflüssig, wobei die Multimedialität durch Einbindung verschiedenster Medien und Kommunikationsmittel ganz neue Möglichkeiten der Informationsübermittlung eröffnet. Die Interaktivität erlaubt dabei eine gegenseitige Kommunikation und damit Förderung des Dialogs zwischen einzelnen Handelspartnern. Die Virtualität ergibt sich aus dem Umgang mit digitalen Informationen, die nicht real sind und sich aus einem Verbund von Datenströmen und Informationskanälen zusammensetzen. Die digitalen Informationen können sich sowohl auf digitalisierte Leistungen (zum Beispiel Rechte, Downloads etc.) als auch auf reale Güter (physische Welt) beziehen. Neben die physische Welt tritt aber in jedem Fall komplementär eine virtuelle Geschäftswelt, die durch vernetzte Informationen und Kommunikationswege gekennzeichnet ist. Beide Ebenen ergänzen sich (zum Beispiel Bestellung realer Produkte über das Internet), können jedoch auch separat funktionieren (zum Beispiel kostenpflichtiger Download von Software im Internet). Die Virtualität der Handelsebene ermöglicht eine Loslösung von Raum und Zeit. Anbieter und Käufer können jederzeit und von überall auf das Netz zugreifen und müssen nicht zeitgleich online sein, da der Informationsaustausch über Datenbanken erfolgt. Damit wird das Internet zu einem ubiquitären Medium (anytime/anyplace). Während aber die Produkte über das Internet weltweit „anytime“ und „anyplace“ verkauft werden können, muss die physische Lieferung außerhalb der elektronischen Ebene erfolgen (Heinemann 2019a).

Zur Ausgestaltung des virtuellen Kontaktes stehen im Internet zahlreiche Medienformen zur Verfügung (zum Beispiel Bild, Video, Ton, Text etc.), die nach Belieben kombiniert und multimedial genutzt werden können. Dadurch wird es möglich, dem Kommunikationspartner auch komplexe Inhalte zugänglich zu machen. Dabei erfolgt der Informationsaustausch auf einer verständlichen und leicht zugänglichen Ebene. Zugleich wird die elektronische Handelsebene einer breiten Konsumentenschicht angeboten. Außerdem werden die Inhalte der digitalen Informationen durch die multimediale Darstellung besser wahrnehmbar, attraktiver sowie nutzbarer gemacht. Dies ist auch der wesentliche Grund dafür, dass sich das Internet zu einem Massenmedium entwickeln konnte. Vor allem Musikanbieter wie zum Beispiel musicload.com nutzen die multimediale Darstellung, bei der zu einem Musikstück sowohl ein Bild in Form des Plattencovers, ein Text zur Beschreibung des Musiktitels, der Ton als Hörprobe sowie bewegte Bilder in Form von Videoausschnitten angeboten werden (Kollmann 2013; Brindöpke 2018; Heinemann 2019a).

Ein entscheidendes Merkmal des B2B eCommerce und der mit ihm einhergehenden Plattformökonomie ist die aktive Komponente für den Informationsaustausch, da sich die Teilnehmer interaktiv ins Netz begeben müssen. Der Grad der Interaktivität bzw. der „wechselseitigen Kommunikation“ ergibt sich jeweils aus den von der Software abhängigen Interaktionsmöglichkeiten. Dabei kommt es aber in jedem Fall zu einer aktiven Einzeltransaktion, die sich vollkommen von der passiven Massentransaktion unterscheidet. So werden Informationen nicht nur von einem zum anderen Marktteilnehmer verteilt („one way“), sondern die Teilnehmer müssen sich die Informationen auch selbst beschaffen („two way“). Im Gegensatz zu den klassischen Kommunikations- und Handelsformen, bei denen der Kunde ohne aktiven Schritt mehr oder weniger ununterbrochen mit Reizen konfrontiert wird, muss beim Internet der Kunde den ersten Schritt tun und die Website eines Anbieters öffnen. Dabei verkauft eine Plattform nicht mehr nur vorrangig Produkte, sondern Zugang für Unternehmen zu Unternehmen. In dieser Welt der absoluten Preistransparenz und nahezu unbegrenzten Verfügbarkeit wird es für Unternehmen immer schwerer, belastbare Kundenbeziehungen aufzubauen und zu verteidigen (Graf 2017). Eine vermeintliche Lösung bieten Plattformen, die direkten Kundenzugang bieten.

Dadurch erlangen Kundengewinnung und Kundenbindung, also das Customer Relationship Management (CRM), im Rahmen des B2B eCommerce eine herausragende Bedeutung. Interaktive Kommunikation wird hier zur Individualisierung und Personalisierung quasi in Reinform genutzt (One-to-One-Marketing). Allerdings sollten Plattformen auch Mindeststandards erfüllen und sich evolutorisch weiterentwickeln. Sie müssen gewisse Merkmale aufweisen, die in Abb. 2.5 dargestellt sind und insbesondere von den meisten B2B-Plattformen noch nicht vollumfänglich erfüllt werden (Brindöpke 2018).

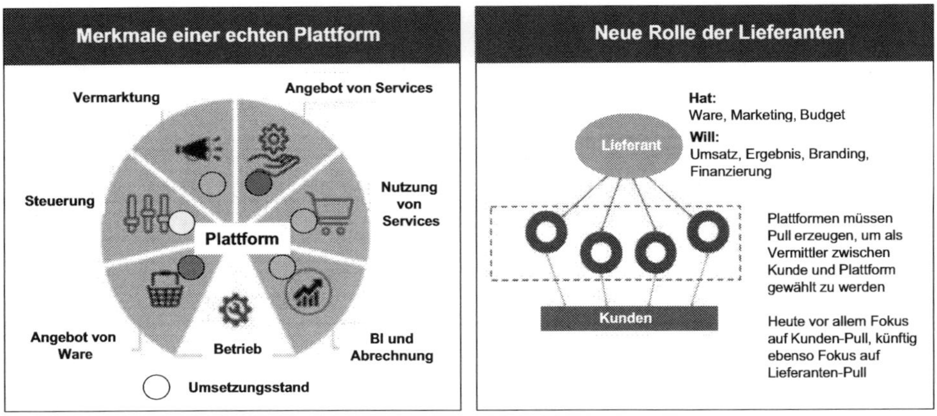

Abb. 2.5 Zukünftige Merkmale von Plattformen und Lieferanten. (Quelle: Brindöpke 2018)

Auch ändert sich im Zuge der Plattformökonomie die Rolle der Lieferanten, da die Plattform als „Pull-Erzeuger" zum Umsatzbringer wird (Brindöpke 2018). Die Gegenüberstellung von Soll und Ist oder Realität und Zukunft spricht dabei bereits zwei unterschiedliche Plattformmodelle an:

- das klassische Angebots-Modell mit Produkten und Services im Frontend,
- das eben skizzierte Service-Modell.

Beide Ansätze lassen sich noch um zwei weitere Zukunftsmodelle ergänzen (Kleine et al. 2018; Heinemann 2019a):

- den Ecosystem-Aspekt,
- den Customer-Value-Aspekt.

Damit lassen sich grundsätzlich vier verschiedene Plattformmodelle unterscheiden, je nach Ausrichtung des Leistungsumfangs (nur Leistungsangebot versus vollintegrierte Dienste) und des Leistungsfokus (inside-out versus outside-in) (vgl. Abb. 2.6):

- **PaaF-Plattform:** Beim „Portal-as-a-Frontend" werden ausschließlich Leistungen im Frontend angeboten. Je nachdem, ob es sich um eine geschlossene oder offene Plattform handelt, ist das Angebot entweder strukturiert (z. B. für Konsumgüter) oder unstrukturiert (i wie z. B. bei eBay).
- **PaaS-Plattform:** Beim „Portal-as-a-Service" wird die PaaF-Plattform um die Service-Nutzung sowie Steuerung, Vermarktung, Business Intelligence und Abrechnung ergänzt. Dieses Modell entspricht der echten Plattform nach Brindöpke (2018).
- **PaaE-Plattform:** Beim „Portal-as-an-Ecosystem" werden „inside-out" weitestgehend auch die Fulfillment-Dienste für die Partnerunternehmen angeboten, wie u. a.

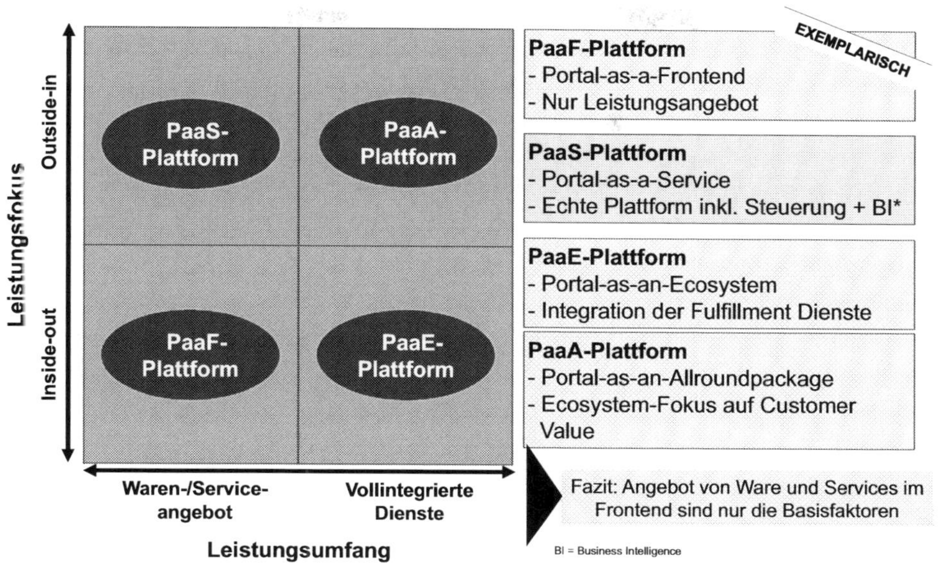

Abb. 2.6 Plattformmodelle

Warenlager, Distribution, Zustellung/Versand, Bezahlung, Marketing usw. (wie zum Beispiel Fulfillment by Amazon).

- **PaaA- Plattform:** Beim „Portal-as-an-Allroundpackage" wird dem Kunden aus seiner Sicht (Outside-in-Perspektive) ein optimales Rundumpaket angeboten, das im Idealfall keine Wünsche mehr offen lässt (optimaler Customer Value). Dies beinhaltet ein Umdenken vom Produktbezug zum Lösungsbezug (z. B. Thermobox.de mit der Lösung „Wärme" inklusive Heizung und Dämmung).

2.1.5 Wachstumsfaktoren der B2B-Plattformökonomie

Bereits seit den Neunzigern vernetzen Hersteller und Großhändler ihre EDV-Systeme, um per EDI die automatische Bestellung bestimmter Produkte zu vorher ausgehandelten Bedingungen auszulösen. Nicht selten erfolgt die Bestellung auch automatisch, wenn ein Minimalbestand erreicht ist. Die automatisierte Order ist mittlerweile bei DAX-Konzernen und Hidden Champions üblich, insbesondere bei Alltagsprodukten wie Papier, Toner oder Büromaterialien sowie bei Roh-, Hilfs- und Betriebsstoffen. Mitarbeiter können dabei über interne Systeme quasi per Knopfdruck Ware nachdisponieren.

Aufgrund des hohen Ressourcen- und Systemaufwands lohnt sich ein derartiges Vorgehen in der Regel nur bei großen Unternehmen mit hohen Bestellvolumina. Die deutsche Wirtschaft besteht jedoch zu 99 % aus kleinen und mittelständischen Unternehmen, die sich oft nicht als groß genug für solche Lösungen betrachten. Deswegen wird dort bisher in der Regel sehr häufig noch mit Fax oder per Katalog oder Telefon bestellt. Nur wenige B2B-Anbieter haben diese Lücke erkannt und stellen für ihre gewerblichen Kunden Online-Shops zur Verfügung. Das reduziert die Transaktionskosten in der Abwicklung der Bestellungen und erhöht zugleich die Kundenbindung (Heinemann 2018a). Der Launch des Thyssenkrupp-Shops „Materials4Me" war diesbezüglich zweifelsohne nicht selbstlos gemeint. Denn im Gegensatz zum Intranet und Extranet kann das Internet jeden Rechner mit jedem anderen Rechner weltweit verbinden. Der Datenaustausch erfolgt über technologisch normierte Datenprotokolle, wodurch Browser und Server unterschiedlicher Rechner eine gemeinsame Sprache sprechen. Dabei hat die kostenlose elektronische Post die jederzeitige und schnelle Kommunikation auch auf globaler Ebene möglich gemacht (Heinemann 2018a). Deutschland hat den Vorteil, dass es mit dem Telefonnetz schon lange vor dem Internet eine ausgebaute Infrastruktur gab, auf der moderne Online-Zugänge aufsetzen konnten, auch wenn dieses Netz mittlerweile als völlig veraltet gilt. Die exponentiell steigende Rechnerleistung bei gleichzeitig sinkenden Hardware-Preisen und zunehmender Miniaturisierung der Hardware unterstützte den Internet-Boom, da die Informationsübertragung auf diese Weise mobil und ohne zeitliche und räumliche Beschränkungen vollzogen werden kann (Kollmann 2013; Chaffey 2014). Dazu tragen auch die zunehmenden Speicherkapazitäten der verwendeten Speicherchips, immer schnellere und leistungsfähigere Prozessoren sowie steigende Taktfrequenzen dieser Prozessoren bei, da sie die weitere Digitalisierung fördern und einen größeren Datentransfer ermöglichen.

Technische Schlüsselfaktoren
Die Schlüsselfaktoren des Internetwachstums werden in der Regel technisch erklärt (Rayport und Jaworski 2002; Kollmann 2013; Chaffey 2014). Demnach basieren Internet-Standards auf dem Hypertext Transfer Protocol (http) und der Seitenbeschreibungssprache HTML (Hypertext Markup Language). Mit ihnen ist es gelungen ist, trotz der anfangs stark limitierten Bandbreite des Internets grafische Oberflächen (Browser) mit einfacher Steuerung durch Mausklick sowie multimedialen Inhalten anzubieten. Standards und Browser in Verbindung mit verbesserter Netzqualität sind die wesentlichen technischen Säulen des Internetwachstums, wobei das Internet seine große Bedeutung ohne Frage der Entwicklung des World Wide Web (WWW) verdankt, dessen globale Nutzung jedoch ohne Standards (TCP/IP) nicht möglich wäre. Diese setzen wiederum eine weltweite Einigung (W3C) voraus. Der Durchbruch der Browser-Technologie in Verbindung mit schnellen Datennetzen ermöglichte dabei Geschwindigkeit, unkomplizierten Download sowie Plattformunabhängigkeit. Basierend auf den einheitlichen Standards konnte die Einfachheit für den Abruf und das Einstellen von Inhalten bei zugleich hohem Komfort durch Maussteuerung realisiert werden. Im Hinblick auf den Content sind dabei die Entwicklung der Browser sowie die Multimediafähigkeit und technische Offenheit von zentraler Bedeutung für das Internetwachstum. Die Content-Nutzung setzt einfachen Zugang, Wegfall von spezifischen Kosten sowie Konvertierbarkeit voraus (Heinemann 2019a).

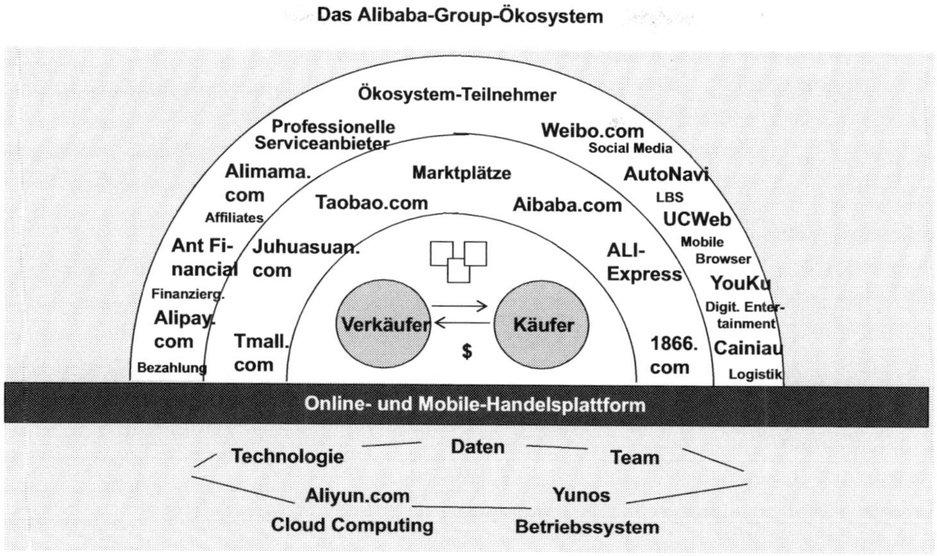

Abb. 2.7 Das Alibaba-Group-Ökosystem. (Quelle: Custer 2014; Heinemann 2019a)

Netzwerkeffekte von Ökosystemen

Neben den technischen Faktoren erklären aber vor allem die Netzwerkeffekte das Internetwachstum, die insbesondre von digitalen Ökosystemen erzielt werden. Diese bezeichnen das Zusammenspiel zwischen Kunden, Anbietern, Betreibern einer Plattform und weiteren Partnern (die z. B. als Provider zusätzliche Anwendungen bereitstellen). Kennzeichen digitaler Ökosystemen ist die Unabhängigkeit von anderen Anbietern, sodass anders als bei den horizontalen Marktplatzpartnern in vertikaler Richtung – also bei Wertschöpfung, Kundenkontakt, Datenmanagement etc. – eher keine externen Partner benötigt werden (Herda et al. 2018). In Abb. 2.7 ist beispielhaft das Ökosystem von Alibaba dargestellt, einer Plattform, die mit 853 Mrd. US$ Handelsvolumen ein Paradebeispiel für Internet-Wachstum ist (Krisch 2019). Derartige Ökosysteme sind vor allem durch Netzwerkeffekte gekennzeichnet. Je mehr Kunden die Plattform nutzen, umso mehr Anbieter werden auch auf der Plattform vertreten sein. Zusätzliche Netzwerkeffekte kommen durch Anbieter von Komplementärprodukten zu den eigentlichen Angeboten hinzu, was die Plattform wiederum noch attraktiver macht und die Frequenz steigert. Wird dabei eine kritische Masse erreicht, wachsen Netzwerkeffekt und dadurch wiederum die Nutzerzahl exponentiell an (Herda et al. 2018; Wikipedia Website 2019). Dabei erinnern digitale Ökosysteme hinsichtlich Struktur und Funktionsweise an biologische Systeme. Bei ihnen handelt es sich um technisch abgegrenzte Systeme, die nicht selten Organisationen und deren digitale Services über Hardware, Software sowie Plattformen miteinander vernetzen („End-to-End") und dadurch unabhängig von anderen Anbietern werden. Als typisches digitales Ökosystem gilt z. B. das Apple-Ökosystem mit iPod, iPhone, iPad, Mac Desktop, MacBooks, Peripheriegeräten, iCloud, iTunes etc. (Herda et al. 2018; Neuhaus 2018).

Wachstumsbremse Netzinfrastruktur

Ein kritischer Faktor und eher „Wachstumsbremse" bleibt in Deutschland allerdings die Netzqualität. Laut OECD, die in ihrer letzten Breitbandstatistik für den Stand vom 31. Dezember 2017 neue Zahlen zur Verbreitung des schnellen Internets in ihren 34 Mitgliedsstaaten vorgelegt hat, hinkt Deutschland bei mobilem Breitband und Glasfaser weit abgeschlagen hinterher. So kommt Deutschland bei der breitbandigen Mobilfunkversorgung nur auf den 27. von 34 Plätzen und verschlechterte sich gegenüber dem Vorjahr sogar um zwei Plätze. Damit reiht sich unser angeblich so hoch entwickeltes Land in die Schlusslichtländer Slowenien, Portugal, Mexiko oder Griechenland mit ein und hat wieder ein Jahr verschlafen. Per Dezember 2017 surften hierzulande rund 79,2 % der Smartphone- und Tablet-Besitzer breitbandig durchs mobile Netz. Die durchschnittliche Durchdringung in den OECD-Staaten liegt jedoch schon bei 102,4 %. Auf eine mobile Breitbandpenetration von über 100 % kommen die Länder Japan, Finnland, Estland, USA, Australien, Dänemark, Schweden, Litauen, Island und Südkorea, weil Nutzer dort häufig mit mehreren Mobilgeräten im Internet unterwegs sind (OECD 2018). Darüber hinaus weist das mobile Breitbandnetz in Deutschland eine vergleichsweise schlechte Qualität auf, trotz der in den Berichten der Ministerien vielgelobten und angeblich hohen LTE-Verfügbarkeit (Bouwman 2018). Um diese ist es im internationalen Vergleich alles andere als gut bestellt. Gleiches gilt für die mobile Übertragungsrate. Hier kommt Deutschland nur auf eine Geschwindigkeit von 26,4 Mbit/s. Das allerdings bei einer Verfügbarkeit, die in etwa mit der in der Türkei vergleichbar ist, wo aber das Netz mit 31,2 Mbit/s deutlich schneller arbeitet (t3n 2017; Bouwman 2018).

Noch düsterer sieht allerdings der Ländervergleich bei den Glasfaseranschlüssen aus, wo Deutschland auf Platz 30 von 34 liegt. So haben erst rund 2,3 % aller Breitbandkunden hierzulande einen solchen Anschluss. Im Vorjahr lag der Wert bei 1,8 % und hat sich insofern nur marginal verändert. Bei Glasfaser liegt die durchschnittliche Durchdringung der OECD-Länder dagegen bereits bei über 23,3 %. In Japan und Korea machen die Glasfaserverbindungen bereits über 75 % der Breitbandanschlüsse im Festnetz aus. Führend in Europa ist Litauen mit 70,8 % Durchdringung (OECD 2018).

Lediglich bei DSL und Kabel, also eher den Internetverbindungen der Vergangenheit, steht Deutschland noch durchschnittlich da. In Deutschland wird offensichtlich die Macht des Internets für die wirtschaftliche Entwicklung unterschätzt. Das wohl größte Problem dürfte hierzulande sein, dass Politik und Verbände die Situation schönreden, Zahlen stets höher ausweisen, als sie in der Realität sind, und dabei gerne den Zusatz „bis zu" nutzen. So haben viele Bürger zwar „bis zu" 50 Mbit/s Übertragungsrate, der Bundesdurchschnitt liegt allerdings mit 26,4 Mbit/s immer noch meilenweit entfernt von den selbstgesetzten Zielen der Bundesregierung (Bouwman 2018). Für die Republik gilt nach wie vor die Devise „DSL – Dörfer surfen langsam" (Heinemann 2019a). Entgegen allen Vorwürfen und nachgewiesenen Defiziten sieht dagegen die Deutsche Telekom die Breitbandversorgung in Deutschland klar über dem europäischen Durchschnitt liegen (FAZ 2017). Insbesondere die deutschen Landkreise kritisieren das Vectoring-Verfahren, mit dem die Telekom Kupferkabel auf höhere Geschwindigkeit aufrüstet, als eine Barriere für die Verlegung von Glasfaserleitungen bis in die Häuser und Wohnungen. Die viel diskutierte Frage ist, ob Vectoring oder Glasfaser für den Internetausbau hilfreicher ist. Sicherlich geht es aber auch um die Aufgabe, Deutschland für den kommenden Kommunikationsstandard 5G fit zu machen, der Mobilfunk und Festnetz integriert. Dafür braucht es zweifelsohne mehr Glasfaser, wofür die Rahmenbedingungen angepasst werden müssten, indem Glasfaseranschlüsse aus der Regulierung herausgenommen werden, um mehr Eigenausbau und Kooperationen zu ermöglichen (FAZ 2017).

2.1.6 Betriebsformen im B2B eCommerce

Der B2B eCommerce lässt sich insgesamt als eine Meta-Betriebsform charakterisieren (Heinemann 1989; Barth et al. 2015). Die Abwicklung elektronischer B2B-Geschäftsprozesse kann dabei wie im B2C-Online-Handel grundsätzlich nach verschiedenen Kategorien oder Betriebsformen von Anbietern differenziert werden. Dabei handelt es sich entweder um Multi-Channel-Anbieter, Online-Pure-Player oder Plattformen bzw. Marktplätze (Heinemann 2019a).

B2B Multi-Channel-Anbieter Die potenziell größte Gruppe bei Herstellern und Großhändlern stellen wahrscheinlich die Multi-Channel-Anbieter dar, also traditionelle Anbieter mit einem zusätzlichen B2B Online-Shop. Dieser ergänzt entweder eigene Niederlassungen (wie bei Metro) oder eigene Außendienstleute (wie bei der EM-Group). Als führender Multi-Channel-Anbieter in Deutschland gilt zweifelsohne die Würth-Gruppe mit dem eshop.wuerth.de, über den laut Angaben des Unternehmens bereits mehr als 20 % der Umsätze in Deutschland gemacht werden. Ein gutes Beispiel für B2B Multi-Channeling ist auch die Firma Claas: Der Landmaschinen-Anbieter setzt sein Produktfeld mit starken Bildern und einem aggressiven Einsatz von Farbflächen in Szene, wobei der Parts Shop den schnellen Einkauf dringend benötigter Ersatzteile ermöglicht (Claas.de). Vorbildlich preisen auch der Stahlhändler Klöckner & Co in seinem Online-Shop (shop.klöckner.de) sowie der Werkstattausrüster Normfest (normfest.shop.com) jeweils die Vorteile ihrer Online-Angebote an. Ohne die Kombination aus stationären sowie elektronischen Verkaufskanälen kann allerdings nicht von „modernen" Multi-Channel-Systemen, sondern immer nur von „traditionellen" Mehrkanalsystemen gesprochen werden, die es sicherlich schon lange gibt (Heinemann 2019a). So war bzw. ist es noch immer gängig, dass Großhändler auch im großen Stil Kataloggeschäft betrieben/betreiben. Dies entbindet aber nicht von der Notwendigkeit, auch über einen exzellenten B2B-Shop zu verkaufen (Heinemann 2019a).

B2B Online-Pure-Player Eine ganze Menge tut sich derzeit auch bei den B2B Online-Pure-Playern, die vor allem von zahlreichen Gründungen befeuert werden und die Start-up-Szene bereichern. Für Furore sorgte der Launch von „Materials4Me" von Thyssenkrupp (materials4me.com). Aber auch Zamro (zamro.de) oder Contorion (contorion.de) zeigen, dass klassisches B2B-Geschäft eigentlich keine Niederlassungen benötigt. Weiterhin führt die Konsumerisation des B2B derzeit vor allem bei den B2C Online-Pure-Plays dazu, dass sie neben dem Endkundengeschäft zunehmend auch gewerblichen B2B eCommerce betreiben. B2C-Anbieter können hier ihre Erfahrungen sowie ihre Bekanntheit ausspielen und mit Hilfe von zusätzlichen Services wie Lieferantenkrediten ihre B2C- zu treuen B2B-Kunden machen. Deswegen ist es nicht verwunderlich, dass im B2B-Bereich zunehmend ähnliche Prinzipien der Kundenansprache zum Einsatz kommen wie in der B2C-Kommunikation (Heinemann 2019a). Nicht selten betreiben deswegen Anbieter neben einem B2C- auch einen B2B-Shop, so wie Reuter-Badshop oder BOSS. Dabei entsteht eine neuartige Kombination aus „Consumerated B2B und Disintermediated B2C", also eine Art Hybridvertrieb der Markenartikler. Der passende Begriff dafür heißt „B2B2C" und wird in der eCommerce-Szene bereits angewendet (Bolz und Höhn 2019).

Plattformen und Marktplätze Plattformen bzw. Marktplätze schließlich sind zwar nicht so zahlreich wie die anderen Betriebsformen vertreten, dürften allerdings den größten Umsatzanteil ausmachen. Als Pionier gilt hier zweifelsohne die Beschaffungsplattform Mercateo (mercateo.com), die allerdings zunehmend Sperrfeuer vonseiten der GAFA- (Google, Amazon, Facebook, Apple) und TAB-Unternehmen (Tencent, Alibaba, Baidu) bekommt. Denn der dominierende B2C-Marktführer Amazon startete in den USA bereits 2012 mit Amazon-Business, das ein reichhaltiges Sortiment für Handwerk, Büro, Labore und Gastronomie anbietet. Seit Ende 2016 ist Amazon Business auch in Deutschland online. Damit scheint die Online-Plattform sich die Vorherrschaft in einem Segment zu sichern, das bisher vernachlässigt wurde, und auch hier dem Wettbewerb mal wieder ein Schnippchen zu schlagen. Wenn Amazon erst einmal auch im B2B-Sektor zum Synonym für Webshopping geworden ist, wird es für das Verfolgerfeld schwierig, sich mit alternativen Angeboten am Markt zu behaupten. So setzt der Online-Marktführer mit seinem gigantischen Angebot jetzt auch für Geschäftskunden auf eine Long-Tail-Strategie und spricht dabei u. a. mit Restaurants, Laboren und Offices eine breite Zielgruppe an. Alleine für Handwerker und Produzenten finden sich bereits über 5 Mio. Artikel bei Amazon Business, darunter Schmierstoffe, Werkzeuge, Schutzbrillen, Lacke und Farben usw. (Heinemann 2018a). Das Angebot folgt dem Werbeslogan „Everything you love about Amazon. For work". Dabei bietet der Online-Händler für Käufer und Verkäufer den gewohnten Komfort der B2C-Plattform sowie eine ähnlich große Auswahl an, die durch die vielen Marktplatz-Partner auch in diesem Segment möglich wird. Amazon-Business ist auch deswegen ernst zu nehmen, weil der europäische B2B Online-Markt bisher stark fragmentiert ist und weitestgehend aus Nischenanbietern sowie Adresslisten und Branchenverzeichnissen besteht. Dominante Marktführer – vor allem mit einem Ökosystem wie bei Amazon – fehlen immer noch (Heinemann 2019a). Daher

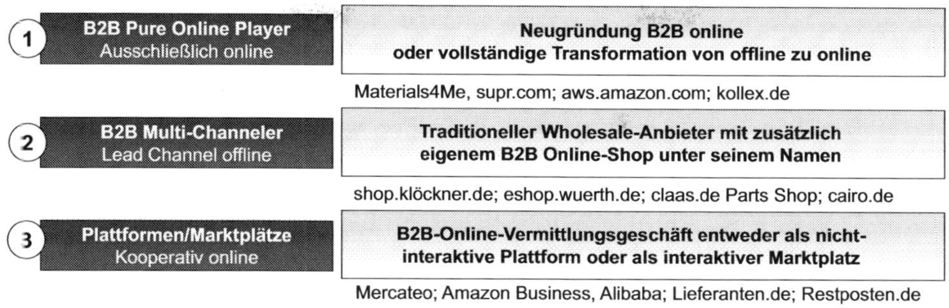

Abb. 2.8 Betriebsformen im B2B eCommerce

ist es wenig überraschend, dass gerade erfahrene B2C-Spieler wie Amazon jetzt auch in den B2B-Markt einsteigen. Neben Amazon sind bereits andere Akteure wie etwa die globalen Marktplätze Alibaba.com und eBay Supply sowie die B2B-Plattformen WerLiefertWas und EuroPages aktiv.

In Abb. 2.8 sind die Betriebsformen des B2B eCommerce zusammenfassend dargestellt.

Jede der dargestellten Betriebsformen gibt wiederum Raum für die verschiedensten Geschäftstypen, die sich anhand ähnlicher Merkmalsausprägungen in Gruppen zusammenfassen lassen. Die wesentlichen Unterschiede ergeben sich sicherlich aus den Branchen bzw. Warengruppen, die von den Anbietern jeweils vertrieben werden. So macht es einen großen Unterschied, ob Konsumgüter oder Industriegüter angeboten werden.

Für alle Geschäftstypen gilt zweifelsohne folgendes Szenario: Spätestens mit Fertigstellung der „Neuen Seidenstraße" in wenigen Jahren wird das internetbasierte Global Sourcing in die Boom-Phase übergehen und professionellen B2B-eCommerce-Anbietern einen „ultimativen Hype" bescheren. Bis dahin findet zunehmend ein „hybrider Umsatz" statt, bei dem nach der Online-Recherche noch stationär bzw. beim Außendienst gekauft bzw. abgeholt wird. Je nach Erreichbarkeit, Preis, Verfügbarkeit und Service wird dabei wie im B2C der Verkaufspunkt erst ausgesucht, wenn das Produkt im Web bereits gefunden wurde. In Anlehnung an Abb. 1.1 muss darüber hinaus zwischen Projekt- bzw. Anlagengeschäft, Zuliefergeschäft, Systemgeschäft sowie Integrationsgeschäft unterschieden werden. Dies betrifft die unterschiedlichen Geschäftstypen im B2B eCommerce.

2.2 Geschäftstypen des B2B eCommerce

Business-Märkte betreffen zunächst nicht nur Hersteller und Großhändler, sondern auch andere Organisationen wie zum Beispiel öffentliche Unternehmen, Distributoren oder Dienstleister, die u. a. Beratungs- und Projektleistungen auf professionellen Märkten anbieten. Im Folgenden liegt der Schwerpunkt jedoch ganz klar bei Herstellern und Großhändlern, also bei den Wholesale-Unternehmen.

Dabei sind nicht alle Geschäfte, die zwischen Betrieben abgewickelt werden, im B2B eCommerce als gleichwertig anzusehen. So hat der Kauf von C-Teilen im Vergleich zu dem einer Produktionsanlage oder einem Gebäude nicht nur aus finanziellen Gründen eine völlig andere Bedeutung und erfordert andere Vermarktungsansätze im professionellen Online-Handel (Godefroid und Pförtsch 2013; Backhaus und Voeth 2014). Gängig ist deswegen die Einteilung in:

- Projektgeschäft,
- Zuliefergeschäft,
- Systemgeschäft,
- Produktgeschäft sowie
- Integrationsgeschäft.

Dabei muss allerdings beim **Produktgeschäft** zwischen Konsum- und Industriegütern differenziert werden. Insbesondere der industriegüterbasierte Produktionsverbindungshandel funktioniert nach völlig anderen Gesetzmäßigkeiten als der Konsumgüterbereich, an dessen Ende der Einzelhändler steht.

Darüber hinaus muss das **Integrationsgeschäft** gesondert betrachtet werden. Hier geht es um Leistungen, die sich auf der Anbieterseite durch eine einzelkundenspezifische Darstellung auszeichnen und in identischer Gestaltung von denselben Kunden immer wieder auf die gleiche Art und Weise gekauft werden.

In Abb. 2.9 sind die Geschäftstypen des B2B eCommerce zusammenfassend dargestellt.

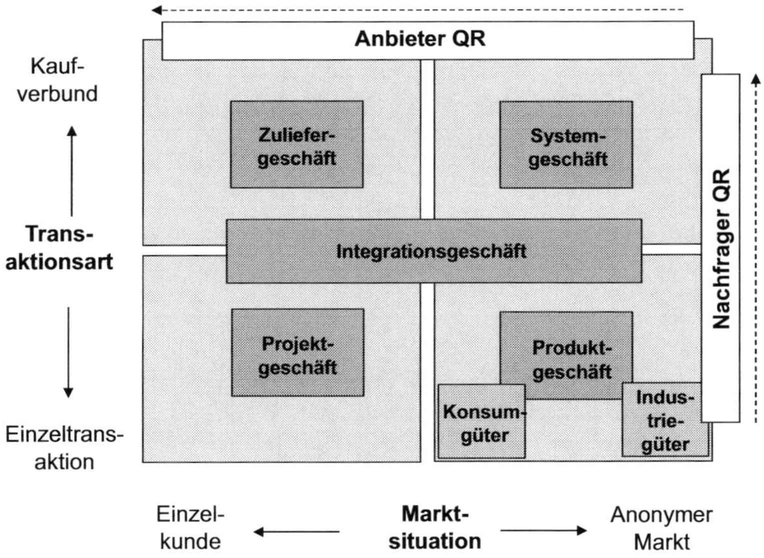

Abb. 2.9 Geschäftstypen des B2B eCommerce. (In Anlehnung an Godefroid und Pförtsch 2013; Backhaus und Voeth 2014)

2.2.1 Projektgeschäft im B2B eCommerce

Projekte sowie Anlagen sind in der Regel komplexe Angebote, die nur einmal beschafft werden. Typische Beispiele dafür sind Strategie- oder Sanierungsprojekte im Beratungsgeschäft oder der Kauf bzw. Bau von Produktionsanlagen sowie Logistikzentren. Auch der Hotel- oder Schiffsbau fällt unter diese Kategorie. Dabei handelt es sich um in sich abgeschlossene Kaufprozesse, bei denen der Absatz und die Fertigung vorauslaufen. Die Kaufentscheidung wird immer auf den Einzelfall bezogen projektspezifisch und zu einem bestimmten Zeitpunkt gefällt. Deswegen ist hier vor allem die Frage entscheidend, ob der Anbieter in der Lage ist, das Projekt oder die Anlage in der vorgegebenen Zeit und Qualität sowie zu dem verhandelten Preis zu erstellen.

Die Leistungsangebote sind hier durch einen extremen Spezifikationsgrad gekennzeichnet, sodass eine konkret erstellte Anlage in der Regel keinen weiteren Abnehmer am Markt findet. Darüber hinaus sind derartige Geschäfte nicht selten fremdfinanziert, sodass die Auftragsfertigung zum Abschluss von Kontingent-Verträgen führen kann, in denen konkrete Konsequenzen für den Fall bestimmter Bedingungslagen vereinbart werden (z. B. Zahlung bei Inbetriebnahme etc.).

Im Anlagen- und Projektgeschäft bedient sich der Anbieter als Generalunternehmer nicht selten verschiedener Subunternehmen, was die Komplexität erhöht. Insofern spielt bei diesem Geschäftstyp die langfristige Beziehung eine weniger wichtige Rolle für die Beschaffung; diese ist in erster Linie transaktionsorientiert. Darüber hinaus unterscheiden sich die Absatzstrukturen je nach Land und Weltregion. Während zum Beispiel in Asien wie in Europa eher Großunternehmen das Erstellen von Anlagen durchführen, sind dafür in den USA in der Regel Beratungs- und Entwicklungsgesellschaften zuständig (Godefroid und Pförtsch 2013; Backhaus und Voeth 2014).

Ein Beispiel für B2B-Projektgeschäfte liefert GastroHero (gastro-hero.de), ein Unternehmen, das auch Großküchen im B2B eCommerce online vertreibt. Dass sich komplexe Automatisierungstechnik ebenfalls online vertreiben lässt, zeigt die Automation24 GmbH (automation24.de).

2.2.2 Zuliefergeschäft im B2B eCommerce

Das Zuliefergeschäft ist typisch für Original Equipment Manufacturers (OEMs), die mit Komponenten oder fertigen Teilen bzw. Halbfertigprodukten beliefert werden. Sofern diese unverändert in die eigenen Produkte eingebaut werden, handelt es sich nicht selten um Ingredient Brands, die in der Regel auch zur Profilierung des neuen Produkts hervorgehoben werden, wie zum Beispiel mit den Slogans „Intel Inside" oder „Gore-Tex Product". Dabei können die Ingredient Brands im Grunde genommen wiederum eigene OEMs darstellen.

Typisch für einen Zulieferer von OEMs ist, dass dieser als Erstausrüster zwar Produkte in eigenen Produktionsstätten fertigt, diese aber nicht selber in den Handel bringt, sondern überwiegend an andere Herstellungsstätten, also OEMs, liefert. Deswegen besteht in etlichen Branchen eine enge Partnerschaft. Wie bei Bosch ist allerdings durchaus auch eine Kombination möglich, bei der die Markenware nicht nur an die Automobilindustrie geliefert, sondern auch über eigene Niederlassungen an Endkunden vertrieben wird.

Von den OEMs werden den Zulieferern gewöhnlich genaue Vorgaben für neu zu entwickelnde Komponenten gemacht. Darüber hinaus besteht auch in der Logistik eine enge Zusammenarbeit in Form von JIT (Just in Time). Da der Zuliefermarkt in der Regel überschaubar ist und aus wenigen Anbietern besteht, ist es für den Zulieferer von großer Wichtigkeit, bei der Einkaufsentscheidung berücksichtigt zu werden. So hält bei einem neuen Modell die Geschäftsbeziehung in der Regel so lange wie dessen Lebenszyklus. Anders ist sicherlich das Zuliefergeschäft im Einzelhandel zu betrachten, wo im Eigenmarkengeschäft von Vertragslieferanten zugeliefert wird. Aber auch hier wird die Lieferantenbeziehung zumindest über eine komplette Saison oder ein Geschäftsjahr aufrechterhalten und dann im Jahresgespräch neu verhandelt. Diesbezüglich ist natürlich ganz entscheidend, wie stark die Verhandlungsmacht eines Zulieferers ist. Andererseits übernehmen immer mehr Lieferanten die Regalhoheit im Handel, was dann aber eher dem Integrationsgeschäft zuzuordnen ist (Godefroid und Pförtsch 2013; Backhaus und Voeth 2014).

Der Weg dorthin ist im B2B eCommerce beim Zuliefergeschäft noch weit. Andererseits zeigt das Beispiel „materials4me" von Thyssenkrupp, dass sich auch im Zuliefergeschäft erfolgreich online verkaufen lässt.

2.2.3 Systemgeschäft im B2B eCommerce

Im Gegensatz zum Projektgeschäft bestehen beim Systemgeschäft nicht selten Kaufverbünde zwischen verschiedenen, sukzessiv aufeinander aufbauenden Kaufprozessen. Typisch bei Beratungen ist zum Beispiel das Angebot einer Vor- und später einer da-rauf aufbauenden Haupt- bzw. Implementierungsphase. Auch Systemtechnologien wie z. B. PIM-, ERP- oder Shop-Systeme werden nicht selten gebündelt eingekauft, allerdings in der Regel nicht als Komplettpaket, sondern als Einzelsysteme. Dabei stehen dann die einzelnen Systembestandteile, zu denen auch Services gehören können, in einem engen Zusammenhang, der auch durch die Systemarchitektur geprägt wird. Dies ist vor allem aufgrund der zeitlichen Komponente von besonderer Bedeutung, da bei Systemen Architekturwechsel hohe Kosten verursachen können. Dies ist zweifelsohne im Produktgeschäft anders, wo ein Lieferant, der aus Preis- oder Qualitätsgründen nicht mehr akzeptabel erscheint, relativ einfach gegen einen anderen Lieferanten ausgetauscht werden kann.

Deswegen ist im Systemgeschäft das Vertrauen der Kunden in die aktuelle und zukünftige Kompetenz des Systemanbieters für die Beschaffungsentscheidungen ausschlaggebend. Sämtliche Marketingaktivitäten eines Systemanbieters sollten sich insofern in erster Linie auf die Darstellung seiner Kompetenz sowie die Bereitstellung der entsprechenden Dienstleistungen konzentrieren. In den letzten Jahren ist zwar eine zunehmende Tendenz zur Entwicklung „offener Systeme" zu beobachten, die es dem Systembenutzer erlauben, Teile des Systems von unterschiedlichen Anbietern ohne Schwierigkeiten in das eigene System zu integrieren. Diese beruhen allerdings auf weitgehend etablierten Standards (z. B. Normen und Industriestandards) und können deswegen auch einen innovationshemmenden Effekt aufweisen. Denn Innovationen, die bestehende Standards sprengen, haben es extrem schwer, sich durchzusetzen. Hier fehlt häufig der Glaube an eine längerfristige Etablierung einer neuen Systemarchitektur als Standard, was potenziellen Kunden sehr schwer zu vermitteln ist (Backhaus und Voeth 2014).

Gemeinhin wird angenommen, dass Systeme online nicht zu verkaufen sind. Hier zeigen allerdings die Beispiele des Shop-Systemanbieters supr.com (de.supr.com) sowie von „Hospitality Digital" der Metro AG (hd.digital), dass das so generell nicht korrekt ist.

2.2.4 Industriegütergeschäft im B2B eCommerce

Industriegüter sind Leistungen eines Anbieters, die weitgehend standardisiert hergestellt und anonym vermarktet werden können. Sie sind sowohl für einen isolierten als auch für den dauerhaften Einsatz bei den Abnehmern bestimmt. Während Einzelaggregate wie zum Beispiel Pumpen isoliert beim Kunden eingesetzt werden, können dauerhafte Bedarfe wie u. a. Urprodukte (Roh,- Hilfs- und Betriebsstoffe), Arbeitskleidung, Zwischenprodukte sowie Betriebsmittel oder C-Teile permanent abgerufen werden.

Industriegüter finden sich überwiegend im Produktionsverbindungs- bzw. *Produktionszwischenhandel (PVH), der* durch Großhandelsunternehmungen organisiert wird und *den* Handel von Gütern zwischen zwei Produktionsstufen umfasst (Gabler Wirtschaftslexikon 2019). Auch Produkte und Waren wie z. B. Werkzeuge, Bauartikel und -produkte, industrielle Vorprodukte oder Halbzeuge, Stahl oder andere Werkstoffe werden von Herstellern oder Handwerkern zum Zwecke der Weiterverarbeitung vom PVH-Großhandel bezogen (Wikipedia PVH 2019). Nicht selten werden die Produkte im PVH konfektioniert (u. a. gesägt, geschnitten, geschweißt, lackiert etc.) oder in anderer Weise bearbeitet. Zudem finden sich dort überwiegend Markenfabrikate führender Hersteller.

Der PVH stellt eine Mischform verschiedenster Betriebstypen dar. So ist der Zustellgroßhandel (primäre Absatzform) vom Abholgroßhandel (ergänzende Absatzform) zu unterscheiden, wobei beides auch kombiniert anzutreffen ist (Wikipedia PVH 2019). Die meisten PVH-Großhändler sind in großen Einkaufsverbänden zusammengeschlossen, wie u. a. die NORDWEST Handel AG, das E/D/E – Einkaufsbüro Deutscher

Eisenhändler GmbH, Hagebau, EUROBAUSTOFF oder die Union Haustechnik. Diese PVH-Anbieter betreiben bis auf wenige Ausnahmen bereits eigene B2B Online-Shops. Dem PVH-Großhandel ist auch der Online-Shop der Würth-Gruppe (eshop.wuerth.de) zuzuordnen, zu der auch Normfest gehört (normfest.de). Darüber hinaus gibt es mit „esska.de" auch erste Start-ups, die sich im PVH erfolgreich als B2B Online-Pure-Player etabliert haben.

2.2.5 Konsumgütergeschäft im B2B eCommerce

Auch wenn Konsumgüter selten für die industrielle Weiterverarbeitung eingesetzt, sondern für den privaten Ge- oder Verbrauch hergestellt und gehandelt werden, so erfolgt deren Absatz in der Regel in Form von B2B-Geschäften. Abnehmer sind dabei entweder Einzel- oder Großhändler sowie Großabnehmer (z. B. Gastronomie und Hotellerie). Allerdings stellt sich erst bei der tatsächlichen Nutzung eines Konsumgutes heraus, ob es endgültig konsumiert wird oder wie z. B. ein Fahrzeug als Arbeitsmittel in einen Produktionsprozess eingeht.

Bei Konsumgütern kann es sich entweder um Verbrauchsgüter (z. B. Brennstoffe, Nahrungsmittel und Medikamente) oder um langlebige Gebrauchsgüter handeln. Letztere werden nicht im eigentlichen Sinne verbraucht, sondern unterliegen durch den wiederholten Gebrauch einem Verschleiß oder einer Abnutzung (Meffert et al. 2015).

Insgesamt werden verschiedene Kategorien von Konsumgütern unterschieden, und zwar Güter des täglichen Bedarfs, Güter des Such- und Vergleichskaufs, Sonderprodukte und Spezialitäten sowie Güter des fremdinitiierten Einkaufs (Wikipedia Konsumgüter 2019), die nachfolgend im Detail erläutert werden (Meffert et al. 2015):

Güter des täglichen Bedarfs Diese Konsumgüter werden auch als Convenience Goods bezeichnet und häufig sowie ohne intensive Planung oder Vorbereitung gekauft. Gemeinhin handelt es sich um Güter mit einem vergleichsweise niedrigen Preis, die über ein Massenmarketing des Herstellers vertrieben werden und an vielen Orten erworben werden können, wie zum Beispiel Food. In diesem Bereich forciert derzeit vor allem die Metro im Bereich Cash und Carry ihr B2B-eCommerce-Geschäft online (shop.metro.de), und zwar vornehmlich an Gastronomen und kleine Fachhändler bzw. Kioskbetreiber. Als vielversprechendes B2B-eCommerce-Start-up in der Getränkebranche gilt Kollex (kollex.de), eine kooperative Plattform der deutschen Getränkeindustrie.

Güter des Such- und Vergleichskaufs Hier handelt es sich um typische Shopping Goods, die in der Regel seltener gekauft werden und hochpreisiger sind als Lebensmittel. Insofern ist beim Kauf ein gewisses Maß an Planung erforderlich. Dabei werden im Laufe des Kaufentscheidungsprozesses Produktvergleiche vorgenommen, um die bestmögliche Option auszuwählen. Güter des Such- und Vergleichskaufs werden sowohl durch die Hersteller als durch auch die Einzelhändler beworben, die diese dann vertreiben. Beispiele sind Parfüm, Markenmöbel, Markenkleidung und Automobile. Erste B2B eCommerce-Anbieter wie z. B. „restposten.de“ vertreiben online Güter des Such- und Vergleichskaufs z. B. Auch die Metro verkauft in ihrem Cash-und-Carry-Geschäft derartige Produkte bereits online (shop.metro.de), und zwar vornehmlich an Kleingewerbetreibende. Auch im Reifengroßhandel tut sich etwas. So bietet der Reifenhändler Pneuhage (interpneu.de) auch einen B2B Online-Shop für gewerbliche Kunden an. Gleiches gilt für die großen Reiseportale wie u. a. expedia (expedia.com) oder Opodo (opodo.de), die ihre Leistungen auch an gewerbliche Kunden vertreiben. Neuerdings betreibt auch der BVB in Dortmund echten B2B eCommerce, indem er seine Fanartikel über den Online-Shop auch Fachhändlern anbietet (shop.bvb.de).

Sonderprodukte und Spezialitäten Diese Produkte werden auch Specialty Goods genannt. Es handelt sich überwiegend um Luxusgüter, für die es nur beschränkt alternative Marken im Angebot gibt und die deswegen nicht sehr preissensibel sind. Solche Güter (z. B. Luxusuhren, teures Porzellan, Kristallwaren, Weine, Schreibgeräte etc.) sind hochpreisig und werden eher mit exklusiven Marketingstrategien beworben. Vertriebswege sind speziell ausgewählte Markenhändler. Hier findet bei den meisten Herstellern bisher primär B2C eCommerce statt, während Wholesale noch auf traditionelle Art und Weise betrieben wird.

Güter des fremdinitiierten Kaufs Für derartige „Unsought Goods“ gibt es nur eine vergleichsweise geringe Nachfrage, da entweder nicht bekannt ist, dass es diese Güter überhaupt gibt, oder diese Produkte gefühlsmäßig eher abgelehnt werden. Kunden beschäftigen sich ungern mit diesen Gütern, da sie als lästig empfunden werden. Ihr Verkauf wird nicht selten durch aggressive Werbung unterstützt und auch durch Direktvertrieb gefördert, wie zum Beispiel bei Versicherungsleistungen oder Energie. Hier erfolgt in der Regel der direkte Verkauf an Unternehmen in einem speziellen B2B-Firmenkundengeschäft. Es ist davon auszugehen, dass die meisten Banken und Finanzdienstleister ihre Produkte bereits online an Firmenkunden und Kleinunternehmer vertreiben (z. B. deutsche-bank.de; mlp.de). Dass sich „Unsought Goods“ auch online über B2B eCommerce vertreiben lassen, zeigt der Stromanbieter Digitalstrom (digitalstrom.com).

2.2.6 Integrationsgeschäft im B2B eCommerce

Das Integrationsgeschäft kombiniert die einzelkundenbezogenen Transaktionen bei gleichzeitiger Existenz eines zeitlichen Kaufverbunds (Backhaus und Voeth 2014).

Dieser erinnert durchaus an eine typische Extranet-Verbindung im Zuliefergeschäft mit automatischer Disposition. Gemeint sind hier aber eher internetbasierte Geschäfte wie zum Beispiel Abo- und Mietmodelle. Auch Wartungs- und Serviceverträge oder das übliche Lizenzgeschäft von Softwareanbietern kann hier subsumiert werden, sofern relativ einfach gewechselt werden kann. Typisch für Integrationsgeschäfte im B2B eCommerce sind zum Beispiel Cloud-Anbieter wie die Amazon Web Services (AWS) (aws.amazon.com) oder die Google Cloud.

Normalerweise ist das Integrationsgeschäft dadurch gekennzeichnet, dass Vermarktungsprogramme für einzelne Kunden entwickelt werden. Dabei wird auch eine längerfristige Geschäftsbeziehung mit dem Kunden aufgebaut, um einen Wechsel zu anderen Anbietern zu verhindern. In der Regel handelt es sich bei diesem Geschäftstyp um Leistungen, die spezifisch für einzelne Kunden entwickelt werden. Dabei ist der Kunde in seinen Kaufprozessen dann längerfristig an eine einmal und einmalig entwickelte Lösung gebunden. Die individualisierten Leistungsangebote von Automobilzulieferern sind typische Integrationsgeschäfte. Werden ganz spezielle Teile für ein spezifisches Modell entwickelt und geliefert, sind beide Partner während dessen Lebenszyklus gegenseitig schwer substituierbar. Je geringer dabei die Substituierbarkeit des Kunden für den Anbieter ist, umso bedeutsamer wird der einzelne Abnehmer.

Es ist davon auszugehen, dass B2B-Systemgeschäfte in der Regel auch Integrationsgeschäfte sind und sich hier über spezifische Kompatibilitäten Abhängigkeiten schaffen lassen. Im Cloud-Geschäft schafft der B2B-eCommerce-Marktführer AWS das auch durch die einfache Art der Handhabung, durch die die Nutzer regelrecht verwöhnt werden und ihre Arbeitgeber nicht selten zur Nutzung der AWS-Cloud nötigen, was in Zeiten des „War for Talent" durchaus Wirkung zeigt. Aber auch Projektgeschäfte entwickeln sich zunehmend zu Integrationsgeschäften, wie das Beispiel GastroHero zeigt (gastro-hero.de). Hier werden im B2B eCommerce Großküchen vertrieben, die bei den Geräten und Ersatzteilen spezifische Kompatibilitäten aufweisen. Auch kann es Sinn machen, um eine bestimmte Zielkundschaft herum sukzessive verschiedene Bedarfe abzudecken. Dies praktiziert z. B. die E. M. Group Holding AG, die aus dem Bereich der Hotelwäsche hervorgegangen ist und mittlerweile mit verschiedenen Marken und B2B-Shops unterschiedliche Bedarfe für Hotels abdeckt, u. a. mit Vega-Hotelbedarf (vega-direct.com), Jobeline-Berufskleidung (jobeline.de), Lusini-Gastronomiebedarf (lusini.de), Poggemeier-Gastronomieausstatter (poggemeier.com) sowie Pulsiva-Gastrobekleidung (pulsiva.com).

Fazit

Insgesamt ergeben sich aus den sechs dargestellten Geschäftstypen sowie den zuvor aufgezeigten drei Betriebsformen 18 Konstellationen des B2B eCommerce, für die sich jeweils „real existierende" Beispiele finden lassen (vgl. Abb. 2.10).

B2B-Betriebsformen	Konsumgütergeschäft	Industriegütergeschäft	Zuliefergeschäft	Systemgeschäft	Projektgeschäft	Integrationsgeschäft
Online-Pure-Play	Online-Pure-Play Konsumgut	Online-Pure-Play Industriegut	Online-Pure-Play Zulieferer	Online-Pure-Play Systeme	Online-Pure-Play Projekte	Online-Pure-Play Integration
Multi-Channel	Multi-Channel Konsumgut	Multi-Channel Industriegut	Multi-Channel Zulieferer	Multi-Channel Systeme	Multi-Channel Projekte	Multi-Channel Integration
Plattform/ Marktplatz	Marktplatz/ Plattform Konsumgut	Marktplatz/ Plattform Industriegut	Marktplatz/ Plattform Zulieferer	Marktplatz/ Plattform Systeme	Marktplatz/ Plattform Projekte	Marktplatz/ Plattform Integration

(Spaltenüberschrift: B2B-Geschäftstypen)

Abb. 2.10 Die 18 Konstellationen des B2B eCommerce

2.3 Kundeninteraktion im B2B eCommerce

Zwar suchen Unternehmen neue Lieferanten immer noch bevorzugt auf Fachmessen. Mit der zunehmenden Reife des Käufermarkts ist allerdings ein radikaler Wandel im Einkaufsverhalten zu beobachten. Dabei zerstört B2B eCommerce alte Kundenbeziehungen, da u. a. der Direktverkauf durch den Hersteller erleichtert wird (Heinemann 2015). Groß- und Zwischenhändler fallen ebenso weg wie Telefonverkäufe oder Vertreterbesuche. Ein Anbieterwechsel wird dank elektronischer Marktplätze und Online-Plattformen immer einfacher. Nach aktuellen Erhebungen geben inzwischen 49 % der Einkäufer in Europa fast die Hälfte ihres Budgets via Internet aus. Alles in allem ist die industrielle Beschaffung in Europa zwar noch sehr traditionell ausgerichtet – 88 % ordern Ersatzteile, Rohstoffe oder Zubehör via Telefon, Fax oder E-Mail –, zugleich steigen aber Lieferantenwebsites und mobile Apps in der Gunst der einkaufenden Unternehmen. Allerdings hat noch nicht jeder Einkäufer Wahlfreiheit, denn ein Drittel der Betriebe darf nur bei bestimmten Lieferanten einkaufen und ein Fünftel kann nur zwischen bestimmten Produkten wählen (Ungerboeck 2017). Das überrascht nicht, denn in der Regel gibt es in Konzernen langfristige Rahmenverträge. Solange diese Preise, Qualitäten und Mengen regeln, wird Treue in der Industrie noch großgeschrieben. Aber die Zahl der B2B-Kunden, die direkt beim Hersteller kaufen, steigt in Europa stark an. Traditionelle PVH-Großhändler geben zunehmend Marktanteile an Online-Marktplätze und Hersteller-Shops ab. Andererseits nimmt auch der Bedarf an Service rapide zu: Demnach erwarten 76 % der Betriebe Reparaturen, technischen Kundendienst und Support vor Ort. Dies erfordert einerseits eine Offline-Service-Präsenz, andererseits eine rasche Anlieferung von Ersatzteilen (Ungerboeck 2017). Das bezieht sich aber offensichtlich in erster Linie auf relativ einfache Einkaufsprozesse, die häufig vorkommen und eine relativ geringe Bedeutung für das Unternehmen haben. Dabei handelt es sich in der Regel um C-Teile, indirekte Bedarfe (MRO), Büromaterial oder Dienstreisen. Bei Projekten oder Systemen, die selten eingekauft werden, aber eine hohe Bedeutung für das Unternehmen haben, dürfte das Einkaufsverhalten zweifelsohne etwas anders aussehen. Hier ist sicherlich nach Kaufklasse sowie Kaufphase zu differenzieren. Zudem macht es einen großen Unterschied, ob es sich um Erstkäufe oder um Wiederholungskäufe handelt. Insofern macht es Sinn, die Besonderheiten des B2B-Kaufverhaltens genauer unter die Lupe zu nehmen (Ungerboeck 2017).

2.3.1 Kaufphasen und Conversion im B2B eCommerce

Grundsätzlich sind auch im B2B eCommerce mehrere Phasen zu unterscheiden, und zwar die Spezifikationsphase, die Recherchephase sowie die Kaufphase (Godefroid und Pförtsch 2013; Backhaus und Voeth 2014). Diese stehen in unmittelbarem Zusammenhang mit der Conversion, die in jeder Phase immer wahrscheinlicher wird und schließlich durch den Kauf zum Vollzug kommt.

Spezifikationsphase Die Spezifikationsphase ist mit der Problemerkennung, Festlegung der Produkteigenschaften sowie der Beschreibung der nötigen Produkteigenschaften verbunden. Der Anstoß für einen Neukauf kann unterschiedlichste Gründe haben und von verschiedensten Stellen ausgelöst werden (z. B. Kostengründe, Ersatzbeschaffung, Erweiterungsinvestition, Wettbewerbsvorteile, Akquisitionsgespräch eines Anbieters etc.). Gelingt es dem B2B-Anbieter, in dieser Phase mit einem potenziellen Kunden in Kontakt zu treten, kann das erhebliche Vorteile haben. Dies ist allerdings außerordentlich schwierig, auch wenn das Online-Marketing (z. B. Google Adwords) es heute einfacher macht als in der Zeit vor dem Internet. Gelingt ihm das, so hat der Anbieter in einer relativ frühen Phase die Gelegenheit, die noch offenen Vorstellungen und Anforderungen des Kunden zu beeinflussen. Dies sollte er in Richtung der Lösungsfelder tun, auf denen er über ein besonders leistungsfähiges Produktangebot verfügt. Auch kann er dabei den Kundenbedarf erkennen und gegebenenfalls spezielle Produkte dafür anbieten, entwickeln oder modifizieren. Dies beeinflusst bereits die Festlegung der Produkteigenschaften. Zu diesem Zweck sollte der Anbieter den potenziellen Kunden weitgehend informieren, was heute auch per Email erfolgen kann. Darüber hinaus kann er durch entsprechende Bewertungshilfen und Argumente eine Vorentscheidung dahin gehend herbeiführen, dass die besonderen Stärken des Anbieters zum Tragen kommen. Hier können auch Konfigurationstools hilfreich sein, die es bei anderen Anbietern nicht gibt. Bei der anschließenden Beschreibung der Produkteigenschaften sollte das anbietende Unternehmen erhebliche Anstrengungen unternehmen, das einkaufende Unternehmen von seiner Problemlösungskompetenz zu überzeugen. Insbesondere bei komplexen Geschäftstypen oder sehr neuartigen Projekten wird das beschaffende Unternehmen sich nicht nur auf das eigene Urteilsvermögen und die vorliegenden Informationen verlassen wollen. Daher werden nicht selten auch Beratungsunternehmen eingesetzt, die Erfahrungen mit der Beschaffung und dem Einsatz entsprechender Produkte haben. Deswegen ist ein Kontakt zu relevanten Beratungsunternehmen hilfreich.

Der Festlegung und Beschreibung der Produkteigenschaften geht in der Regel eine intensive Informationssuche voraus. Anbieter sollten deswegen ihre Verkaufsunterlagen, Konfiguratoren, Hinweise auf Referenzen etc. im Netz bereitstellen und es qualifizierten Kunden damit ermöglichen, sich ein genaues Bild zu machen. Damit nimmt der Anbieter dann bereits Einfluss auf die Recherchephase.

Recherchephase Diese Phase zeichnet sich durch die Suche nach Lieferanten, die Lieferantenbeurteilung sowie das Einholen und Bewerten von Angeboten aus. Bei der Lieferantensuche auf Basis der Produktspezifikation haben diejenigen Anbieter einen Vorteil, die bereits in der Spezifikationsphase Kontakt zum Unternehmen hatten. Sie haben insbesondere einen zeitlichen Vorsprung, weil sie bereits früher über das Projekt informiert waren und sich daher durch eigene Aktivitäten (z. B. Konfigurationstool oder Bau von Prototypen) von ihren Wettbewerbern abheben können. Bei der Auswahl potenzieller Lieferanten kommt es auch vor, dass das beschaffende Unternehmen die Lieferanten anderer – aber ähnlicher – Produkte zum Angebot auffordert, wenn deren bisherige Leistungen positiv beurteilt werden. Vor allem bei Neukäufen wird ein Unternehmen eher auf etablierte Anbieter zurückgreifen. Dabei können die Stärken des B2B eCommerce voll ausgespielt werden: Sollte noch kein Lieferant bekannt sein, ist es online sehr gut möglich, potenzielle Lieferanten zu identifizieren, auch im Ausland. Eine direkte Kontaktaufnahme ist dafür gewöhnlich noch nicht erforderlich, sofern die im Internet verfügbaren Informationen ausreichen. Das ändert sich spätestens dann, wenn es um das Einholen und Bewerten von Angeboten – also die genauen Preise und finanziellen Konditionen – geht. Bei komplexen Beschaffungen ist es äußerst selten, dass Anbieter alle Anforderungen erfüllen und auch die preislichen Vorgaben nicht überschritten werden. Zudem liegt dem Beschaffer in der Regel eine Reihe von Angeboten vor, die jeweils ein unterschiedliches Spektrum an Leistungen zu jeweils unterschiedlichen Preisen abdecken. Für die vergleichende Bewertung solcher Angebote, die in der Regel mehrfach erfolgt und recht lange dauern kann, gibt es verlässliche Verfahren und/oder Berater. Die Bewertung wird durch die Bereitstellung eines kompatiblen Formates im Internet stark erleichtert. Allerdings kann dem Kunden auch durch derartige Hilfestellungen nicht die Einkaufsentscheidung abgenommen werden. Ziel sollte es sein, dass der Einkäufer am Ende der Recherchephase auf ein Online-Werbemittel oder einen Link klickt, einen QR-Code scannt oder die www-Adresse des B2B-Anbieters eingibt.

Kaufphase Die Kaufphase umfasst die Auswahl des Lieferanten, die Verhandlungen und den Abschluss, die Bestellung und Abwicklung sowie das Leistungsfeedback und die Neubewertung. Für die Lieferantenauswahl werden in der Regel die üblichen Lieferantenbewertungssysteme genutzt. Bei bisher unbekannten Lieferanten liegen jedoch noch keine genau quantifizierten Erfahrungen im Hinblick auf Qualität und Lieferzuverlässigkeit vor. Lieferantenrankings geben hier aber Hilfestellung (z. B. eBay

Business). Allerdings werden Lieferanten entsprechenden Veröffentlichungen eher zurückhaltend gegenüberstehen. Am Ende der Entscheidungsphase werden aus der Fülle der Anbieter nur noch wenige im Auswahlverfahren befinden („short list"), mit denen dann verhandelt wird. In dieser Phase liegt der Schwerpunkt der Verhandlungen in der Regel nicht mehr bei den technischen Eigenschaften der Produkte, sondern bei den kaufmännischen Details wie u. a. den Preisen, Vertragsbestimmungen, Lieferterminen etc. In der Verhandlungs- und Abschlussphase haben sich bei Standardprodukten Auktionen und ähnliche automatisierte Vergabeverfahren mehr oder weniger etabliert. Bei komplexen Neubeschaffungen wird dagegen auch auf absehbare Zeit ein direkter Kontakt in der Verhandlung zwischen Lieferanten und Kunden erforderlich sein. Dies muss allerdings nicht unbedingt „face-to-face" sein, da mittlerweile Verhandlungen auch über E-Mail oder andere Kommunikationswege wie u. a. Chat-Funktionen oder Videokonferenz erfolgen können. Die Bestell- und Bestellabwicklungsphase beginnt schließlich mit der Erteilung des Auftrages und umfasst die Lieferzeit, die Lieferung sowie die Installation bis hin zur betriebsbereiten Übergabe. In dieser Phase treffen nicht selten völlig andere Abteilungen beim Anbieter (z. B. technische Serviceabteilungen) und Beschaffer (z. B. Produktionsvorbereitung) aufeinander, die häufig an der Entscheidungsfindung nicht beteiligt waren und möglicherweise sehr unterschiedliche Vorstellungen vom Projektziel haben. Negative Erfahrungen in dieser Phase können die Akquisition zukünftiger Geschäfte erschweren, zumal in dieser Phase weiterhin mit Angeboten von Wettbewerbern zu rechnen ist. Sobald eine Einigkeit zwischen beiden Vertragsparteien erreicht ist, kann die Bestellung erfolgen und die Durchführung des Auftrages auf Basis der vereinbarten Konditionen erfolgen. Im B2B eCommerce ist eine einmalige Erfassung der Aufträge sowie die Verknüpfung der Systeme sowohl auf Lieferanten- wie auch auf Auftraggeber-Seite möglich. Ist der Auftrag abgeschlossen, führt das beschaffende Unternehmen nach Inbetriebnahme der Produkte und Systeme normalerweise eine kritische Analyse der Beschaffung durch. Dabei werden die Ziele der Beschaffung mit dem eingetretenen Nutzen sowie den aufgetretenen Kosten abgeglichen. Dadurch kommt es nicht selten zu Nachverhandlung mit dem Lieferanten. Auf alle Fälle ist die Analyse auch Grundlage für gleiche oder ähnliche Beschaffungssituationen in Zukunft und sollte vom Anbieter ernst genommen werden. Nicht selten fallen negative Aspekte aus einer solchen Analyse nicht nur auf den Lieferanten, sondern auch auf den an der Auswahl der Produkte und Lieferanten beteiligten Personenkreis, das sogenannte Buying Center, zurück. Dabei können Mitglieder eines Buying Centers erhebliche Schwierigkeiten bekommen, was sicherlich keine gute Grundlage für eine weitere Zusammenarbeit mit dem Kunden ist. Deswegen ist eine möglichst hohe Transparenz der beteiligten Abteilungen und Personen im Buying Center herzustellen. Dies ist Gegenstand des folgenden Abschnitts.

Fazit

Hauptziel des B2B-eCommerce-Anbieters muss es sein, in allen Kaufphasen die Wahrscheinlichkeit für einen Kaufabschluss zu erhöhen und damit eine Conversion

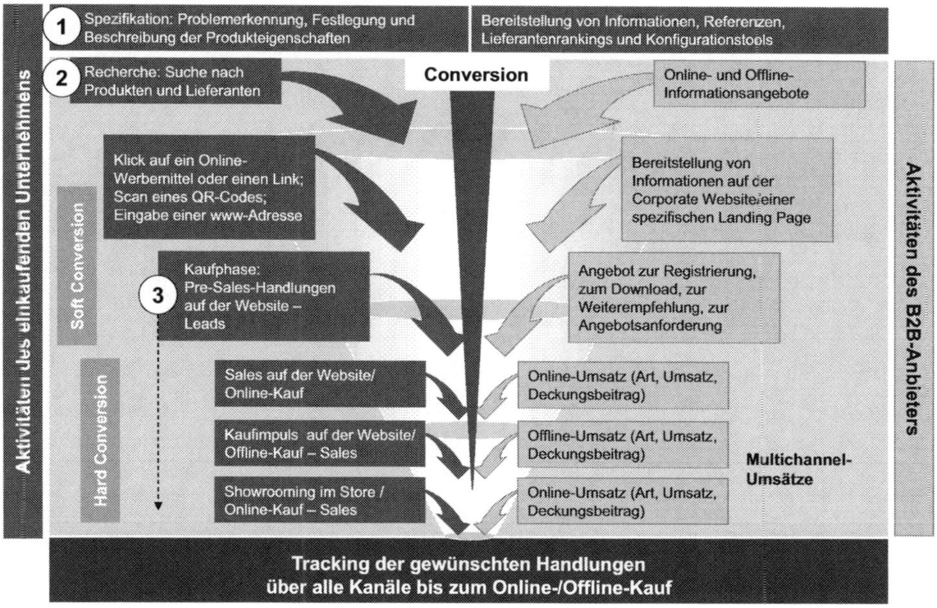

Abb. 2.11 Conversion Funnel im B2B eCommerce. (In Anlehnung an Kreutzer 2015)

zu erreichen. Deswegen bietet es sich an, die Kaufphasen als einen Conversion Funnel zu verstehen. Dabei wird zunehmend zwischen der „Hard Conversion“ und der „Soft Conversion“ unterschieden. Während sich die „Hard Conversion“ auf den konkreten Kauf bezieht, bringt die „Soft Conversion“ unterschiedliche Handlungen zum Ausdruck, die sich hinter der Landing Page, also nach dem ersten Klick, vollziehen. Deswegen gehen Online-Händler im Rahmen von Web Analytics zunehmend dazu über, die Konversionspfade zu analysieren (Kreutzer 2015). Ein solcher Pfad ist in Form eines typischen Conversion Funnels in Abb. 2.11 dargestellt. Dabei sind nicht nur die Konversionsschritte dargestellt, die onsite erfolgen, sondern auch solche, die bereits offsite einsetzen. Dies ermöglicht eine ganzheitliche Betrachtung, zielorientierte Pfadanalysen und die Identifizierung von Nutzungsmustern, die Hinweise auf Optimierungsmöglichkeiten geben (Kreutzer 2015). Der Kaufabschluss erfolgt insbesondere im B2B Multi-Channeling nicht mehr nur online, sondern zunehmend auch offline. Bedenklich ist allerdings, dass die Offline-Kaufabschlüsse häufig nicht bei der Berechnung der Conversion Rate berücksichtigt werden.

2.3.2 Selling Center versus Buying Center

Personen, die auf der Seite des einkaufenden Unternehmens beim Kauf mitwirken, werden häufig in einem Gremium zusammengefasst, das als Buying Center bezeichnet wird.

Den Beteiligten werden dabei verschiedene Rollen im Hinblick auf den Beschaffungsprozess zugewiesen. In der Literatur zum B2B-Marketing und -Vertrieb wird dabei in der Regel einseitig auf das Buying Center aufseiten des einkaufenden Unternehmens fokussiert (Backhaus und Voeth 2014), nicht jedoch auf die Vertriebsorganisation des B2B eCommerce-Unternehmens. Parallel dazu hat sich jedoch auf der Verkaufsseite das Selling Center als multipersonale Form der Akquisition für größere Projekte etabliert und stellt quasi eine Antwort auf das Buying Center dar. Während den Teammitgliedern im Einkauf Rollen als Initiator, Informations-Selektierer (Gatekeeper), Beeinflusser, Entscheider, Einkäufer und Benutzer (User) zugewiesen werden, sieht dies auf der B2B-Verkaufsseite völlig anders aus. Insbesondere bei komplexen Leistungen (und Produkten) handelt es sich hier um Verkäufer, Key Account Manager, System- und Anwendungsspezialisten oder die Geschäftsführung selbst (Lippold und Lutz 2018). Allerdings verändert der B2B eCommerce vor allem die Rollen der Verkäufer und Key Account Manager, die nicht selten bereits durch den eCommerce-Leiter ersetzt oder zumindest ergänzt werden. Die Geschäftsführung sollte dabei darauf bedacht sein, eventuell vorhandene Defizite im Qualifikationsprofil der Beteiligten durch ihre hierarchische Stellung wettzumachen. In Abb. 2.12 sind die Teammitglieder des Buying Centers den entsprechenden Vertriebsrepräsentanten des Selling Centers beispielhaft gegenübergestellt.

Die einander gegenübergestellten Rollen des Buying und Selling Centers können als typisch für die meisten größeren Akquisitionsprozesse angesehen werden, sofern es sich um komplexe Produkte und Leistungen handelt (zum Beispiel Projekte, Anlagen, Systeme). Als vereinfachte Form des Selling Centers kann auch ein Tandem gebildet

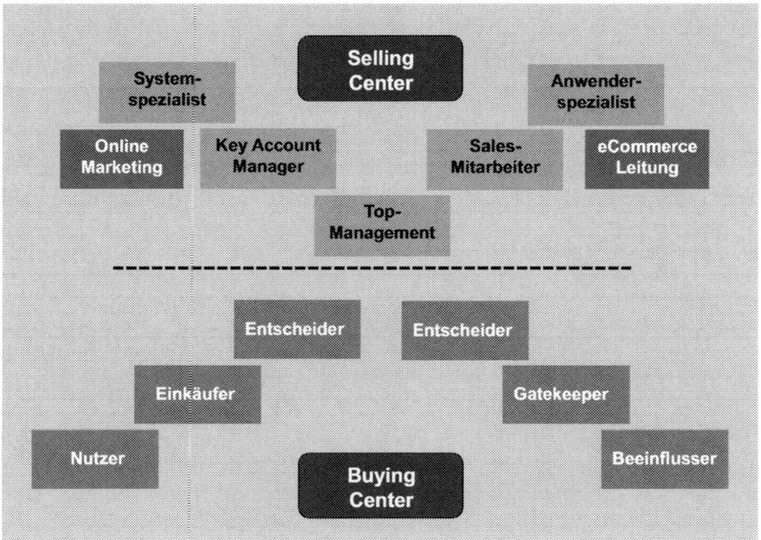

Abb. 2.12 Gegenüberstellung von Buying und Selling Center. (Quelle: Lippold und Lutz 2018)

werden, das aus einem Kunden- sowie einem Konzeptmanager besteht oder aber einen anwendungsorientierten und einen systemorientierten Verkäufer zusammenfasst. Denkbar ist auch die Kombination aus einem eher strategie- sowie einem überwiegend umsetzungsbetonten Berater. Eine solche Tandemlösung spart Kosten und ermöglicht ein arbeitsteiliges Vorgehen (Lippold und Lutz 2018).

Entscheidend ist, dass mit der Bildung eines Selling Centers dem vielfältigen Informationsanspruch der Einkaufsseite ein entsprechendes Gewicht auf der Verkaufsseite gegenübergestellt wird. Erfolgskritisch ist dabei, auf welcher Seite welche Personen in welchen Phasen mit welchen Aktivitäten zum Einsatz kommen (Lippold und Lutz 2018). Diesbezüglich ist es klug, nicht nur die Mitarbeiter aus dem Vertrieb in Verhandlungen mit dem Kunden einzubeziehen, sondern dem Kunden auch andere Bereiche des B2B-Anbieters zu präsentieren. Vor allem die Bereiche Forschung und Entwicklung sowie die Produktion können helfen, den potenziellen Kunden von der angebotenen Leistung zu überzeugen (Wirtschaftslexikon24 2019).

In Abb. 2.13 sind Verkaufs- und Einkaufsseite im Akquisitionsprozess mit ihren jeweiligen Center-Mitgliedern beispielhaft dargestellt. Dabei ändert sich in Abhängigkeit von der Prozessphase die Zusammensetzung des jeweiligen Centers. Ziel im B2B eCommerce muss es sein, in jeder Phase des Kaufprozesses die Beziehung zu den Beteiligten auf der Einkaufsseite aktiv zu gestalten:

- **Bedarfserkennung und Anbietersuche:** Ausgangspunkt des B2B-Kaufprozesses ist die Phase der Bedarfserkennung im Rahmen der Spezifikation. Dabei muss der grundsätzliche Bedarf analysiert und definiert werden. Der konkrete Bedarf kann durch interne oder durch externe Anregungen ausgelöst werden. Intern erfolgt dies in der Regel durch einen Angehörigen der Kundenorganisation (User, Initiator),

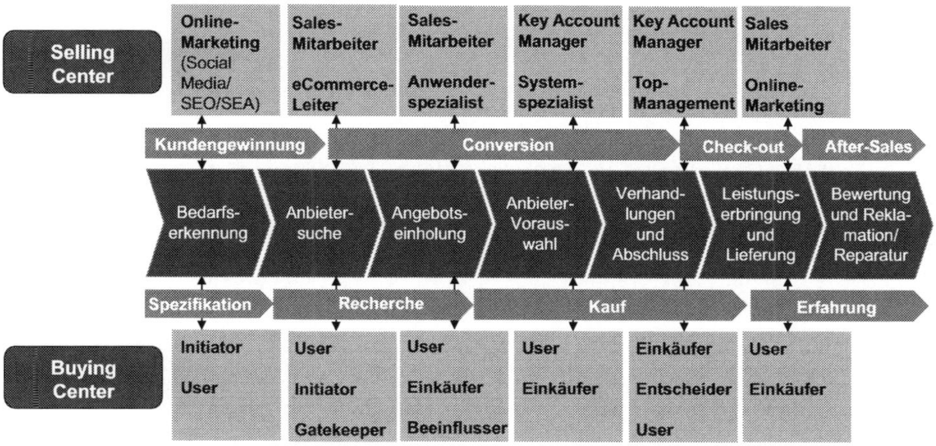

Abb. 2.13 Gegenüberstellung von Buying Center und Selling Center. (Quelle: Lippold und Lutz 2018)

während extern ein Bedarf durch Benchmarks, Reference Selling, Hinweise durch Key Account Manager, Direkt-Marketingaktionen oder durch Fachmessen ausgelöst werden kann. Danach erfolgt die Anbietersuche, wobei es um die Identifikation der infrage kommenden Berater bzw. Lieferanten geht. Dabei spielen Online-Kataloge, Portale, Branchenverzeichnisse sowie Empfehlungen und Referenzen eine wichtige Rolle. Bisherige Erfahrungen des Kunden mit dem Anbieter sowie die allgemeine Reputation des Anbieters sind insbesondere bei größeren Projekten, die einen erheblichen Einfluss auf Struktur und Prozesse der einkaufenden Organisation haben, wichtige Auswahlkriterien. Im Buying Center sind dabei Beeinflusser und Nutzer aktive Mitwirkende (Lippold und Lutz 2018).

- **Angebotseinholung und Vorauswahl:** In diesem Schritt geht es aus Sicht des Anbieters vor allem darum, die Nutzenkriterien und die Vorteile des eigenen Angebotes herauszustellen. Die Erstellung von Angeboten ist durchaus aufwendig; diese sind allerdings auch als Marketinginstrument zu verstehen. Beschaffungsvorhaben müssen bei öffentlichen Aufträgen nach EU-Richtlinien ausgeschrieben werden. Bei der Angebotseinholung und -bewertung arbeiten auf Kundenseite gewöhnlich Einkäufer, Nutzer und Beeinflusser mit, wobei dann auf der Grundlage der vorliegenden Angebote eine Anbietervorauswahl getroffen wird. Daran sind im Buying Center ebenfalls Nutzer und Einkäufer beteiligt. Nicht selten werden die Anbieter auch zu einer förmlichen Wettbewerbspräsentation (englisch „Pitch“) gebeten. Dies ist bei Beratungsleistungen üblich und bedeutet für die teilnehmenden Beratungsunternehmen eine nicht unerhebliche Vorleistung. Ergebnis dieser Angebotseinholung und der Vorauswahl ist in der Regel eine sogenannte Shortlist, die nur noch eine sehr kleine Anzahl von Anbietern enthält. Diese sollten sämtliche Mindestvoraussetzungen (englisch „Order Qualifications“) erfüllen (Lippold und Lutz 2018).
- **Verhandlungen und Abschluss:** Mit den Kandidaten auf der Shortlist beginnt nun die Phase der Verhandlungen. Dabei werden alle Auftragsmodalitäten, wie Art, Qualität, Umfang und Dauer der Leistung, Preis, Transportkosten, Ergänzungsleistungen, Gewährleistungsaspekte sowie Lieferungs- und Zahlungsbedingungen, verhandelt. Im Buying Center wirken Einkäufer, Nutzer und Entscheider mit. Ergebnis der Verhandlungsphase ist ein Vertragsabschluss mit dem Anbieter (Lippold und Lutz 2018).
- **Leistungserbringung und Bewertung:** Bei der abschließenden Leistungserbringung und -bewertung geht es um die Erfüllung der vertraglich festgelegten Leistungen sowie ihre Beurteilung. Bei größeren Projekten oder im Anlagengeschäft können Leistungserbringung (englisch „Delivery“) und deren Bewertung auch in zeitlichen Abschnitten erfolgen, wobei dann Meilensteinpläne herangezogen werden. Diese bieten dem Nutzer beziehungsweise Anwender die Möglichkeit, Zwischenkontrollen durchzuführen (Lippold und Lutz 2018).

Grundsätzlich gilt, dass bei B2B-Entscheidungen in der Regel mehrere Personen sowohl am Verkaufs- als auch am Einkaufsprozess mitwirken und Entscheidungen auf beiden Seiten eventuell auch nur gemeinsam im Team getroffen werden können. Die Gründe für die Einbeziehung verschiedener Personen liegen vor allem in der Komplexität von B2B-Einkaufsentscheidungen sowie in dem – verglichen mit vielen B2C-Einkäufen – deutlich höheren Kaufrisiko.

2.3.3 Onsite- versus Offsite-Kundeninteraktion

Bei der Nutzung von B2B Online-Kanälen spielen in der Kommunikation und Interaktion auch Infointermediäre wie z. B. Google eine herausragende Rolle. Deswegen sollte die Kundeninteraktion zumindest danach unterschieden werden, ob sie onsite oder offsite stattfindet (Heinemann 2018b; Heinemann 2019a):

Offsite-Kundeninteraktion bezeichnet alle Aktivitäten außerhalb der Website sowie den Verkauf auf Marktplätzen oder das Engagement auf Plattformen wie u. a. Google, WhatsApp oder Twitter. Zwar spielen typische Social Media-Plattformen wie Facebook, Pinterest oder Instragram auf Offsite-Seite bisher eher eine untergeordnete Rolle im B2B eCommerce, allerdings bereits eine größere für das Employer Branding (Heinemann et al. 2019). Darüber hinaus führte im vergangenen Sommer WhatsApp eine offizielle Business Lösung für große Unternehmen ein. Dieser WhatsApp Business API ermöglicht es Unternehmen, skalierbare und professionelle Kundenkommunikation über den beliebtesten Messenger anzubieten. Dadurch kann die Kommunikation mit Kunden nicht nur effizienter und kostengünstiger gestaltet, sondern auch die Kundenzufriedenheit stark gesteigert werden (Internetworld 2019). Marktplätze wie u. a. Alibaba, Mercateo, Amazon Business oder eBay Supply sind demgegenüber zwar keine Social-Media-Plattformen, doch ebenfalls der Offsite-Kundeninteraktion zuzuordnen. Denn der Kundenkontakt findet hier nur indirekt und außerhalb der eigenen Website statt (Haug 2013a, b; Heinemann 2018b). Dieses gilt auch für die B2B-Portale Wer-Liefert-Was und Euro-Pages (Heinemann 2019b).

Onsite-Kundeninteraktion umfasst alle Maßnahmen im eigenen Online-Shop. Wie in Abb. 2.14 dargestellt, handelt es sich dabei vor allem um interaktive Zusatzfunktionen, Kundenbewertungen, Kundenmeinungen, Kundenclubs und auch jede Form von Consumer Generated Content. Andere Beispiele sind Konfigurations- oder Kalkulations-Tools. Aber auch Verknüpfungen zu Offline-Kanälen, also zum Beispiel auf der eigenen Website angebotene Multi-Channel-Services, können als Onsite-Kundeninteraktion angesehen werden (Haug 2013a; Heinemann 2018b; Heinemann 2019a).

Interaktive Onsite-Zusatzfunktionen

Onsite ist eine Vielzahl von interaktiven Gestaltungselementen einsetzbar, mit denen der Prozess der Produktauswahl und -bewertung für die Kunden vereinfacht werden kann. Ihre verbindende Aufgabe ist es, Empfehlungen zu geben, Alternativen darzustellen und Lösungsvorschläge anzubieten. Der Kunde hat den Nutzen, dass sich sein Zeitaufwand bei der Produktauswahl verringert und sich die Qualität des Auswahlprozesses erhöht. Folgende interaktive Zusatzfunktionen sind möglich (Kreutzer et al. 2015; Heinemann 2019a):

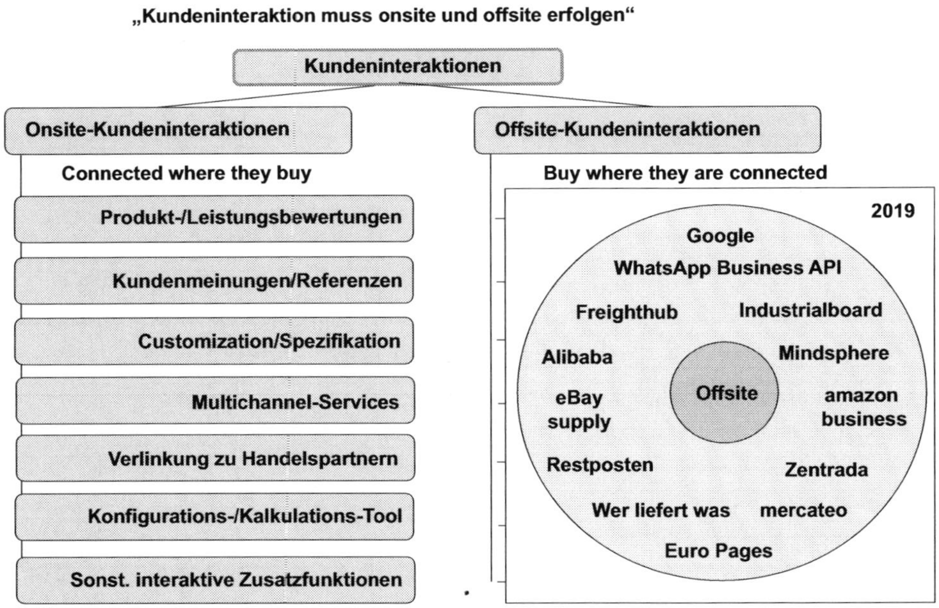

Abb. 2.14 Onsite- und Offsite-Aktivitäten im B2B eCommerce. (Quelle: weforum.org 2019)

- **Direkte Kundenberatung per Kundentelefon oder Chat-Funktionen:** Ist ein Callcenter insbesondere für beratungsintensive Produkte mittlerweile Standard, möchten sich B2B-Kunden auch zunehmend per Chat oder per Messenger beraten lassen. Eine Sonderform stellt der Video-Live-Chat dar. Wichtig ist, dass alle interaktiven Beratungsfunktionen in Echtzeit erfolgen und nicht mit zu langen Wartezeiten verbunden sind.
- **Produktbewertungen von Kunden:** Dieses Tool beinhaltet die aktive Mitwirkung von Kunden. Dazu müssen auf der Website entsprechende Dialogelemente zur Artikelbewertung integriert sein. Eine derartige Einbindung von Kunden kann positive Effekte für die Kundenbindung haben. Zugleich wird ein wichtiger Mehrwert für den Anbieter geschaffen, da der Bewertende vor Abgabe der Bewertung zumindest Name und E-Mail-Adresse eingeben muss. Bei der Bewertung hat sich das Fünf-Sterne-System als Bewertungsskala durchgesetzt, das auch von Amazon genutzt wird. Häufig können neben der Beurteilung durch Sterne auch Kommentare in Textform abgegeben werden. Darüber hinaus besteht zunehmend die Möglichkeit eines persönlichen Erfahrungsaustausches in Corporate Blogs, in denen unterschiedlichste Themenbereiche im Zusammenhang mit dem Produkt diskutiert werden können, was aber eine unabhängige und authentische Berichterstattung voraussetzt.
- **Ratings:** Immer mehr B2B-Anbieter bieten den Kunden die Möglichkeit, ihre angebotenen Artikel im Rahmen eines sogenannten Ratings auf einer Werteskala zu beurteilen. Dabei werden in der Artikelanzeige jeweils die Anzahl der abgegebenen

Wertungen sowie die Durchschnittsnote dargestellt, wodurch sich der potenzielle Kunde relativ schnell ein erstes Bild von der Produktqualität machen kann.

- **Erfahrungsberichte:** Vom Kunden verfasste Erfahrungsberichte geben potenziellen Kunden die Gelegenheit, sich ein differenziertes Bild von einem Produkt zu machen. Derartige Stellungnahmen besitzen einen hohen Grad an Glaubwürdigkeit und werden deshalb ebenfalls häufig in Artikelanzeigen mit eingebunden.
- **Expertenmeinungen:** Möglichkeiten zur Produktempfehlung bieten auch Hinweise bzw. Testberichte und Empfehlungen unabhängiger Dritter, also Experten. Compaq stellt zum Beispiel auf seiner Website (www.compaq.de) eine Übersicht mit derartigen Expertenaussagen zur Verfügung.
- **Vorschlaglisten:** Der Anbieter kann dem Kunden eine engere Auswahl von bewährten Produkten vorschlagen und damit den Kreis der Wahlmöglichkeiten eingrenzen. Dabei bietet sich an, auf den „Suggested Lists" die gängigsten Artikel für verschiedene Produktbereiche/Kategorien aufzuführen.
- **Checklisten und Einkaufslisten:** Bei vielen Anwendungen ist es auch denkbar, mehrere Produkte eines Anbieters oder anderer kompatibler Anbieter zu kombinieren. In derartigen Fällen ist es möglich, entsprechende Listen zusammenzustellen, die dem Kunden einen Überblick über die benötigten Komponenten geben (Checklisten). So stellt z. B. Hornbach Material- und Werkzeuglisten für spezifische Anwendungen ins Netz (www.hornbach.de).
- **Bestsellerlisten:** Der Anbieter zeigt auf Bestsellerlisten in regelmäßigen Abständen und in jeweils aktualisierter Form seine meistverkauften Produkte nach Themenbereichen, Bedürfnissen, Anwendungen oder Problemstellungen. Der gezeigte Verkaufserfolg der Produkte stellt dabei einen Anhaltspunkt für die Kunden dar.
- **Such- und Filterfunktionen:** Die Suchfunktionsleiste hat vor allem für B2B-Kunden herausragende Bedeutung, funktioniert bei den meisten Shops aber immer noch suboptimal. Sie setzt voraus, dass sämtliche Produkte mit allen denkbaren Indizierungen versehen werden, was einen großen Aufwand bedeuten kann. Zusätzlich greifen Kunden gerne gezielt auf bestimmte Filtermöglichkeiten zurück, die eine Eingrenzung des Suchraums auf detaillierte Produktspezifikationen ermöglichen.
- **Collaborative Filtering:** Hierbei wird die Darstellung von Produkten und Leistungen mit Hinweisen und Links auf andere Produkte oder Leistungen versehen, die Käufer des gerade begutachteten Artikels auch erworben haben.
- **Konfigurationen:** Falls ein Produkt in mehreren Varianten oder Ausführungen (zum Beispiel Farbkombinationen oder Zusatzausstattungen) aus verschiedenen Komponenten kombiniert werden kann, bieten sich Konfigurations-Tools an, die auch als „konstruierende elektronische Kataloge" bezeichnet werden. Vorteilhaft an diesem Instrument ist, dass der Kunde das Produkt nach seinen individuellen Wünschen relativ zeiteffizient selbst am PC konfigurieren bzw. zusammenstellen kann und dabei unmittelbar das Ergebnis sieht. Von Vorteil ist, wenn der Kunde parallel den Preis des Produktes kalkulieren kann, wie es Cisco z. B. für hochkomplexe Netzwerkanlagen ermöglicht.

- **Produktgegenüberstellungen:** Hiermit kann dem Kunden der Produktvergleich erleichtert werden. So bietet Hewlett Packard (www.hp.com) ein Tool an, mit dem der Kunde die wichtigsten Eckdaten von drei frei wählbaren Artikeln einer Kategorie in Tabellenform gegenüberstellen kann.
- **Bedürfnisanalysen:** Dieses Instrument können Anbieter nutzen, um den Bedarf beim Kunden abzuklären und zu erforschen, welche Artikel oder Leistungen aus seinem Sortiment für die Bedarfsdeckung geeignet sind. Dazu werden auf den Websites entsprechende Dialogelemente eingesetzt, mit welchen die Rahmenbedingungen und Präferenzen des Kunden erfasst werden können. Dabei kommt die webbasierte Bedürfnisanalyse dem Charakter eines realen Verkaufs- und Beratungsgespräches relativ nahe, denn auch hier ist ein gewisses Maß an Vertrauen in die Kompetenz des Anbieters erforderlich.
- **FAQ-Listen:** Bei FAQ-Listen handelt es sich um eine übersichtliche Auflistung häufig gestellter Fragen („Frequently Asked Questions") in Verbindung mit vom Anbieter formulierten Antworten. Auch sie können als Selektions- und Evaluationshilfe angesehen werden, soweit sie sich auf die Produkte und Leistungen des Anbieters beziehen. Es kann durchaus vorkommen, dass sich durch FAQ-Listen der Aufwand einer persönlichen Anfrage für den Nutzer erübrigt und damit auch die Wartezeit auf eine Antwort entfällt. Gleichzeitig profitiert natürlich auch der Online-Händler von der reduzierten Anzahl zu bearbeitender Kundenanfragen sowie von der Information, die indirekt in den Fragen enthalten ist.
- **Tags:** Bei der Speicherung von Daten in Dateien bezeichnet Tag eine Meta- oder Zusatzinformation (zum Beispiel Schlagwörter in Form von Karteireitern), die einer Datei angefügt wird, um sie auf einer anderen Website durch bloßes Anklicken jederzeit zu finden und direkt dorthin gelangen zu können. Dabei werden neben den zu speichernden Daten zusätzlich Informationen zum Beispiel über ihren Ursprung oder Verwendungszweck abgelegt (Wikipedia Tag 2019).

Viele der dargestellten Selektionshilfen greifen auf Kundendaten zurück. Diese müssen also von den eingesetzten Systemen entsprechend ausgewertet und genutzt werden können, wie es im B2C eCommerce heute bereits Standard ist. Auch im B2B eCommerce ist es im Sinne der Kundenbindung äußerst dienlich, mit diesen Zusatzfunktionen Kundenwünsche aufzugreifen und zu erfüllen.

2.3.4 Upstream- versus Downstream-Kundeninteraktion

Die interaktive Wertschöpfung hat zweifelsohne durch das Internet einen entscheidenden Auftrieb erhalten. Sie ermöglicht insbesondere für Konsumgüterhersteller und deren B2B eCommerce interessante Geschäftsmodelle, da Handelskunden verstärkt exklusiv für sie produzierte Produkte nachfragen (z. B. für Private Labels). Sie unterscheidet die Prinzipien der **Customization** und der **Open Innovation** (Reichwald und Piller 2009).

Customization bezeichnet die Erstellung von individualisierten Gütern und Leistungen. Geschieht dies mit der Effizienz vergleichbarer Massenangebote, handelt es sich um Mass Customization. Der entscheidende Unterschied zur Open Innovation liegt dabei in der Einbeziehung des Kunden zu einem späteren Zeitpunkt der Wertschöpfung, nämlich erst nach Fertigungsbeginn. In beiden Fällen geht es durch die Einbeziehung der Kunden um eine Externalisierung von Unternehmensleistungen. Dadurch ist auch ein „kostenentlastender Effekt“ realisierbar, wenn Serviceanfragen zum Beispiel von Bloggern und Community-Mitgliedern ohne Dazutun des Unternehmens bereits im Vorfeld beantwortet werden (Fuhlhage 2009; Heinemann 2018b, 2019a). Open Innovation bezieht sich vorwiegend auf eine interaktive Wertschöpfung im Rahmen des Designs, während Mass Customization in die Herstellung von Produkten eingreift. Sie kann im Rahmen von Veredelung, aber auch für den Verkaufsprozess bereits fertiggestellter Produkte relevant sein. Insofern macht es Sinn, die interaktive Wertschöpfung danach zu differenzieren, ob sie vor und während der Herstellung oder erst nach Fertigstellung der Produkte stattfindet. Gewöhnlich werden alle Unternehmensaktivitäten bis zur Fertigstellung eines Produktes als „Upstream-Prozesse“ bezeichnet, während es sich bei den anschließenden Vermarktungsfunktionen um „Downstream-Prozesse“ handelt (Hollensen, S. 2017). In Anlehnung daran bietet es sich an, sowohl die Mass Customization als auch die Open Innovation als „Upstream-Kundeninteraktion“ zu bezeichnen und alle nach der Fertigung stattfindenden interaktiven Tätigkeiten als „Downstream-Kundeninteraktion“ zu kennzeichnen (vgl. Abb. 2.15). Letztere sind allerdings danach zu unterscheiden, ob sie auf der eigenen Website (onsite) oder auf Partnerplattformen stattfinden (offsite). Der Fokus der folgenden Ausführungen liegt auf der Offsite-Interaktion, also den Aktivitäten auf den Partnerplattformen außerhalb der eigenen Website.

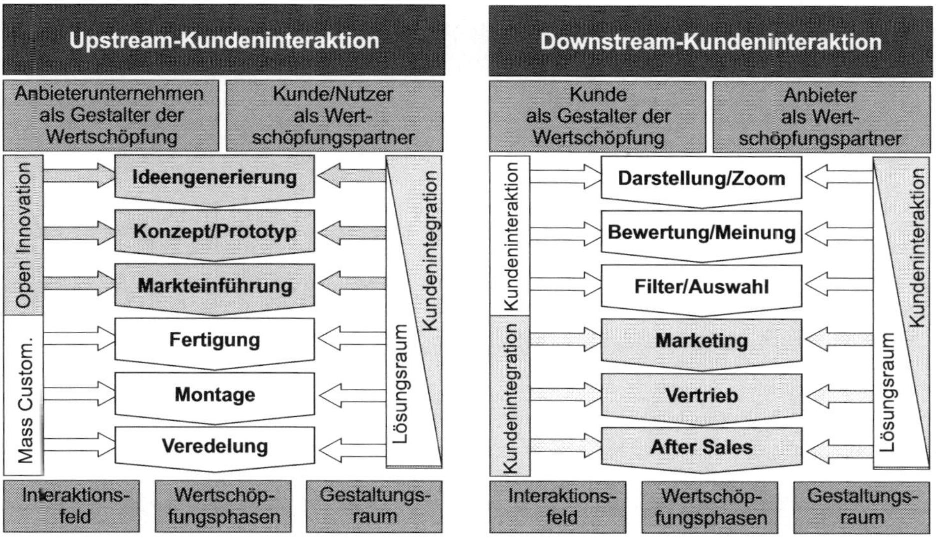

Abb. 2.15 Upstream- und Downstream-Kundeninteraktion

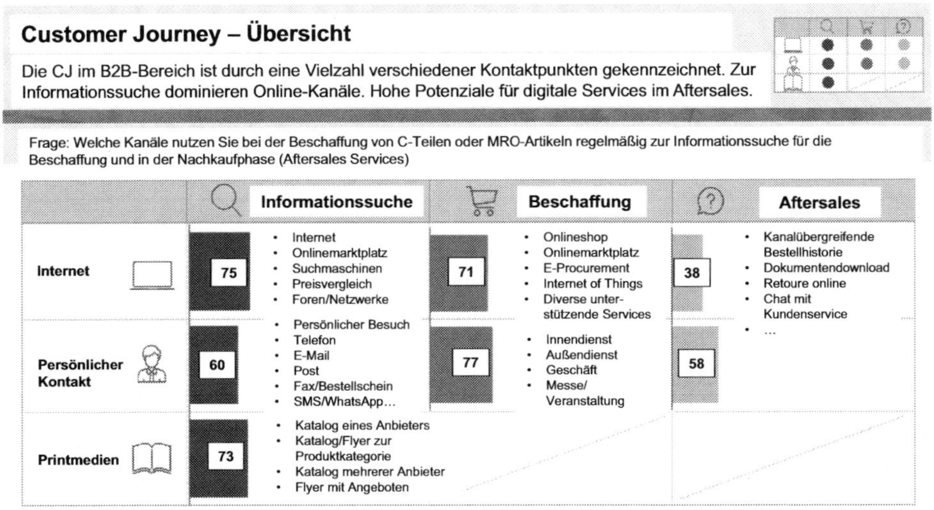

Abb. 2.16 Relevante Touchpoints in der B2B Customer Journey. (Quelle: Schmelter et al. 2018)

Sämtliche Offsite-Aktivitäten außerhalb der eigenen Website dienen gewöhnlich dazu, Besuchsfrequenz auf der Website zu generieren und diese zu Käufen bzw. Orders zu konvertieren. Dabei geht es um Einflussnahme auf die Customer Journey. Diese besagt, dass zwischen dem ersten Kaufgedanken und dem finalen Klick verschiedene Stationen liegen. Der Prozess bis zum endgültigen Kauf kann mehrere Wochen dauern. Das schließt Search, Diskussionen in Bewertungsplattformen, Erfahrungsaustausch oder Recherchen auf Preisvergleichsportalen ein (Gehrckens und Boersma 2013; Heinemann und Gaiser 2016). Insofern muss der Customer-Journey-Ansatz immer auch die Online- und Offline-Welt zusammenbringen. Das setzt qualifizierte Datenerhebungen voraus. Auf der anderen Seite fokussiert er auf Offsite- und Downstream-Interaktionen, selbst wenn physische Touchpoints in Form von Landing Pages und Online-Shops auch in Onsite-Form vorliegen. Im Rahmen dieser Fokussierung sollten innovative Formen der Down-stream-Kundeninteraktion im Vordergrund der Betrachtung stehen. Eine aktuelle Studie des ECC-Köln (Schmelter et al. 2018) zeigt die relevanten Touchpoints in der B2B Customer Journey auf (vgl. Abb. 2.16), die nachfolgend im Detail erläutert werden.

2.3.5 Customer Journey im B2B eCommerce

Im Zeitalter der Digitalisierung nehmen sowohl im B2C wie auch im B2B die potenziellen Kontaktpunkte rasant zu. B2B-Kunden möchten dabei von ähnlichen digitalen Erlebnissen und Customer Journeys profitieren, wie dies bei B2C-Kunden der Fall ist.

Denn die Einkäufer im B2B-Segment übertragen zunehmend ihr als private Endkunden erlerntes und zur Gewohnheit gewordenes multioptionales Kaufverhalten auf den professionellen Einkauf (Mahr 2018; Schmelter et al. 2018). Darüber hinaus kommen sie während der Informations- und Beschaffungsprozesse mit einer wachsenden Zahl an Touchpoints in Kontakt. Auch im B2B eCommerce hat die Customer Journey deswegen Priorität, allerdings unter etwas anderen Vorzeichen. So sind im B2B-Segment vor allem Inhalte für den Aufbau von wirksamen digitalen Kundenerlebnissen wichtig. Denn B2B-Käufer nehmen sich mittlerweile viel Zeit zum Recherchieren und verlassen sich dabei weitgehend auf das Internet als Informationsquelle. Sie steuern in erster Linie Suchmaschinen an, weswegen ein hohes Ranking bei Google und Co. sowie ein exzellenter Onlineauftritt für B2B-Unternehmen erfolgskritisch sind. Diesbezüglich ist die Customer Journey so abzubilden, dass sie dem tatsächlichen Kaufverhalten der Geschäftskunden entspricht. Dazu müssen auch die Bedürfnisse der unterschiedlichen Funktionsträger im Buying Center analysiert werden, da im B2B-Bereich in der Regel mehrere Entscheidungsträger involviert sind. Diesbezüglich informieren sich die B2B-Entscheider heute verstärkt über digitale Medien. Sie recherchieren intensiver als im Zeitalter vor dem Internet und erwarten bei ihren Recherchen sachliche Informationen in den verschiedensten Formen. Deswegen ist die Bereitstellung mehrerer Content-Formate mit unterschiedlichen Informationstiefen wichtig. Es geht darum, für den Inhalt Reichweite zu gewinnen und die Entscheidungsträger zu erreichen, die für die Lead-Generierung relevant sind. Deswegen ist Content Marketing im B2B ein wesentlicher Hebel zur systematischen Lead-Generierung über relevante Inhalte (Lutz 2018).

Die aktuelle ECC-Studie des IfH-Köln bestätigt die Auswirkungen der Digitalisierung auf das Informationsverhalten und den Beschaffungsprozess im B2B-Bereich (Mahr 2018; Schmelter et al. 2018). Dazu wurde das Verhalten von 481 Kunden im verarbeitenden Gewerbe sowie im Baugewerbe bei der Beschaffung von C-Teilen bzw. MRO-Artikeln untersucht. Die Ergebnisse der Studie zeigen, dass auch im B2B-Bereich die Digitalisierung stetig voranschreitet, hier allerdings die Komplexität der Customer Journey deutlich höher ist als im B2C-Bereich. Die Informationsprozesse sind deswegen im B2B alles andere als effizient. So stellte sich heraus, dass die befragten Kunden bei Informationssuche und Kauf auch weiterhin häufig zwischen den Kanälen wechseln Die Mehrheit der befragten B2B-Kunden wechselt – bis auf nur zwei Prozent der Fälle – spätestens bei jedem zweiten Informations- und Beschaffungsprozess zwischen den Informationskanälen, also zwischen Online-Kanal, persönlichem Kontakt und Print (Mahr 2018; Schmelter et al. 2018) (vgl. Abb. 2.17).

Dabei ist der häufige Wechsel eigentlich unnötig, denn er bietet den Kunden nur selten einen zusätzlichen Mehrwert. Einzige Erklärung für den Kanalwechsel ist demnach Unsicherheit. Diese ergibt sich aus der Intransparenz des Marktes. So erfolgt rund jeder zweite Kanalwechsel, um Preisinformationen einzuholen. Kanalübergreifend

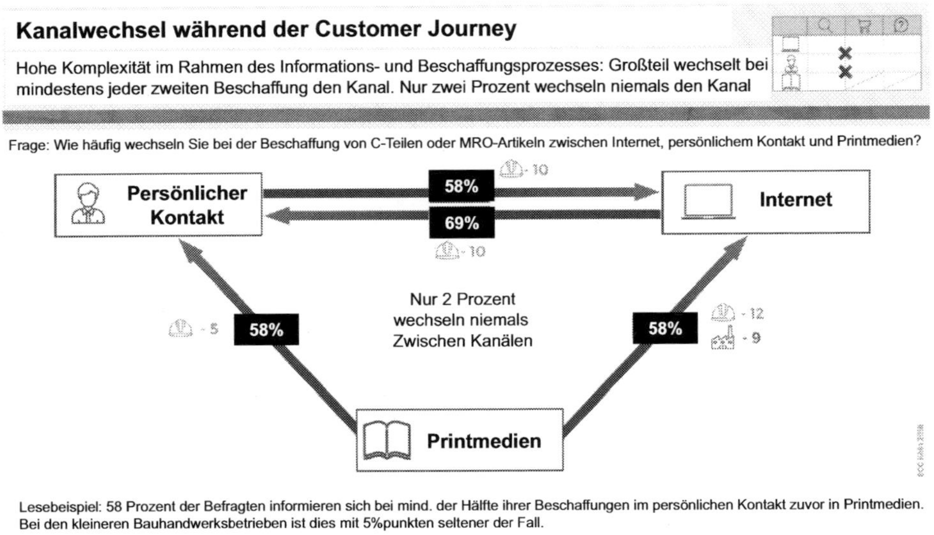

Abb. 2.17 Kanalwechsel während der B2B Customer Journey. (Quelle: Mahr 2018; Schmelter et al. 2018)

harmonisierte, transparente Preise, die zudem marktgerecht sind, können helfen, um Informationsprozesse künftig effizienter zu gestalten.

Intransparenz und Unsicherheit sind auch Ursachen für die zunehmende Bedeutung von Online-Marktplätzen. Vor allem sie bieten ihren Kunden nämlich Zugang zu allen relevanten Produkt- und Preisinformationen. Darüber hinaus bündeln Plattformen verschiedenste Anbieter und ihre Serviceangebote. Das reduziert die Vorgänge und vereinfacht die Komplexität im Sinne der Kunden. Gewinner im B2B eCommerce sind deswegen digitale Plattformen, da sie mit der Zusammenführung von Anbietern und Nachfragern Markttransparenz schaffen und effiziente Marktmechanismen ermöglichen. Schon jetzt wird die Customer Journey bei drei von vier Beschaffern maßgeblich durch Plattformen bestimmt. Diese Erkenntnis können Unternehmen für sich nutzen, indem sie Self-Service-Funktionen und interaktive Elemente in ihre B2B Online-Shops integrieren. In den meisten Unternehmen stehen persönlicher Kontakt und digitale Kanäle immer noch im Wettbewerb miteinander. Das liegt in einer vielfach fehlenden klaren Rollenverteilung zwischen On- und Offline begründet. Andererseits haben B2B-Kunden in der Regel klare Vorstellungen davon, was sie vom jeweiligen Kanal erwarten. Aus Kundensicht sollten vor allem standardisierte Prozesse abgebildet werden. Dabei sollte der Online-Shop nur ein Element einer ganzheitlichen Digitalstrategie sein, das allerdings so exzellent wie bei Amazon & Co. funktionieren muss. B2B-Kunden möchten gern jeweils die Vorteile der verschiedenen Kanäle in Anspruch nehmen. Deren Aufgaben sind häufig jedoch nicht klar definiert bzw. voneinander abgegrenzt. So können sie ihre jeweiligen Vorzüge nicht immer optimal ausspielen (Mahr 2018; Schmelter et al. 2018).

2.3.6 Transaktionsverhalten im B2B eCommerce am Beispiel Domainverkauf

Der Erfolg im B2B eCommerce wird häufig auch davon bestimmt, wer zuerst die Initiative ergreift. Eine Online-Transaktion muss nicht immer nur vom B2B-Anbieter ausgehen, sondern wird nicht selten auch vom Käufer initiiert. Grundsätzlich hat bei einer B2B-Transaktion immer die Seite die günstigeren Karten, die besser vorbereitet ist. Allerdings unterscheiden sich die Vorgehensweisen von B2B-Verkäufern und B2B-Einkäufern grundlegend (Fries 2018).

- **B2B-Einkäuferseite:** Ein professioneller Einkäufer wird in der Regel nicht darauf warten, dass er zufällig auf ein interessantes Angebot aufmerksam gemacht wird. Es ist anzunehmen, dass er von sich aus im ersten Schritt infrage kommende Angebote identifiziert, also selbst bewusst nach entsprechenden „Targets" sucht. Handelt es sich z. B. um den Verkauf von Domains, dann gilt es anschließend, an Hintergrundinformationen zu Projekt und Inhaber zu kommen. Letzterer ist deswegen wichtig, weil es einen großen Unterschied macht, ob es sich um einen Profi oder einen Amateur handelt, der eher einen Hobby-Webmaster darstellt. Nicht alle Profis betreiben zudem Bekenner-Blogs oder sind als Vortragsredner unterwegs. Während Amateure durchaus auch auf niedrige Kaufangebote freudig reagieren könnten, beantworten Profis nicht selten die gleichen Anfragen gar nicht. So ist eine Suche nach Namen oder gängigen „Footprints" (z. B. Affiliate ID, Analytics ID, AdSense ID, IP-Adresse, verlinkende Domains) durchaus angebracht, um etwas über den Inhaber und dessen Referenzen in Erfahrung zu bringen. Dabei können Google bzw. gängige SEO-Tools wie z. B. die SISTRIX-Toolbox oder Whorush helfen. Darüber hinaus können soziale Netzwerke wie u. a. XING zusätzliche Informationen generieren. Ist der Domain-Inhaber identifiziert und genauer beleuchtet, geht es an die Bewertung des Produktes (Fries 2018). Dazu gleich mehr.
- **B2B-Verkäuferseite:** Für einen erfolgreichen Deal sollte der Verkäufer möglichst viele Interessenten gewinnen und dabei die wertbestimmenden Informationen so transparent und nachvollziehbar aufbereiten, dass aus Käufersicht alle Fragen beantwortet werden können. Er wird deswegen zunächst mögliche Käufer identifizieren. Bevor nach den ersten Anfragen allerdings das Exposé verschickt wird, kann es sinnvoll sein, mit den potenziellen Käufern ein „non-disclosure agreement" (NDA) zu schließen. Solch ein Vertrag, der Stillschweigen über Verhandlungen, Verhandlungsergebnisse oder vertrauliche Unterlagen festschreibt, sollte bei Austausch vertraulicher Informationen stets abgeschlossen werden. Es besteht aber auch die Möglichkeit eines zweistufigen Exposés, wie es bei Online-Immobilienangeboten gängig ist. Das reduzierte Exposé enthält dabei viel weniger Informationen als das vollständige Angebot und könnte auch anonymisiert ausgehändigt werden. Es vermittelt dann einen ersten Eindruck, ohne dass zwingend ein NDA unterzeichnet werden muss, der vielleicht interessierte Käufer abschrecken könnte. Wird dann

auf Käuferseite Interesse bekundet, kann der NDA eingefordert und nach dessen Unterzeichnung das zweite Exposé hinterhergeschickt werden. Dieses informiert dann vollumfänglich über das zu verkaufende Projekt. Verkäufer im B2B-Bereich sollten immer damit rechnen, dass ein Käufer nur Interesse vorspielt, um an vertrauliche Informationen über ein Projekt zu kommen (Fries 2018).

- **Wertbestimmende Faktoren:** Bezüglich der wertbestimmenden Faktoren eines Projektes, die den Preis bestimmen, sollte sichergestellt sein, dass Käufer und Verkäufer über das Gleiche reden. Hohen Umsatzpotenzialen stehen nicht selten hohe Kosten für Google-Adwords oder Werbung gegenüber. Wie bei Unternehmensakquisitionen wird der Wert eines Projektes bzw. einer Domain gewöhnlich auf Basis des potenziellen Cash Flows mit der Multiplikator-Methode geschätzt, also Höhe der Brutto-Erträge multipliziert mit einem gängigen Multiplikator. Dieser variiert je nach Einschätzung des mit den Einnahmen verbundenen Risikos. Die Bandbreite beginnt bei 6 (sehr risikobehaftetes Projekt) und endet in der Regel bei 24 (sehr risikoarmes Projekt). Der finanzielle Erfolg wird häufig von der Höhe des Besucheraufkommens bestimmt. Grundsätzlich ist nach direktem Traffic und indirektem Traffic zu unterscheiden. Direkter Traffic ergibt sich zum Beispiel aus einer Markenstärke, weswegen User die Seite direkt bzw. originär aufrufen. Indirekter Traffic kommt in der Regel durch Verweise anderer Seiten oder durch Google zustande. Beides gilt es genau zu analysieren, auch hinsichtlich der Wertbeständigkeit. Helfen kann dabei auch ein Gutachten, wobei sich natürlich darüber streiten lässt, wie realistisch die Schätzungen eines Gutachtens sind (Fries 2018).

Letztlich entscheiden aber immer noch Angebot und Nachfrage über den Preis, der für jedes Projekt individuell sein dürfte.

Das ist im Übrigen ein wesentliches Kennzeichen des B2B eCommerce: individuelle und unendlich viele unterschiedliche Preise, Preiskalkulationen sowie eine nahezu unüberschaubare Konditionenvielfalt. Wer im B2B eCommerce auf Shop-Systeme mit umfassenden Preisformeln hofft, wird enttäuscht werden. Einheitliche Lösungen gibt es nicht, und man sollte jedem System zunächst vor allem kritisch gegenüberstehen, vor allem wenn es bisher überwiegend im B2C eCommerce eingesetzt wurde. Dazu mehr im nachfolgenden Abschn. 2.4.

2.4 Marketing und Verkauf im B2B eCommerce

In keinem anderen Bereich spielen sich Marketing- und Verkaufsaspekte so eng in die Hände wie im B2B eCommerce. Während die Marketingpolitik hier für die Frequenzgenerierung verantwortlich ist und mit dem Marketingmix die Voraussetzungen für den Verkauf schafft, ist die Verkaufspolitik vor allem für die Conversion verantwortlich.

2.4.1 Marketingpolitik und CRM im B2B eCommerce

Die Marketingpolitik im B2B eCommerce ist ganz klar vom B2B Online-Marketing abzugrenzen, bei dem es zwar um Websites und dabei insbesondere Corporate Websites geht; diese sind jedoch etwas völlig anderes als ein funktionsfähiger B2B Online-Shop, mit dem Umsätze erzielt werden (Kreutzer et al. 2015). Die Würth-Gruppe zeigt mehr als eindrucksvoll, dass derartige B2B-Online-Umsätze mehr als 20 % der Geschäftstätigkeit ausmachen können. Darüber hinaus ist klarzustellen, dass ein guter B2B Online-Shop das wesentliche Aushängeschild des Unternehmens sein sollte und damit in der Regel die Corporate Website ersetzt. Alle Erfahrungen zeigen, dass sich alle Informationen einer Corporate Website – zumindest über Buttons und Verlinkungen – auf der Landing Page eines Shops finden sollten. Dies betrifft nicht nur das Impressum, sondern alle wesentlichen Informationen über das Unternehmen – also Investor Relations, Unternehmensgeschichte, Presseabteilung usw. Dabei sollte die Interaktivität des B2B Online-Shops Hand in Hand mit den Möglichkeiten des Internets gehen, Kundendaten automatisch und zeitnah zu generieren.

Im Gegensatz zum klassischen Marketing aus dem Offline-Zeitalter geht es hier um eine möglichst individuelle und interaktive Erfüllung der Kundenwünsche, wofür das B2B-Geschäft ja eigentlich prädestiniert ist. Die Kundenbedürfnisse werden auf Basis individualisierter Angebote hoch differenziert behandelt. Im Grunde praktiziert der Online-Handel im Gegensatz zur alten Offline-Welt auch im B2B ein lupenreines „One-to-One"-Marketing, das sowohl im Hinblick auf den Kundenwert als auch die Kundenbedürfnisse als ausdifferenziert anzusehen ist (vgl. Abb. 2.18). Es nutzt umfassende

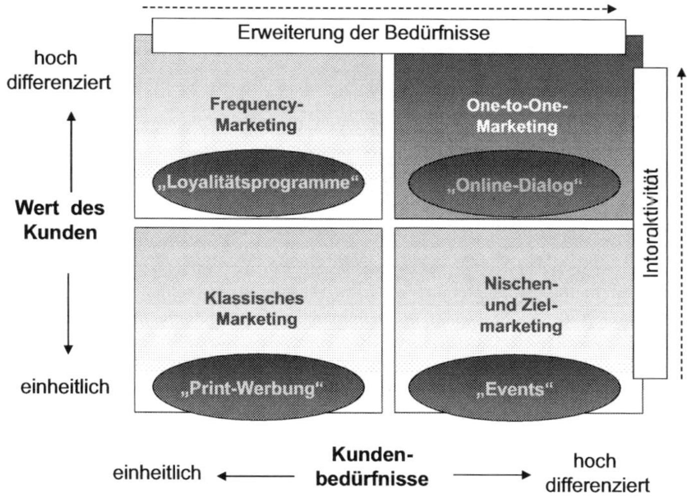

Abb. 2.18 Einordnung des One-to-One-Marketing. (In Anlehnung an Peppers und Rogers 1997)

Informationen über die Präferenzen der Geschäftskunden und kann sich im Rahmen des Profiling einer detaillierten Kundenbeschreibung bedienen (Heinemann 2019a). Dies hilft vor allem dem relativ anonymen System- und Industriegütergeschäft bzw. dem PVH aus der Anonymitätsfalle. Die permanente Interaktion erlaubt zudem gerade im B2B eCommerce eine Erweiterung und Vertiefung des Individualisierungsgrades im Zeitverlauf (dynamisches Profiling). Das Target-Marketing mit der Unterteilung des Marktes in homogene Untergruppen steht in engem Zusammenhang mit dem Profiling, das aufgrund der Kosteneffizienz und Aktualität digitaler Daten im Vergleich zu früher relativ kostengünstig erfolgen kann. Allerdings darf nicht unterschätzt werden, dass eine spezielle Technologie für den Aufbau und die Verwaltung der Kundendaten erforderlich ist, was in jedem Fall ein gewichtiger Kostenfaktor ist. Dieser hat jedoch investiven Charakter, vereinfacht die Automatisierung von Prozessen und reduziert Streuverluste (Kollmann 2013).

Der Marketingmix im „One-to-One"-Marketing des Online-Handels stellt sich völlig anders dar als im offline-orientierten klassischen Marketing. Ähnlich wie im katalogbasierten Versandgroßhandel liegt hier der Schwerpunkt vor allem auf dem CRM und Kundendatenmanagement (Thieme 2006). Ähnlich wie im B2C-Online-Handel ist es auch im B2B eCommerce das Ziel des CRM, Neukunden zu gewinnen, den Wert des einzelnen Kunden für das Unternehmen zu steigern und damit Gewinne und Unternehmenswert zu erhöhen (Schneider 2001; Braun et al. 2017). Auch hier spielt das Kundendatenmanagement eine zentrale Rolle. Diesbezüglich geht es um eine systematische Aufbereitung aller relevanten Kundendaten. Interessante Informationen liefern zum Beispiel die Zusammensetzung der Einkäufe nach Bedarfen, die Art, Anzahl und Preise der Artikel sowie Ort, Zeit und Häufigkeit der Einkäufe. Für B2B-Anbieter dürften auch die Anzahl und Art der Beschwerden und Retouren wichtige Erkenntnisse liefern. Im Idealfall erfolgt eine gezielte und individuelle Kundenansprache, wenn es gelingt, diese Daten mithilfe von personenbezogenen, einkaufsverhaltensrelevanten Daten (zum Beispiel Kundendaten aus dem Data Warehouse) zu verknüpfen (Kenning 2014). Ein großes Problem ist allerdings, dass im Online-Bereich mittlerweile eher zu viele als zu wenige Informationen zur Verfügung stehen („Big Data Problem") und diese nicht zur Ausschöpfung von Kundenpotenzialen eingesetzt werden können (Heinemann 2019a). Diese sind im B2B eCommerce vor allem nach Neukauf und Wiederkauf zu differenzieren (Godefroid und Pförtsch 2013; Backhaus und Voeth 2014).

2.4.2 Verkauf, Neukauf und Wiederkauf im B2B eCommerce

Bei der Konzeption von B2B eCommerce geht es zunächst um die lückenlose Abdeckung der Verkaufsprozesse. Diese sollten die Einkaufsphasen auf Kundenseite weitgehend onsite abdecken. Grundsätzlich lassen sich die Onsite-Verkaufsprozesse in Vorkauf-, Kauf- sowie Nachkaufphase untergliedern, wobei natürlich die Offsite- sowie Offline-Schnittstellen zusätzlich zu berücksichtigen sind (vgl. Abb. 2.19).

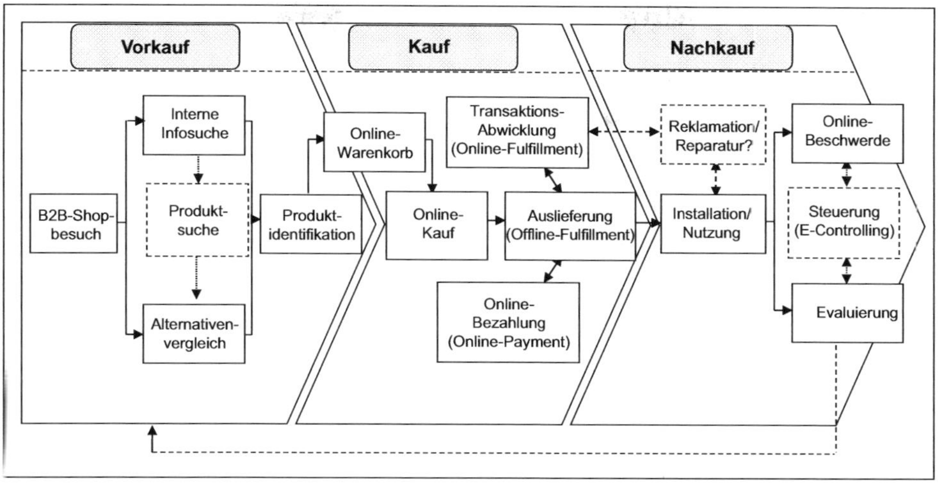

Abb. 2.19 Verkaufsprozesse im B2B Online-Shop. (In Anlehnung an Kollmann 2013)

In der Vorkaufphase geht es darum, potenzielle Kunden zu gewinnen und dann mit dem Produktangebot zu konfrontieren. Eine Schlüsselrolle in dieser Phase kommt der Angebotssuche zu (eSearch-Prozess), bei der ein zum Bedarf passendes Produkt durch den Kunden gesucht und eventuell auch gefunden wird. Mit der Produktauswahl und der Platzierung im Warenkorb erfolgt der Übergang in die Kaufphase, die mit der Betätigung eines Bestell-Buttons startet. In dieser Kaufphase (eSales-Prozess) geht es um die Geschäftsvereinbarung zwischen Anbieter und Nachfrager sowie die Transaktionsabwicklung (eFulfillment). Dazu gehören auch die Online-Bezahlung (ePayment) und die Produktauslieferung (eDistribution). Nach Kaufabschluss und vollständiger Transaktionsabwicklung beginnt die Nachkaufphase, innerhalb derer sich Support- und Serviceangebote, Kundenbewertung, Reklamations- und Reparaturabwicklung bzw. Online-Beschwerde sowie die Steuerung (eControlling) zur Optimierung des Prozessaufbaus und zur Überprüfung aller vertriebsrelevanten Unternehmensaktivitäten beschreiben lassen (Kollmann 2013). Im Gegensatz zum B2C eCommerce spielen Retouren im B2B eCommerce eher keine Rolle, da hier der Verbraucherschutz nicht greift und es das für den Online-Handel typische Widerrufsrecht nicht gibt. Wichtig ist, dass das System zu Beginn eines Bestellvorgangs Informationen über die bestellten Produkte, Dienstleistungen, gewünschten Liefer- und Zahlungsmodalitäten sowie den Kunden erfasst, sei es aus internen Datenbanken oder im Dialog mit dem Besteller. Vom Kunden müssen jederzeit Waren zur Bestellliste hinzugefügt oder entfernt werden können. Gleiches gilt für die Liefer- und Zahlungsmodalitäten, die jederzeit veränderbar und kundenindividuell ausgerichtet sein müssen.

Stammkunden sollten die Möglichkeit haben, auf gespeicherte Stammdaten zurückzugreifen. Standard ist die Erstellung eines Bestelldokuments, auf dem die zuvor getroffene Auswahl festgehalten und der Preis berechnet bzw. bei komplexen Produkten als Gesamtpreis transparent kalkuliert wird. Erforderlich ist auch die Erstellung einer sofortigen Auftragsbestätigung nach Bestellfreigabe oder eine Sofortrechnung. Während der gesamten Lieferzeit sollten Kunden über den Stand der Auftragserledigung informiert werden (Schobesberger 2007). Das steigert erfahrungsgemäß die Kundenzufriedenheit und damit die Kundenbindung. Darüber hinaus lässt es Raum und Zeit für Reklamationen bzw. Fehlerkorrekturen.

Kaufklassen im B2B eCommerce

Grundsätzlich sind im B2B eCommerce drei Kaufklassen zu unterscheiden, die in unmittelbarem Zusammenhang mit der Kundengewinnung und Kundenbindung stehen und bei denen der B2B-Neukauf (New Task), der modifizierte B2B-Wiederholungskauf (Modified Rebuy) sowie der identische B2B-Wiederholungskauf (Straight Rebuy) unterschieden werden (Godefroid und Pförtsch 2013; Backhaus und Voeth 2014). Diese sind zusammenfassend in Abb. 2.20 dargestellt und werden nachfolgend im Detail erläutert:

- **B2B-Neukauf:** Beim B2B-Neukauf wird zum ersten Mal von einem Unternehmen ein bestimmtes Produkt eingekauft, für das keine eigenen Erfahrungen vorliegen. Deswegen bestehen hier ein großer lnformationsbedarf sowie eine erhebliche Unsicherheit. Werden zum ersten Mal Standardprodukte beschafft, die bereits bei anderen Unternehmen eingesetzt werden (z. B. ein Computersystem), kann das Risiko durch den Zugriff auf die Erfahrungen anderer reduziert werden. Hier helfen zweifelsohne Kundenbewertungen und -meinungen, die mittlerweile auch für Business-Produkte zugänglich sind. Insofern geht es dann lediglich um die richtige Auswahl

		Dimensionen		
		Neuheit des Problems	Informa-tions-bedarf	Betrachtung neuer Alternativen
Kaufklasse	Neukauf	hoch	maximal	bedeutend
	Modifizierter Wiederkauf	mittel	eingeschränkt	begrenzt
	Identischer Wiederkauf	gering	minimal	keine

Abb. 2.20 Kaufklassen im B2B eCommerce. (Quelle: Godefroid und Pförtsch 2013; Backhaus und Voeth 2014)

des sachlich passenden und kostenmäßig akzeptablen Produktes. Risikobehafteter ist es, wenn das gewünschte Produkt erst noch entwickelt und dafür ein geeigneter Lieferant gefunden werden muss.

- **B2B-Wiederkauf modifiziert:** Beim modifizierten Wiederkauf werden bereits im Unternehmen vorhandene Produkte durch Neubeschaffungen auf den neuesten Stand gebracht oder durch Ergänzungen die Kapazitäten erweitert. Insofern sind beim Einkauf im Unternehmen Erfahrungen über den Einsatz der zu beschaffenden Produkte oder Leistungen vorhanden. Deswegen reduziert sich der Informationsbedarf im Wesentlichen auf die Unterschiede zu den bereits bekannten Produkten. Dementsprechend ist auch die Zahl der betrachteten Alternativen in dieser Kaufsituation geringer als beim Neukauf. Werden allerdings aus Kostengründen zusätzliche Anbieter mit in die Auswahl einbezogen, kann auch beim Wiederholungskauf die Zahl der betrachteten Alternativen steigen. Modifizierte Wiederkäufe können auch aus einer Situation des identischen Wiederkaufs entstehen, wenn die ursprüngliche Entscheidung angezweifelt wird oder Probleme mit den bisherigen Lieferanten auftraten (z. B. durch Qualitätsmängel, Lieferverzögerungen, Preiserhöhungen etc.).
- **B2B-Wiederkauf identisch:** Beim identischen Wiederkauf wird eine einmal getroffene Beschaffungsentscheidung 1:1 wiederholt. Solange das Unternehmen mit dem Erstkauf zufrieden ist, besteht kein Grund für eine Revision der getroffenen Entscheidung. Insofern bietet sich hier auch die Nutzung von Bestelloptimierungssystemen und automatischer Disposition an (z. B. per EDI oder Web-EDI). Für den Lieferanten ist die Situation des identischen Wiederkaufs aus Marketingsicht enorm vorteilhaft, da er mit relativ geringem Marketingaufwand sein Geschäft fortführen kann. Lieferanten, die nicht berücksichtigt wurden („Out-supplier“), werden daher alles versuchen, um eine identische Wiederkauf-Situation zumindest auf die Stufe eines modifizierten Wiederkaufs oder gar eines Neukaufs zu heben, sei es durch Produktinnovationen oder preisliche Änderungen. Damit können sie einen neuen Einkaufsprozess in Gang setzen, bei dem sie dann berücksichtigt werden.

Die Unterscheidung der Kaufklassen hat herausragende Bedeutung für die Art der Vermarktung im B2B eCommerce. Während es je nach Geschäftstyp durchaus Sinn machen kann, verstärkt auf Extranet und EDI statt auf eCommerce zu setzen, um zum Beispiel im Zuliefergeschäft eine längerfristige Bindung in Gang zu setzen, rechtfertigt spätestens die Initiierung von Neukäufen den Einsatz von B2B eCommerce. Dieser ist für alle Geschäftstypen unter dem Aspekt der Neukundengewinnung unerlässlich, unabhängig davon, wie viel Transaktionsvolumen er im Endeffekt stemmt.

Während die Gestaltung Kaufklassen sowie der Verkaufsprozesse eher einer Inside-out-Orientierung folgt, darf natürlich auch die Kundensicht und damit die Outside-in-Perspektive nicht vernachlässigt werden. Entscheidend für die Kundenorientierung sind vor allem die Shop-Gestaltung und die Bedienbarkeit, die auch als Usability bezeichnet wird.

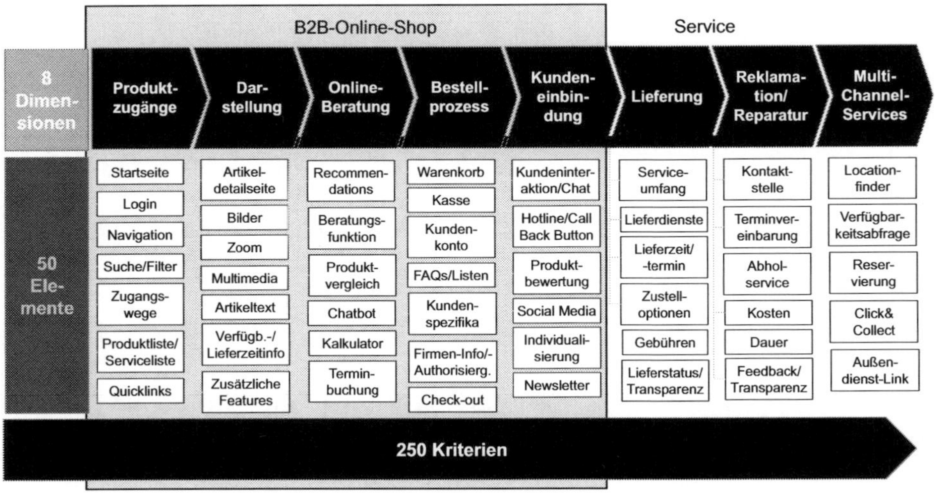

Abb. 2.21 Dimensionen der Bedienbarkeit im B2B Online-Shop. (In Anlehnung an Gehrckens und Boersma 2013; Heinemann 2019a)

2.4.3 Shop-Gestaltung und Bedienbarkeit im B2B eCommerce

Shop-Gestaltung und Bedienbarkeit sind im B2B eCommerce wichtige Säulen, um sich im Wettbewerb zu positionieren. Diese beeinflussen maßgeblich die Conversion, die allerdings nach acht unterschiedlichen Dimensionen und dann wiederum nach 50 Elementen differenziert werden muss. Die Konversionsqualität, also die Höhe des tatsächlich erzielten B2B eCommerce-Umsatzes, wird insgesamt durch mindestens 250 Kriterien beeinflusst, die bei der Shop-Gestaltung explizit berücksichtigt werden sollten. In Abb. 2.21 sind die wesentlichen Dimensionen und Elemente dargestellt. Die Dimensionen betreffen im Wesentlichen die Usability des Shops. Diese umschreibt die Bedienbarkeit im Hinblick auf Produktzugänge, Darstellung, Beratung, Bestellprozesse und Kundeneinbindung. Darüber hinaus beeinflussen das Check-out-Verfahren im Zusammenhang mit Kasse und Zahlverfahren, die Lieferung und das Reklamations- bzw. Reparatur-Handling – also der Service – ebenfalls das Kundenerlebnis. Für jede Dimension und jedes dahinterstehende Element sollte eine Soll-Positionierung festgelegt werden, die geeignet ist, das Kundenerlebnis zu optimieren (Gehrckens und Boersma 2013; Heinemann 2019a).

Die acht Dimensionen der Bedienbarkeit eines B2B Online-Shops ähneln auf den ersten Blick den Dimensionen des Kundenerlebnisses im B2C eCommerce, die dazugehörigen Elemente gehen jedoch weit darüber hinaus und geben einen Hinweis auf die größere Komplexität des B2B eCommerce. Für die Conversion sind vor allem die Zugangswege zu den Produkten und die Art der Darstellung sowie die Online-Beratung von herausragender Bedeutung. Unterschiedliche Zugangswege ins Sortiment lassen sich zum Beispiel über Onsite-Maßnahmen, Blogs/Fachzeitschriften und Newsletter aufbauen. Dabei werden idealerweise aktuelle Themen und Contents herangezogen. Je größer allerdings das Sortiment, umso schwieriger ist es darstellbar. Bei Category-Killern sollte die Komplexität in jedem Fall durch entsprechende Produktzugänge reduziert werden. Das kann durch Produktlisten oder Filtermöglichkeiten geschehen. So wird vermieden, dass sich der Kunde durch Hunderte von Artikeln wühlen muss (Gehrckens und Boersma 2013).

Den Produktinformationen in Verbindung mit Content kommt im B2B eCommerce eine Schlüsselrolle zu. Dennoch herrscht in vielen B2B Online-Shops Leere auf den Artikeldetailseiten. Die Kleinanzeigenformate der klassischen Kataloghändler sind hier allerdings kein gutes Vorbild. Vielmehr sollten die Artikel auch für B2B-Kunden möglichst verlockend und verkäuferisch in Szene gesetzt werden und zur gleichen Zeit der Realität entsprechen. Andernfalls dürfen B2B-Anbieter sich nicht über Reklamationen wundern. Die Kundeneinbindung bietet gute Möglichkeiten zur Differenzierung gegenüber Wettbewerbern. Eine sichtbar gemachte Interaktion im (Online-)Shop lässt diesen lebendiger wirken, zum Beispiel durch von Usern erstellte Konfigurationen, die als Empfehlungen von zueinander passenden und kompatiblen Produkten betrachtet werden können (Gehrckens und Boersma 2013; Heinemann 2019a).

Im Hinblick auf die Shop-Gestaltung und Bedienbarkeit geben Kundenbewertungen Auskunft über die Kundenzufriedenheit, die wiederum ausschlaggebend für die Fortführung der Geschäftsbeziehung von Kundenseite aus und damit für die Kundenbindung ist. Eine zentrale Rolle für die Kundenzufriedenheit spielt dabei die Online-Auftragsbearbeitung, die in der Regel dem Kundenservice zugeordnet ist. Grundvoraussetzung für eine aus Kundensicht funktionierende Auftragsbearbeitung ist zuallererst die Produktverfügbarkeit, die bei Multi-Channel-Anbietern auch als Multi-Channel-Service auf Niederlassungsebene abfragbar sein sollte. Ist die Ware nicht im Lager vorrätig, verlängert sich die Lieferzeit. Mittlerweile ist eine Belieferung innerhalb von 24 h, spätestens jedoch nach 48 h schon Standard. Werden Teile – zum Beispiel bei Ausfall von Produktionsanlagen oder auf Baustellen – sofort benötigt, wird ein Bring-Express-Service extrem honoriert. Dafür haben sich mittlerweile auch spezielle Dienstleister etabliert, wie u. a. die Lufthansa-Cargo-Tochter „Time:matters", die übrigens vorbildlich B2B eCommerce betreibt (u. a. mit Preiskalkulator und Multi-Channel-Services etc.). Ist die Leistung nicht verfügbar oder kommt es zu Problemen in der Zustelllogistik, sollten die Kunden in jedem Fall über mögliche Lieferverzögerungen informiert werden, bevor sie den Kauf tätigen. Dies hilft, Missverständnisse auf Kundenseite zu vermeiden, erfordert aber die technische Möglichkeit, die Verfügbarkeit des gewünschten Produktes prüfen sowie die konkrete Lieferzeit angeben zu können. Eine solche genaue Information des Kunden über den Lieferstatus hat sich mittlerweile zum Standard entwickelt. Darüber hinaus sind ein professionelles Beschwerdemanagement sowie exzellente Service-Dienste ebenfalls „State of the Art". Gerade aufgrund des fehlenden persönlichen „Face-to-Face"-Kontaktes sollte im B2B eCommerce das Beschwerdemanagement auf keinen Fall vollautomatisiert ablaufen, sondern stets auch eine telefonische Kontaktmöglichkeit für die Kunden vorsehen. Dabei setzen sich auch „Call-Back"-Funktionen immer mehr durch, mit denen der Kunde einen Rückrufwunsch anklicken kann und innerhalb weniger Sekunden zurückgerufen wird. Wie im B2C eCommerce kommt dabei natürlich der Freundlichkeit und Fachkompetenz des Personals eine Schlüsselrolle zu, was im Falle eines Total-Outsourcings des Kundenservices in jedem Fall zu bedenken ist. Gleiches gilt für die Zustellung über Dienstleister, die den Letztkontakt zum Kunden haben und damit auch das Erscheinungsbild des B2B-Anbieters entscheidend prägen.

2.4.4 Conversion und Shop-Produktivität im B2B eCommerce

Die Conversion bezeichnet die in Relation zur Besuchsfrequenz vollzogenen Kaufakte. Diese Kennzahl ist ein wichtiger Indikator für den Erfolg des Shop-Auftritts, während der Conversion Funnel (vgl. Abb. 2.11) den Weg bis zur Conversion betrachtet. Zugleich ist sie ein Indikator für die Qualität der Shop-Gestaltung sowie der Angebotsleistung. Insbesondere das Sortiment in Kombination mit dem Sortimentszugang dürfte zweifelsohne der größte Konversionshebel sein. Diesbezüglich beeinflussen die Dimensionierung des Sortiments in Hinblick auf Breite und Tiefe sowie Gesamtumfang und Aktualität unmittelbar die Conversion. Dabei gelten auch im B2B eCommerce viele der traditionellen Handelsregeln. Diesbezüglich ist vor allem die Erfahrung relevant, dass das Sortiment das Herz des Geschäfts und der wesentliche Anziehungspunkt für die Kunden ist. Während im stationären Handel der Quadratmeterumsatz als zentrale Produktivitätskennzahl gilt, sind im B2B Online-Shop der durchschnittliche Artikelumsatz sowie der Umfang des Warenkorbes die wesentlichen Produktivitätstreiber, die zusammenfassend in Abb. 2.22 dargestellt sind.

Vielfach klagen Betreiber von Online-Shops über zu geringe Umsätze, die dann in Aussagen münden wie: „E-Commerce lohnt sich nicht" (Diekmann et al. 2012; Heinemann 2016; Heinemann 2017). Demgegenüber sollte etwas genauer und differenzierter in die Produktivitätsquellen geschaut werden, um nicht zu vorschnellen Pauschalaussagen zu gelangen. Das betrifft zunächst den Umsatz, der im Wesentlichen durch die Generierung von Besuchsfrequenz im Online-Shop sowie durch die Abschöpfung dieser Frequenz zustande kommt. Beide Stellhebel sind in Abb. 2.22 zusammen mit ihren Einzelfaktoren dargestellt. Diesbezüglich nehmen die Conversion und die Wertigkeit des Nettowarenkorbs (Netto-Netto nach Rabatten und Sonderkonditionen) eine Schlüsselrolle ein. Letztere generiert sich aus Anzahl und Durchschnittswert der Artikel, die vom Kunden in den Warenkorb gelegt werden. Das klingt zunächst trivial, deutet jedoch schon auf einen ersten Kardinalfehler der meisten Online-Shop-Betreiber hin: Wo kein Sortiment, da kein Warenkorbwert. Leider missachten die meisten Online-Händler diese Grundregel: So finden sich selbst in vielen B2B Online-Shops des PVH häufig nur Rumpfsortimente. Jene Händler sind nicht selten dann diejenigen, die am lautesten klagen, dass sich eCommerce nicht lohne. Werden auch Multi-Channel-Umsätze in die Produktivitätsbetrachtung mit einbezogen, eröffnen die Multi-Channel-Services und innovative Angebote wie unter anderem „Ship from Store", also die schnelle Belieferung

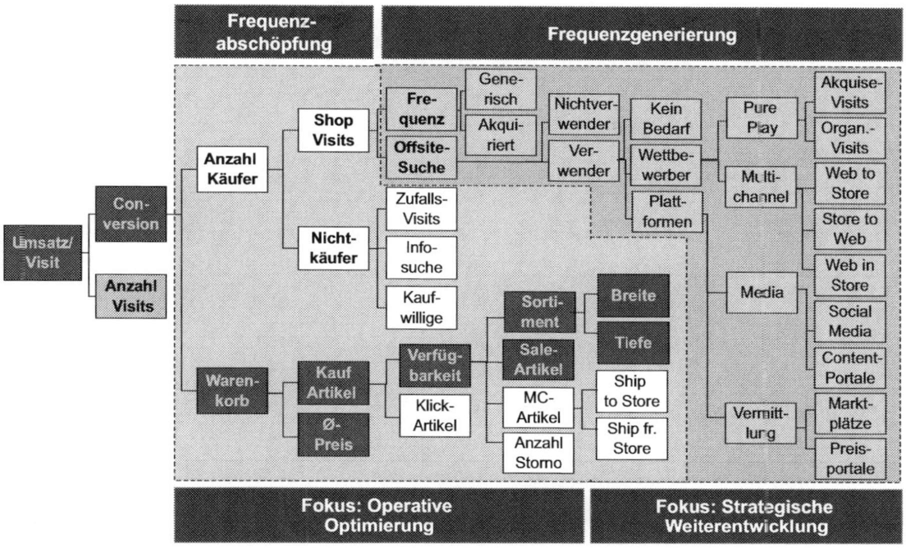

28

Abb. 2.22 Quellen und Kennzahlen für Online-Shop-Produktivität

der Kunden aus den Niederlassungen heraus, zusätzliche Produktivitätspotenziale. Dabei geht es vornehmlich um die folgende Produktivitätskennzahl, die für den Online-Handel der Schlüssel zum Erfolg sein dürfte, nämlich den Nettoumsatz pro Visit. Dieser wiederum lässt sich zu einer ebenso wichtigen Kennzahl hebeln, nämlich dem Kundenwert, der angesichts der enormen Kundengewinnungskosten „Key Issue" für den Erfolgsbeitrag eines B2B Online-Shops ist und über eine wertorientierte Kundensteuerung maximiert werden sollte (Heinemann 2019a).

Dies sollte auch zentrale Aufgabe des Web-Controllings sein. Dadurch soll im betrieblichen Kontext die Qualität von Entscheidungen verbessert werden. Bei den Kennzahlen der Umsatz-, Waren- und Ergebnisleistung gibt es diesbezüglich kaum Unterschiede zum klassischen Controlling. Allerdings reichen diese nicht aus, denn im B2B eCommerce sind die Entscheidungen in der Regel datengetrieben. Dazu benötigt das Unternehmen in allen Funktionen Kennzahlen (KPI), die jenseits von Auftrag, Umsatz und Gewinn regelmäßig gemessen werden (Meffert und Meffert 2017). Online-spezifische Messzahlen tragen den Besonderheiten des Geschäftssystems und dabei insbesondere der „Attraction, Acquisition and Retention" Rechnung (Heinemann 2019a). Die Attraction des Online-Shops schlägt sich unter anderem in der Anzahl der Visits und Visitors nieder. Diese erlangen in der Kategorie „Attraction" allerdings nur in Kombination mit der Conversion Rate sowie der Aufenthaltsdauer Aussagekraft. Der herausragenden Rolle des CRM trägt die Kategorie „Acquisition" Rechnung, bei der die Neukundengewinnung und die Anzahl an Newsletter-Abos im Vordergrund stehen.

Darüber hinaus gehören zur „Acquisition" auch die wichtigen Kennzahlen CPO (Cost per Order) und CNC (Cost per New Customer).

Web Analytics als Bestandteil des Web-Controllings

Für die Erhebung der wichtigsten quantitativen Kennzahlen können die gängigen Web-Analytics-Werkzeuge helfen, die auch als Web-Controlling-Instrumente bezeichnet werden. Neben den Visits und Visitors (Besuche und Besucher) lassen sich damit unter anderem auch die Page Impressions (Seitenaufrufe), Conversion Rate, Verweildauer sowie Bounce Rate (Abbruchrate) und Click Through Rate (Durchklickrate) ermitteln. Die daraus gewonnenen Daten stellen auch eine gute Grundlage für die Optimierung der Website dar, denn sie liefern Informationen zum Klickverhalten der Website-Nutzer, deren Abbruchverhalten sowie zu den Schwachstellen der Website im Wettbewerbsvergleich (Düweke und Rabsch 2012). Von den folgenden Web-Analytics-Anbietern ist sicherlich Google Analytics das bekannteste und meistgenutzte Standard-Tool. Jedoch kann der zusätzliche Einsatz einer komplexen und kostenpflichtigen Software sinnvoll sein, wenn detailliertere und aktuellere Daten erforderlich sind (Düweke und Rabsch 2012; Steireif et al. 2015):

1. **Google Analytics** (www.google.de/analytics) ist aktuell das meistgenutzte Tool, das kostenlos nutzbar sowie einfach zu bedienen und zu installieren ist. Zusätzlich steht eine kostenpflichtige Premiumversion zur Verfügung.
2. **Adobe SiteCatalyst,** ehemals Omniture (www.omniture.de) wird vor allem von größeren Websites relativ häufig genutzt und seit der Übernahme durch Adobe als Adobe Online SiteCatalyst angeboten.
3. **Webtrekk** (www.webtrekk.de) analysiert als Web Analytics Data Warehouse schwerpunktmäßig das Nutzerverhalten bei größeren deutschen Online-Shops.
4. **Econda Shop-Monitor** (www.econda.de) ist eine Web-Analyselösung aus Karlsruhe, die speziell für Online-Shops entwickelt wurde und bereits in der Standardversion die gängigen eCommerce-Kennzahlen enthält.
5. **Piwik** (www.piwik.de) ist als eine Open-Source-Lösung kostenlos nutzbar und stellt insofern eine Alternative zu Google Analytics dar.

Weitere Anbieter sind unter anderem Nedstat (www.nedstat.de), etracker (www.etracker.com/de/), CoreMetrics (www.coremetrics) und Webtrends (www.webtrends.com). Die kostenpflichtigen Tools werden in der Regel nach Anzahl der Seitenaufrufe (Page Impressions) vergütet. Allerdings ermöglichen nicht alle Systeme dieselben Maßnahmen. Deswegen sollte die Auswahl der über die kostenlosen Standard-Tools hinausgehenden Software-Lösungen mit Sorgfalt erfolgen. So ermöglichen zwar etliche Anbieter eine Rohdatenanalyse, allerdings erlauben nur wenige Lösungen die parallele Verwendung von Roh- und aggregierten Daten (Graehl 2012). Darüber hinaus sollte sich die Software über Plug-ins und Schnittstellen mit weiteren Systemen verbinden lassen. Ferner ist es angeraten, auf Datenschutzbedenken bei Nicht-EU-Anbietern sowie auf die Gesamtkosten/Total Cost of Ownership (TCO) und Investitionssicherheit zu achten.

Allen Web-Analytics-Methoden ist gemeinsam, dass sie ein unverzichtbares Hilfsmittel sind, um einen B2B Online-Shop zielgerichtet und budgetkonform zu betreiben. Sie helfen zudem, Besucher und Kunden besser zu verstehen. Die Web-Analytics-Instrumente liefern damit wichtige Informationen zur Feinsteuerung der Online-Marketingmaßnahmen sowie der Optimierung der Usability und damit zur qualitativen Verbesserung des Online-Shops (Düweke und Rabsch 2012).

2.4.5 Login, Kaufabschluss und Check-out im B2B eCommerce

Nicht selten vernachlässigen B2B Online-Shops die Bedeutung von Login, Kaufabschluss und Check-out für die Kunden. Die raffinierteste Online-Shop-Konzeption nützt nichts, wenn nicht autorisierte Kunden in den Shop gelangen und eine Bestellung auslösen können. Deswegen sollte vor allem die Handhabung des Logins unproblematisch funktionieren. Da im B2C eCommerce zahlreiche verbraucherschützende Vorschriften zu beachten sind, ist es für B2B-Anbieter durchaus verlockend, ihr Angebot auf Unternehmer zu beschränken (Brünen 2017). Denn im B2B-Geschäft müssen sie auf die Informationspflichten gegenüber Verbrauchern keine Rücksicht nehmen. So haben B2B-Kunden kein Widerrufsrecht und müssen deswegen auch nicht darüber belehrt bzw. informiert werden. Darüber hinaus können **B2B Online-Shops** ihre Zahlungs- und Lieferbedingungen einfach in den Allgemeinen Geschäftsbedingungen (AGB) regeln (Heukrodt-Bauer 2014). Dafür müssen B2B-eCommerce-Unternehmen jedoch sicherstellen, dass Endverbraucher nicht im B2B-Shop bestellen, auch wenn sie sich angesprochen fühlen. Für den rechtssicheren Ausschluss einer Verbraucherbeteiligung genügen folgende Vorkehrungen:

- **Hinweis auf jeder Seite im Online-Shop,** dass ein Verkauf ausschließlich an gewerbliche Kunden erfolgt, also Unternehmer, Gewerbetreibende, Freiberufler und öffentliche Institutionen.
- **Ausdrückliches Bestätigungskästchen im Bestellprozess,** dass die Bestellung durch einen gewerblichen Kunden getätigt wird.

Wie die Hinweise optisch zu gestalten sind, ist nicht eindeutig geregelt. Um sicherzugehen, sollten diese jedoch deutlich durch eine besondere Farbwahl oder durch Fettdruck hervorgehoben werden. Zweifelsohne bleibt der Nutzer-Login für B2B-Shops die sicherste Möglichkeit (Giese 2017).

Neben der Login-Frage kann es für B2B-Kunden zudem hilfreich sein, wenn der B2B-Anbieter in seinem Shop Optionen vorsieht, durch die geregelt werden kann, welcher Mitarbeiter auf Kundenseite wozu autorisiert ist. In Abb. 2.23 findet sich ein Beispiel von Normfest, das ein Firmenkonto mit den entsprechenden Firmeninformationen zeigt, die genau regeln, wer in welcher Form im Normfest-Shop einkaufen darf.

Gerade wegen der regelbedingten hohen Einstiegsbarrieren für Kunden im B2B eCommerce sollte der sich anschließende Kauf inklusive Kaufabschluss und Check-out

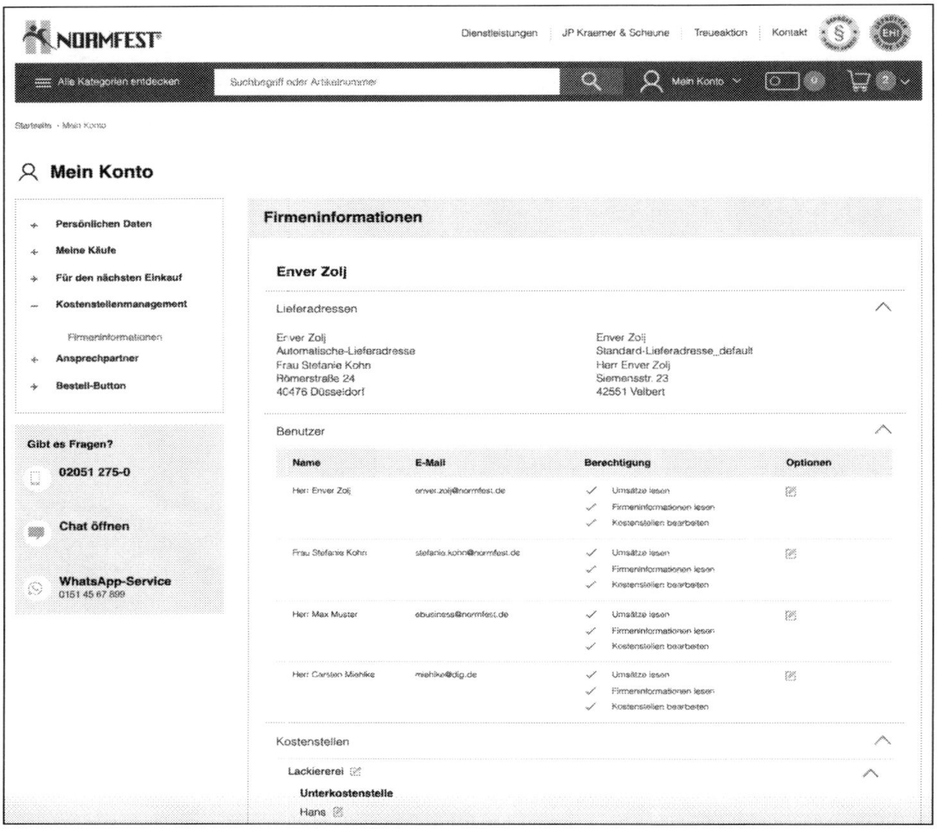

Abb. 2.23 Beispiel eines Firmenkontos von Normfest. (Quelle: Normfest 2019; Kommerz 2019)

so einfach wie möglich gestaltet sein, wobei eine weitgehende Automatisierung hilfreich ist. Maximal drei Mausklicks bis zum Auslösen einer Produktbestellung sind heute Standard. Bis dahin sollten alle relevanten Kundendaten zur Durchführung der Transaktion abgefragt sein, inklusive Kundenregistrierung. Dabei kann eine Visualisierung des Kaufabschlusses hilfreich sein. Seine wesentlichen Elemente sind der Warenkorb, die Kasse, die Zahlungsverfahren sowie der Check-out (Mahrdt 2010):

- **Der virtuelle Warenkorb** muss mehrere Anforderungen erfüllen. Zuallererst sollte er gut auffindbar sein und gleichzeitig mehrere Artikel des gleichen Typs aufnehmen können, die der Kunde bei Bedarf auch löschen und zurücklegen kann. Wichtig ist außerdem, dass vom Warenkorb aus Artikeldetails angesehen sowie nachträgliche Änderungen vorgenommen werden können. Zudem erwartet der Kunde im Warenkorb bereits das Anzeigen des Preises, der Mehrwertsteuer, der Versandkosten sowie der möglichen Zahlungsarten.

- **Die Kasse** ist sensibel zu gestalten, da es hier schnell zum Kaufabbruch kommen kann. Sie sollte in keinem Fall zu unangenehmen Überraschungen führen, indem z. B. plötzlich auf Mindestbestellwerte oder Zusatzgebühren hingewiesen wird. Auch darf nicht erst an der Kasse über mögliche Ausverkäufe, Lieferverzögerungen oder die Nichtgültigkeit von Gutscheincodes informiert werden. Die Kasse sollte einen klaren Überblick über die bestellten Artikel geben und das einfache Löschen von zu viel oder falsch bestellten Artikeln ermöglichen. Auch sollte der Kunden jederzeit in den Shop zurückgehen und weitere Produkte ergänzen können.
- **Die Zahlungsverfahren** sollten dem Kunden keine Einschränkungen vorgeben und möglichst keine Barrieren aufbauen. Mittlerweile ist es gängig, auch im B2B sämtliche Bezahlverfahren anzubieten (Siebers 2011; Werner 2014).
- **Der Check-out** ist ebenfalls ein häufiger Grund zum Kaufabbruch. Dies liegt nicht selten an konzeptionellen Schwächen des Online-Shops.
- **Der persistente Warenkorb** ermöglicht es, den Inhalt zu speichern und bei einem erneuten Besuch wieder anzuzeigen, da der Client Server identifizierbar ist. Dies erleichtert dem Kunden beim Wiedereinstieg das Zurückfinden zu den vorher recherchierten Artikeln.

Entsprechend der Devise „nach dem Einkauf ist vor dem Einkauf" kann der Check-out für Marketingzwecke verwendet werden und Anreize zum erneuten Besuch des Online-Shops geben. Zusätzlich ist die Check-out-Vermarktung für Online-Shops relativ unkompliziert und eine einfache Möglichkeit, Mehrwert zu schaffen.

2.4.6 Systemstrategie und Shop-Auswahl im B2B eCommerce

Mindestanforderung im B2B eCommerce sind schlagkräftige Prozesse, mit denen die schnellstmögliche Abwicklung der Kundenaufträge sichergestellt werden kann. Dies erfordert ein strategisches Konzept für den IT-Einsatz, das sich unter dem Aspekt der Skalierbarkeit eng an den Wachstumszielen des Online-Shops orientiert. Diesbezüglich kommt der Auswahl des richtigen Shop-Systems eine Schlüsselrolle zu (Krekeler und Heinemann 2017).

Die Automatisierung des Verkaufsprozesses und seiner Teilprozesse (zum Beispiel Informationssuche, Bestellvorgang, Bezahlung, Produktauslieferung) kann helfen, Schnelligkeit sicherzustellen, zeitliche und personelle Ressourcen zu sparen und Qualitätsvorteile zu generieren. Amazon ist das beste Beispiel dafür, wie durch Automatisierung die wahrnehmbare Servicequalität steigen kann. So reduziert die Option des „1-Klick-Kaufs" den Aufwand des Kunden erheblich, weil die Lieferadresse nicht noch einmal eingegeben werden muss, ein Login sowie eine Abfrage der Zahlungsdaten durch Cookie-Nutzung entfallen und der Internet-User insgesamt gesehen sämtliche Einzelschritte, die normalerweise im Kaufprozess üblich sind, für alle zukünftigen Einkäufe umgehen kann. Dadurch wird der Einkauf aus Kundensicht erheblich vereinfacht und beschleunigt, wodurch der Online-Händler wiederum das Risiko minimieren kann, den Kunden durch Hindernisse im Verkaufsprozess vom Kauf abzuhalten (Kollmann 2013).

Aber nicht nur der zeitliche und personelle Aufwand lässt sich durch Automatisierung verringern, sondern es können zugleich Qualitätsvorteile durch Fehlervermeidung realisiert werden. Durch die effiziente Abwicklung der Transaktionen lässt sich außerdem der Verkauf steigern, obwohl die Verkaufsabteilung entlastet wird. Das setzt aber eine Standardisierung der Transaktionen voraus, sodass diese unabhängig von Zeitpunkt und Anzahl professionell gemanagt werden können und ein größeres Transaktionsvolumen erlauben, ohne dass die Verkaufskosten steigen. Dabei handelt es sich um typische Skaleneffekte („Economies of Scale“). Voraussetzung für die Realisierung derartiger Skaleneffekte ist jedoch, dass die Transaktionen so effizient wie möglich gestaltet sind. Dies geht nur, wenn die Automatisierung alle standardisierbaren Aufgaben übernimmt. Dadurch wird es möglich, Informationen (zum Beispiel Online-Beratung) zeitnah für den Internet-User anzubieten, wodurch der Absatz gefördert wird (Heinemann 2019a).

Die Kunden kommunizieren im Online-Kanal über eine Software-Schnittstelle mit dem Unternehmen. Die Wichtigkeit der IT und ihrer Infrastruktur zeigt sich in deren Entwicklung von einem unterstützenden Bereich hin zu einer Kernfunktion, die in alle Wertschöpfungsstufen und -prozesse integriert ist. Damit wird der IT-Einsatz zu einer zentralen Erfolgsvoraussetzung für den Online-Handel. Die sofortige Datenübertragung aller anfallenden Daten des Verkaufsprozesses erfordert eine zeitgleiche Benutzer- und Bedürfnisanalyse, die Anhaltspunkte für Probleme bei der Durchführung einer Transaktion geben kann (Kollmann 2013). Dies spricht dafür, die umgehende Datenübertragung an möglichst vielen Stellen durch nutzerübergreifende Automatisierungen zu ermöglichen. So wird nicht nur der reine Abverkauf auf Unternehmensseite unterstützt, sondern auch der Kaufvorgang auf Kundenseite vereinfacht (Heinemann 2019a).

Mit der Absatzförderung ist das wesentliche Ziel erreicht, das mit der Automatisierung des Verkaufsprozesses und seiner Teilprozesse (zum Beispiel Informationssuche, Bestellvorgang, Bezahlung, Produktauslieferung) verfolgt wird (Kollmann 2013). Gängig ist die Automatisierung insbesondere im Rahmen der Verkaufsförderung. So lassen sich relativ einfach E-Mail-Systeme einführen, mit denen der Workflow und die Benutzerfreundlichkeit bei der Erstellung von Mailings effektiver gestaltet werden können. Diese sollten in das Warenwirtschaftssystem und den Online-Shop integriert werden. Dabei ist es möglich, dass die Newsletter-Redakteure mit der Eingabe eines kurzen Artikelcodes die gesamten Produktinformationen aus dem Online-Shop bzw. Warenwirtschaftssystem direkt in die E-Mail importieren. So werden Name und Beschreibung des Artikels, Bild, Preis sowie URL automatisch übernommen. Ein definiertes Newsletter-Design, das zu Beginn eingerichtet wurde, stellt die einheitliche Formatierung aller versendeten Newsletter sicher (Schwarz 2008).

Automatisierung, Vereinfachung und Beschleunigung des Einkaufs sind jedoch auch mit gewissen Gefahren verbunden. Die Umgehung von Einzelschritten bei der

Aktivierung des „1-Klick-Buttons“ beispielsweise erleichtert auch den Missbrauch der User Accounts, wenn andere Personen Zugriff auf die fixierten Einstellungen erlangt haben. Derartige Gefahren und eine gewisse Sensibilisierung auf Kundenseite im Hinblick auf die „Tücken des Einkaufs im Internet“ (Heinemann 2019a) sprechen ebenfalls für eine saubere Login-Lösung.

Prinzip der Skalierbarkeit

Je zentralisierter eine Expansion erfolgen kann, je höher der Automatisierungsgrad ist und je weniger Komplexität die Systemlandschaft aufweist, desto skalierbarer ist erfahrungsgemäß das Betreibermodell. Insbesondere aufgrund der hohen Fixkostenintensität im eCommerce ist dies für eine Amortisierung erfolgskritisch. Die Skalierbarkeit erfordert allerdings tendenziell eher zentralisierte Systeme und Organisationen. Bei der Internationalisierung werden zum Beispiel durch die Ansiedlung von Länderfunktionen in einer einzigen Zentrale vor allem dadurch Kosten gespart, dass Ressourcen wie Verwaltung und IT geteilt werden. In zentralen Systemen können Ressourcen generell besser ausgenutzt und damit eher Skalierungsvorteile realisiert werden (Leybold 2010; Krekeler und Heinemann 2017). Tendenziell wird die Skalierbarkeit eines Betreibermodells von den folgenden drei Elementen beeinflusst, die sich aus den Geschäftsanforderungen ableiten (Booz-Allen & Hamilton 2000; Krekeler und Heinemann 2017):

- **Bestmögliche Integration** mit bestehenden Systemen. Dies hängt sicherlich auch von der organisatorischen Einbindung des Internetkanals ab (zum Beispiel Ausgründung, Greenfield, Start-up versus organisatorische Einbettung), sollte jedoch so weit wie möglich eine manuelle Durchführung von Prozessen verhindern („Medienbrüche“).
- **Maximaler Grad an Standardisierung** von Internetlösungen innerhalb des Unternehmens. Einerseits ist die Kompatibilität und damit Verknüpfbarkeit sicherzustellen, andererseits sollten Prozesseffizienz, -transparenz sowie -überprüfbarkeit im Auge behalten werden. Insellösungen sollten möglichst vermieden werden.
- **Weitestgehende IT-Abdeckung** aller Wertschöpfungsprozesse und Unterstützung. Auch deswegen sollten Prozessabläufe ohne Medienbrüche sichergestellt und die Basis für Schnelligkeit und Vollautomatisierung geschaffen werden. Erfolgreich sind hier vor allem die Online-Player, die auf die Integration im bestehenden Backoffice verzichtet haben und von der Kundenschnittstelle bis hin zur Produktion und Logistik eine komplett neue Systemarchitektur entwickeln konnten.

Alle drei Elemente entwickeln sich schnell zu Komplexitätstreibern, wenn sie missachtet werden. Zudem steigen die Schnelligkeitsanforderungen der Kunden, sodass heutzutage mindestens eine 48-h-Belieferung sicherzustellen ist. Mehr Erfolg haben die noch schnelleren Online-Händler mit einer 24-h-Belieferung, was dann aber in jedem Fall eine Backoffice-Integration erfordert (Heinemann 2019a).

Auswahl des Shop-Systems

Für die Auswahl des richtigen Shop-Systems ist zuerst zu klären, welchen Anforderungen es genügen sollte. Diesbezüglich sind in einem ersten Schritt die Zielkunden zu analysieren. Es geht darum, die Erwartungen der Einkäufer im Hinblick auf Bedienbarkeit und Funktionen zu klären. Darüber hinaus ist festzulegen, in welchem Kontext der Shop verwendet werden soll. Dieser ändert sich durch die Mobilisierung des Internets und die enorme Verbreitung der Smartphones permanent. Auch ist im Rahmen der Kontextfaktoren zu prüfen, welche Anforderungen von den Produkten ausgehen. Mit zunehmender Komplexität steigt in der Regel der Flexibilitätsbedarf. Ein Produkt mit vielen Varianten und verschachtelten Preisfindungsregeln lässt Standardsysteme schnell an ihre Grenzen kommen. Die folgenden Kriterien können zur Auswahl eines Shop-Systems herangezogen werden (Zenner 2012):

- **Skalierbarkeit:** Die mögliche Besuchsfrequenz ergibt sich vor allem aus der Geschwindigkeit und Funktionsfähigkeit eines Online-Shops. Deswegen sollte die Anzahl der Besucher und auch der Bestellungen frühzeitig geplant werden. Darüber hinaus ist die Anzahl der gespeicherten Kategorien und Artikel festzulegen, um die Shop-Technik dimensionieren zu können.
- **Internationalisierung:** Diesbezüglich sollte der erforderliche Internationalisierungsgrad rechtzeitig definiert werden und geklärt werden, welche Sprachen und landesspezifischen Regelungen zu berücksichtigen sind. Auch ist die Frage der Differenzierung zwischen den Ländern festzulegen.
- **Verkaufsförderung:** Das Shop-System muss auch in der Lage sein, die geplanten Verkaufsförderungs-Aktionen zu unterstützen. Dies betrifft Gutscheine und Rabatte, Newsletter und auch die Anbindung an Plattformen.
- **Agilität:** Die Umsetzungsgeschwindigkeit von Shop-Systemen, auch als „Time to Market" bezeichnet, wird zunehmend wichtiger. Kleine und schnelle Anbieter können mittlerweile innerhalb weniger Wochen Angebote im Web platzieren. Dabei haben SaaS-Lösungen den Vorteil, dass Roll-outs in verschiedenen Ländern schnell durchgeführt werden können, weil eine integrierte Plattformlösung schon existiert.
- **Schnittstellen:** In der Regel wird ein Shop-System nicht als Insellösung betrieben, sondern integriert Schnittstellen zu anderen Systemen wie zum Beispiel Zahlungs- und Logistiksystemen, Warenwirtschaftssystemen oder Kassensystemen. So ist es erforderlich, Informationen wie Lagerbestände etc. aus den verschiedenen Verkaufskanälen zu synchronisieren. Tendenziell sollten bei der Systemauswahl Standardlösungen bevorzugt werden.
- **Know-how:** Ideal ist es, wenn bereits eine Online-Abteilung existiert, die dann für die Gestaltung und die Server-Administration die Verantwortung übernehmen kann. Häufig werden aber auch der technische Aufbau und die Pflege einer kompetenten Agentur überlassen. Mietmodelle sind ebenfalls denkbar.
- **Budget:** Die Kosten für den Aufbau und technischen Betrieb des Online-Shops sind nur ein Teil der Gesamtkosten, in die auch Prozesskosten sowie Logistik- und

Marketingaufwendungen einfließen. Darüber hinaus ist zu klären, ob der Shop aus bereitstehendem Kapital (KapEx) oder aus dem operativen Geschäft heraus (OpEx) finanziert werden soll.

Alles in allem beeinflussen viele Fragestellungen und Kriterien die Auswahl des Shop-Systems. Deswegen sind eine detaillierte Analyse und eine Investitionsrechnung im Vorfeld entscheidend. Unabhängig davon geben aber die Betriebsgröße des Online-Shops sowie das Handelsvolumen und die Internationalität des Handelsunternehmens bereits entscheidende Hinweise für die Shop-Auswahl. Die Shop-Systeme lassen sich in vier Kategorien bzw. Nutzungsmodelle einteilen (Zenner 2012; ibi research 2018), und zwar:

- Open Source,
- On Premise (Kauf-Software),
- SaaS-Lösungen („Software-as-a-Service", also Mietsoftware) sowie
- Erweiterungen (Plug-ins).

Open Source ist zweifelsohne ein interessanter Ansatz, der sich jedoch eher für mittelgroße Shop-Größen eignet. Kauf-Software spricht dagegen eher größere Unternehmen und „Profi-Seller" an, zumal sie etwas Kompromissbereitschaft erfordert. Kleine und mittlere Unternehmen (KMU) setzen verstärkt auf SaaS-Lösungen und können ihren Shop somit aus laufenden Einnahmen finanzieren, ohne enorme Anfangsinvestitionen. Für kleine Online-Shops haben sich Plug-ins bzw. Content-Management-System-(CMS-) Erweiterungen als bevorzugte Lösung herauskristallisiert (ibi research 2018).

Die Auswahl des richtigen Shop-Systems ist zweifelsohne eines der schwierigsten Vorhaben, für das ein Unternehmen sich in jedem Fall Expertise ins Haus holen sollte. Die Entscheidung muss in jedem Fall nach Zielumsatz-Größenklassen erfolgen. Einsteigermodelle machen hier keinen Sinn und ausschließlich auf B2C fokussierte Systeme ebenfalls nicht. Prinzipiell können aber alle gängigen Shop-Systeme mittlerweile auch im B2B-Kontext eingesetzt werden. Zwar haben nicht alle Standardlösungen eine dedizierte "B2B-Suite" (d. h. spezielle B2B-Funktionen), das muss allerdings kein Ausschlusskriterium sein, wenn sich das System entsprechend anpassen lässt.

SAP Hybris liegt bei SAP-Einsatz zwar nahe, die Verwendbarkeit hängt aber davon ab, welche anderen Systeme im Unternehmen im Einsatz sind. Hybris gilt ganz klar als „Ferrari unter den Shop-Systemen" und findet vor allem in hochkomplexen Multi-Channel-Strukturen Anwendung. Magento ist laut ibi-Studie aus 2018 mit einem Anteil von 20 % das führende System im B2B eCommerce, gefolgt von Shopware mit 14 % und SAP Hybris mit 11 % auf Platz drei (vgl. Abb. 2.24) (ibi research 2018).

Klärung der Systemtechnischen Voraussetzungen im B2B eCommerce

Beim Start in den B2B eCommerce stellt sich zunächst unweigerlich die Frage, ob das Shop-Design völlig neu erstellt werden muss oder ob ein fertiges Template bzw.

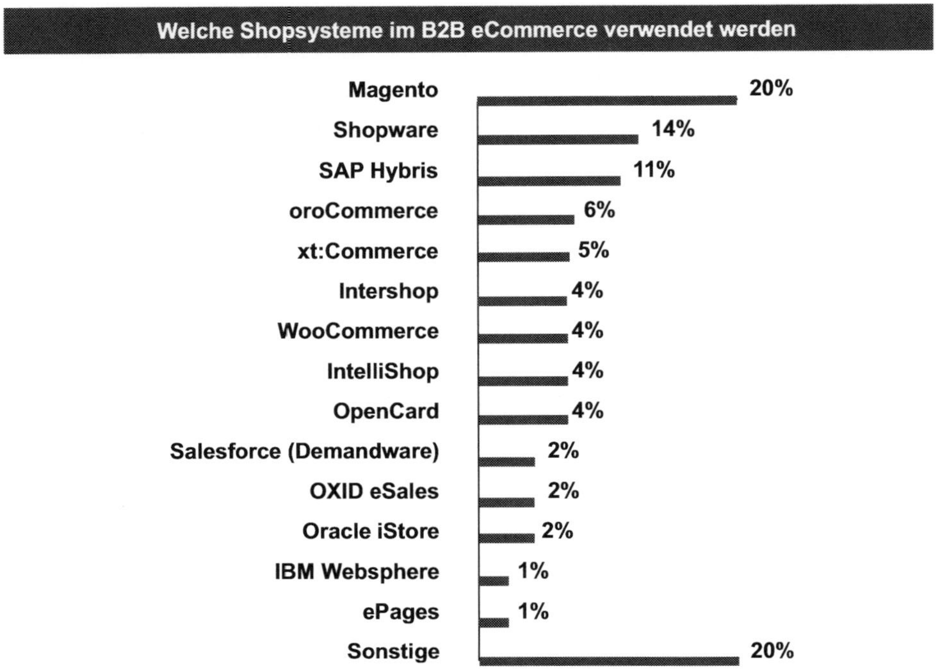

Abb. 2.24 Shop-Systeme im B2B eCommerce. (Quelle: eSales4u 2018; ibi research 2018)

Design verwendet und gegebenenfalls angepasst wird. Die Antwort auf diese Frage hängt davon ab, welche Online-Shop-Software verwendet wird. Standard-Software-Lösungen wie Magento oder Shopware bringen bereits eine große Auswahl an fertigen Designs mit, die sich schnell installieren und anwenden lassen. Dabei ist es möglich, zwischen vielen Designvarianten zu wählen. So bietet beispielsweise themeforest.net mehr als 350 Designs oder Themes an, die sich zum Beispiel für Magento nutzen und auch jeweils individualisieren lassen. Diese lassen sich innerhalb weniger Minuten installieren (Steireif et al. 2015) und sind vergleichsweise unkompliziert. Schwieriger wird es bei einem komplexen Zusammenspiel mehrerer Kanäle und der Integration externer Software bzw. Provider. So sind in der Regel bei Online-Shop-Lösungen unterschiedlichste Puzzleteile zusammenzubringen.

Die wichtigsten Systemkomponenten sind dabei zweifelsohne ERP, PIM, CRM, Newsletter/E-Mails und externe Dienstleister (Steireif et al. 2015):

- **ERP** (Enterprise Ressource Planning) bezeichnet ein System, mit dem alle vorhandenen Ressourcen rechtzeitig und bedarfsgerecht geplant und gesteuert werden können. Neben den üblichen Basisfunktionen eines Unternehmens wie Einkauf, Produktion/Operations, Marketing/Verkauf und Verwaltung betrifft dies vor allem die Material- und Warenwirtschaft sowie das Produktdatenmanagement. Typischer Anbieter für ERP-Systeme ist zum Beispiel SAP.

- **PIM** (Product Information Management) steht für ein System, in dem medienneutral sämtliche Produktdaten verwaltet, gepflegt und modifiziert werden. Dies sorgt dafür, dass die verschiedenen Systeme und Absatzkanäle aus einer Quelle mit konsistenten und fehlerfreien Produktinformationen gespeist werden. Es ersetzt klassischerweise das Excel-Tabellen-Chaos in Unternehmen und konsolidiert üblicherweise dezentrale Datenquellen zu einer zentralen und einheitlichen Gesamtlösung.
- **CRM** (Customer Relationship Management) bezieht sich auf die Planung, Steuerung und Durchführung aller kundenbeziehungsrelevanten Prozesse.
- **Newsletter/E-Mails** erfordern heute personalisierte Newsletter-Kampagnen, die nicht mehr manuell, sondern nur noch systembasiert und vollautomatisiert gefahren werden können.
- **Externe Dienstleister** sind typischerweise Zahlungsdienstleister wie zum Beispiel Paypal, Versanddienstleister à la DHL, Bonitätsprüfdienstleister wie Klarna sowie Controlling-Dienstleister wie beispielsweise Nitrobox.

Die wesentliche Aufgabe für den Aufbau und reibungslosen Betrieb eines Online-Shops besteht darin, die verschiedenen Software-Komponenten zusammenzufügen und den Shop in die bestehende IT-Infrastruktur zu integrieren. Dabei gibt es unterschiedliche Integrationsformen, die gegeneinander abzuwägen sind (Steireif et al. 2015):

- **Online-Shop als autarkes System** ist die am wenigsten aufwendige Integrationsform. Dabei werden vordefinierte Software-Pakete eingesetzt, deren Komponenten bereits konfiguriert sind und unabhängig von anderen Software-Lösungen betrieben werden können. Diese Integrationsform ist die klassische Vorgehensweise bei einem kleineren Online-Shop, der dann alle Daten, Funktionen und Prozesse selbst pflegt. Vorteil ist eine schnellere „Time to Market", nachteilig allerdings stellt sich heraus, dass Kunden- und Produktdaten mehrfach gepflegt werden müssen.
- Bei der **funktionalen Integration** werden bestimmte Funktionen einer Software-Komponente durch andere Komponenten der IT-Infrastruktur verwendet. So bietet es sich zum Beispiel an, die Bonitätsprüfung in den Bezahlvorgang zu integrieren. Dabei ruft der Online-Shop einen definierten Service im ERP-System auf und bekommt von diesem die gewünschte Information geliefert. Diese Art der Integration erfordert die Einhaltung gewisser Standards und ist damit sehr stark an die Komponenten der einzelnen Systeme gekoppelt, die sich nicht ganz so einfach anpassen lassen, ohne Datenchaos zu erzeugen.
- **Datenintegration:** Wird diese Variante gewählt, greifen mehrere Komponenten aus der IT-Infrastruktur auf dieselben Daten zu, damit Redundanzen und Inkonsistenzen in der Datenhaltung sowie unerlaubte Zugriffe darauf vermieden werden. Gerade in Multi-Channel-Systemen wäre es nicht sinnvoll, Kundendaten in verschiedenen Systemen zu pflegen, weswegen hier die Datenintegration schon fast ein Muss ist. Dabei ist lediglich die Frage zu klären, ob das ERP- oder aber das CRM-System führend sein soll.

- **Kombinierte Integration:** Bei dieser Integrationsform werden Funktionen und Daten verwischt. Dabei wird nicht mehr auf konkret definierte Schnittstellen zugegriffen, sondern auf definierte Services. Ein Beispiel wäre die Möglichkeit eines CRM-Systems, eine Bestellung für den Kunden anzulegen, die dann nicht in der Datenbank des CRM-Systems gespeichert, sondern über Services direkt in der Datenbank des Online-Shops angelegt wird. Damit kann der Kunde seine Bestellungen im Online-Shop nachverfolgen.

Bei der Integration in die bestehende Infrastruktur sollte ein gesundes Mittelmaß von offenen und standardisierten Schnittstellen bzw. einer stärker gekoppelten Integration in die IT-Infrastruktur gefunden werden. Ein gewisser Grad an Flexibilität und Herstellerunabhängigkeit gibt auch mehr Investitionssicherheit.

Standardisierung und Schnittstellenlösungen

Bei der Vielzahl externer Systeme und Dienstleister werden an unterschiedlichsten Stellen die verschiedensten Daten benötigt. Dabei handelt es sich mitunter um vertrauliche Daten, die aus Datenschutzgründen nicht allen Systempartnern gleichermaßen zugänglich sind. Insofern erfordert die Zusammenführung der verschiedenen Systeme ein Bündel an Schnittstellen, die verstanden und auch bedient werden müssen (Menzel 2012; Himmel 2018). Sind die Schnittstellen nicht offengelegt, ist eine Integration externer Komponenten kaum oder nur sehr schwer möglich. Auch sind derartige Integrationsprojekte sind als Systemverbund einer Online-Shop-Anwendung immer eine komplexe Umgebung, die zu jeder der anzuschließenden Instanzen auch ein passendes Gegenstück erfordert. Das kann eine Middleware bieten, die ein regelrechtes Schnittstellensortiment anbietet. Sie ist in der Lage, unvorhergesehene Änderungen in Teilfunktionen, die einen erheblichen Aufwand für die Teilsysteme bedeuten würden, aufzufangen, indem die Anpassungen separat vorgenommen werden können, ohne dass der Shop am Frontend verändert werden muss. Die Schnittstellenverwaltung erfordert lediglich, dass alle Teilsysteme mit der Middleware kommunizieren, die deswegen über alle relevanten Informationen verfügen muss. Deswegen sollte die Middleware in jeder Hinsicht das führende System sein, das sämtliche Prozesse zusammenführt und koordiniert (Menzel 2012; Himmel 2018).

Durch Gleichschaltung der separierten Teilsysteme anstelle einer integrierten Lösung können Partnersysteme bei Bedarf relativ einfach ausgetauscht werden, was auf Basis wirtschaftlicher Faktoren permanent überprüft und ggf. auch vollzogen werden kann. Dabei werden die Dienstleister austauschbarer, nicht jedoch der Betreiber der Middleware. Darüber hinaus wird die Funktionalität der Middleware der bestimmende Faktor für alle angeschlossenen Partnersysteme (Menzel 2012; Himmel 2018). Das führt auch dazu, dass vor allem Logistikdienstleister zunehmend eigene Interface-Systeme anbieten. Diese stellen dann bis auf die fest angebundenen Logistik- und Lagerverwaltungssysteme auch eine Middleware-Lösung dar, erfordern aber für den Online-Shop-Betreiber eine objektive Analyse im Vorfeld der Systementscheidung.

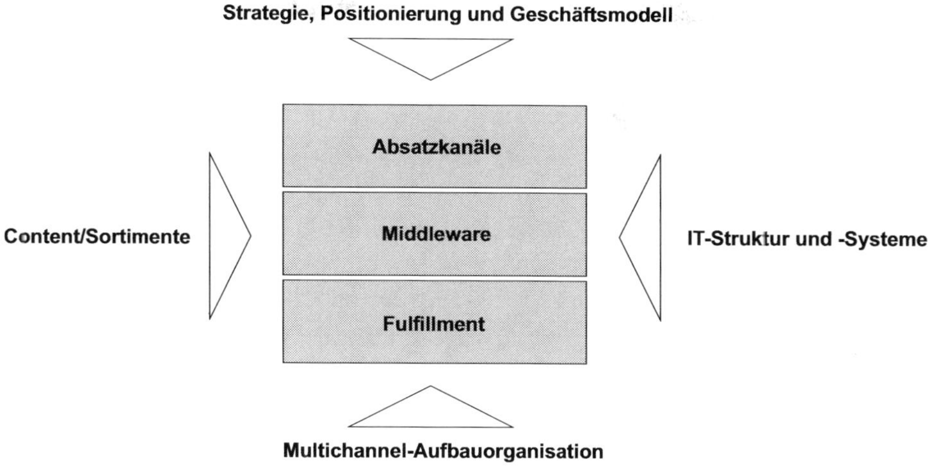

Abb. 2.25 Einbindung der Middleware in die Online-Welt. (In Anlehnung an Menzel 2012; Himmel 2018)

In Abb. 2.25 ist das Prinzip der Middleware dargestellt, deren Funktionalität maßgeblich von der Strategie, dem Geschäftsmodell und -system sowie der Aufbauorganisation des Unternehmens abhängt.

Ressourcenbedarf

Ein Online-Shop erfordert mitunter beträchtliche Investitionen und wirft damit die Frage nach dem ROI (Return on Investment) auf. Im Endeffekt sollte schließlich immer mehr herauskommen, als hineingesteckt wurde. In den meisten Fällen wird aber der Aufwand unterschätzt, der für die erfolgreiche Umsetzung eines eCommerce-Projektes erforderlich ist. Vor allem traditionelle Anbieter mit Multi-Channel-Lösungen müssen erkennen, dass es ohne nennenswerte Systeminvestitionen nicht gehen wird. Doch die forcierte Investition in Systeme ist die einzige Möglichkeit, um auf Dauer bestehen zu können. Der Schlüssel zum Erfolg heißt Automatisierung: In Zukunft werden die Kunden im Hinblick auf die Produktionsabläufe und Logistikansprüche noch verwöhnter sein als heute (brand eins 2014; Zukunftsinstitut 2014). Gleiches gilt für After-Sales-Aspekte. Diese betreffen in der modernen Gesellschaft vor allem Zeitersparnis, reibungslosen Transport und Hilfestellung bei der Produktauswahl sowie neue Serviceleistungen. Dabei kann Marketingautomation helfen. Immer mehr Prozesse wie Lead-Pflege, Re-Marketing, E-Mail-Personalisierung und Analytics werden automatisiert. Das hilft auch kleinen Online-Shop-Besitzern, bessere Einblicke zu bekommen und mehr Kunden für sich zu gewinnen (Adeshara 2014).

Es geht um das „Auto Efficient Selling", das auch bei der Echtzeitlokalisierung von Produkten und Gegenständen helfen kann. Radio Frequency Identification (RFID) ist sicherlich die bekannteste Technologie, um Objekte zu tracken. Aber auch GPS, WLAN,

Ultraschall, Ultra-Breitband und/oder Infrarot ermöglichen die Echtzeitlokalisierung von Waren und Gütern. Für Online-Händler bringen derartige Tracking Tools eine immense Kosten- und Zeitersparnis sowie eine Lagerplatzoptimierung durch automatisierte Abläufe. Auch kommt es den Wünschen der Kunden entgegen, erworbene Produkte möglichst schnell in den Händen zu halten, ohne tagelang auf die Lieferung warten zu müssen. Allerdings erfordert dies physische Hightech-Logistikzentren mit hochgradig optimierten und automatisierten Abläufen (brand eins 2014; Zukunftsinstitut 2014). Um diese „logistische Automation“ zu bewältigen, werden vor allem Megalogistikzentren mit über 100.000 m^2 auf der grünen Wiese sowie lokale Depots in den Städten und/oder in der Nähe der Kunden erforderlich werden, was nicht ohne Systeminvestitionen möglich sein dürfte. Hinzu kommt das „Big Data Problem“. Je mehr Daten dem Unternehmen vorliegen, desto schwieriger gestalten sich entsprechende Analysen. Alle Online-Händler reden von der Nutzung von „Big Data“, doch stecken die Umsetzung und der erfolgreiche Einsatz der Daten zur kundengerichteten und -gerechten Ansprache noch in den Kinderschuhen. Dabei kann das Bewältigen, Sammeln und optimale Nutzen der Datenmengen – Big Data – viele Vorteile mit sich bringen, wie zum Beispiel höhere Abverkäufe durch zugeschnittenes Cross- und Up-Selling, geringere Retouren durch spezifische Angebote, gezieltere Ansprache durch individuelle Banner, Adwords oder auch Newsletter, eine höhere Kundenbindung und vieles mehr (iBusiness 2014a, b). Das künftige Kundenkaufverhalten vorherzusagen wird für Unternehmen immer erfolgskritischer. Diesbezüglich sind das wachsende Volumen von Echtzeitdaten und die reduzierte Zeit für die Entscheidungsfindung treibende Faktoren für die Implementierung von Analytics- und Intelligence-Systemen. Kunden müssen den verschiedenen Kontaktpunkten und den unterschiedlichen Präferenzen entsprechend angesprochen werden. Allerdings minimieren die immer komplexer werdenden Vertriebskonzepte und die sich weiter verkürzenden Innovationszyklen den Return von Maßnahmen (iBusiness 2014a, b). Die kluge Nutzung von Analyse-Tools zur Simulation und Prognose wird zunehmend entscheidend, um die Transformation von Big Data zu Smart Data zu bewältigen.

Diesbezüglich werden wahrscheinlich in Zukunft Cloud-Lösungen und Applikationen die Zusammenarbeit der Unternehmensbereiche vereinfachen, die mit der Auswertung von Kundendaten befasst sind. Dementsprechend werden die Arbeiten von Analytikern, IT-Spezialisten, strategischen Managern sowie operativ verantwortlichen Mitarbeitern enger miteinander verknüpft. Prozesse werden sich vereinfachen und tragen somit entscheidend zur Auswertung unternehmensrelevanter Daten bei. Ziel wird es sein, Verbrauchergewohnheiten und -vorlieben zu studieren und somit die Trends von morgen zu erfassen (Plewinski 2014). Händler können mithilfe der Auswertung großer Datenmengen Werbung für individualisierte Artikel schalten, die jeden einzelnen Kunden persönlich anspricht. Das kann als Vorbild für den gesamten Handel dienen. Durch den Austausch von Verbrauchern in entsprechenden Shopping Communities können Unternehmen künftig die Trends und individuellen Geschmacksvorlieben der Kunden analysieren und diese als Grundlage neuer Kollektionen und Produkte verwenden (Plewinski 2014). Auch Smart Convenience erfordert insofern Systeminvestitionen.

Multi-Channel-Händler sollten allerdings darauf achten, dass sie nicht den fünften vor dem dritten Schritt gehen, denn Basis kann nur ein exzellenter und „stand-alone"-fähiger Online-Shop sein, wie Würth zeigt (www.wuerth.de).

Technische Realisierung
Wie komplex das Zusammenspiel der erforderlichen Systemkomponenten im B2B eCommerce ist, zeigt Abb. 2.26. Dabei stellt das Online-Shop-System nur einen kleinen Baustein dar. In der Regel steht und fällt das Thema B2B eCommerce mit einem performanten ERP-System, an dem kein Weg vorbeiführt. Dieses stellt die Bereitstellung der digitalen Daten in Echtzeit sicher. Die Middleware koordiniert das ERP als wichtigste Säule im Backend mit dem Shop-System als wesentlicher Säule im Frontend. Die Stammdatenverwaltung und das ERP hängen eng zusammen und tauschen die Daten in einem permanenten Fluss mit dem PIMS (Produktinformations-Managementsystem) aus. Angeschlossen sind das Kassensystem, das Suchsystem sowie das RCE(Recommendation-Engine-)-System. Auf der anderen Seite arbeiten Newsletter-System und CRM-System automatisiert in enger Verknüpfung mit dem PIMS sowie dem ERP. Das Frontend wird ergänzt durch das OMS (Order-Management-System), CMS (Content Management System), MST (Marktplatz-Schnittstellen-Tool) und WAT (Web Analytics Tool).

Die technische Realisierung, bei der es um die Programmierung sowie die Anbindung des Shops an die externen Systeme geht, ist vergleichsweise einfach (Menzel 2012; Steireif et al. 2015; Himmel 2018). Zweifelsohne handelt es sich dabei um sehr agile Projektabschnitte, für die sich nicht alle Anforderungen bis ins kleinste Detail im Vorfeld

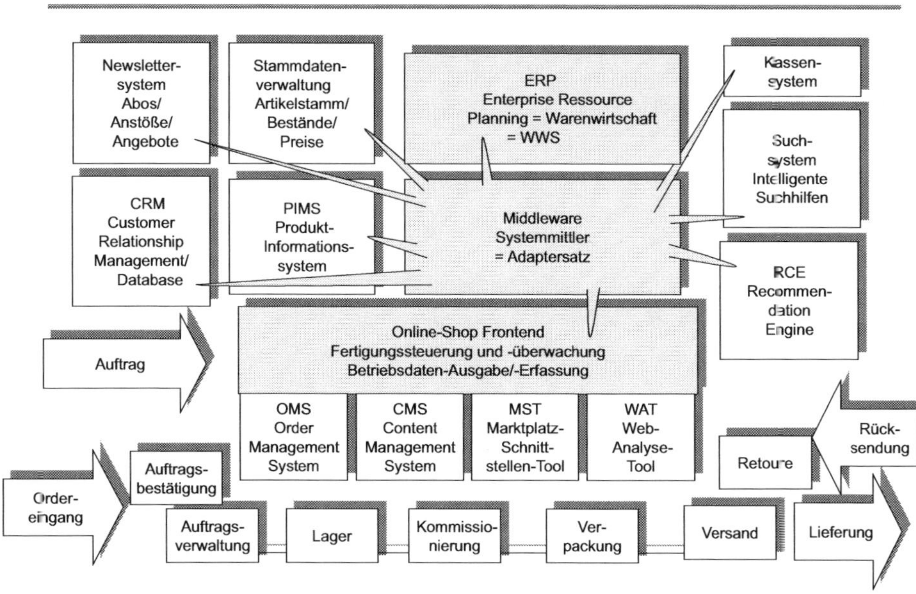

Abb. 2.26 Wichtigste Systemkomponenten im B2B eCommerce

planen lassen. Deswegen ergeben sich in dieser Phase vielfach noch Änderungen und Anpassungen, die zeitlich eingeplant werden sollten. Gleiches gilt für die Testphase und das „Going live“. Dennoch macht alles keinen Sinn, wenn nicht der technischen Realisierung eine fundierte Digitalstrategie inklusive Businessplanung vorausgeht. Weiterhin muss geklärt sein, ob die Realisierung intern oder extern erfolgen soll. Für Inhouse-Entwicklungen fehlen oft die notwendigen Kapazitäten und das erforderliche Know-how. Das Thema in die Werbe- oder IT-Abteilung zu delegieren geht in der Regel schief. eCommerce-Agenturen sind normalerweise Profis, die das notwendige Wissen für derartige Systeme mitbringen. Die Anforderungen sind enorm hoch. Hinzu kommt der technische Wandel, weswegen die technische Realisierung auch einen gewissen Respekt verdient (Himmel 2018).

2.5 Kundenzentriertheit als Basisanforderung an den Online-Handel

Basis für das Geschäftsmodell eines Online-Händlers muss die Kundenzentriertheit sein. Sie löst sich von der funktional orientierten Marketinglehre und stellt die Leidenschaft und Glaubwürdigkeit der gesamten Unternehmensführung und ein bedingungslos am Kundenwunsch ausgerichtetes Unternehmen in das Zentrum der geschäftlichen Aktivitäten. Es geht vor allem um die von Jeff Bezos aufgeworfene und visionär verfolgte Schlüsselfrage: „Wie kann ich meinen Kunden das Leben erleichtern?“ (brand eins 2014). Was aber bedeutet das für die Marketing- und Unternehmenspraxis? Zunächst geht es um eine neue Dimension der Professionalität, deren Umsetzung – entgegen weitverbreiteter Meinung – weitaus höhere Investitionen in Marketing, Kundenansprache, Organisation und Systeme erfordert, als das in den traditionellen Absatzkanälen der Fall ist. Diese Investitionen dürften sich auf lange Sicht aber lohnen, denn die Kunden schätzen und honorieren es, im Zentrum der Geschäftsaktivitäten zu stehen.

Kundenzentrierte Unternehmen, die in Richtung Maximierung der Kundenbegeisterung denken, sind dabei nachweislich erfolgreicher als „nur“ kundenorientierte Unternehmen. Kundenzentriertheit impliziert Leidenschaft und Glaubwürdigkeit der Führung und ein bedingungslos am Kundenwunsch ausgerichtetes Unternehmen. Jeff Bezos, CEO von Amazon, ist der festen Überzeugung, dass nur überragender Service für den Kunden und genaues Verstehen der Kundenwünsche langfristig Erfolg gewährleisten können. Da Kunden Angebote verschiedener Händler zu einem Produkt vergleichen wollen, hat er anderen Händlern erlaubt, ebenfalls bei Amazon anzubieten, selbst auf die Gefahr hin, dass Amazon von anderen Händlern unterboten wird. „Tut ihr es nicht, so wird es der Kunde tun“, ist dabei sein Motto. Kundenzentriertheit durchdringt das komplette Geschäftssystem des Unternehmens und gibt Mitarbeitern einen Orientierungsrahmen für ihre täglichen Entscheidungen vor. Idealerweise wird jeder Kunde als Individuum betrachtet.

In anonymen Märkten (z. B. Systeme und Industriegüter) ist eine Individualisierung nicht immer wirtschaftlich darstellbar. Deshalb werden hier Kunden statistisch relevanten Segmenten zugeordnet (personalisiert). Diese werden entweder statisch gebildet (bei traditionellen Unternehmen) oder dynamisch/chaotisch (bei Internetanbietern). Die Kunst der Kundenzentriertheit liegt in der überragenden Individualisierung oder Personalisierung des Unternehmens und in der richtigen Implementierung, die „Chefsache" sein muss. Nur wenn die oberste Führung von der Kundenzentriertheit überzeugt ist, ist sie auch bereit, dies glaubwürdig vorzuleben und das Unternehmen systematisch kundenzentriert auszurichten. Dabei ist ein vierstufiges Vorgehen sinnvoll (Himmel 2018; Heinemann 2019a):

- **Phase 1: Kunden verstehen.** Hier geht es um Fragen der Kundensegmentierung (Segment of One, statische oder dynamische Personalisierung), die Wünsche einzelner Kundengruppen, deren Performance, den Erfüllungsgrad der Kundenwünsche durch das Unternehmen im Wettbewerbsvergleich sowie die Aktivierungsintensität.
- **Phase 2: Unternehmensziele formulieren.** Abgeleitet von der Strategie sollen die Quellen zukünftigen Wachstums bestimmt werden; dabei wird nach Produkten und Kundensegmenten differenziert. Letztendlich werden Ziele für die einzelnen Kundensegmente festgelegt.
- **Phase 3: Maßnahmen erarbeiten.** In dieser Phase werden konkrete Maßnahmen, die zu einer erhöhten Weiterempfehlung bei Kunden führen, erarbeitet und nach der 80/20-Regel umgesetzt. Flankierend werden eine Meilensteinplanung und ein Controlling aufgebaut.
- **Phase 4: Organisatorische Voraussetzungen schaffen.** Die Promotoren und Blockierer der Veränderung werden in der Organisation identifiziert und für den Veränderungsprozess eingespannt, geschult und möglicherweise versetzt oder ersetzt. Ferner werden die erforderlichen strukturellen Voraussetzungen und die Prozesse definiert und angepasst.

Geschäftssysteme im Online-Handel sind Neuland und mit nichts vergleichbar, was es im Handel bisher gab. Online-Handelsunternehmen müssen sich kundenzentriert und prozessorientiert ausrichten. Das stellt insbesondere Multi-Channel-Händler, die bisher überwiegend hierarchisch und funktional organisiert sind, vor große Herausforderungen. Auch die Erfolgsmessung muss den Besonderheiten des neuen Geschäftssystems Rechnung tragen. Es geht vor allem darum, den spezifischen Belangen des interaktiven Mediums Internet gerecht zu werden, ohne dabei die Notwendigkeiten eines Handelsunternehmens aus dem Auge zu verlieren. Deswegen kommt auch dem Online-Controlling große Bedeutung zu. Dessen Basis bildet das Verständnis für die Produktivitätsquellen von Online-Shops sowie die wertorientierte Kundensteuerung, die den Handlungsrahmen für das quantitative Controlling vorgibt und dabei auch die qualitativen Aspekte mit in die interpretative Betrachtung einbezieht. Dabei kann auch ein regelmäßig durchgeführtes Benchmarking gute Hilfestellung geben. Dies ermöglicht es auch, in Kombination mit den relevanten Kennzahlen die relevanten Erfolgsfaktoren im B2B eCommerce abzuleiten (Heinemann 2019a).

Geschäftssystem des Online-Handels

Aus der in der Regel funktional aufgestellten Industrie sind nur wenige Erfahrungen auf den B2B eCommerce übertragbar. Denn dieser stellt nicht bloß einen neuen Vertriebskanal im herkömmlichen Sinne dar, sondern ein vollkommen neues Geschäft mit neuen Fähigkeitsanforderungen. Im B2B-Online-Handel sind Standorte, Verkaufsmitarbeiter und Niederlassungsbestandssteuerungsprozesse unbedeutend. Auch standortbezogene Sortimentskonzepte sind nicht anwendbar, da im elektronischen Handel die Zielgruppen und Sortimente nicht abgesteckt werden können. Völliges Umdenken ist in den Bereichen Branding, Markenprofil und Werbung gefragt, denn die erhebliche Komplexität des B2B eCommerce erfordert ein neues Internetmarkenmanagement. In der nahezu unübersehbaren Vielfalt der Markennamen und Shops müssen vor allem Aufmerksamkeit und Markenbekanntheit erreicht werden, da der Online-Einkäufer sonst auf bekanntere Anbieter zurückgreifen wird. Anstelle überwiegend funktional ausgerichteter Abläufe treten im B2B eCommerce konsequent kundenorientierte Geschäftsprozesse auf den Plan. Diese sind effizient, schlank und auf Schnelligkeit ausgerichtet. Neben Schnelligkeit stehen auch Transparenz und Serviceorientierung im Vordergrund. Dabei kommt der Geschwindigkeit der innerbetrieblichen Entscheidungs- und Arbeitsabläufe eine Schlüsselrolle zu. Effizienz und „Durchlaufzeitenreduzierung“ bzw. ePace gelten als wesentliche Basis des Erfolges im Online-Handel (Heinemann 2019a). Dieser Anspruch ist nur erfüllbar, wenn die Organisation durch eine prozessorientierte Neuausrichtung schlanker, schneller und schlagkräftiger ausgestaltet wird. Hinzu kommt der Anspruch einer kompromisslosen Kundenorientierung, die infolge der drastisch verkürzten Kundenreaktionszeiten Grundvoraussetzung für die Wettbewerbsfähigkeit ist und Basis für eine Wachstumsdynamik bildet. Dies erfordert eine kundenorientierte Rundumbearbeitung in Prozessen. Dabei ist es notwendig, zwischen Beschaffungs- und Absatzmarkt durchgängige Prozesse mit so wenigen Schnittstellen wie möglich zu gestalten und damit für jeden Prozess „ein Fenster zum Kunden“ zu schaffen. Nur so ist die tatsächliche „Kundenorientierung“ möglich, die den Online-Handel auszeichnet und eine unmittelbare Rückkoppelung vonseiten der Kunden erlaubt (Osterloh und Frost 2003).

Für jeden Prozess muss es dabei prozessverantwortliche Personen (Process Owner) sowie Prozessbearbeiter (Case Worker) geben. Je nach Arbeitsumfang ist aber auch denkbar, ein ganzes Team für einen Prozess verantwortlich zu machen (Case Team), das sich dann im Wege der Selbstabstimmung koordiniert. Dies setzt allerdings ausgeprägte Teamfähigkeiten sowie ein „Selbst-entscheiden-Können“ voraus. Dafür benötigen die Mitarbeiter entsprechende Befugnisse (Empowerment), um den Kunden im Rahmen der jeweiligen Prozessvariante befriedigen zu können. Das geht in der Regel mit größeren Leitungsspannen und flacheren Hierarchien einher. Ergebnis ist eine kundenorientierte

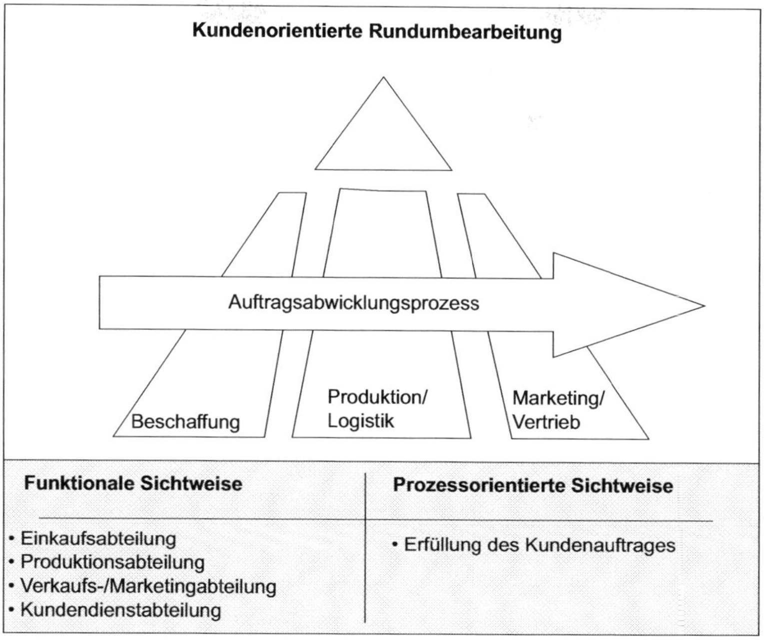

Abb. 2.27 Fähigkeit zur kundenorientierten Rundumbearbeitung. (Quelle: Osterloh und Frost 2003)

Rundumbearbeitung mit minimierter Schnittstellenanzahl (vgl. Abb. 2.27), die allerdings ein internetspezifisches Geschäftssystem erfordert, das den Prinzipien des Business Reengineering folgt (Osterloh und Frost 2003).

Das B2B eCommerce-Unternehmen sollte sich als „Bündel von Kernprozessen" derart organisieren, dass durchgängige Prozesse ohne Schnittstellen vom Lieferanten bis zum Kunden realisierbar sind und so eine kundenorientierte Rundumbearbeitung ermöglicht wird. Wie in Abb. 2.28 dargestellt, beinhaltet dies drei „innovative Ideen", nämlich die Prozessidee, die Triage-Idee sowie die Idee der informationellen Vernetzung (Osterloh und Frost 2003):

- **Die Prozessidee** umfasst einen 90-Grad-Shift in der Organisation, eine Untergliederung in Kern- und Support-Prozesse sowie die entsprechenden Prozess-Teams und Process Owner. Es geht um eine Umorientierung von der traditionell vertikal ausgerichteten, arbeitsteiligen Organisation in eine horizontale, funktionsübergreifende Sichtweise. Die Unterscheidung in Kern- und Support-Prozesse ermöglicht es, zwischen kundenrelevanten (Nutzen stiftenden) und weniger kundenrelevanten (nicht Nutzen stiftenden) Tätigkeiten zu differenzieren. Die kundenrelevanten Prozesse (zum Beispiel Auftragserfüllung) sind häufig Quelle für einen Wettbewerbsvorteil

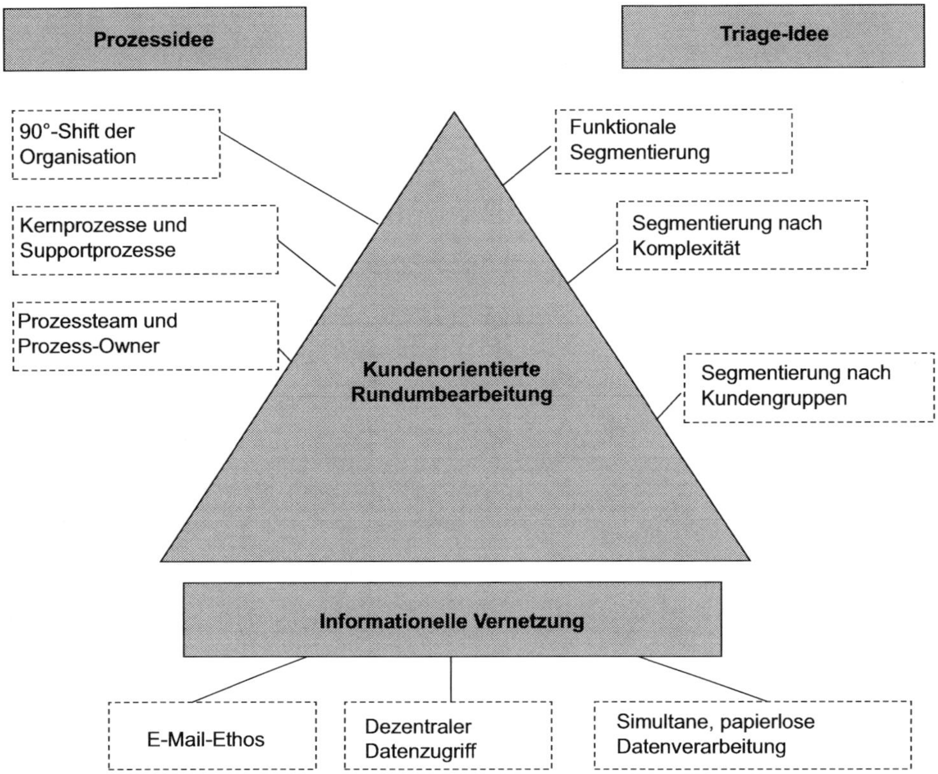

Abb. 2.28 Geschäftssystemprinzipien des B2B eCommerce. (In Anlehnung an Osterloh und Frost 2003)

(zum Beispiel Schnelligkeit) und sollten nicht outgesourct werden, was für weniger kundenrelevante Prozesse (zum Beispiel Kantinenwesen) nicht gilt. Die Bildung von Prozess-Teams sowie die Bestimmung der Process Owner folgen den generellen Regeln der Teambildung und des Assignments.

- **Die Triage-Idee** beruht auf einem Begriff aus der Militärmedizin (von frz. trier=„sortieren", „aussuchen"), der Schichtung, Einteilung oder Priorisierung bezeichnet. Im Rahmen des Business Reengineering steht dieser Begriff für die horizontale Segmentierung von Prozessen. Diese erfolgt nach Funktionen, Komplexitätsbereichen sowie Kundengruppen. Die funktionale Segmentierung trägt dem Umstand Rechnung, dass im Rahmen der Kernprozesse bestimmte Funktionen für die Auftragsabwicklung, wie zum Beispiel Einkauf, Logistik und Vertrieb, in jedem Fall erfüllt werden müssen, versucht dabei aber durch eine Prozessverantwortung (Process Owner) die Schnittstellen zu minimieren. Demgegenüber unterscheidet die Segmentierung nach Komplexität Tätigkeiten und ihre Problemhaltigkeit. Sie ordnet diese nach Routinisierbarkeit (zum Beispiel komplexe Fälle, mittelschwere Fälle, Routinefälle), um sie dann möglicherweise zu automatisieren. Bei der Segmentierung nach

Kundengruppen schließlich geht es darum, nach Kundenwert zu differenzieren und die „Schlüsselkunden“ bevorzugt zu bedienen. Dieses Grundprinzip spiegelt sich auch im Customer Relationship Management (CRM) wider, das eine wichtige Basis für den Internethandel darstellt.

- **Die Idee der informationellen Vernetzung** besteht darin, auf die papierbasierte Informationsübermittlung weitestgehend zu verzichten, da diese schnell ihre Grenzen erreicht und dem Grundprinzip der Digitalisierung im Online-Handel entgegenläuft. Sie beinhaltet im Wesentlichen den E-Mail-Ethos, den dezentralen Datenzugriff sowie die simultane und papierlose Datenverarbeitung. Dies setzt intelligente Netze voraus, die einen dezentralen Aufbau von Netzwerken (Client-Server-Lösungen) sowie Hypermediastrukturen der in den Netzen angebotenen Inhalte erlauben. Der dezentrale Aufbau von Netzen macht Navigationsentscheidungen überflüssig, indem einzelne Bereiche zum Beispiel mit eigenen Servern arbeiten. Demgegenüber erlaubt es Hypermedia, zwischen Dokumenten oder innerhalb von Dokumenten hin- und herzuspringen, ohne dass diese gesucht, aufgerufen oder komplett durchgelesen werden müssen.

Den Prinzipien des Geschäftssystems B2B eCommerce folgend sollte das B2B-Unternehmen als Prozessorganisation aufgebaut werden, in der die Kernprozesse die strategisch relevanten Wertschöpfungsprozesse abbilden (zum Beispiel Vertrieb). Diese haben idealerweise immer externen Marktkontakt (zum Beispiel Absatzmärkte), da sie der Erfüllung von Kundenaufträgen dienen. Sie werden unterstützt von den Support-Prozessen, die keinen Marktkontakt haben müssen und reine Zulieferfunktion für die Kernprozesse besitzen. Ihre Leistungsverflechtung mit den Kernprozessen sollte so gering sein, dass sie jederzeit als eigenständige Leistung separiert oder outgesourct werden können. Das ist allerdings bei den Zentralabteilungen (funktionale Schulen), die spezifische Fachkenntnisse anbieten und im Hinblick auf die Wissensvermittlung an die Prozesse primär eine Dienstleistungsaufgabe haben (zum Beispiel Marktkenntnisse im Marketing), nicht ohne Weiteres möglich.

Geschäftsorganisation im B2B eCommerce

Da im B2B eCommerce vor allem kundenorientierte Geschäftsprozesse und uneingeschränkte Kundenorientierung zentrale Erfolgsvoraussetzung sind, kommt der Geschäftsorganisation eine Schlüsselrolle zu. Die Kernthemen Schnelligkeit, Transparenz und Serviceorientierung stehen oder fallen mit der Geschäftsorganisation. Der häufigste Fehler besteht darin, die Prozesse immer noch funktional auszurichten, zum Beispiel nach Beschaffungsprozessen, Orderprozessen oder Zustellprozessen. Dies kennzeichnet vor allem den Katalogversandhandel, geht jedoch an der Sichtweise des Kunden vorbei. Mit der Automatisierung und „digitalen Integration“ aller Prozesse wird es aber möglich, die Prozesse kundenzentriert auszurichten und alle Funktionen dementsprechend anzupassen. Amazon hat es vorgemacht und definiert den Kernprozess dementsprechend als Customer Value Delivery Chain (Heinemann 2019a).

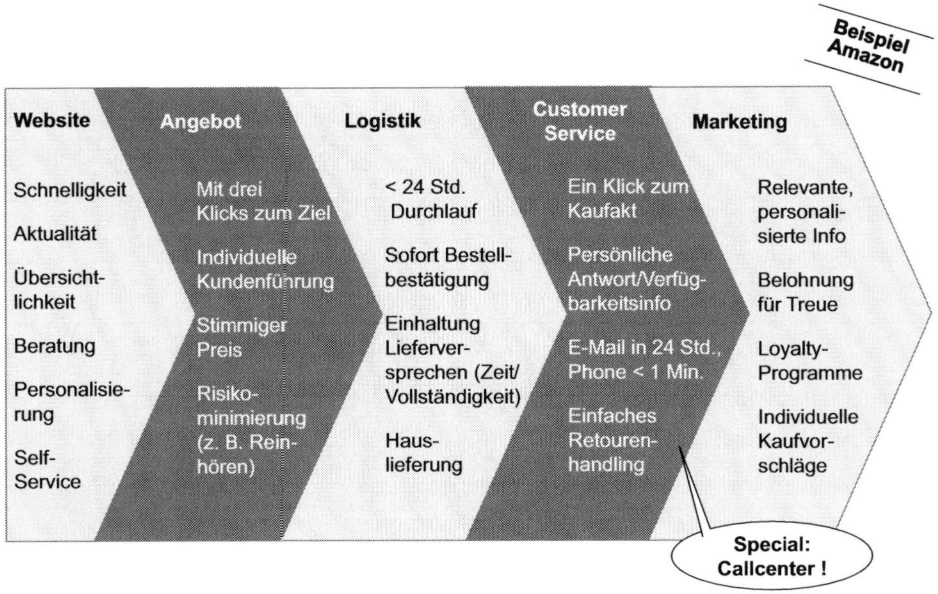

Abb. 2.29 Customer Value Delivery Chain von Amazon. (In Anlehnung an H & P 2004)

Customer Value Delivery Chain

In Abb. 2.29 ist die „Customer Value Delivery Chain" von Amazon dargestellt. Dabei sind Vorgaben im Customer Service wie beispielsweise „ein Klick zum Kaufakt", „unter 24 Stunden Durchlauf" oder „E-Mail in 24 Stunden und Phone innerhalb einer Minute" selbstverständlich, die aber für ein typisches deutsches Handelsunternehmen längst noch nicht gelten. Jedoch sind Kriterien wie „mit drei Klicks zum Ziel", „Rückruf nach maximal einer Stunde", „Lieferung in maximal 48 Stunden" inzwischen „State of the Art" im Online-Handel und Messlatte für jeden Quereinsteiger aus dem stationären Handel. Dieser Anspruch ist nur erfüllbar, wenn durch eine prozessorientierte Neuausrichtung die Organisation schlanker, schneller und schlagkräftiger ausgestaltet wird (Heinemann 2019a).

Hinzu kommt der Anspruch einer kompromisslosen Kundenorientierung, die infolge der drastisch verkürzten Kundenreaktionszeiten Grundvoraussetzung für die Wettbewerbsfähigkeit ist und die Basis für Wachstumsdynamik bildet. Es ist erwiesen, dass die durch radikale Prozessoptimierungen hervorgerufene Durchlaufzeitenreduzierung eine Effizienzverbesserung zwischen 20 % und in einzelnen Fällen sogar über 60 % bewirken kann. Dies ergibt sich unter anderem aus erhöhter Lagerumschlagsgeschwindigkeit, Produktivitätssteigerung, Bestandsabbau sowie deutlicher Minimierung von Nichtverkaufsaktivitäten. Doch gelingt dieser Kraftakt nur, wenn nicht nur die Kostenstrukturen, sondern auch das gesamte Geschäftssystem auf die Anforderungen im Multi-Channel-Handel getrimmt werden. Gerade in filialisierten Großhandelsunternehmen sind immer noch deutliche Ineffizienzen in Prozessen und Strukturen zu finden. Unzureichende Verzahnung der Kernprozesse, suboptimale Regelungen von Verantwortlichkeiten sowie strukturell bedingte Verzögerungen deuten in der Regel auf umfangreiche Verbesserungspotenziale hin (Heinemann 2018b; Heinemann 2019a).

Erfolgreiche Online-Händler ziehen als Vergleichsmaßstab vor allem Kenngrößen von Wettbewerbern heran und führen regelmäßig ein externes Benchmarking durch. Das mit Priorität anzustrebende „Primärziel" bleibt aber die theoretische Durchlaufzeit, also die reine Bearbeitungszeit im Optimalfall. Im Rahmen der kundenorientierten Neuausrichtung sind alle Kernprozesse nach Zeit-, Qualitäts- und Kostenaspekten infrage zu stellen. Ziel ist es, den Anteil an wertschöpfenden Tätigkeiten signifikant zu erhöhen, um so auf Kosten- sowie Umsatzseite Wettbewerbsvorteile zu erzielen. Die Prozessoptimierung hat „spitz" entlang der Kernprozesse in Marketing/Logistik, Zentrallagerlogistik, Distribution/Verteilung sowie Zustelllogistik zu erfolgen. Diesbezüglich müssen alle Prozessabläufe auf ihren erfolgskritischen Kern hin untersucht und neu ausgerichtet werden. Barrieren, die eine reibungslose und effiziente Leistungserstellung verhindern, sind zu beseitigen. Dabei sind Sachbarrieren (zum Beispiel unzureichende Warenwirtschaftssystem-(WWS-)Instrumente), Prozessbarrieren (zum Beispiel fehlende WWS-Prozessverantwortung) und Kulturbarrieren (zum Beispiel mangelnde Teamkultur) zu unterscheiden. Zu bedenken ist, dass Kulturbarrieren mit deutlichem Abstand die höchste Wirkung haben.

Cycle Time Reduction und ePace

Ergebnis der Prozessoptimierung muss sein, dass die identifizierten Kernprozesse gestrafft und „Ersatzprozesse" konsequent eliminiert wurden. Um langfristig den Erfolg der Optimierung sicherzustellen, ist es ratsam, den Stand der Beseitigung von Barrieren in den Kern- bzw. Teilprozessen ständig zu messen. In Restrukturierungsprojekten hat sich diesbezüglich bewährt, an definierten Messstellen regelmäßig die zentralen Prozesstreiber „Durchlaufzeit", „Hit-Rate" und „Termintreue" zu ermitteln. Anhand der Veränderung der Treiberwerte werden neue Barrieren identifiziert bzw. wird die angestrebte Prozessoptimierung aufgezeigt. Die möglichen und im Vorfeld definierten Resultate zum Beispiel hinsichtlich Umsatz- und Kostenwirkung (20 bis 40 %), Bestandsabbau (25 bis 35 %), Produktivitätssteigerung (15 bis 30 %) und Kundenzufriedenheit (30 bis 50 %) stellen sich immer erst zeitversetzt ein. Die übersichtliche Darstellung und Dokumentation der aktuellen Werte von Prozesstreibern und Resultaten erlaubt die direkte Einbindung jeder Stufe in der Projekthierarchie. Cycle Time Reduction ist auch im Hinblick auf die sich ändernden Kundenerwartungen wichtig (brand eins 2014). Kunden erwarten zunehmend die sofortige Erfüllung ihrer Bedürfnisse sowie schnelle, serviceorientierte Prozesse. Begriffe wie zum Beispiel Fast Fashion, Same Day Delivery, sofortige Verfügbarkeit oder Immediate Gratification bestätigen diesen Trend, der höchste Anforderungen an Handelsunternehmen stellt. Es geht aber auch darum, im Sinne der Effizienz Zeit- und damit Transaktionskostenvorteile zu generieren und diese als Wettbewerbsvorteil auszuspielen („ePace“). Dabei spielen nicht nur Schnelligkeit, sondern auch situations- und zeitgerechtes Agieren eine wesentliche Rolle („Timing-Aspekt“). Die alles entscheidende Frage ist, inwieweit innovative Geschäftsmodelle den steigenden Zeitanforderungen Rechnung tragen und damit den Trend zum Online-Handel noch besser für sich nutzen können (Heinemann 2019a).

Prozesskostensenkung über Self-Service-Funktionalitäten

Mit der Cycle Time Reduction hängt das Ziel der Prozesskostensenkung zusammen. Die Automatisierungsmöglichkeiten in der Abwicklung eröffnen große Kostensenkungspotenziale im Vergleich zu den stationären Kanälen, sodass erfahrungsgemäß die Personalkostenanteile im Online-Shop erheblich niedriger liegen als im stationären Geschäft. Eine weitergehende Überlegung ist die Prozesskosteneinsparung über eine komplette Automatisierung der Prozesse durch sogenannte Self-Service-Funktionalitäten auf der Website: Der Kunde wickelt selbst Interaktionen mit dem Unternehmen ab, ohne dass ein Verkaufsmitarbeiter aktiv werden muss. Grundproblem bei der Nutzung solcher Self-Service-Module ist die Benutzerführung, die oftmals komplizierter ist als ein schneller Anruf im Callcenter. Die sich daraus ergebende Ablehnung des Self Service kann aber durch Anreizsysteme überwunden werden. Dabei gilt die Faustregel, dass die Höhe der Anreize umgekehrt proportional zur Nutzungsfrequenz und proportional zur Komplexität der Aufgabe sein muss (Heinemann 2019a).

Führungsorganisation im B2B eCommerce

Auch in Fachkreisen besteht große Unsicherheit darüber, wie die prozessualen Anforderungen im B2B eCommerce in der Führungsorganisation umzusetzen sind. Es gilt, die strukturellen Rahmenbedingungen zu schaffen, um die Schlagkraft gegenüber den Wettbewerbern zu erhöhen und damit dauerhafte Wettbewerbsvorteile zu erlangen. Dies kann – ähnlich wie in den klassischen Organisationsformen auch – über flache Strukturen und Teams in einer funktionsübergreifenden Führungsorganisation erfolgen (Heinemann 2019a). Eine derartige Führungsorganisation ist in Abb. 2.30 beispielhaft für einen B2B eCommerce-Anbieter in der Größenklasse zwischen 8 und 16 Mio. Nettoumsatz dargestellt.

Typisch ist dabei die Übertragung verschiedener Funktionen wie Callcenter, Logistik und Zahlungsmanagement an externe Fulfillment-Partner, bei denen dann mindestens genauso viel Mitarbeiter auf FTE-Basis beschäftigt werden wie in den selbst durchgeführten Kernfunktionen. Diese sind aber genauso eng zu führen wie die internen Funktionsbereiche, sodass der eCommerce-Leitung immer auch eine übergreifende Koordinationsaufgabe zukommt (Heinemann 2019a).

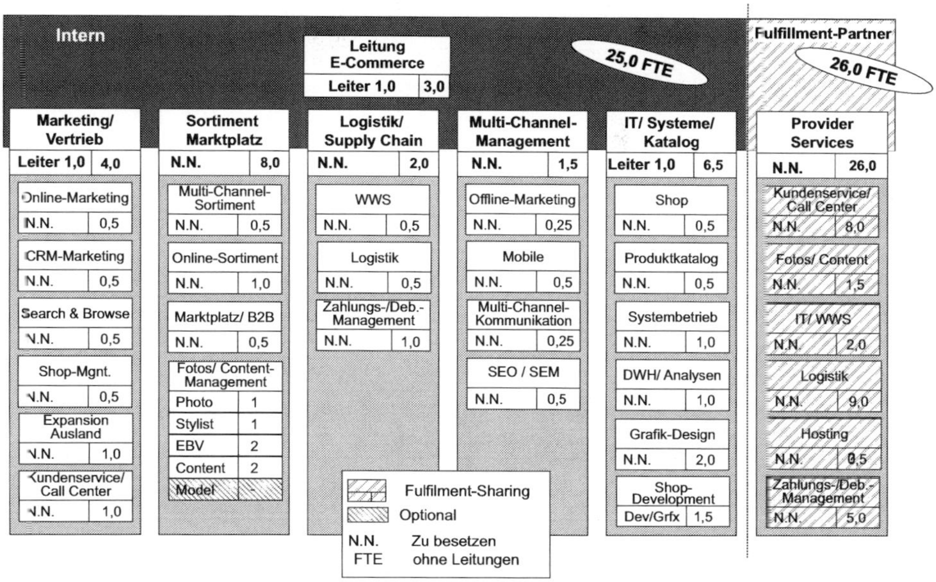

Abb. 2.30 Mögliche Führungsorganisation bei einem B2B eCommerce-Anbieter mit 8–16 Mio. EUR Nettoumsatz

Geschäftsmodelle im B2B eCommerce

3

Zusammenfassung

Die Möglichkeiten des B2B eCommerce unterscheiden sich wesentlich danach, um welche Betriebsform und welchen Geschäftstyp es sich handelt. Bereits im Produktgeschäft unterscheiden sich die Vermarktungsbesonderheiten von Industrie- und Konsumgütern wesentlich. So verkaufen Hersteller von Konsumgütern nicht selten auch an Endkunden, so dass hier duale Online-Shops – neuerdings auch als B2B2C-Geschäft gekennzeichnet – Sinn machen. Hier bewegen sich Neukauf und Wiederkauf in einem relativ ausgewogenen Verhältnis, während im Zuliefergeschäft beispielsweise der identische Wiederkauf nicht selten das Geschäft dominiert, sodass die Neukundenakquise hier nicht so häufig erfolgt, aber doch noch erheblich mehr Gewicht hat als beispielsweise im Industriegütergeschäft oder bei Systemen. Im Projekt- bzw. Anlagengeschäft schließlich finden kaum identische Wiederkäufe statt, wobei im Zweifel jedes Neugeschäft mit einer Kundengewinnung einhergeht.

3.1 Geschäftsmodelle im B2B-Konsumgütergeschäft

Die Digitalisierung der Verkaufsfunktionen in der Konsumgüterindustrie betrifft zwei Aspekte, und zwar die Digitalisierung der Geschäftsmodelle im B2B-Konsumgüterbereich einerseits sowie die Digitalisierung der Kunden andererseits. Letztere bilden im Wesentlichen die Handelslandschaft. Daraus ergeben sich neue Möglichkeiten der Wertschöpfung als auch unbekannte Risiken für die Konsumgüterindustrie.

G. Heinemann, *B2B eCommerce*, https://doi.org/10.1007/978-3-658-27367-5_3

3.1.1 Das digitale Universum der Konsumgüterhersteller

Im Zuge der Digitalisierung können im Endeffekt nur noch solche Hersteller erfolgreich sei, denen es gelingt, mithilfe neuer Technologien den Mehrwert für ihre Kunden zu steigern (Donnelly und Wright 2017; World Economic Forum 2017; Heinemann et al. 2019). Während aber Industrie 4.0 in der Konsumgüterbranche schon längst Realität ist, hinkt die Entwicklung im B2B eCommerce stark hinterher (Heinemann 2018a). Immerhin fertigen Beiersdorf sowie Adidas ihre Produkte bereits in smarten Fabriken und sind damit in der Lage, individuelle Kundenwünsche bestmöglich zu erfüllen. Die Speedfactory von Adidas gilt dabei als vorbildlich. Sie kombiniert den Trend zur Individualisierung mit einer automatisierten Einzelstückfertigung und ist damit in der Lage, ebenso schnell wie kostengünstig und flexibel herzustellen. Die schon beschriebene „Mass Customization" wird hier par excellence vorexerziert im Abschn. 2.3.4, wobei Kundendaten im Zuge dieser Entwicklung auch für FMCG-Unternehmen zu einem Vermögenswert werden. Nicht nur bei der Kundendatenverwaltung spielen bereits heute CRM-Systeme, mit denen intelligente und automatisierte Vertriebsaktivitäten gestartet werden können, eine herausragende Rolle. So nutzt der weltgrößte Hersteller von Designerbrillen, die Firma Luxottica, entsprechende CRM-Systeme, um innerhalb kürzester Zeit die Daten der über 100 Mio. Kunden zu analysieren und daraus personalisierte Vertriebs- und Marketingkampagnen mit maximaler Effizienz zu generieren (Donnelly und Wright 2017; World Economic Forum 2017; Bolz und Höhn 2019). Dementsprechend verändert die Digitalisierung nicht nur den Kontakt zum Endkunden, sondern auch die Schlagkraft der Marktbearbeitung. In der Vertriebsarbeit können zum Beispiel Sales-Force-Automation-Systeme die Effizienz und Qualität der Außendienstmannschaft dadurch erhöhen, dass sie anhand von Fotos von Regalen das „ideale" Regalsortiment für den Außendienst vorschlagen. Dadurch verkürzt sich die Dokumentation eines Außendienstbesuches erheblich und ermöglicht eine verbesserte Vertriebssteuerung, weil KPIs tagesaktuell verfügbar sind. Hand in Hand mit der digitalen Transformation von Geschäftsprozessen auf Herstellerseite verändert sich auch die globale Handelslandschaft nachhaltig.

Digitalisierung der Absatzstrukturen in der Konsumgüterindustrie

Mit Alibaba, Amazon und JD sind schon heute drei der vier umsatzstärksten Abnehmer der Konsumgüterindustrie weltweit „Digital Natives" (Bolz und Höhn 2019). Diese profitieren davon, dass ihr Geschäftsmodell schnell über Ländergrenzen hinweg skalierbar ist und sie nicht in den Aufbau von physischen Einkaufsstätten investieren müssen, was langwierig ist und viel Kapital verschlingt. Dieses wird bei eCommerce-Händlern eher in das Fulfillment investiert, das bei ihnen die höchsten operativen Kosten verursacht (Bolz und Höhn 2019). Effiziente Lieferketten sind gerade bei Konsumgütern des täglichen Bedarfs erfolgskritisch, denn ihr Warenwert ist eher gering, so dass im Extremfall der Versand des Produktes teurer ist als das Produkt selbst. Wie Online-Händler damit umgehen, hängt stark von dem dahinterliegenden Geschäftsmodell ab. Aus Sicht von Konsumgüterherstellern sind dabei grundsätzlich vier unterschiedliche digitale Vertriebswege zu unterscheiden (vgl. Abb. 3.1) (Alldredge et al. 2015):

	Brick & Click	Pure Player	Marketplace	D2C
Produktsortiment	limitiert	sehr groß	sehr groß	sehr groß
Preisgestaltung	Händler	Algorithmus	Hersteller	Hersteller
Eigentümer Warenbestand	Händler	Händler	Hersteller	Hersteller
Fulfillmentkosten	sehr gering	gering	hoch	sehr hoch
Aktivierungsmöglichkeiten	limitiert	sehr groß	sehr groß	sehr hoch
Möglichkeiten zur Datenanalyse	gering	groß	groß	sehr groß
Datenhoheit	Händler	Händler	Marketplace	Hersteller

Abb. 3.1 Unterschiedliche digitale Vertriebswege für Konsumgüterhersteller. (Quelle: Alldredge et al. 2015)

1. **Brick & Click:** Brick & Click-Händler haben ihr stationäres Geschäftsmodell um einen Online-Shop ergänzt und betreiben damit Multi-Channel-Retailing. Diesbezüglich greifen die Händler auf zwei unterschiedliche Geschäftsmodelle zurück, und zwar Click & Collect bzw. Click & Pick (up) sowie Click & Delivery. Click & Collect bzw. Click & Pick (up) ist vor allem in Westeuropa sehr verbreitet. Verbraucher können ihre Einkäufe online durchführen und sie in einer Einkaufsstätte ihrer Wahl abholen. Die Händler nutzen dazu ihre Warenbestände im Markt und vermeiden damit zusätzliche Lieferkosten. Auchan und E-Leclerc in Frankreich gehörten zu den ersten Händlern, die dieses Modell anboten, das mittlerweile weltweit imitiert wird (z. B. Walmart Grocery). Click & Delivery gibt demgegenüber Kunden die Möglichkeit, Produkte online zu bestellen und an eine Wunschadresse liefern zu lassen. Dies praktiziert Rewe inzwischen in 75 Städten in Deutschland. Zusammenfassend bieten Brick & Click-Modelle den Lieferanten unterschiedliche Chancen und Risiken. So können bereits vorhandene Partnerschaften vertieft und gemeinsame Aktivitäten ausgebaut werden. Promotion-Aktivitäten sind beispielsweise nicht nur per Handzettel vor Ort abbildbar, sondern können jetzt auch digital umgesetzt werden und damit neue Käuferschaften ansprechen sowie zusätzliche Umsätze generieren. Andererseits entstehen für den Hersteller aber auch neue Risiken. Die Jahresgespräche, in denen die Konditionen verhandelt werden, können komplizierter werden, wenn mit dem Online-Shop neue Konditionen verknüpft werden. Darüber hinaus kann die Relevanz digitaler Verkaufskanäle für die Brick & Click-Händler oft nicht transparent dargestellt werden, da vielfach keine getrennte Lagerverwaltung existiert. Zudem setzen die Händler bei digitaler Produktvermarktung ihrer Shops verstärkt auf Handelsmarken. Casino bietet seinen Online-Kunden in Frankreich zum Beispiel die Möglichkeit, alle im Warenkorb ausgewählten Markenartikel preissparend mit nur einem Klick durch Handelsmarken zu ersetzen. Hersteller müssen also sicherstellen, dass die mit Werbekostenzuschüssen vereinbarten Aktivitäten auch online umgesetzt werden und die Abverkaufsdaten daraus für Analysezwecke zur Verfügung gestellt werden (Bolz und Höhn 2019).

2. **Pure Player:** Pure Player verkaufen ihre Waren ausschließlich online und verschicken sie per Versand. Aus Sicht der Konsumgüterindustrie ist Amazon diesbezüglich wohl die wichtigste digitale Plattform, insbesondere für den Verkauf von schnell drehenden Konsumgütern, wobei es mit Amazon Fresh, Amazon Pantry, Amazon Subscribe and Save (SnS) sowie Amazon Marketplace vier Vertriebsoptionen gibt. Dabei ermöglicht der Amazon Marketing Service (AMS) performance-orientierte Anzeigenformate in Form von „sponsored products", die unterhalb von Produktdetails angezeigt werden und auf ähnliche oder weitere verfügbare Produkte verweisen. Die Amazon Media Group (AMG) als separate Geschäftseinheit bei Amazon vermarktet entsprechende Mediakampagnen auf Amazon-Webseiten. Dies betrifft nicht nur Maßnahmen zur Verkaufsaktivierung, sondern vor allem zum Thema Branding, Markenbekanntheit und -image. Der Service Amazon Vine ermöglicht es Herstellern darüber hinaus, neue Produkte bereits vor der Veröffentlichung von ausgewählten Produkttestern bewerten zu lassen. Damit können schon vor dem offiziellen Verkaufsstart Produktbewertungen generiert werden, um einen erfolgreichen Markteintritt zu unterstützen. Allen Pure Playern ist gemein, dass im digitalen Verkaufsregal komplette Produktsortimente angeboten werden und dabei im Long Tail auch Nischenprodukte einen hohen Abverkauf erzielen können. Darüber hinaus können Hersteller auch eigene Bild- und Produktdaten für eine markengerechte Präsentation auf den Webseiten bereitstellen und damit den Abverkauf unterstützen sowie neue Käuferschaften ansprechen. Demgegenüber besteht immer auch die Gefahr der Preiserosion von Produkten, wenn die Abverkaufspreise durch Algorithmen festgelegt werden. Die Zusammenarbeit mit Pure Playern erfordert zudem hohe Investitionen in Personal, Content und Infrastruktur (Bolz und Höhn 2019; Heinemann et al. 2019).
3. **Marketplace**: Der Begriff Online-Marktplatz definiert Plattformen, auf denen lediglich Angebot und Nachfrage zusammengeführt werden, ohne dass diese selbst Produkte verkaufen. Sie können sich je nach Geschäftsmodell sowohl an professionelle Händler (B2B) als auch an Privatpersonen (B2C und C2C) richten, wobei Ebay sicherlich eines der bekanntesten Beispiele für einen konsumgüterorientierten Online-Marktplatz ist. Aus Herstellerperspektive relevantere Marktplatzmodelle für Konsumgüter finden sich insbesondere in Asien. Dabei zählt zweifelsohne Alibaba zu den dominierenden Plattformen insbesondere für FMCG-Produkte in China. Gestartet als reiner Online-Marktplatz, bietet Alibaba inzwischen ein komplettes, in sich geschlossenes digitales Ökosystem an. Neben der Verkaufsplattform werden darin Zahlungsfunktionen, Werbeplattformen und Infrastrukturen angeboten. Zugleich ist Alibaba ein Sammelbecken für umfangreiche Kundendaten, die für zielgerichtete Marketingkampagnen mit hohen Umsatzpotenzialen eingesetzt werden können. Alibaba stellt zweifelsohne für global tätige Konsumgüterhersteller die beste Möglichkeit des Markteinstiegs in Asien zur Verfügung. Der erfolgreiche Online-Vertrieb dort erfordert allerdings vor allem für noch relativ unbekannte europäische Marken einen hohen Kapitaleinsatz und eine Langfriststrategie. Aus Sicht der FMCG-Industrie ergeben sich mit Online-Marktplätzen neben der Erschließung von

neuen Märkten noch weitere Chancen: So kann der Hersteller auf der Plattform als Verkäufer den Marktpreis seiner Produkte selbst festlegen und dabei automatisierte Preisanpassungen verhindern. Seine Rolle dort erfordert allerdings hohe Investitionen in Logistik und Services, da er dabei auf Stücklogistik umstellen muss. Dafür hat sich mittlerweile jedoch eine Vielzahl von Full-Service-Anbietern etabliert, die die Versendung und das Management aller Marktplatzaktivitäten eines Konsumgüterherstellers übernehmen können. Beim Vertrieb über Marktplätze kann allerdings eine hohe Abhängigkeit entstehen, da die Verkäufer nur verschlüsselte Kundendaten erhalten. Für die Hersteller ist damit kein direkter Kundenkontakt möglich, und die Datenhoheit verbleibt bei den Plattformen. Die einzige Möglichkeit, an Kundendaten zu kommen und diese nachhaltig für digitale Verkaufsmaßnahmen einzusetzen, ist der Launch eines eigenen Online-Shops im B2C-Direktverkauf (Bolz und Höhn 2019; Heinemann et al. 2019).

4. **Direct-to-Consumer (D2C)**: Ein herstellereigener Online-Shop stellt die Weiterentwicklung eines Herstellers zu einem Händler dar. Dies bedeutet eine substanzielle Erweiterung des Geschäftsmodells, wobei die technische Umsetzung eines Online-Shops – zum Beispiel auf Basis standardisierter Shopsysteme – noch die geringste Herausforderung darstellt. Neben den technischen Aspekten ist der Aufbau eines herstellereigenen B2C-Shops aber vor allem eine strategische Fragestellung. Zweifelsohne ist ein eigener Online-Shop die beste Möglichkeit, an detaillierte Kundendaten zu kommen und Kaufentscheidungen umfassend zu analysieren. Auch lassen sich damit Produkte besser testen und die Markenkommunikation perfekt steuern. Im Idealfall können damit auch die Markenloyalität der Kunden und der Abverkauf des Herstellers verbessert werden. Bei Produkten des täglichen Bedarfs stellt sich allerdings die Frage, ob ein personalisiertes und individuelles Erlebnis dem Verbraucher wirklich einen Mehrwert bieten kann. Zudem muss gefragt werden, ob er bereit ist, sich auf unterschiedlichen Markenplattformen einzuloggen, um Waschmittel, Seife, Deodorants oder Schokolade zu kaufen. Zugleich erfordert ein eigener Online-Shop hohe Investitionen in Logistik und Marketing. Dabei ist der herstellereigene Shop naturgemäß auf wenige Kategorien limitiert, was die Profitabilität einschränkt. Wahrscheinlich ist das auch einer der Gründe, warum es bisher noch keine echten B2C-Erfolgsbeispiele für FMCG-Hersteller gibt. Zwar verfügen Unilever und auch Nestlé über eigene B2C Online-Shops, allerdings wurden diese nicht selbst entwickelt, sondern akquiriert. Eine besondere Herausforderung ergibt sich dabei für internationale bzw. globale Anbieter, die immer auch abwägen müssen zwischen Standardisierung versus Differenzierung sowie zwischen zentraler Lösung versus lokalen Einzellösungen (Bolz und Höhn 2019; Heinemann et al. 2019).

Neben der Digitalisierung der Vertriebswege ist bezüglich sämtlicher Marketingaktivitäten zu beachten, dass die digitale Disruption insbesondere mit dem Markteintritt des Smartphones in den vergangenen Jahren das Einkaufsverhalten der Verbraucher nachhaltig verändert hat. Plötzlich sind alle Informationen der Welt überall und jederzeit nur einen kurzen „Griff in die Hosentasche“ entfernt. Damit verändern Smartphones „radikal die Art, wie Menschen Kaufentscheidungen über Marken und Produkte treffen“ (Google 2017; Bolz und Höhn 2019). Deswegen hat die Digitalisierung auch zwangsweise Einfluss auf den stationären Einkauf am Point of Sale (PoS). Es ist damit zu rechnen, dass in wenigen Jahren das Einkaufen am PoS durch die Verbindung von Online und Offline zu einem vielfältigen und spezialisierten Einkaufserlebnis wird, das aus Entdecken, Interagieren und Begeistern besteht (Donnelly und Wright 2017). Integraler Bestandteil ist das Smartphone des Verbrauchers, das die Verbindung zwischen den Welten herstellt. Auf Basis der darin enthaltenen Daten können die Verbraucherinteressen in Echtzeit analysiert und personalisierte Angebote auch am PoS bereitgestellt werden (Donnelly und Wright 2017; Bolz und Höhn 2019).

3.1.2 B2B eCommerce für Konsumgüter als digitales Ökosystem

Eng am Markt und damit nah am Konsumenten zu sein kennzeichnet erfolgreiche Markenartikelhersteller wie Henkel und Beiersdorf. Dies führt immer auch dazu, dass die digitalen Initiativen in den verschiedenen Ländern in der Regel stark an lokalen Bedürfnissen und Anforderungen ausgerichtet sein müssen. Auf der anderen Seite sind digitale Entwicklungen immer auch grenzüberschreitend, benötigen eine schnelle Skalierung und erfordern deswegen hohe Investitionen. Für global tätige Marken wie zum Beispiel NIVEA (von Beiersdorf) ist es deshalb naheliegend, eine zentrale digitale State-of-the-Art-Plattform aufzubauen und sie den Ländern zur Verfügung zu stellen. Statt Strukturen vorzugeben, innerhalb derer jedes Land selbst seinen eigenen Online-Auftritt bestimmen, eigene Online-Shop aufbauen, eigene CRM-Programme entwickeln sowie eigene Geschäftsmodelle betreiben kann, stellt Beiersdorf ihnen beispielsweise zentral eine moderne Plattform zur lokalen Nutzung zur Verfügung (Wulle 2017). Dafür ist es zwingend erforderlich, diese zentrale Plattform und die dazugehörige Infrastruktur so modular, flexibel und skalierbar wie möglich aufzubauen, um eine möglichste hohe Akzeptanz und Nutzungsrate in den Ländern zu erreichen. Darüber hinaus macht es Sinn, dass jedes Land die Nutzung einfach auf seine lokalen Bedürfnisse anpassen und mit eigenen Ausprägungen zum Aufbau seines digitalen Ökosystems nutzen kann (vgl. Abb. 3.2).

Beiersdorf hat die Notwendigkeit der Digitalisierung frühzeitig erkannt und sich in den letzten Jahren entsprechend darauf vorbereitet (Wulle 2017). So wurden in allen Unternehmensbereichen, u. a. in Marketing, Marktforschung, Supply Chain, Sales und IT, unterschiedlichste digitale Initiativen gestartet und Projekte umgesetzt. Das Spektrum dieser Projekte reichte von digitalen Kampagnen und Mobile Apps über Online-Retailer- und Business-Intelligence-Initiativen bis hin zur Entwicklung unternehmensinterner Kommunikations- und Kollaborations-Tools. Um eine unternehmensweite Zusammenarbeit sowie einen bereichsübergreifenden Know-how-Transfer sicherzustellen, muss die IT-Architektur der zentralen Plattform verschiedene Anforderungen erfüllen.

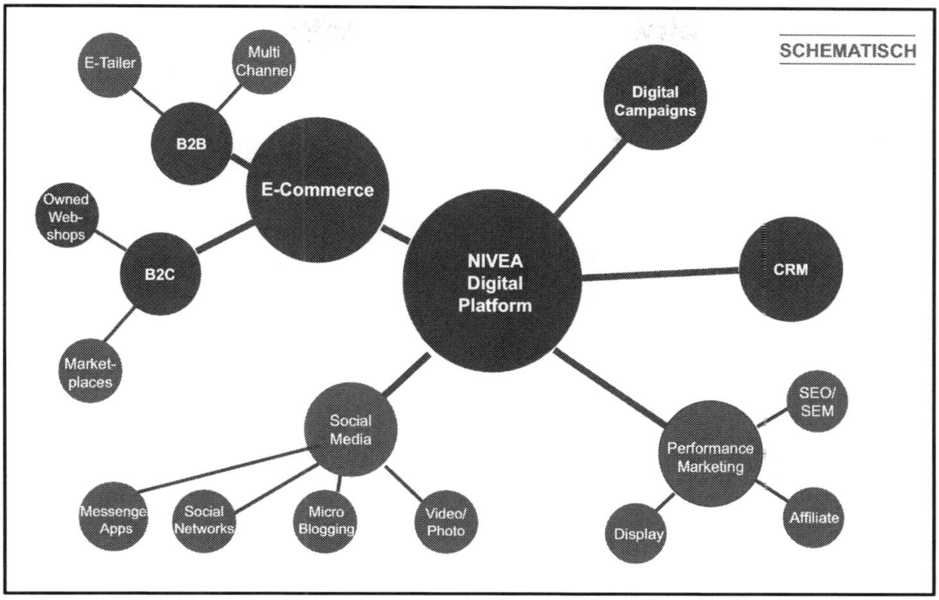

Abb. 3.2 Die digitale Plattform steht im Zentrum des digitalen Ökosystems von NIVEA. (Quelle: Wulle 2017)

Diese beziehen sich einerseits auf das Plattformkonzept selbst, andererseits auf die bestehenden IT-Systeme des Herstellers. Zielsetzung sollte es sein, Best-in-Class-Technologien zu verbinden, und zwar für Content Management (CMS), Shop Management, Customer Relationship Management (CRM), Produktinformationsmanagement (PIM) sowie Media Asset Management (MAM). Alle Komponenten müssen in die bestehenden IT-Systeme wie zum Beispiel das Enterprise Ressource Planning (ERP) integrierbar sein sowie den Einsatz gängiger Tools für Onsite Search, Testing und Analytics ermöglichen (vgl. Abb. 3.3). Für die Shop-Funktionalität müssen zudem externe Partner für Payment, Fulfillment und Logistik mit in die Plattform integriert werden. Durch die Option, unterschiedliche Tracking-Tools in die IT-Architektur zu integrieren, können außerdem genauere Einblicke in die Gewohnheiten und Verhaltensweisen des Verbrauchers gewonnen sowie die Daten als Basis für eine personalisierte Kommunikation genutzt werden.

Folgende Anforderungen sollten an die IT-Architektur einer zentralen und länderübergreifenden Plattform gestellt werden (Wulle 2017):

- Skalierbar: Die IT-Architektur muss einen so hohen Skalierungsgrad aufweisen, dass ein Wachstum durch zusätzlich angeschlossene Länder, mehr Nutzer im Backend sowie mehr Besucher und Käufer möglich ist.
- Robust: Die Plattform muss so ausgelegt sein, dass ein internationaler Roll-out und eine gleichzeitige Weiterentwicklung möglich sind.

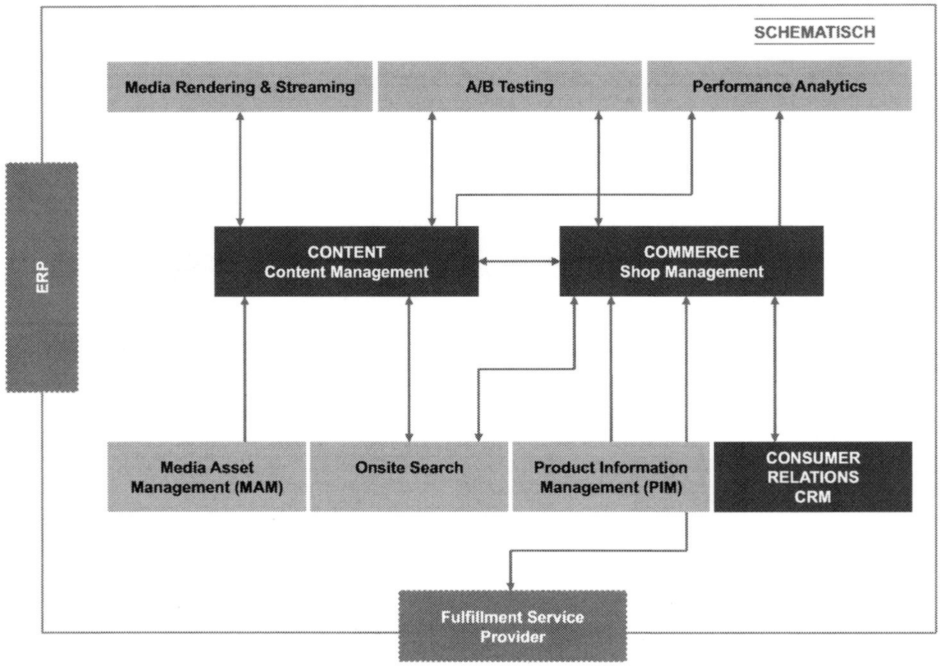

Abb. 3.3 Vereinfachte Darstellung der IT-Architektur für die technologische Umsetzung des Plattformkonzeptes. (Quelle: Wulle 2017)

- Modular: Die Plattform sollte so modular aufgebaut sein, dass einerseits die Länder sie an ihre lokalen Bedürfnisse anpassen können, andererseits aber auch lokale Tools und Anwendungen anschließbar sind.
- Sicher: Es muss sichergestellt sein, dass alle Verbraucherdaten nach höchsten Datenschutzkriterien sicher aufbewahrt werden.
- Best in Class: Für die Kerntechnologien kommen nur erprobte und marktführende Technologien auf Enterprise Level infrage.

Für die Entwicklung einer derartigen zentralen Plattform sollte eine agile Methode gewählt werden, wie sie von vielen Start-ups und Technologiefirmen verwendet wird. Damit ist es nicht mehr erforderlich, monatelang ein Produkt zu entwickeln und zu perfektionieren, ohne es jemals Usern gezeigt zu haben. Stattdessen gibt es mit der **agilen Entwicklung** einen kontinuierlichen Entwicklungsansatz, der auf einem „Build-Measure-Learn"-Kreislauf beruht. Diese Methode ermöglicht es, möglichst schnell mit einer einsatzfähigen Version, die alle Kernfunktionen und Funktionalitäten enthält (minimum viable product), in einem Pilotmarkt präsent zu sein. Diese Version kann dann auf Basis konkreter Erfahrungen von Nutzern und Konsumenten kontinuierlich weiterentwickelt werden. Dafür muss das System in monatlichen Releases, in sogenannten Sprints, entwickelt werden. Dazu sollten monatlich auf Basis von Konsumentenbedürfnissen und Marktanforderungen neue Features und Funktionalitäten festgelegt, entwickelt und in die bestehende Plattform integriert werden. Die User-Akzeptanz sowie die Wirkung auf die Geschäfts- und Markenziele müssen dabei regelmäßig gemessen werden. Die Schlussfolgerungen daraus sollten dann in die nächsten Entwicklungsstufen mit einfließen (Wulle 2017). Nach der Pilotierung im Heimatland kann dann der Roll-out in die Ländergesellschaften erfolgen. Diese profitieren in der Regel von der Bereitstellung der zentralen Plattform, da sie damit von Anfang an auf alle Funktionalitäten, Technologien, Prozesse und Services zurückgreifen können. Zudem ist die Plattform aufgrund ihres modularen Aufbaus an die jeweiligen lokalen Gegebenheiten anpassbar. Damit lässt sich relativ schnell und einfach ein eigener Online-Shop aufsetzen, da die Voraussetzungen wie u. a. Produktdaten, Payment, Logistik und Bestellprozesse schon geschaffen und im Backend angelegt sind. Darüber hinaus können die Ländergesellschaften auf Inhalte zurückgreifen, die für Google Search optimiert sind, während das Tracking und Reporting länderübergreifend und standardisiert erfolgen. Die gesamte Software wird zentral bereitgestellt und laufend upgedatet. Nach den Prinzipien von „Software as a Service" und „Platform as a Service" profitiert jedes Land von einer permanenten Optimierung und Weiterentwicklung im laufenden Betrieb.

Organisatorische Umsetzung

Die zunehmende Bedeutung von eCommerce macht schnell klar, dass sich die digitale Zukunft von Konsumgüterherstellern wie Beiersdorf nicht alleine auf abteilungsgetriebenen Einzelinitiativen aufbauen lässt. Deswegen kann es Sinn machen, eine unternehmensübergreifende **Business Unit Digital** ins Leben zu rufen, die direkt dem Vorstand untersteht und die Aufgabe hat, Treiber der Digitalisierung für das ganze Unternehmen zu sein (Wulle 2017). Um dies zu gewährleisten, fasste Beiersdorf in einer entsprechenden Business Unit alle digitalen Funktionen und Bereiche zentral zusammen, nämlich digitales Marketing, CRM, eCommerce sowie technologische Infrastruktur, was auch der Digitalstrategie von NIVEA entspricht. Aus den verschiedensten Abteilungen wurden die „digital tätigen" Mitarbeiter sowie die laufenden digitalen Projekte bzw. Programme in die Business Unit Digital transferiert, wodurch diese sofort maximal an Schlagkraft gewann. Darüber hinaus konnten die Mitarbeiter auch ihr Netzwerk nutzen, das sie in die neue Abteilung einbrachten. Aufgabenschwerpunkte der Business Unit Digital bei Beiersdorf sind (Wulle 2017):

- Entwicklung von Strategien und Konzepten für das Content-Marketing,
- Unterstützung der Produktmarketingabteilungen,
- Unterstützung bei der strukturierten digitalen Entwicklung der Ländergesellschaften,
- Entwicklung von Strategien und Konzepten für eCommerce,
- Unterstützung der digitalen Retail-Partner,
- Entwicklung von digitalen Scorecards und KPI-Frameworks,

- Entwicklung von digitalen Reportings und Dashboards für alle Managementebenen,
- Aufbau von zentralen Data-Governance-Richtlinien,
- Generierung, Analyse und Bereitstellung von Daten aus digitalen Quellen,
- Aufbau von digitalen Trainingskonzepten für alle Mitarbeiter,
- Aufbau und Betreiben eines User-Experience-Testlabors,
- zentrale Bereitstellung technologischer Infrastruktur,
- Aufbau und Betreiben einer zentralen digitalen Plattform für Content, Consumer Relations und eCommerce.

3.1.3 Fünf Voraussetzungen für B2B-Konsumgütergeschäfte

Aus den bisherigen Erfahrungen in der operativen Umsetzung und den strategischen Auseinandersetzungen mit den digitalen Vertriebswegen auf internationaler Ebene haben sich fünf Erfolgsfaktoren herauskristallisiert, die eine herausragende Bedeutung für einen erfolgreichen digitalen Produktverkauf im Konsumgüterbereich haben, und zwar Capabilities, Customer Orientation, Content, Conversion und Commerce (Wulle 2017; Bolz und Höhn 2019).

Capabilities Für den digitalen Vertrieb werden zweifelsohne andere Tools und Kenntnisse als bisher benötigt. Ohne weitreichenden Aufbau von spezialisiertem Wissen kann mittelfristig kein erfolgreicher eCommerce betrieben werden. Dies erfordert Manager, die ein anderes Profil aufweisen als klassische Key Account Manager. So baut Amazon seine Ansprechpartner im Einkauf sukzessive ab und führt das Jahresgespräch zunehmend per automatisierter E-Mail-Kommunikation. Algorithmen ersetzen immer mehr die persönlichen Kontakte. Darüber hinaus wird es im eCommerce immer zentraler, aus der großen Anzahl von Daten die richtigen Schlüsse zu ziehen. Insofern werden analytische und strategische Kompetenzen immer wichtiger. Auch wenn nicht in jeder Funktion ein tiefes Fachwissen in Bezug auf die technologischen Komponenten des eCommerce benötigt wird, sollte eine grundsätzliche Aufgeschlossenheit gegenüber IT-Prozessen und E-Technologien bestehen (Wulle 2017; Bolz und Höhn 2019).

Customer Orientation Voraussetzung für erfolgreichen eCommerce ist ein tiefes Verständnis digitaler Märkte und Unternehmen sowie digital basierter Kundenbedürfnisse. Kernbedürfnis von Online-Handelspartnern ist zum Beispiel eine effiziente Logistik. Konsumgüterhersteller sind gefordert, versandfertige Produkte bereitzustellen, die ohne zusätzlichen Aufwand transportiert werden können. Produkte müssen sich deswegen mehreren Fall- und Transporttests unterziehen lassen und dabei dicht und bruchfrei bleiben. Das kann für Hersteller schnell eine Anpassung von Produkten oder Umverpackungen erfordern, mit neuen Anforderungen an die Logistikkette. Aus der Sicht der Online-Händler ist auch die Versandeinheit vielfach nicht ideal gelöst: Ging es bisher in erster Linie um Paletten-Anlieferungen an Zentralläger, so wünschen sich viele eCommerce-Unternehmen zunehmend kleinere Versandeinheiten bis hin zum Einzelprodukt (SIOC = shipped in own container), bei denen nur noch der Versandaufkleber auf die Umverpackung aufgedruckt wird. Dies ist insbesondere für die auf Massenproduktion und -versendung ausgelegten Warenwirtschaftssysteme der Konsumgüterhersteller eine große Herausforderung. Dabei ändern sich auch die Profitabilitätsvorgaben, die zunehmend auf Kosten für den Versand, das sogenannte Fulfillment, fokussieren. Dies kann vor allem für Konsumgüter im unteren Preissegment zu einer negativen Profitabilität führen, sofern der Verkaufspreis nicht mehr die Versandkosten übersteigt. Deswegen ist eine enge, partnerschaftliche Zusammenarbeit mit den digitalen Kunden erforderlich, um die jeweiligen Bedürfnisse in der Liefer- und Versandkette zu verstehen und kooperativ zu optimieren. Andererseits kann eine derartige Zusammenarbeit den Online-Händlern helfen, stärker zu wachsen. Denn dafür müssen Online-Händler in hart umkämpften Märkten neue Käufer, größere Reichweite und höhere Relevanz gewinnen. Dabei spielen Konsumgüter wegen ihrer hohen Kauffrequenz und Käuferreichweite eine große Rolle (Wulle 2017; Bolz und Höhn 2019).

Content Digitale Inhalte (Content) können nicht den Wunsch befriedigen, Produkte vor der Kaufentscheidung zu sehen, zu riechen oder zu fühlen. Mit ausführlichen und suchmaschinenoptimierten Produktbeschreibungen kann diese Barriere zwar nicht komplett aufgelöst, aber die Kaufwahrscheinlichkeit signifikant gesteigert werden. Realistische Produktbilder und Videos können den Konsumenten Informationen übermitteln, die zumindest das digitale Einkaufserlebnis verbessern. Essentiell für die Optimierung der sogenannten On-Page-Information auf der Produktdetailseite in Onlineshops sind: 1) eine eindeutige und umfassende Produktüberschrift, 2) eine konsumentenfreundlich formulierte und übersichtliche Zusammenfassung wesentlicher Produkteigenschaften, 3) eine ausreichende Anzahl qualitativ hochwertiger Bewertungen, sowie 4) visuelles Material wie Bilder, Piktogramme und Videos mit Anwendungsbeispielen. Auch die Auffindbarkeit bei der Produktsuche ist ein wichtiger Faktor, denn eine gute Produktplatzierung in den Suchergebnissen hat signifikanten Einfluss auf den Online-Verkauf: 95 % aller Produktkäufe werden bei Amazon über die Suchfunktion gestartet und nur 5 % über die Navigation. Je weiter oben das Produkt in den Suchergebnissen zu finden ist, desto mehr Klicks sind zu erwarten. Zur Analyse von Produktdetailseiten, Suchergebnissen und Content empfiehlt sich die Nutzung digitaler Tracking Tools, die automatisierte Online-Store-Checks durchführen. Damit lässt sich jederzeit ein tagesaktueller Überblick über alle relevanten eCommerce-KPIs gewinnen. Dabei geht es u. a. um die Verfügbarkeit der Produkte, die Anzahl und Qualität der Produktbewertungen sowie um den Share of Search. Dieser Begriff definiert im weiteren Sinne den prozentualen Anteil der Produkte, die bei der Suche nach relevanten Begriffen auf der ersten Seite der Suchergebnisse abgebildet werden. Die wichtigsten KPIs sind mittlerweile zwischen Ländern und Händlern vergleichbar und geben so Aufschluss darüber, wo Optimierungsbedarf besteht (Wulle 2017; Bolz und Höhn 2019).

Conversion Competence und Content nützen nichts, wenn damit keine Käufer gewonnen werden. Für Konsumgüterkampagnen lassen sich unterschiedliche Conversion-Maßnahmen anwenden. Formatgerechte Display-Advertising-Kampagnen für Desktop und Mobile können den Konsumenten auf die Produktdetailseite des beworbenen Produkts beim ausgewählten Händler führen. Zielgruppenspezifische E-Mail-Kampagnen informieren darüber hinaus mit einem direkten Link zum Online-Kauf. Inhalte solcher Kampagnen können neue Innovationen und Promotion-Maßnahmen sein. Aktivierungsmaßnahmen mit direkter Verknüpfung zum digitalen Verkauf können auch in Social-Media-Kanälen wie Facebook, Instagram oder Youtube erfolgen. User, die sich bereits auf den Webseiten eines Online-Händlers befinden, lassen sich mit unterschiedlichen Maßnahmen aktivieren, z. B. mit Produktanzeigen bei entsprechenden Sucheingaben. Mit Handelspartnern können darüber hinaus auch Gewinnspiele, Social-Media-Aktivtäten, Loyalitätsprogramme oder E-Mail-Marketingmaßnahmen vereinbart werden, die sich auf die relevante Zielgruppe der Händler beziehen und zielgruppengerecht durchgeführt werden. Wenn sich der Konsument bereits auf einer Webseite für ein Produkt interessiert oder sich sogar bereits über eine Problemlösung informiert, ist die Wahrscheinlichkeit für einen Kauf recht hoch. Insofern macht die Aktivierung von potenziellen Kunden auf der eigenen Markenwebseite Sinn. Dienstleister bieten auch Buy-it-now-Buttons an, die die Verbindung zwischen dem Hersteller und dem Handelspartner herstellen, um auch ohne direkten Vertrieb einen Verkauf zu ermöglichen. Mit ihnen klickt der User auf der Hersteller-Website auf den „Jetzt kaufen"-Button, woraufhin sich ein weiteres Fenster öffnet. Darin sind dann alle Händler abgebildet, bei denen das ausgewählte Produkt aktuell verfügbar ist. Klickt der Kunden auf ein Händler-Logo, landet er auf der Produktseite des Händler-Webshops und kann das Produkt umgehend in den Warenkorb legen (Wulle 2017; Bolz und Höhn 2019).

Commerce Im Grunde genommen ist der Online-Shop eines Herstellers sein Flagship-Store. Dieser sollte die Produkte daher nach allen Regeln der Kunst inszenieren und damit sowohl Handelspartner als auch Endkunden ansprechen. Das Frontend sollte dabei eine vollkommen neu konzipierte Website sein, mit hilfreichen und zugleich inspirierenden Informationen rund um das Thema der Produkte, wie zum Beispiel beim NIVEA-Online-Flagship-Store. In ihm können nicht nur alle NIVEA-Produkte gekauft, sondern auch Interaktionen initiiert werden, wie zum Beispiel eine Mitgliedschaft in der NIVEA-Vorteilsweit „NIVEA für mich". Bei der Neukonzeption eines derartigen Flagship-Stores sollte es grundsätzlich immer darum gehen, die eigenen Produkte mit hochwertigen und relevanten Inhalten zu verknüpfen und zugleich eine digitale Umgebung zu schaffen, die auf die Verbraucher einladend wirkt. Für den eCommerce bedeutet das folgende Anforderungen (Wulle 2017):

- Möglichkeiten für Verbraucher schaffen, Inhalte zu nutzen, zu teilen und Produkte an andere weiterzuempfehlen,

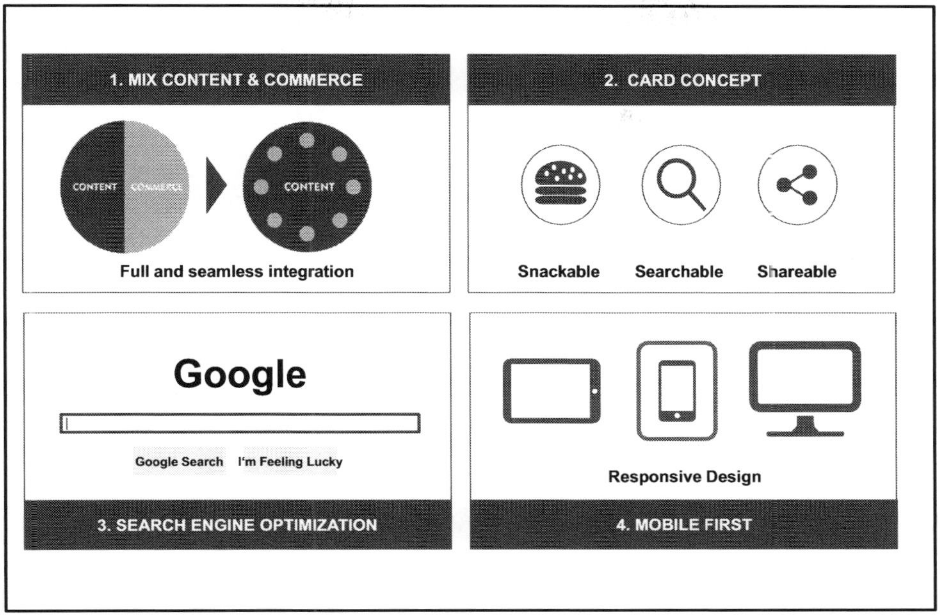

Abb. 3.4 Die vier Designprinzipien für die gestalterische Umsetzung des Plattformkonzeptes. (Quelle: Wulle 2017)

- durch eine aufmerksamkeitsstarke und involvierende Mischung aus Produkten und relevantem Content ein integriertes Einkaufserlebnis schaffen,
- einen digitalen Flagship-Store mit allen eigenen Produkten sowie exklusiven Online-only-Produkten mit direkter Bestellmöglichkeit oder über digitale Retail-Partner bereitzustellen,
- eCommerce-Produkte zeitgemäß zu präsentieren, was sowohl die Marke stärkt als auch den Abverkauf unterstützt.

Zur gestalterischen Umsetzung des Konzeptes im Frontend-Design der NIVEA-Plattform wurden nach ausführlichen Konsumententests zum Beispiel vier Designprinzipien entwickelt (vgl. Abb. 3.4), und zwar der Content-and-Commerce-Mix, das Kartenkonzept, die Suchmaschinen-Optimierung sowie Mobile First (Wulle 2017):

- Mit dem Content-and-Commerce-Mix spielt NIVEA dabei dem Website-Besucher konkrete Produktinformationen, wissenswerte Artikel sowie entsprechende Produkte in einer relevanten Mischung aus.
- Das Kartenkonzept sieht vor, dass Karten die Bausteine der neuen Website bilden und jede von ihnen ein kleines Häppchen an Informationen enthält, das gleichzeitig einlädt, sich tiefer mit dem Inhalt zu beschäftigen.

- Um der hohen Bedeutung der Online-Suche auch im Plattformkonzept gerecht zu werden, werden die NIVEA-Website sowie alle Artikel, Produkte, Texte und Videos für Suchmaschinen optimiert.
- Die Website ist dabei responsive, folgt dem Motto Mobile First und gewährleistet, dass den Verbrauchern auf jedem Gerät das gleiche Markenerlebnis geboten wird.

3.1.4 Multi-Channel-Distribution als Basis des B2B2C Commerce

Herstellereigener B2C-Online-Handel ist derzeit ein großes Thema in der Konsumgüterindustrie. Ob Boss, adidas, Seidensticker, Triumph oder Uvex, fast alle tun es, weil Endverbraucher heutzutage das gesamte Produktportfolio eines Herstellers im Rahmen von dessen Online-Markenauftritt erwarten. Sie möchten neben einer Suche nach stationären Händlern auch online möglichst ohne Medienbruch zum Kaufabschluss gelangen können. Dieser ist bei vollvertikalisierten Herstellern wie Inditex/Zara oder Tesla kein Problem, jedoch bei teilvertikalisierten Anbietern, die nach wie vor auch Wholesaling betreiben, als Teil einer Multi-Channel-Distribution häufig problembeladen. Denn aufgrund der potenziellen Konflikte mit den bisherigen Absatzpartnern stellen sich besondere Herausforderungen. Deswegen werden die B2C-Modelle hier überwiegend als kooperative eCommerce-Geschäftsmodelle zwischen Handel und Hersteller diskutiert. Dabei geht es um eine handelsverträgliche eCommerce-Strategieoption für substituierbare, produzierende Unternehmen mit einer stationären Handelsstruktur, die nicht mit dem Risiko behaftet ist, temporär massive Umsatzanteile im stationären Handel zu verlieren. Das hängt allerdings auch von der Markenstärke eines Herstellers ab: Wenn die Marke stark genug ist, kann das Risiko, nicht auf den Handel zu hören, relativ gering sein. Ein anderes Risiko besteht allerdings darin, aufgrund der zu starken Einbindung des Handels zu einer Kompromisslösung zu gelangen, welche kontraproduktiv ist.

Das Thema eCommerce verlangt eine kompromisslose Kanalexzellenz. Überall dort, wo Händler integriert wurden (zum Beispiel in Verbundgruppenmodellen), führen die Kompromisse dazu, dass die Kanalexzellenz konterkariert wird und das Konzept dadurch eine Totgeburt wird (Fost 2014; Heinemann 2019a). Denn im Zweifel verstehen die Händler nicht viel von eCommerce. Deswegen kann es Sinn machen, in Stufenmodellen zu arbeiten. Der Vorteil in Branchen mit niedrigem Reifegrad ist, dass die Entwicklungsgeschwindigkeit im eCommerce wesentlich geringer ist als in online-affinen Branchen wie Büchern, Reisen oder Elektronik. Daher empfiehlt sich für Branchen mit einem niedrigen eCommerce-Reifegrad eine multioptionale Lösung, mittels welcher man sich bestmöglich auf die zukünftige Entwicklung vorbereitet (Fost 2014; Heinemann 2019a).

Die größte Herausforderung besteht heute zweifelsohne darin, eine Investitionsentscheidung in der erforderlichen eCommerce-IT-Landschaft zu treffen, welche die notwendige Funktionalität der nächsten Jahre abbilden muss. Auch wenn diese Investitionen gestuft sind, ist vor allem für Markenhersteller die Gefahr gegeben, hier auf das falsche Pferd zu setzen und am Ende mit falsch dimensionierten Lösungen und langfristigen

Verträgen den Break-Even nicht mehr zu erreichen. Die meisten Produzenten haben für derartige Investitionen nur einen einzigen Schuss frei. Etliche Markenhersteller wurden bereits aufgrund einer falschen eCommerce-Systementscheidung zum Sanierungsfall. Deswegen ist es wichtig, sich die richtigen Kompetenzen in der richtigen Dosierung ins Haus zu holen. Hierbei sollten produzierende Unternehmen darauf achten, reine eCommerce-Spezialisten heranzuholen, und von großen Beratungsgesellschaften, die unter anderem auch eCommerce-Consulting-Dienstleistungen anbieten, eher Abstand nehmen. Parallel dazu ist es notwendig, dass die eigene Führungsmannschaft radikal eCommerce-Kompetenz aufbaut. Intelligenz kann man sich nur temporär einkaufen. Anschließend muss die Organisation jedoch den Biss haben, sich die Kompetenz selbst anzueignen, auch wenn diese Transformationsphase eine gewisse Zeit andauern wird (Fost 2014; Heinemann 2019a).

Optionen für einen herstellereigenen B2B2C Commerce als B2Me-Ansatz

Insgesamt sind vier Optionen für den herstellereigenen B2C-Online-Handel denkbar, die am Beispiel von Neufahrzeugen in Abb. 3.5 dargestellt sind. Sie vermischen damit B2B und B2C, was zunehmend auch als B2Me bezeichnet wird (OpenMarket 2016). Dabei ist denkbar, das Produktgramm als Flagshipstore oder in einem Showroom zu inszenieren sowie über einen Multi-Channel-Shop oder ein Vermittlungsportal zu vermarkten. Hersteller sollten diese Optionen im Detail für sich bewerten und in ihre Strategieüberlegungen mit einbinden.

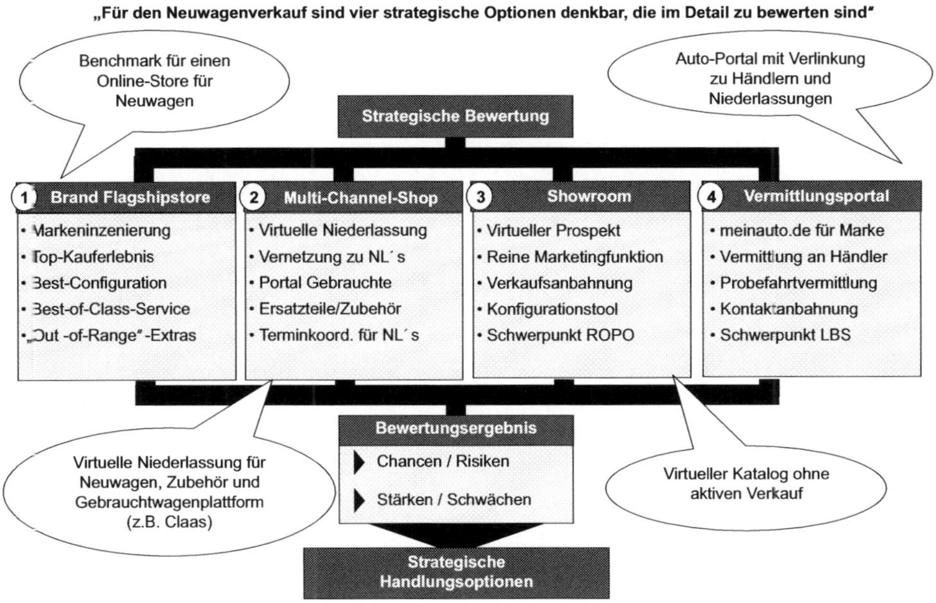

Abb. 3.5 Optionen für den herstellereigenen B2C-Online-Handel am Beispiel Neufahrzeuge

Sinnvoll ist eine multioptionale Lösung, welche verschiedene, komplexe Distributionsformen von eigenem Einzelhandel bis hin zu Verbundlösungen mit dem (Groß-)Handel ermöglicht. Wichtig hierbei ist, dass eine solche Option auch das Thema Internationalität berücksichtigt und Anbindungen an Marktplätze ermöglicht. Stark im Kommen sind auch interaktive Plattformen als zusätzliche Absatzkanäle, die weit über die Funktionalität der bisherigen Marktplätze hinausgehen. Marktplätze schießen derzeit wie Pilze aus dem Boden, und Plattformen rüsten massiv auf, so dass davon auszugehen ist, dass in Zukunft Alternativen zu Amazon und eBay bestehen werden (Heinemann 2019a). Diese sogenannte Re-Intermediation, das heißt die Neuerfindung von Intermediären im digitalen Bereich, wird dazu führen, dass traditionelle intermediäre Händler und Fachhändler zunehmend ersetzt werden. Das müssen Hersteller in ihrer eCommerce-Strategie berücksichtigen. Von radikalen Outsourcing-Lösungen, wie zum Beispiel der Auslagerung eines exklusiven Marken-Shops an den Handel, ist deswegen abzuraten. Zudem sorgt das Internet für vollkommenere Märkte, vorwiegend durch eine hohe Preistransparenz. Demzufolge differenzieren sich viele Online-Anbieter primär durch den Preis. Dies stellt insbesondere für Premiumhersteller ein großes Risiko dar. Allerdings resultieren die Probleme häufiger daraus, dass Hersteller am Anfang falsche Weichenstellungen vorgenommen haben, die über selektivere und kontrollierte Absatzwege hätten verhindert werden können. Dies im Nachhinein auszugleichen gestaltet sich jedoch schwierig. Es gibt auch Marktplätze bzw. marktplatzähnliche Modelle, die diese Kontrolle zulassen, weil sie geschlossen sind. Das Partnermodell von Zalando oder auch der eBay-Markenshop sind markenverträgliche Plattformlösungen, bei denen Preisverhau nicht allgegenwärtig ist. Amazon hingegen nutzt die Preisaggressivität bei Markenartikeln in egoistischer Weise aus, um damit mehr Frequenz für Eigensortimente zu schaffen. Künftig wird es im Bereich der Marktplätze noch sehr viel differenziertere Modelle geben. Markenanbietern ist daher anzuraten, eher Dinge sein zu lassen, bevor sie eine zu schnelle, unüberlegte Partnerschaft eingehen. Vor allem in Bezug auf Marktplätze sind Pricing-Strategien irreversibel (Heinemann 2014).

Häufig ist jedoch der erhöhte Preis- und Margendruck selbst verschuldet, da vielen Herstellern und deren Händlern der Einfallsreichtum fehlt, sich über andere Kriterien als über den Preis zu differenzieren. Gut positionierte Marken haben es eigentlich überhaupt nicht nötig, dies zu tun. Leider nimmt der Handel häufig die Haltung ein, dass der Preis im Internet niedriger sein sollte als stationär. Dies muss jedoch nicht sein. Der Handel sollte vielmehr die Vorteile, die das Online-Shopping hat, deutlicher herausstellen. Schließlich erspart sich der Kunde Zeit und Stress, wenn er nicht in die Stadt fahren muss. So hat Amazon es im Büchersegment trotz Buchpreisbindung geschafft, die gesamte Branche neu aufzurollen – am Preis lag es hier also nicht. Jeder Buchhändler kann wie Amazon auf Sortimentsgroßhändler zugreifen, die unmittelbar liefern können. Insofern wäre es auch anderen Händlern möglich gewesen, ein ähnliches Konzept wie Amazon auf die Beine zu stellen.

Einige Markenhersteller – wie zum Beispiel adidas und Kettler – haben kürzlich ein selektives Vertriebssystem zur Markenpflege eingerichtet, insbesondere, um dem Preisverfall auf Marktplätzen wie Amazon entgegenzutreten. Das Bundeskartellamt hat bereits die Zulässigkeit des Selektivvertriebs von adidas überprüft und dabei eine Präzedenzentscheidung für viele Hersteller getroffen, die demnach den Verkauf ihrer Produkte auf der Amazon-Plattform nicht untersagen können. Sicherlich ist es extrem schwierig, ein selektives System nachträglich einzuziehen. Auch adidas hat den Vertrieb auf Marktplätzen zu lange ausufern lassen und dann per Klage vergeblich versucht, dies zu unterbinden. Doch wird auch ein selektives Vertriebssystem nicht per se, sondern nur unter bestimmten Voraussetzungen funktionieren.

Viele Hersteller verstehen bis heute nicht, wie der moderne Konsument und Internet-User tickt. Dieser hat durch das mobile Internet die totale Markttransparenz, was dazu führt, dass er jederzeit Preisvergleiche durchführen kann. Der moderne Verbraucher möchte künftig selbst bestimmen, ob er eine Beratung im Handel beanspruchen möchte, und ist nur noch bereit, dafür zu bezahlen, wenn er sich aktiv dafür entschieden hat. Daher ist es erforderlich, dass der Handel und auch die Hersteller ihre Geschäftsmodelle neu bewerten. Die qualitativen Anforderungen an eine optionale Beratungsleistung, die monetär vergütet wird, werden massiv steigen. Künftige Geschäftsmodelle sollten daher die Anforderungen der Konsumenten besser berücksichtigen, indem sie den Kunden die Produkte ohne Beratung vergünstigt anbieten und sich die optionale Beratung monetär vergüten lassen. Auch ein selektives Vertriebsmodell wird sich nur dann durchsetzen können, wenn dadurch ein echter Vorteil für den Kunden geschaffen wird.

Pure Player wie Amazon sind für einen Hersteller Fluch und Segen zugleich. Derartige Marktplätze dominieren die eCommerce-Landschaft zunehmend, auch im B2B. Die Entscheidung, Amazon als Hersteller direkt zu beliefern, bietet wohl die höchsten Umsatzchancen im eCommerce (Fost 2014; Heinemann 2014; Heinemann 2019a). Gleichzeitig begibt sich der Hersteller damit in ein gewisses Abhängigkeitsverhältnis und steuert damit auf den „point of no return“ zu, was in zahlreichen Branchen schon allgegenwärtig ist. So wurde Amazon für viele Markenhersteller aus dem Stand zum größten Kunden in Deutschland. Der Umgang mit Pure Playern ist in Bezug auf die Online-Umsatzchancen eines Markenherstellers eines der wichtigsten Elemente einer eCommerce-Strategie, geht jedoch über reine Pure-Play-Konzepte hinaus. Hier kann ein Markenhersteller ggf. mit Wettbewerbern die Option erwägen, einen eigenen Marktplatz zu gründen. Aktuell tut dies jedoch noch kein Hersteller, da ein solches Modell einen hohen eCommerce-Reifegrad voraussetzt. Hinsichtlich Amazon ist deswegen eine kontrollierte Zusammenarbeit zu empfehlen, in welcher der Hersteller die Intensität bestimmt. Wichtig ist, dass Hersteller sich der mit Amazon verbundenen Gefahren bewusst sind und wissen, wie damit umzugehen ist (Fost 2014; Heinemann 2014; Heinemann 2019a).

Ebenfalls ein geeigneter Marktplatz für Markenhersteller ist eBay, vor allem durch dessen starke Expansion in Richtung Markenshops und da Preiserosionen dort nicht im Fokus stehen. Obwohl der Aufwand, auf eBay zu verkaufen, im Vergleich zu Amazon höher ist, sind eBay-Markenshops eine durchaus empfehlenswerte Plattform für Hersteller und Markenanbieter.

In jedem Fall sollten Hersteller mit genügend Selbstbewusstsein proaktiv auf das Thema eCommerce zugehen. Darüber hinaus ist dies auch ein Test für die Stärke einer

Marke. Der Hersteller sollte im eCommerce-Terrain die Führung übernehmen und den Handel dabei unterstützen. Keinesfalls sollte sich ein Hersteller auf die eCommerce-Kompetenz seiner Händler verlassen. Hinsichtlich möglicher Sanktionen für eCommerce-Strategien der Hersteller zeigt sich, dass deren Ängste häufig nicht berechtigt waren. Wichtig ist es, dass der Hersteller die eCommerce-Strategie gegenüber dem Handel offen kommuniziert, zum Beispiel als beratungsorientierte Information.

Multi-Channel-Distribution und B2B2C Commerce

Klassischerweise stellt Multi-Channel-Distribution die von vielen Unternehmen genutzte Möglichkeit zum Vertrieb ihrer Produkte über verschiedenartige Absatzwege dar. Bis auf wenige Produkte, wie beispielsweise besonders hochpreisige Einzelanfertigungen, eignen sich eigentlich alle Arten von Fertigprodukten für diese diversifizierte Art des Vertriebs (Gründerwelt 2017; Heinemann 2019a). Mit der Vertikalisierung und dem damit verbundenen Einstieg in den B2C-Online-Handel erhält die Multi-Channel-Distribution allerdings eine neue Dimension. Die wichtigste Unterscheidung der Absatzkanäle bei der Multi-Channel-Distribution liegt deswegen darin, ob es sich um einen direkten Verkaufskanal zum Endkunden und damit klassisches Retailing handelt, oder ob sogenannte Mittler dazwischengeschaltet sind, also Wholesaling betrieben wird. Der direkte Verkauf als Form des B2C-Geschäfts erfolgt entweder über eigene Ladengeschäfte, Fabrikverkauf oder einen eigenen Online-Shop. Im Wholesaling kann auch direkter Verkauf erfolgen, entweder durch Außendienstmitarbeiter, auf Katalogen basierenden Versandhandel oder B2B-Online-Handel (Gründerwelt 2017). Wichtig ist aber die deutliche Trennung, die nicht selten sogar zu verschiedenen URLs führt, wie zum Beispiel beim Unterwäschehersteller Triumph International mit „www.triumph.com" für den B2C Online-Shop und „www.triumph-b2b.com" für den B2B Online-Shop. Vorteile des Direktvertriebs – sowohl bei B2C als auch bei B2B – liegen für ein Unternehmen darin, dass die Preisgestaltung selbst vorgenommen werden kann und sich bei Bedarf die Preise sehr schnell anpassen lassen. Dies ist im Wholesaling, bei dem ein Hersteller seine Produkte nicht an den Endnutzer, sondern an sogenannte Absatzmittler vertreibt, nicht der Fall. Bei diesen handelt es sich zum Beispiel um Groß- und Einzelhändler oder auch um Handwerksbetriebe. Im indirekten Vertrieb lassen sich keine Endverkaufspreise gestalten, da die Preisbindung kartellrechtlich verboten ist, sodass der Mittler in der Regel auf den Einkaufspreis der Ware noch seine eigene Marge kalkuliert.

In der Regel muss in allen Varianten der Multi-Channel-Distribution, also sowohl im direkten wie im indirekten Verkauf, eine eigene Vertriebs- sowie Kundenbetreuungsabteilung eingerichtet werden (Heinemann 2014; Gründerwelt 2017; Heinemann 2019a). Die Vorteile der Multi-Channel-Distribution gegenüber der Beschränkung des Vertriebes auf entweder direkte oder indirekte Absatzformen sind die folgenden (Gründerwelt 2017):

- höhere Marktabdeckung und besserer Distributionsgrad,
- geringeres Risiko, sollte sich eine Absatzform einmal nicht mehr rentieren,

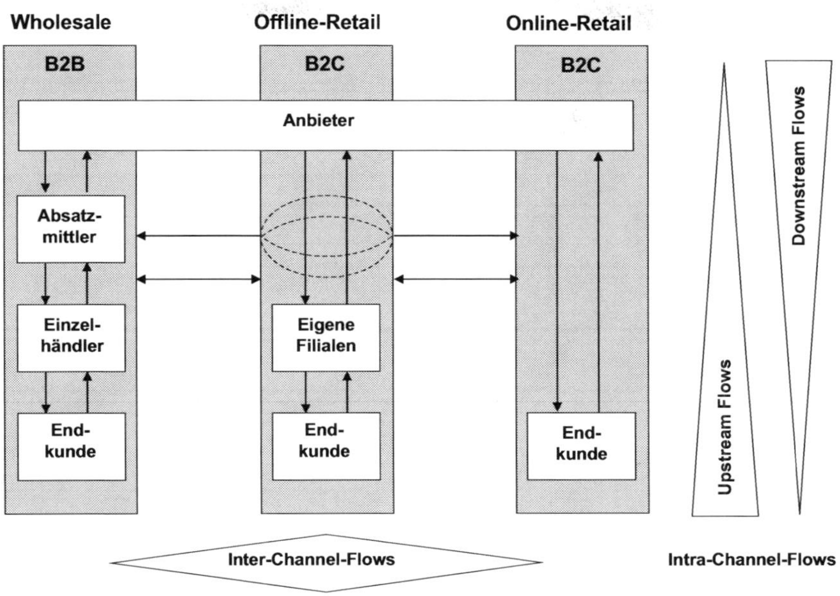

Abb. 3.6 Systematisierung der Informationsflüsse bei einer Multi-Channel-Distribution. (Quelle: Wirtz 2013)

- Umsetzung von Synergiepotenzialen bei geschickter paralleler Nutzung der verschiedenen Channels und
- Möglichkeiten zum Erreichen sehr unterschiedlicher Kundengruppen.

Eine Besonderheit stellt zweifelsohne das Franchising dar, da die Franchisenehmer selbstständige Unternehmer und daher eher Absatzmittler sind. Darauf wird im nächsten Abschnitt gesondert eingegangen. Insgesamt ist die Koordination in einer Multi-Channel-Distribution mit angeschlossenem B2C Online-Shop extrem aufwendig. Dies erfordert eine genaue Steuerung der Informationsflüsse, wie in Abb. 3.6 dargestellt.

So ist es notwendig, den Informationsfluss zwischen den Beteiligten im Absatzprozess, also zwischen Hersteller und Großhändler, Großhändler und Einzelhändler, Einzelhändler und Kunden oder im direkten Kanal zwischen Hersteller und Endkunden sicherzustellen. Gleiches gilt für die Information zwischen den Kanälen. Damit werden zwei grundlegende Typen des Informationsflusses unterschieden (Wirtz 2013):

- **Inter-Channel Flows** als Informationsflüsse zwischen unterschiedlichen Kanälen in der Multi-Channel-Distribution.
- **Intra-Channel Flows** als Informationsflüsse innerhalb eines spezifischen Absatzkanals in der Multi-Channel-Distribution.

Im Rahmen der Intra-Channel Flows wiederum laufen Informationen entweder top-down oder bottom-up, wonach folgende Unterformen unterschieden werden:

- **Upstream Flows** sind von Absatzmittlern an Hersteller oder direkt von Endkunden an Hersteller gerichtete Informationsflüsse.
- **Downstream Flows** sind nach unten gerichtete Informationsflüsse zwischen Hersteller und Absatzmittlern oder direkt an Endkunden.

Insofern ist die Koordinationsaufgabe mehrdimensional ausgerichtet und sowohl in horizontaler als auch in vertikaler Richtung durchzuführen (Wirtz 2013).

3.1.5 Zukünftiger B2B eCommerce für Konsumgüter als B2Me

Die wenigsten B2B-eCommerce-Anbieter kommen heute in reiner Form vor. Lediglich Start-ups oder neue Formen des interaktiven Online-Handels verfolgen zu 100 % ein reines Geschäftsmodell. Schon die großen Pure Player wie Amazon oder eBay sind eigentlich Mischformen. Während Amazon das kooperative Marktplatzmodell mit seinem eigenen Online-Handelsgeschäft vermischt, kombiniert eBay das kooperative Marktplatzmodell zu Festpreisen mit dem Auktionsgeschäft, das immer noch rund 15 % zum Umsatz beiträgt. Sowohl Amazon als auch eBay und Alibaba vermischen zudem B2C und B2B als Folge der Konsumerisation des B2B (Heinemann 2019a) und betreiben damit auch B2Me (OpenMarket 2016).

Bestes Beispiel ist Hilti: Der Bohrmaschinen-Anbieter setzt sein Produktfeld „Bau und Handwerk“ mit starken Bildern und einem aggressiven Einsatz von Farbflächen in Szene. Nicht selten betreiben Anbieter neben einem B2C- auch einen B2B-Shop, so wie Reuter-Badshop oder BOSS. Dabei entsteht eine neuartige Kombination aus „Consumerated B2B und Disintermediated B2C“, also eine Art Hybrid-Vertrieb der Markenartikler. Der passende Begriff heißt „B2B2C“ und wird in der eCommerce-Szene bereits angewendet. Eine weitere Kanalvermischung wird sich aus den hybriden Online-Aktivitäten und der Vertikalisierung der Hersteller ergeben. Dabei kommt es auch innerhalb des Wholesaling zu weiteren Unterformen, wenn zum Beispiel Franchising betrieben wird. Die Konstruktion eines Franchisesystems stellt eine besondere Herausforderung dar und erfordert deswegen eine kooperative eCommerce-Lösung, da sonst die Vorteile eines Multi-Channel-Systems nicht ausgespielt werden können und vor allem „kontraproduktive“ Konflikte mit den Franchisenehmern vorprogrammiert sind. Deswegen sehen die kooperativen eCommerce-Lösungen in der Regel eine Basisprovisionszahlung vor, die insofern auch als Abgeltung für den kannibalisierten Umsatz des Einzelhändlers zu verstehen ist und sich je nach Aufwand des Partnerunternehmens staffelt. Anzuraten ist im Rahmen der Multi-Channel-Distribution zwar eher eine zentrale Lösung, doch auch eine Incentivierung bzw. Honorierung in Form einer für kooperative Online-Modelle üblichen Provision ist möglich. Nur so kann sichergestellt werden, dass die Kanäle nicht gegeneinander, sondern miteinander arbeiten und auch das Stationärgeschäft der Franchisenehmer profitiert.

Bei einem B2B2C eCommerce ohne Rücksicht auf die Belange der Franchisenehmer können vielfältige Schadenspotenziale wirksam werden. Neben der direkten Umsatz-Kannibalisierung, die sich durch eine weitgehende Überschneidung der Sortimente ergeben kann, werden die Franchisenehmer unweigerlich mit After-Sales-Serviceaufgaben belastet, die sich zwangsweise aus dem Online-Verkauf ergeben (unter anderem Retouren und Reklamationen), wobei dem Franchisenehmer erheblicher Aufwand entstehen kann. Unmittelbarer Schaden kann sich für den Franchisepartner dadurch ergeben, dass Online-Kunden ihre Produkte im Markt retournieren und dadurch insbesondere seine personellen Ressourcen binden. In Stoßzeiten, wenn das Personal für den Verkauf benötigt wird, kann tatsächlicher Umsatzausfall entstehen. Dies wird von Online-Kunden insofern forciert, als sie aufgrund der gleichen Markierung die Märkte als Teil ihres Online-Kaufs ansehen. Hinzu kommt eine zunehmende „Free-Rider-Mentalität" unter Online-Käufern, die durch das schnelle Hin- und Her-Surfen entsteht, das die Erwartung weckt, Beratung und Service seien einkalkulierte Leistungen, für die nichts bezahlt werden muss. Ferner ist Ärger auf Kundenseite dadurch vorprogrammiert, dass viele Online-Sortimente nicht in den Märkten vorhanden sind und diese auch keinen Platz haben, eine entsprechende Auswahl vorzuhalten. Weitere Verluste können sich daraus ergeben, dass Kunden eher dazu neigen, sich die Waren nach Hause liefern zu lassen und nicht nach der Online-Bestellung in den Märkten abzuholen.

Bei einer nichtkooperativen eCommerce-Lösung ist in Franchisesystemen davon auszugehen, dass die Multi-Channel-Kanäle allenfalls nur in geringem Maße integriert sind und den Kunden kaum vollumfängliche Multi-Channel-Hopping-Möglichkeiten bieten können. Geht ein Kunde nach dem Online-Kauf zu einem Franchisepartner, um sein Produkt zu reklamieren oder umzutauschen, kann es deswegen vorkommen, dass der Umtausch des online bestellten Produktes im Geschäft gar nicht möglich ist – da der betreffende Franchisepartner das Multi-Channel-Konzept nicht mitträgt – oder die Mitarbeiter in der Filiale das Produkt gar nicht kennen, da es nur online verkauft wird. Negative Kauferlebnisse können in Multi-Channel-Systemen auch bei nicht synchronisierten Aktionen entstehen. Wenn beispielsweise der Kunde eine lokale Aktion im Markt eines Franchisepartners sieht, jedoch keine Zeit hat, sich dieser zu widmen, wird er möglicherweise zu Hause noch einmal im Online-Shop nachschauen. Wenn er umgekehrt eine Online-Aktion sieht, kann es leicht vorkommen, dass er am nächsten Tag in den Markt fährt, um sich den online beworbenen Artikel noch einmal genauer anzuschauen. Sollte dieser dann nicht vorrätig oder gar nicht gelistet sein, hat der Kunde einen erheblichen Zeitaufwand umsonst getätigt und ist verärgert. Bei nicht integrierten Multi-Channel-Systemen besteht die Gefahr, dass ein Kunde negative Erfahrungen auf das stationäre Geschäft überträgt und infolgedessen ganz wegbleibt.

Weiterhin ist ein Risiko in der Preisbildungsproblematik zu sehen, da die stationären Märkte je nach Wettbewerbssituation mit lokalen Preisen arbeiten, die bei deckungsgleichen Sortimenten im Online-Shop schnell unterboten werden können, da hier aufgrund der nationalen Preistransparenz in der Regel der niedrigere Preis angesetzt wird.

Dadurch sehen sich die Franchisenehmer unter Umständen gezwungen, einen niedrigeren Preis zu kalkulieren, als sie es bei lokaler Preisdifferenzierung getan hätten. Eigene Kalkulationen der Franchisenehmer und dadurch zutage tretende Preisunterschiede, die der Franchisegeber kartellrechtlich nicht unterbinden darf, verursachen darüber hinaus potenzielle Kundenkonfusion.

Insgesamt kann bei nicht abgestimmten bzw. unzureichend integrierten Absatzkanälen insbesondere in Multi-Channel-Systemen von Franchiseunternehmen erheblicher Schaden entstehen, der zur Abwanderung von Kunden führen kann. Hinzu kommen Schadenspotenziale aufgrund von Preisunterbietung bei deckungsgleichen Sortimenten, personelle Ressourcenbeanspruchung aufgrund von Kundenretouren in Stoßzeiten sowie aufgrund des direkten Zugriffs des Franchisegebers auf Kundendaten und Warenwirtschaft.

Ähnliche Probleme wie in Franchisesystemen treten oft auch in Verbundgruppen auf. Diese sind in der Regel hin- und hergerissen zwischen einer zentralen Online-Shop-Lösung, die selbst betrieben wird, und einer dezentralen Lösung, bei der die Franchisepartner für das Fulfillment sorgen. In Abb. 3.7 sind die möglichen Optionen für Franchise- und Verbundgruppenlösungen dargestellt.

Während eine zentrale Shop-Lösung wie beispielsweise bei OBI als nicht kooperativ gilt, ist dies bei allen anderen Optionen der Fall. Ein gemeinsames Joint Venture zwischen Zentrale und Mitgliedern, wie von Hagebau betrieben, ermöglicht allen Beteiligten eine Gewinnbeteiligung an dem B2C Online-Shop, erfordert aber auch eine Lösung für die Übernahme der Anlaufverluste. Wahrscheinlich ist das Provisionsmodell für Vergütungen

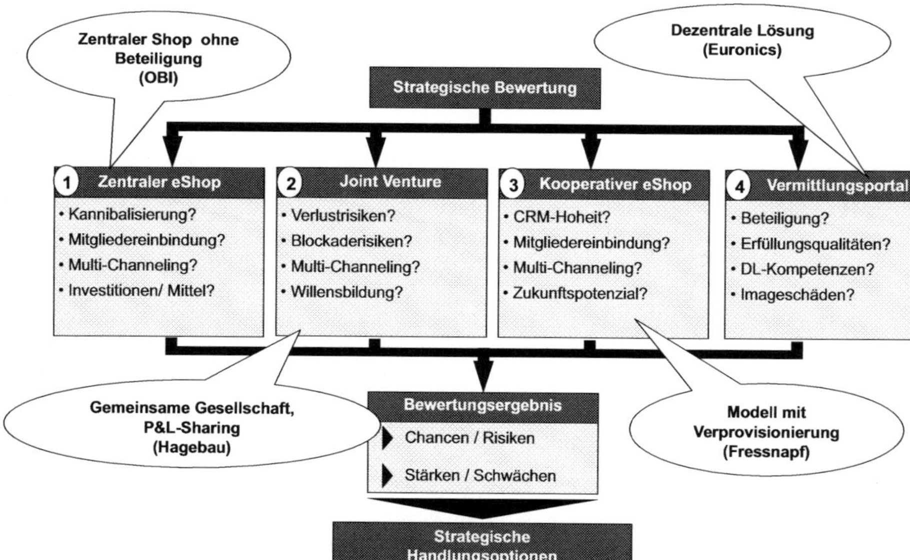

Abb. 3.7 Mögliche Optionen für Franchise- und Verbundgruppenlösungen. (Quelle: Heinemann 2019a)

an Mitglieder aus der B2C-Käufernähe am gängigsten, steht aber einer echten Integration häufig entgegen. Die größte Akzeptanz dürfte zweifelsohne ein dezentrales Vermittlungsportal wie das von Euronics und jetzt auch von Intersport haben, das einer Marktplatzlösung nahe kommt, allerdings als nicht sehr erfolgsträchtig gilt (Heinemann 2019a).

Insofern ist bei Konsumgütern die Frage nach dem Reifegrad der Digitalisierung differenziert zu beantworten. Zwar hat die digitale Transformation des Vertriebs der Konsumgüterindustrie begonnen, vor allem wenn man auf die Penetration und die digitalen Vertriebsanteile in Asien blickt. In Westeuropa oder Nordamerika allerdings ist die Bestellung von Konsumgütern des täglichen Bedarfs im Netz noch keine Massenveranstaltung. Der Verbraucher wird allerdings seine Kaufentscheidung für Konsumgüter in Zukunft immer häufiger digital treffen. Es geht also nicht um das „Ob", sondern um das „Wann" und das „Wie bald" (Bolz und Höhn 2019). Deswegen drängt sich unweigerlich die Frage auf, mit welchen Konzepten sich Konsumgüterhersteller in der Gegenwart auf die Zukunft vorbereiten können. Drei Optionen können dabei als Orientierung dienen (Abb. 3.8):

- Bei einer „All-in"-Strategie wird die Digitalisierung des Vertriebs in allen Facetten vorangetrieben.
- Dagegen berücksichtigt das „Yes, it's on our agenda"-Modell wichtige Aspekte der Digitalisierung und startet den Wissensaufbau im digitalen Vertrieb.
- Beim „Let's see"-Ansatz schließlich werden die digitalen Entwicklungen zur Kenntnis genommen, aber relevante Investitionen und digitale Transformationen finden (noch) nicht statt.

		"All-in"-Strategie	"Yes, it's on our agenda"-Strategie	"Let's see"-Strategie
Implementierungsgrad 4C	Capibilites	Organisationsstruktur mit E-Commerce-Teams	E-Commerce wird durch E-Commerce-Manager gesteuert	E-Commerce wird durch Key Account Manager gesteuert
		Berichtslinie E-Commerce an Geschäftsführer	Berichtslinie E-Commerce an Vertriebsleiter	Berichtslinie Key Account Manager an Vertriebsleiter
		Technologisches E-Commerce-Ecosystem	mehrere E-Commerce-Tools	wenige E-Commerce-Tools
	Customer	exklusive E-Commerce-Produkte	E-Commerce-ready Produkte	Standardprodukte
		Einzelversand an Endkunden	Flexibler Versand an Zentrallager	Palettenversand an Zentrallager
	Content	Best in Class Content mit Video, Hero Images, Packshots	Content mit Hero Images, Packshots	Content mit Packshots
		SEO-optimierte Kategorie- und Produkttexte	SEO-optimierte Produkttexte	Produkttexte
	Conversion	E-Commerce als Verkaufs- und Mediakanal	E-Commerce als Verkaufskanal mit Mediaaktivtäten	E-Commerce als Verkaufskanal
	Empfohlene Vertriebsmodelle	Brick & Click	Brick & Click	Brick & Click
		Pure Player	Pure Player	Pure Player
		Marketplace	Marketplace	
		D2C		
	Investitionskosten	sehr hoch	hoch	minimal
	Fulfillmentkosten	sehr hoch	hoch	gering
	Sortimentserweiterung	unbeschränkt	hoch	gering
	Gegenposition zur Handelsmacht	Ja	nein	nein
	Datengewinnung und Datenhoheit	Ja	teilweise	nein

Abb. 3.8 Optionen zur Umsetzung der Digitalisierung für Konsumgüterhersteller. (Quelle: Bolz und Höhn 2019)

Aller Wahrscheinlichkeit nach wird der „Let's see"-Ansatz auf Dauer nicht zum Erfolg führen. Zwar lassen sich kurzfristig damit Investitionen vermeiden. Zudem kann aus den Fehlern des Wettbewerbs gelernt werden, um später einen massiveren Einstieg bei höherer Marktpenetration durchzuführen. Unternehmen, die jetzt jedoch nicht in Know-how investieren, laufen bei der hohen Dynamik der Digitalisierung Gefahr, Online-Umsatz- und Marktanteile zu verlieren. Diese können später nur mit sehr hohen Investitionen zurückgewonnen werden. Deswegen spricht alles für eine „All-in"- oder zumindest eine „Yes, it's on our agenda"-Strategie. Schon heute können auf dem digitalen Vertriebsweg geringe Präsenzen im stationären Handel ausgeglichen werden. Auch lassen sich dabei Produkte für spezifische Bedürfnisse erfolgreich verkaufen. Kombiniert mit einer spezifischen Zielgruppenansprache bietet der eCommerce attraktive Absatzmöglichkeiten insbesondere für Konsumgüterhersteller. Er ist nicht nur als Verkaufskanal zu sehen, sondern stellt ein strategisches Element innerhalb des Kaufentscheidungsprozesses dar und umfasst neben dem Verkaufen auch die Kommunikation, Information und Inspiration. Gelingt diese strategische Verankerung, müssen sich Konsumgüterhersteller keine Sorgen um ihre Zukunft machen (Bolz und Höhn 2019).

3.2 Geschäftsmodelle im B2B-Industriegütergeschäft

Während zweifelsohne auch für Industriegüter der Verkauf über Online-Shops und -Plattformen naheliegt, ist der B2B-Online-Markt bisher noch stark fragmentiert und besteht weitestgehend aus Nischenanbietern sowie Adresslisten und Branchenverzeichnissen. Kataloge und Bestellung per Fax sind hier noch an der Tagesordnung. Dominante Marktführer – vor allem mit einem Ökosystem wie bei Amazon – fehlen bisher noch. Daher ist es wenig überraschend, dass gerade erfahrene B2C-Spieler wie Amazon jetzt auch in den B2B-Markt einsteigen. Dies könnte sich vor allem auch wegen der „Konsumerisation im B2B-Geschäft" zu einer enormen Bedrohung für den deutschen Großhandel entwickeln: Dieselben B2B-Kunden, die heute bei Amazon Supply einkaufen, sind zugleich auch B2C-Kunden bei Amazon und erwarten deswegen den gleichen Service. B2C-Anbieter können hier ihre Erfahrungen sowie ihre Bekanntheit ausspielen und mit Hilfe von Services wie Lieferantenkrediten ihre B2C- zu treuen B2B-Kunden machen. Deswegen ist es nicht verwunderlich, dass im B2B-Bereich zunehmend ähnliche Prinzipien der Kundenansprache zum Einsatz kommen wie in der B2C-Kommunikation.

3.2.1 Konsumerisation im B2B-Industriegütergeschäft

Das jährliche Umsatzvolumen für Produkte rund um „MRO" (Maintenance, Repair and Operations) – also Wartung, Reparatur und Betrieb – ist lukrativ: Es beträgt allein in Europa rund 115 Mrd. US$ (98 Mrd. EUR), so die aktuellen Schätzungen (Wilhelm 2018). Der MRO-Markt hat somit ein gigantisches Potenzial für guten B2B eCommerce.

Dieser entwickelt sich gerade für das Industriegütergeschäft zum „next big thing" – so die Fachexperten (Hudetz 2017; Wilhelm 2018). Derzeit entdeckt vor allem der Produktionsverbindungshandel (PVH) den B2B eCommerce für sich, obwohl der elektronische Handel zwischen Unternehmen eigentlich nicht neu ist (Thürling 2015; Heinemann 2018a). Nur wenige B2B-Anbieter erkennen offensichtlich diese Lücke und stellen für ihre gewerblichen Kunden Online-Shops zur Verfügung. Das reduziert die Transaktionskosten in der Abwicklung der Bestellungen und erhöht zugleich die Kundenbindung. Der Launch des Thyssenkrupp-Shops ist zweifelsohne ein Vorgeschmack auf das, was noch kommen wird. Ausnahmslos sagen Verbände und Experten deswegen auch ein signifikantes Online-Wachstum im B2B-Segment voraus.

Im klassischen Versandgroßhandel, wo Unternehmen für den direkten Verbrauch an Unternehmen liefern, lag der Umsatz im letzten Jahr bei rund acht Milliarden Euro. Dieser dürfte über kurz oder lang nahezu vollständig im Onlinehandel aufgehen. Er könnte allerdings auch auf der Amazon-Plattform landen. Denn der dominierende B2C-Marktführer startete in den USA bereits 2012 die Plattform Amazon Business, die ein reichhaltiges Sortiment für Handwerk, Büro, Labore und Gastronomie anbietet. Seit Ende 2016 ist Amazon Business auch in Deutschland online. Damit scheint die Online-Plattform sich die Vorherrschaft in einem Segment zu sichern, das bisher vernachlässigt wurde, und auch hier dem Wettbewerb mal zuvorzukommen. Wenn Amazon auch im B2B-Sektor erst einmal zum Synonym für Webshopping geworden ist, wird es für das Verfolgerfeld jedoch schwierig werden, sich mit alternativen Angeboten am Markt zu behaupten. So setzt der Online-Marktführer mit seinem gigantischen Angebot jetzt auch für Geschäftskunden auf eine Long-Tail-Strategie und spricht dabei u. a. mit Restaurants, Laboren und Offices eine breite Zielgruppe an. Allein für Handwerker und Hersteller finden sich bereits über 5 Mio. Artikel bei Amazon Business, darunter Schmierstoffe, Werkzeuge, Schutzbrillen, Lacke und Farben usw. Das Angebot folgt dem Werbeslogan „Everything you love about Amazon. For work". Damit bietet der Online-Händler für Käufer und Verkäufer den gewohnten Komfort der B2C-Plattform sowie eine ähnlich große Auswahl an, die durch die vielen Marktplatz-Partner auch in diesem Segment möglich wird.

Die B2B-/B2C-Online-Marktplatz-Landschaft in Deutschland ist in Abb. 3.9 dargestellt. Neben Amazon sind bereits andere Akteure wie etwa der globale Marktplatz Alibaba.com, eBay Supply, mercateo, WerLiefertWas und EuroPages aktiv.

Dies könnte sich zu einer enormen Bedrohung für die deutschen Mittelständler entwickeln.

Während etliche Fertigprodukt-Hersteller eCommerce bereits als Direktvertrieb an Endkunden nutzen, scheint das B2B-Thema mit einer Art Denkblockade verbunden zu sein, obwohl das Wholesale-Geschäft die mit Abstand wichtigste Einnahmequelle ist und bleiben wird. So gibt es derzeit in Deutschland nur rund 5500 Unternehmen mit B2B Online-Shops, denen rund 245.000 tausend produzierende Betriebe und ca. 155.000 Großhändler gegenüberstehen. Gemessen an der Gesamtzahl aller produzierenden Unternehmen und Großhändler liegt die Online-Penetration demnach bei gerade einmal 13 %.

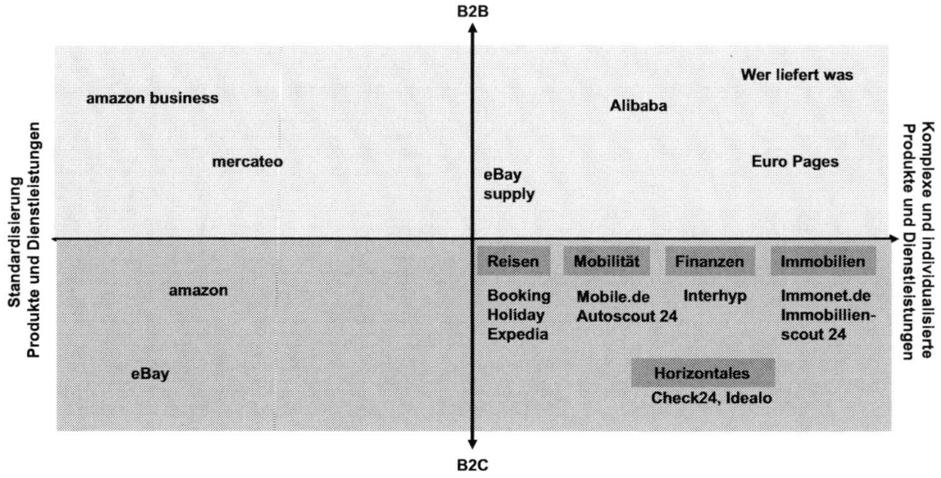

Abb. 3.9 Landschaft der B2B-/B2C-Online-Marktplätze in Deutschland. (Quelle: Fost 2017)

Der dabei erwirtschaftete echte eCommerce Umsatz im B2B liegt mit rund 35 Mrd. EUR immer noch deutlich unter den B2C-Erlösen. Dafür gibt es konkrete Gründe, wie eine Studie von ibi research der Universität Regensburg ermittelt hat (ibi research 2018): Demnach ist die deutsche Wirtschaft nicht nur mittelständisch geprägt, sondern betreibt noch überwiegend mehrstufigen Vertrieb. Dabei ist jede Handelsstufe spezialisiert und liefert Wertschöpfungsbeiträge im Hinblick auf Informationen, Sortimente und Preise. Deswegen war für die Unternehmen bisher auch keine hohe IT-Kompetenz erforderlich. Aufgrund der intensiven Kundenbearbeitung schließt zudem ein Online-Kanal keine bisherigen Versorgungslücken, sondern muss über echte Mehrwerte aufgebaut werden und sich erst noch einen Markt bereiten. Erschwerend kommt hinzu, dass im gewerblichen Bereich die Zahl der Produktvarianten um ein Vielfaches größer ist als im Endkundengeschäft. Darüber hinaus hat jedes Produkt einen kundenindividuellen Preis, weswegen die Komplexität eines B2B Online-Shops schlicht und ergreifend höher sein muss. Deswegen verwundert zunächst nicht, dass nur so wenige deutsche Hersteller ihre Waren und Dienstleistungen über digitale Kanäle verkaufen, sei es über einen Webshop oder eine mobile App. Vielfach sind nicht einmal die Stammdaten digitalisiert und selbst Kundendatenbanken sind Mangelware. So setzen nur 45 % aller deutschen Unternehmen eine Kundendatenmanagement-Software – also ein CRM – ein. Und nur gut die Hälfte der CRM-Willigen, nämlich 24 %, nutzen diese über das Erfassen der Daten hinaus – zum Beispiel für Marketingzwecke. Dies ist auch der Grund dafür, dass viele lokale Händler die Digitalisierung von Stammdaten und Produktbildern selbst stemmen müssen, ohne Unterstützung ihrer Lieferanten. Zu hoffen bleibt, dass der Generationswechsel in den Führungsetagen in den kommenden Jahren zu einem Sinneswandel führt – und dass es dann nicht zu spät sein wird. Aktuelle Zahlen von Forrester Research, wonach die Investitionen in den Ausbau von B2B-Shops deutlich steigen, machen Mut: Waren noch 2016 nur rund 6 % des B2B-Online-Umsatzes für Reinvestitionen vorgesehen, wurden für 2017 bereits 9 % erwartet. Ein Teil davon wird sicherlich für den Ausbau der Prozesse verwendet, die weit über Systemgrenzen hinweg implementiert werden müssen und für eine stärkere Verzahnung von Offline und Online sowie für die Umsetzung einer Omni-Channel-Strategie erforderlich sind (Thürling 2015; Heinemann 2018a).

Folgende Faktoren dürften das B2B-Wachstum in den nächsten Jahren befeuern:

1. Derzeit investieren vor allem die Großkonzerne, größeren Mittelständler und „Hidden Champions" in Digital- und Vernetzungsprojekte, was zu einem höheren Vernetzungsgrad der Unternehmen untereinander führen wird.
2. Die wachsenden Investitionen in digitale Geschäftsprozesse bewirken eine verstärkte digitale Kommunikation nach innen und außen, was ebenfalls den Vernetzungsgrad befeuert.
3. Immer mehr Unternehmen verkaufen auf Marktplätzen und lernen damit den Online-Verkauf in erster Instanz.
4. Der Einstieg in digitale Geschäftsmodelle sorgt für einen höheren Digitalanteil an der Wertschöpfung.
5. Und schließlich besteht ein großer Nachholbedarf im Mittelstand, der zunehmend erkannt wird.

Wichtig bleibt die Verzahnung von Offline und Online sowie die Umsetzung einer Omni-Channel-Strategie, um die Kunden auf allen Kanälen serviceorientiert bedienen zu können. Vor allem Unternehmen, die noch in Silos denken und damit Filiale versus Online oder Vertrieb versus Marketing abgrenzen, werden es schwer haben. Zudem darf nicht vergessen werden: B2B eCommerce ist auch im traditionell starken EDI-Umfeld nur der erste Schritt, bei dem es zunächst nur um die Digitalisierung des Verkaufsprozesses geht. In der Regel zieht der Online-Shop dann aber einen ganzen Rattenschwanz an weiteren Maßnahmen nach sich. So wird für den Online-Verkauf zwingend auch ein Kundendatenmanagement (CRM) benötigt, um diesen mit dem klassischen Vertrieb homogen zu verbinden. Darüber hinaus erfordern Shop und CRM digitalisierte Produktdaten, integrierte Warenwirtschaftssysteme (ERP) sowie abteilungsübergreifende Prozesse mit einheitlicher Infrastruktur. Damit kann B2B eCommerce schnell zum Kern einer digitalen Transformation des gesamten Unternehmens werden. Und das ist und bleibt alternativlos (Thürling 2015; Heinemann 2018a).

Industriegüter für Endkunden im B2B2C

Es gibt durchaus eine Reihe von Industriegütern, die auch für Verbraucher von Interesse sind. Der Arbeitsbekleidungs-Anbieter Engelbert Strauss ist ein prominentes Beispiel dafür. Ob allerdings ein B2B-Online-Händler einfach aus dem Stand heraus auch B2C-Kunden bedienen kann, darf angezweifelt werden. Denn ein paar Dinge gilt es in jedem Fall zu beachten. Abgesehen von den gesetzlichen Verpflichtungen, die bereits im Zuge der Login-Problematik angesprochen wurden (vgl. Abschn. 2.4.5), gibt es allerdings keine generell gültigen Empfehlungen. Die Lösung hängt zweifelsohne vom Sortiment und vom Geschäftsmodell ab. Auch die Unterschiede, die zwischen den Kundengruppen gemacht werden sollen, spielen eine Rolle. Deswegen lautet auch hier die Antwort, dass es immer auf verschiedene Faktoren ankommt.

Auch jenseits der rechtlichen Verpflichtungen gibt es eine gewisse Grauzone, die eine deutliche Trennung der Bereiche B2B und B2C durchaus ratsam erscheinen lässt. Ein B2B-Angebot muss allerdings nicht unbedingt vom B2C-Bereich getrennt sein. So gibt es zum Beispiel bei Bürobedarfsartikeln hinsichtlich der Produkte wie auch der Bezahlverfahren keine wesentlichen Unterschiede zwischen B2B und B2C. Es ist allenfalls eine unterschiedliche Rechnungstellung nötig sowie die Kenntlichmachung im Shop, dass auch an Gewerbekunden verkauft wird (Ucar 2016). Je mehr jedoch Angebot, Sicherheitsanforderungen, Datenschutzauflagen oder Adressierung voneinander abweichen, umso sinnvoller ist die Trennung zwischen B2B und B2C. Je komplexer die Anforderungen sind und je mehr sich B2B- und B2C-Shop hinsichtlich Funktionalität, angebundener Services, Drittsysteme sowie der Backendprozesse unterscheiden, umso sinnvoller ist eine vollständige Trennung mit zwei Installationen.

Mittlerweile lassen sich aber alle Anforderungen auch in einer Installation abbilden, selbst eigene Nummernkreise oder anders strukturierte B2B-Artikelnummern. Insofern entscheiden im Endeffekt wahrscheinlich die Kosten. Diesbezüglich sollten sich Anbieter im Klaren sein, dass es in der Regel länger als im B2C-Bereich dauert, bis sich der B2B-Shop rechnet. Die relativ anonyme Zielgruppe ist in der Regel kleiner und schwerer zu erreichen. Darüber hinaus benötigen Kaufentscheidungen Zeit, wobei die Beschaffung häufig in festen Intervallen – entweder monatlich oder quartalsweise – erfolgt. Deswegen brauchen Händler im B2B häufig einen längeren Atem, bis der Break-Even erreicht ist. Hinsichtlich der Erfolgsmessung gibt es dabei eigentlich kaum Unterschiede zwischen den Bereichen B2B und B2C. Nur Anzahl und Qualität der Leads sowie die persönlichen Kontakte dürften im B2B-Geschäft zusätzliche Kenngrößen darstellen (Ucar 2016).

3.2.2 Derivative Nachfrage im B2B-Industriegütergeschäft

Auch wenn sich eine „Konsumerisation des B2B“ abzeichnet, die zu Ähnlichkeiten im Online-Einkaufsprozess führt, so ist die Nachfrage im Industriegütergeschäft doch überwiegend eine andere. Daher müssen im Kontext der digitalen Transformation von Geschäftsmodellen für Industriegüter weitergehende Aspekte in die Überlegungen mit einbezogen werden. Unterschätzt wird zwar selten die Technik, doch wird meist nicht an das „große Ganze“ und die Einordnung des Themas in die Unternehmensstrategie gedacht. Die strategischen Implikationen für das Stammgeschäft, der Einfluss auf die bisherigen Vertriebsstrukturen, die Auswirkungen auf die Mitarbeiter und Kunden oder auch die Konsequenzen für den Wettbewerb und das Konkurrenzverhalten zählen u. a. zu den Fragen, die im Rahmen einer Digitalstrategie im Vorfeld zu klären sind. Erst wenn hier alle offenen Fragen beantwortet wurden, sollte das Thema B2B eCommerce in Angriff genommen werden.

Industriegüter-Unternehmen, die sich für den B2B-Online-Verkauf ihrer Produkte entschieden haben, sollten immer erst eine fundierte Bestandsaufnahme mit einem ausgewiesenen – und nicht selbst ernannten – Experten durchführen, sowohl intern als auch extern. Erst nach einer professionellen, detaillierten und fachkundigen Analyse ist zum Beispiel die Nutzbarkeit der vorhandenen Produktdaten für den B2B eCommerce abschätzbar. Erst dann lässt sich klären, was zu tun ist, um diese Daten z. B. in ein Shop-System einzuspielen oder auf einem Marktplatz zu nutzen (ibi research 2018).

Vor allem B2B-Marktplätze bleiben in den nächsten Jahren ein spannendes Thema. Immerhin gut ein Viertel der Industriegüter-Anbieter verkauft mittlerweile schon auf B2B-Marktplätzen, obwohl deren Nutzung auch gravierende Nachteile haben kann. Diesbezüglich gilt daher, gut zu überlegen, auf welchen Marktplätzen ein Produktangebot Sinn macht und inwieweit sich hier ein Business Plan rechnet (ibi research 2018).

Insgesamt kann davon ausgegangen werden, dass die grundsätzlichen Fragen des Verkaufs von Industriegütern im B2B eCommerce nicht völlig anders als sind als beim Handel mit Konsumgütern im B2C eCommerce (Kreutzer et al. 2015). Dennoch gibt es aufgrund der Nachfrager spezifische Besonderheiten in B2B-Märkten. Hier handelt es sich nämlich in der Regel nicht um Einzelpersonen, sondern um Organisationen. Dabei geht es gewöhnlich nicht um die Beschaffung einer bestimmten Leistung zur Deckung des Eigenbedarfs, sondern um die Herstellung weiterer Leistungen (Backhaus und Voeth 2014; Kreutzer et al. 2015). So steigt zum Beispiel die Nachfrage nach Stahl dann an, wenn auf den nachgelagerten Märkten die Stahlproduktnachfrage (z. B. für Schiffe) gestiegen ist. Ebenso steigt die Nachfrage nach Öl, wenn mehr Autos gekauft und genutzt werden. Diese sogenannte derivative Nachfrage, die direkt oder indirekt von der Nachfrage anderer Unternehmen, Haushalte oder Individuen abgeleitet ist, gibt es im B2C-Markt nicht (Backhaus und Voeth 2014). Die derivative Nachfrage resultiert in den jeweiligen Märkten zugleich auch in einem zu erstellenden Angebot (Backhaus und Voeth 2014). Deswegen kann es durchaus Sinn machen, dass Unternehmen als Zeichen der Kundenorientierung ein B2B2C-Marketing betreiben. Damit werden die Erwartungen der „Kunden der eigenen direkten Kunden" antizipiert, um sie bei der Entwicklung der eigenen Leistungen zu berücksichtigen (vgl. Abb. 3.10).

Daraus ergibt sich noch eine weitere Herausforderung für das Marketing, denn die Höhe der Nachfrage ist oft stärker schwankend und deswegen unbeständiger als auf B2C-Märkten. Bereits marginale Steigerungen der Verbrauchernachfrage können zu einem sprunghaften Anstieg des industriellen Bedarfs führen. Derartige Schwankungen in B2B-Märkten ergeben sich aus dem sogenannten Akzelerationseffekt (Beschleunigungseffekt). Ein Grund dafür liegt darin, dass Hersteller die höhere Nachfrage in der Regel als langfristig einstufen und deswegen Erweiterungsinvestitionen vornehmen. Umgekehrt kann aus einem leichten Rückgang auf B2C-Märkten ein deutlich stärkerer Nachfragerückgang auf B2B-Märkten folgen (Backhaus und Voeth 2014; Kreutzer et al. 2015).

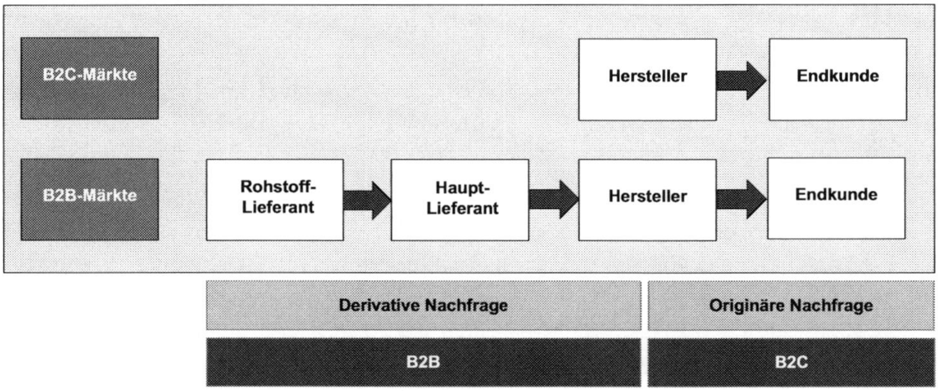

Abb. 3.10 Abgeleitete Nachfrage im B2B. (Quelle: Kreutzer et al. 2015)

3.2.3 Digitale Vermarktung und Marke im B2B-Industriegütergeschäft

Mehr noch als im B2C- ist im B2B eCommerce Google die erste Adresse, wenn es um die Suche nach neuen Anbietern oder Produkten geht. Die bewusste und aktive Online-Recherche macht die Customer Journey weniger zufallsabhängig und umfasst eine deutlich geringere Anzahl an Touchpoints. Dabei sind die Suchbegriffe und individuellen Suchstrategien diversifizierter. Deswegen haben im B2B eCommerce für Industriegüter vor allem SEO- und SEA-Maßnahmen herausragende Bedeutung (Heinemann 2019a). Suchmaschinen-Marketing lässt sich ohne explizite B2B-Seiten aber kaum erfolgreich realisieren. Dies betrifft sowohl die explizite URL als auch einen sauber strukturierten Quellcode, der explizit für den B2B-Bereich markiert ist (Ucar 2016). B2B-Einkäufer suchen Produkte auch schon mal über den EAN-Code. Content aus Fachmedien und Branchenportalen sowie rechtskonformes Retargeting sind ebenfalls an der Tagesordnung.

Trotz aller Emotionalisierungstrends in der Kundenansprache und trotz der Konsumerisation des B2B-Segments ist dieses nun mal ein ganz eigenes Business. Hinzu kommt, dass in den meisten Industriegüter-Unternehmen die Marke bisher Resultat der Vertriebsarbeit war, die wiederum Ergebnis unendlich vieler Individualleistungen ist. Da Mitglieder von Selling-Centern in jedem Einzelfall sehr individuell vorgehen, sollte eine ganzheitliche Markenpositionierung nicht allein auf ihren Schultern lasten. Darüber hinaus sind ja in der Regel auch am Einkauf mehrere Personen beteiligt, für die wahrscheinlich Informationstiefe, Kontaktmöglichkeiten, individuelle Konditionen sowie stabile und reproduzierbare Prozesse wichtiger sind als eine nette Verpackung oder ein schickes Logo. Für eine stabile Kundenbeziehung ist im B2B eCommerce vor allem auch das Vertrauen in den reibungslosen, komfortablen Ablauf der Geschäftsprozesse sowie die Erreichbarkeit des B2B-Anbieters eine ganz entscheidende Größe (Ucar 2016).

Andererseits sind starke Marken im Prinzip immer auch starke Vertriebsargumente, auch im B2B. Leider ist das Markenmanagement im B2B-Bereich vielfach noch immer ein vernachlässigtes Gebiet, wodurch nicht selten Erfolgspotenziale verschenkt werden. Ursache ist häufig eine große Skepsis gegenüber der Wirkung von Emotionen auf das Verhalten von Menschen in B2B-Märkten. Daher werden Marken bestenfalls dafür eingesetzt, um die technische Leistungsfähigkeit der eigenen Produkte herauszustellen. Allerdings hat sich in den letzten Jahren die technische Leistungsfähigkeit konkurrierender Angebote in B2B-Märkten immer stärker angeglichen, so dass Marken oft vermeintlich nicht mehr viel bewegen können und deswegen als irrelevant für den Unternehmenserfolg angesehen werden (Baumgarth 2018). Demgegenüber fand jedoch McKinsey in einer internationalen Studie mit über 1000 B2B-Einkäufern heraus (Furth 2013), dass Markenstärke von B2B-Unternehmen und die Qualität ihrer Kommunikation für Einkäufer im Industriegütergeschäft zusammen genommen dieselbe Wichtigkeit aufweisen wie der Produktpreis. Dies bestätigt die These, dass die Markenwerte von B2B-Marken denen von B2C-Marken wertmäßig in nichts nachstehen. So sind B2B-Marken auch regelmäßig in den bekannten Markenwertrankings enthalten und beweisen damit ihren ökonomischen Wert (vgl. die wertvollsten B2B-Marken in Abb. 3.11).

Interbrand (2016)	*BrandZ* (2016)
(6) IBM (53 Mrd. $)	(4) AT & T (107 Mrd. $)
(10) GE (43 Mrd. $)	(10) IBM (86 Mrd. $)
(14) Intel (37 Mrd. $)	(15) China Mobile (56 Mrd. $)
(16) Cisco (31 Mrd. $)	(16) GE (54 Mrd. $)
(17) Oracle (27 Mrd. $)	(17) UPS (50 Mrd. $)
(22) SAP (21 Mrd. $)	(18) Alibaba (49 Mrd. $)
(29) UPS (15 Mrd. $)	(22) SAP (39 Mrd. $)
(37) accenture (12 Mrd. $)	(38) accenture (23 Mrd. $)
(44) Hewlett Packard Enterprise (11 Mrd. $)	(42) HP (21 Mrd. $)
(52) Siemens (9 Mrd. $)	(49) Oracle (20 Mrd. $)
(54) Goldman Sachs (9 Mrd. $)	(50) Huawei (19 Mrd. $)
(59) 3M (8 Mrd. $)	(63) FedEx. (16 Mrd. $)
(63) Adobe (8 Mrd. $)	(67) Cisco (15 Mrd. $)
(65) Morgan Stanley (7 Mrd. $)	(73) DHL (13 Mrd. $)
(66) Thomas Reuters (7 Mrd. $)	(81) Siemens (13 Mrd. $)
(72) Huawei (6 Mrd. $)	(85) LinkedIn (12 Mrd. $)
(77) DHL (6 Mrd. $)	(100) Adobe (10 Mrd. $)
(79) FedEx (6 Mrd. $)	
(82) Caterpillar (5 Mrd. $)	
(84) Xerox (5 Mrd. $)	
(91) John Deere (5 Mrd $)	

Zahlen in Klammern: Rangplatz im jeweiligen Ranking; *Dollarzahlen in Klammern*: gerundeter Markenwert

Abb. 3.11 Wertvollste B2B-Marken. Zusammengestellt aus Interbrand 2016 und BrandZ 2016. (Quelle: Baumgarth 2018)

Nicht alle der dargestellten Marken sind reine B2B-Marken bzw. stehen für Industriegüter. So sind im Interbrand-Ranking 21 % der Namen reine B2B-Anbieter, im BrandZ-Ranking 17 %. Etliche Marken sind sowohl im B2B- als auch im B2C-Geschäft tätig (z. B. Microsoft, Mercedes-Benz). Allerdings sind rund 10 % der aufgelisteten Marken zumindest auch im Industriegütergeschäft angesiedelt, womit dessen Markenrelevanz herausgestellt wird (Baumgarth 2018; Furth 2018). Nach wie vor herrscht im B2B-Marketing allerdings eine gewisse Ikonophobie. Gern und häufig werden Produktbilder eingesetzt, statt ansprechende und emotionale Visualisierungen von Themen vorzunehmen. Dabei lassen sich genug Argumente aufführen, warum im B2B-Marketing für Industriegüter mehr Gewicht auf die Visualisierung gelegt werden sollte und insbesondere der B2B eCommerce sich dafür eignet (Furth 2018):

- Anbieter haben auf Websites nur wenige Sekunden Zeit, um einen Besucher zu begeistern. Während Sätze dafür eher kostbare Zeit vergeuden, werden Bilder in Sekundenbruchteilen erfasst, vor allem wenn sie emotional gestaltet sind.
- Fachmagazine und Anzeigen sind vollgestopft mit Produktbildern. Dabei können Leser in diesem Dschungel kaum entscheiden, welche Produkte besonders gut sind, und werden sich diese daher auch nicht merken. Im Gedächtnis wird nur haften bleiben, wenn ihm etwas wirklich Interessantes präsentiert wird.
- In Buying-Centern sitzen nicht selten Entscheider, die technische Schemata nicht verstehen. Deswegen bieten sich Infografiken an, die Betriebswirtschaft und Technik in Zusammenhang bringen. Studien ergaben zum Beispiel, dass die Verständnisrate medizinischer Zusammenhänge durch den Einsatz von Grafiken von 70 % auf 95 % gesteigert werden konnte.
- Besonders in den sozialen Medien ist Visualisierung wichtig. Studien zeigen, dass sich mit Bildern die Retweet-Rate von Posts um 35 % steigern lässt, mit Videos um 28 %. Bei Facebook werden bebilderte Posts im Schnitt 104 % häufiger geklickt und bekommen 53 % mehr Likes.

Trotz all dieser Argumente setzen bisher nur wenige Anbieter eine profilierte Visualisierung ein, weswegen bei B2B-Marken im Industriegütergeschäft eigentlich ein extrem hohes Differenzierungspotenzial gegeben ist. Dieses lässt sich hervorragend mit digitalem Content kombinieren und insbesondere in einer Multi-Channel-Kommunikation online ausspielen.

3.2.4 Digitaler Content für Industriegütermessen

Für Industriegüter-Anbieter sind vor allem Fachmessen ein wichtiger Kanal, um den direkten Kontakt zu den B2B-Kunden herzustellen und zu pflegen. Die großen B2B-Fachmessen im Elektronikbereich sind zum Beispiel Electronica, Embedded World oder SPS. Der Messeauftritt sollte dazu dienen, das Profil als professioneller Industriegüter-Anbieter für B2B-Kunden zu schärfen und sich im direkten Vergleich zu den Wettbewerbern als die bessere Alternative zu präsentieren. Ein Anbieter wie Conrad, der sowohl B2C- als auch B2B-eCommerce betreibt, profitiert dabei stark von den sehr guten Sympathiewerten der Marke, insbesondere da viele B2B-Entscheider Conrad aus ihrem privaten Umfeld, der Schule oder ihrem Studium kennen. Wesentliche Herausforderung in diesem Fall ist es, die positive Ausstrahlung aus dem B2C-Umfeld in die Welt der professionellen B2B-Kunden zu übertragen und dabei auf ein entsprechendes Kompetenzniveau zu heben. Conrad nutzt dazu beispielsweise stark die Co-Präsenz seiner internationalen B2B-Töchter Rapid Electronics und SOS Electronic (Conrad und Bräu 2017).

Dabei hat das Internet in den letzten Jahren die Erwartungshaltung beim Messepublikum stark verändert. So sind die B2B-Kunden von heute nicht nur weitestgehend vorinformiert, sondern haben ihren Messerundgang vielfach bereits im Vorfeld zusammengestellt und dafür auch auf den Internetseiten der Aussteller sowie des Messeveranstalters recherchiert. Deswegen bietet es sich an, eine wichtige Messe im Rahmen des eigenen Online-Auftrittes frühzeitig zu präsentieren und als Teil des Messemarketings schon lange vor der Messe im Online-Shop zu promoten. Damit beginnt das notwendige Messemarketing eigentlich schon lange vor dem offiziellen Start der Messe. Auf speziell dafür entwickelten Microsites des Unternehmens können sich Interessierte und potenzielle Besucher über die Messe im Allgemeinen, den Hallenstandort sowie die Standnummer informieren und sich ein Gratisticket downloaden. Eine extra dafür eingerichtete Landingpage kann dabei über das Motto und den Schwerpunkt des Messeauftritts informieren (vgl. Abb. 3.12).

Abb. 3.12 Landingpage für Messebesucher von Conrad. (Quelle: Conrad und Bräu 2017)

Hinter den Kulissen können als Ergänzung spannende Blog-Berichte über Hightech-Unternehmen, innovative Start-ups sowie neueste Produktentwicklungen dargeboten werden. Dies kann die Leidenschaft, das Engagement und die Technikbegeisterung der B2B-Kunden befeuern. Darüber hinaus kann ein spezielles Invitation-Management installiert werden, das auf verschiedensten Kanälen Aufmerksamkeit schafft und auf die Messe im Sinne eines „Save the Date" hinweist. Zugleich bietet es sich an, die Top-Kunden persönlich – zum Beispiel über den Key Account Manager oder den Außendienst – zu kontaktieren und für die Messe einzuladen. Die anderen B2B-Kunden sollten zumindest über Outbound-Telefonkontakte oder schriftliche Kommunikation wie zum Beispiel E-Mails eingeladen werden. Dafür muss bereits eine entsprechende Präsentation und Auslobung des eigenen Messeprogrammes erfolgt sein, zumal der Wettbewerb wahrscheinlich ähnlich agiert. Da Messen in der Regel international mit ausländischen Ausstellern und fremdländischen Besuchern stattfinden, sollte die gesamte Kommunikation in den jeweils relevanten sprachlichen Versionen gehalten sein.

Bei Conrad können sich zum Beispiel die Kunden ihre Messetickets über conrad.biz bestellen. Sie haben dabei auch die Möglichkeit, sich über das Programm zu informieren oder die Teilnahme an Vorträgen, Workshops sowie Produktvorstellungen zu reservieren. Dadurch erhalten sie bereits einen ersten Eindruck und Vorgeschmack von der Messe und können besser abschätzen, was sie beim eigentlichen Besuch des Standes erwartet. Wichtig ist dabei, dass die Erwartungshaltung der Kunden dem tatsächlichen Erlebnis des Standbesuches entspricht. Deswegen sollte der gesamte Auftritt, angefangen von der Architektur des Messestandes (vgl. Abb. 3.13) bis hin zur Kommunikation vor Ort, stimmig und nahtlos sein. Diese Dachkommunikation wird bei Conrad zum Beispiel auf den Messen in einen begehbaren Raum transferiert. Dazu werden alle Informationen in einer interaktiven, multisensorischen Umgebung verdichtet. Zusätzlich präsentieren großflächige Bildschirme zusammen mit Multitouch-Monitoren die Marke Conrad und versuchen damit, ihre Identität und Leistungsfähigkeit widerzuspiegeln (Conrad und Bräu 2017).

Eine Schlüsselrolle für den Messeerfolg spielt der Content. Bereits lange vor dem Messestart wird daher digitaler Content produziert, der zum Messemotto passt. Entsprechende Beiträge, die zum Beispiel von Innovationen, relevanten Trends, außergewöhnlichen Unternehmen oder involvierte Fachexperten handeln, werden digital ausgespielt sowie rund um das Thema Technik auf der Messe auf Großbildschirmen präsentiert. Ziel ist es, damit eine hohe Identifikation der Messebesucher mit Conrad zu erreichen, indem sie sich unter Gleichgesinnten fühlen. Der gesamte Messeauftritt wird auf relevanten Social-Media-Kanälen (Facebook, Twitter, YouTube, Blogs) sowie auf der eigenen Microsite redaktionell aktiv begleitet, etwa durch interessante Live-Berichte der Conrad-Community. Der Messeauftritt kann damit zu einem Gesamterlebnis werden, bei dem Infotainment, Emotion und Wissensvermittlung den Rahmen der Unternehmenspräsentation bilden. Dabei kann in Kombination mit Fachmessen und digitalem Content eine neue Art der Multi-Channel-Kommunikation praktiziert werden (Conrad und Bräu 2017).

Abb. 3.13 Konzeptentwurf des Conrad-Messeauftritts auf der SPS 2015. (Quelle: Conrad und Bräu 2017)

3.2.5 Zukünftiger B2B eCommerce für Industriegüter

Die Gretchenfrage ist sicherlich, wie die Zukunft des B2B eCommere im Industriegütergeschäft aussieht. Dies lässt sich vielleicht ansatzweise am Beispiel Zamro beantworten. Das niederländische Start-up will zum führenden One-Stop-Online-Shop für das Handwerk in Europa werden. Es wurde Ende 2016 als Teil der niederländischen Eriks-Gruppe in den Niederlanden gegründet und ist seit März 2017 auch in Deutschland aktiv (vgl. Abb. 3.14). Aus dem Geschäftsmodell lassen sich vier Erfolgsfaktoren identifizieren, nämlich Segmentierung, Sortiment, Service und Support (Wilhelm 2018):

- **Segmentierung:** Zamro hat erkannt, dass zwar immer mehr Handwerker online nach Ersatzteilen und Werkzeugen suchen, das Auffinden der passenden Produkte sich jedoch oft mühsam gestaltet und die Suche oft nicht zum Erfolg führt. Zamro möchte daher Geschäftskunden so ansprechen, wie sie es aus ihrer B2C-Umgebung gewohnt sind. Dies erfordert neben einem schnellen Webshop, Mobile First sowie einem starken Fokus auf das Online-Marketing (u. a. Retargeting) vor allem eine kluge Segmentierung. Dabei richtet sich Zamro schwerpunktmäßig an kleine und mittelständische Unternehmenskunden (Wilhelm 2018). Der Marketing-Mix sowie die Verkaufskanäle sollen genau dem Nutzungsverhalten der Zielgruppe angepasst und entsprechend entwickelt werden. Dabei sollen die Lessons Learned aus dem B2C für das B2B-Marketing genutzt werden, um existierende Barrieren zu beseitigen (Wilhelm 2018).

Abb. 3.14 Zamro-Lager: großer Vorrat, schnelle Lieferzeiten. (Quelle: Wilhelm 2018)

- **Sortiment:** Als B2B-eCommerce-Anbieter für Industriegüter vertreibt Zamro technische Bauteile und Werkzeuge. Der Online-Großhändler positioniert sich als „B2B Category Killer" mit einem Sortiment von mehr als 400.000 Produkten. Dieses umfasst nicht nur Werkzeuge und Befestigungstechnik, sondern auch Produkte für die Wartung, Reparatur und Instandhaltung von Maschinen. Dabei konzentriert sich das Start-up auf ein Komplettangebot, das den kleineren und mittelständischen Unternehmenskunden das Bestellen möglichst einfach machen soll, was offensichtlich bisher in der Branche noch nicht selbstverständlich ist. Häufig sind auch die Preise im Geschäftskundenbereich noch intransparent. Kunden bekommen Listenpreise gezeigt, die meist sehr hoch, aber „nach Gesicht" verhandelbar sind. Die Zamro-Preise, -Kataloge und -Produkte im B2B-Shop sind vollständig transparent und können von allen Besuchern ohne vorherige Registrierung eingesehen werden (Wilhelm 2018).
- **Service:** Zamro setzt darauf, dass B2B–Käufer aus dem Bereich Wartung, Reparatur und Betrieb nach der Lösung einer bestimmten Aufgabe und nicht nach einzelnen Teilen suchen. Daran ist auch die SEO-Strategie angepasst, um die Suche im Vorfeld lösungsorientiert zu unterstützen. Dabei soll dem Geschäftskunden geholfen werden, die richtigen Materialien für seine Problemlösung zu finden. Zamro sieht auch eine Nische darin, dass Service im B2B-Segment oft nur als Teil des After-Sales gesehen wird. Er ist aber auch Teil der Such- und Kaufphase sollte deswegen Bestandteil einer kundenorientierten Dialogstrategie sein. Gerade im B2B-Service zahlen Professionalität, Qualität und Verlässlichkeit besonders auf die Kundenbeziehung ein. Ein persönlicher Service-Ansprechpartner, der zumindest in regulären Geschäftszeiten gut erreichbar ist und zudem noch Vertriebserfahrung hat, ist daher im B2B Gold wert (Wilhelm 2018).

- **Support:** Während B2C-Online-Händler es eher verschmerzen können, einzelne Kunden durch mangelhaften Service zu verlieren, tut dies im B2B eCommerce sicherlich mehr weh. Nehmen wir das Beispiel einer regionalen Handelskette mit zehn Druckern als potenziellen Kunden, wird schnell klar, wie der B2B-Markt tickt. Zehn Drucker bedeuten ein großes Umsatzpotenzial bei Verbrauchsmaterialien, das ein B2B-Anbieter nicht verschenken sollte. Ob auch komplementäre Produkte und Services des B2B-Anbieters attraktiv sind, hängt vom Einkäufer und der IT des Kunden ab. Passieren dabei Fehler oder Aufwände, die zu einer schlechten Bewertung führen, ist der Druckeranbieter schnell weg vom Fenster. Wenn dabei auch noch die Geschäftsführung involviert war, wahrscheinlich für immer und ohne zweite Chance (Ucar 2016).

3.3 Geschäftsmodelle im B2B-Zuliefergeschäft

Im Zuliefergeschäft werden Leistungen vermarktet, die sich auf Anbieterseite grundsätzlich durch eine einzelkundenspezifische Gestaltung auszeichnen. Während Im B2B-Industriegüter- sowie B2B-Konsumgütergeschäft die Kundenseite eher anonymen Charakter hat und ihnen in der Regel identische Leistungen angeboten werden, sind die Angebote im Zuliefergeschäft individuell gestaltet und längerfristiger Natur. Vor allem im OEM-(Original Equipment Manufacturer-)Geschäft findet eine starke Einbindung der Lieferanten statt, die sich nach Zulieferklassen unterscheidet und in der OEM-Pyramide veranschaulicht wird. Aber auch Vertragslieferanten sind dem Zuliefergeschäft zuzuordnen, auch wenn dieses nicht OEM-bezogen ist. Eine wichtige Phase, in der die Kundengewinnung stattfindet, ist das Sourcing, das als E-Sourcing auch zunehmend internetbasiert stattfindet. Hier wird zwar die Initiative vom Kunden aus gestartet, allerdings eröffnet dessen permanente Lieferantensuche einmalige Chancen auf der Zulieferseite zur Akquisition eines Neukunden. Dabei kann der Neukauf schnell in zahlreiche Wiederkäufe übergehen und eine langfristige Kundenbeziehung entstehen lassen. Eine Sonderform des Sourcing stellt das Outsourcing dar, bei dem Unternehmensfunktionen ausgelagert und extern vergeben werden. Insgesamt zeichnet sich das Zuliefergeschäft durch einen hohen Integrationsgrad aus (Backhaus und Voeth 2014).

3.3.1 B2B-Zulieferpyramide und OEM als Kunde

Im OEM-Bereich hat sich auf der Zulieferseite eine Pyramidenstruktur herausgebildet, an deren Spitze das fokale Unternehmen steht, zum Beispiel ein Automobilproduzent (vgl. Abb. 3.15). Dieser wird von wenigen Zulieferern beliefert, welche wiederum selbst von Modullieferanten Produkte beschaffen. Dies setzt sich fort mit den Komponenten- und Teilelieferanten. Lieferanten in der Pyramide können auch Stufen überspringen und „höhere“ Lieferanten oder den OEM direkt beliefern (Backhaus und Voeth 2014;

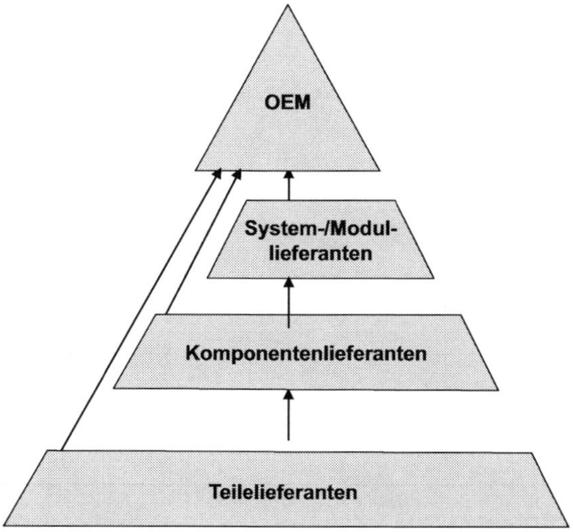

Abb. 3.15 Zulieferpyramide. (Quelle: at-rs 2016)

at-rs 2016). Die Lieferanten einer OEM-Zulieferpyramide werden je nach Abstand zum OEM als First Tier bzw. „Erste Ebene" oder Second Tier bzw. „Zweite Ebene" kategorisiert. Wegen der zunehmenden Komplexität der internationalen Logistikketten und deren Störanfälligkeit stehen vor allem die Risiken in Zuliefernetzwerken im Fokus, die leicht eskalieren und dann erheblichen Schaden verursachen können. Darüber hinaus sind besondere Formen des Qualitätsmanagements wie z. B. Auditierungen und Verhaltenscodizes zwischen Lieferanten und Abnehmern erforderlich, da aufgrund der Just-in-time-Lieferung keine durchgängigen Eingangskontrollen mehr möglich sind (Backhaus und Voeth 2014; at-rs 2016; Wikipedia Zulieferpyramide 2019).

OEM wird gemeinhin als „Erstausrüster" bzw. „Originalausrüstungshersteller" definiert, wobei der Begriff zum Beispiel in Bezug auf Computersoftware vollkommen anders verwendet als im Bereich Automotive. Darauf wird in Abschn. 3.4 noch genauer eingegangen. Allerdings wird auch in der Automotive-Branche der Begriff OEM nicht eindeutig verwendet, da er gleichermaßen für Fahrzeughersteller, Zulieferer sowie Teileproduzenten benutzt wird. Deswegen sollten hier drei Bedeutungen unterschieden werden:

- **Fahrzeughersteller als OEM:** In der Automobilindustrie bezeichnen sich die Hersteller, also Audi, BMW, Opel, Porsche etc., selbst als OEM. Sie stehen an der Spitze der Zulieferpyramide, unter der die Zulieferer je nach Relevanz horizontal in verschiedenen Ebenen angeordnet sind.
- **Erstausrüster als OEM:** Als Erstausrüster liefert ein OEM beispielsweise elektronische Bauteile, Reifen oder Bremskomponenten direkt in die Produktionsstätten der Fahrzeughersteller. Dabei handelt es sich also um Lieferanten wie Bosch, Dunlop, Hella oder Continental. Die von diesen OEM zugelieferten Komponenten werden in den Werken der Fahrzeughersteller verbaut. Insofern übernimmt quasi der Fahrzeughersteller auch einen Teil des Vertriebs für den OEM, dessen eingebaute

Produkte – bis auf Ingredient Brands – in der Regel nicht separat beworben werden. B2B eCommerce findet hier bis auf wenige Ausnahmen kaum statt, allerdings dürften die meisten Order über ein Extranet laufen.

- **Komponentenhersteller als OEM:** Hersteller bedienen mit ihren Kfz-Komponenten als OEM auch den Aftermarkt und vertreiben dabei ihre Verschleiß- bzw. Ersatzteile über den freien Markt. Sie verkaufen dabei auch im B2B eCommerce unter eigenem Namen oder über ein geeignetes Label. Dabei wird nicht selten auch mit der Aussage „OE-Qualität" geworben, was jedoch lediglich bedeutet, dass die Ersatzteile den original verbauten Teilen in Form und Größe in nichts nachstehen.

OEM-eigene Online-Shops der Fahrzeughersteller dümpeln immer noch vor sich hin. Unterzieht man diese ohne Berücksichtigung der Verkaufsfunktion einer Analyse, dann hinken diese Shops bei allen deutschen Automobilherstellern den heute gängigen Standards im Online-Handel um Jahre hinterher: Bis auf eine relativ gute Produktdarstellung sind sämtliche Usability-Faktoren wie u. a. Produktzugänge, Beratungsfunktionen, Kundeneinbindung sowie Multi-Channel-Services weit unterdurchschnittlich ausgeprägt. Tesla ist hier deutlich besser aufgestellt und ermöglich bereits die komplette Kauf-, Bestell- sowie Zahlungsabwicklung. Vom wohl besten Hersteller-Shop der Welt, nämlich dem Apple-Store, trennen sie Welten.

3.3.2 B2B-Zulieferer und Fremdbezug

Nicht jeder Lieferant ist ein OEM-Zulieferer. Es gibt auch ganz normale B2B-Unternehmen, die Teile für den Produktionsprozess von Herstellern liefern und das zunehmend im B2B eCommerce tun (z. B. Würth oder materials4me). Der Unterschied zu Industriegütern besteht darin, dass es sich dabei nicht um eine einmalige Order, sondern um eine kontinuierliche Belieferung mit identischen Wiederkäufen durch immer denselben Lieferanten handelt. Dieser stellt dabei keine endfertigen Produkte her, sondern ist Teil der Lieferkette (Supply Chain).

Diesbezüglich ist allerdings zu unterscheiden, ob es sich lediglich um Zulieferer für bestimmte Teile oder aber um Auftragslieferanten – sogenannte Contract Manufacturer – handelt, die im Fremdbezug bzw. Outsourcing als Lieferant das komplette Produkt herstellen (Backhaus und Voeth 2014; Wikipedia Zulieferer 2019). Dabei stellte sich für jede einzelne Aktivität der Wertekette eines Unternehmens die Frage nach der zweckmäßigen Transaktionsform. Gängig war fast durchweg die Auslagerung der Logistikaufgaben an Logistikdienstleister (Zentes et al. 2004). Das ist auch mit ein Grund dafür, dass mittlerweile die europäischen Logistikströme von Logistikdienstleistern dominiert werden. Wesentlicher Treiber dieser Entwicklung waren zweifelsohne auch die Internationalisierung im Sinne einer verstärkten Cross-Border-Wertschöpfung und die Forcierung von Auslandsmärkten. Auch hatte die Tendenz zur Fokussierung auf Kernkompetenzen vielfach eine Auslagerung von „Randaktivitäten" zur Folge.

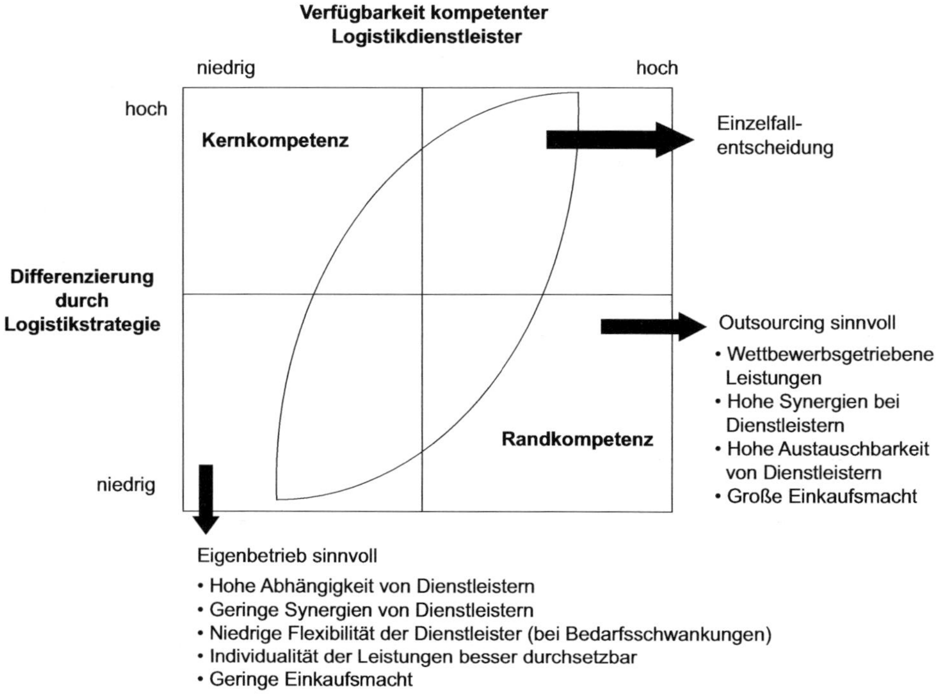

Abb. 3.16 Logistik-Outsourcing-Entscheidung. (Quelle: Zentes et al. 2004)

In Abb. 3.16 ist beispielsweise die Outsourcing-Entscheidung in der Logistik dargestellt. Diese hängt von der Frage ab, inwieweit die Logistik eine Kernkompetenz des Unternehmens darstellt. Zusätzliche Kernkompetenzen sind dabei umso höher zu gewichten, je austauschbarer die angebotenen Sortimente und Produkte sind. Insofern ist die Outsourcing-Entscheidung abhängig vom Differenzierungspotenzial der logistischen Prozesse. In der Konsumgüterwirtschaft hat sich beispielsweise die Form der Zusammenarbeit und damit die Art der Arbeitsteilung zwischen Industrie- und Handelsunternehmen grundsätzlich verändert, womit aber nicht immer nur Outsourcing-, sondern auch Insourcing-Entscheidungen verbunden sein können. Die Wahl zwischen „make or buy" bzw. zwischen Eigenleistung oder Fremdbezug der Leistung kann demzufolge durchaus auch zur Reintegration von Leistungen (Insourcing) führen. Dies gilt für alle Funktionsbereiche, auf welche die hier am Beispiel der Logistik untersuchten Fragestellungen übertragen werden können.

Outsourcing-Entscheidung für Internationalisierung

Aufgrund der grenzüberschreitenden Präsenz vieler deutscher Unternehmen (insbesondere der Hidden Champions) stellt sich schnell die Frage nach der richtigen Vorgehensweise bei der Internationalisierung. Dabei erweist es sich durchaus als sinnvoll, auf die Erfahrungen und Abläufe international agierender Full-Service-Provider zurückzugreifen (Rogalla 2012). Diesbezüglich ist darauf zu achten, dass leistungsstarke und skalierbare IT-Systeme zum Einsatz kommen. Diese sollten mit dem Bedarf der Kunden mitwachsen können, ohne sprungfixe Kosten zu verursachen. Andererseits müssen aber auch die landesspezifischen Besonderheiten berücksichtigt werden können Darüber hinaus macht es Sinn, auf ein internationales Kooperationsnetz mit leistungsstarken Dienstleistern zurückzugreifen. In der Startphase bietet sich ein zentraler Lagerstandort an, insbesondere wenn es sich zunächst um kleine Versandmengen handeln dürfte. Dezentrale Standorte rechnen sich erst ab einer bestimmten Versandmenge, denn sie verursachen durch doppelte Lagerhaltung und komplexere IT-Systeme zusätzliche Kosten. Deswegen ist es von Vorteil, wenn der Fulfillment-Dienstleister stark und flächendeckend präsent ist und dezentrale Logistikläger in seine Prozesse integrieren kann. Dabei sind durchgängige IT-Systeme, die allen beteiligten Parteien identische Informationen in Echtzeit zur Verfügung stellen, absolut erfolgskritisch. Gleiches gilt für den höchstmöglichen Automatisierungsgrad. Deswegen sind Dienstleistungen aus einer Hand vorzuziehen, da sie Reibungsverluste vermeiden (Rogalla 2012).

3.3.3 Service Provider als Zulieferer von Dienstleistungen

Theoretisch gibt es die Möglichkeit, alle Aktivitäten „outzusourcen", nur einen Teil auszulagern oder alle Ressourcen intern aufzubauen. Dadurch werden Service Provider zu Zulieferern für Dienstleistungen. Häufig werden bestimmte Aktivitäten, die nicht erfolgskritisch für das Kerngeschäft sind, von solchen externen Partnern abgewickelt. Doch auch im Kerngeschäft können durchaus einige Aktivitäten outgesourct werden. So stellt beispielsweise Mercedes-Benz nicht alle Teile, die für eine S-Klasse notwendig sind, selbst her. Vorteil des Outsourcings in diesem Kontext ist, dass die Firma von den Erfahrungen profitieren kann, die der Partner möglicherweise in anderen Industrien oder Konstellationen gemacht hat. Wie weiter oben bereits beschrieben, sollten jedoch die USP-Themen tendenziell eher inhouse betrieben werden, um sicherzustellen, dass die gesamte Wertschöpfung inklusive der damit verbundenen Learnings auch inhouse genutzt werden kann (Krekeler und Heinemann 2017).

Chancen durch Veränderung des Out- bzw. Insourcing-Grades
Bei Start-ups ist vor allem in den Anfangsjahren das Outsourcing die Regel, wodurch diese interessante Kunden für Service-Provider sind. Im Zuge der weiteren Entwicklung gilt es nicht selten, herauslösbare Teile wie zum Beispiel die Programmierung und Entwicklung einer Plattform, Bereiche des Digitalmarketings oder sogar die Logistik von extern nach intern zurückzuholen. Dies sollte sukzessive geschehen, um die intern wachsende Organisation nicht zu überfordern. Dafür ist es wichtig, dass Outsourcing-Partner flexible Modelle zur Bewertung des Erfolges anbieten, da davon auszugehen ist, dass die Performance zunächst einen Einbruch erleiden wird, wenn Prozesse von extern nach intern übergehen. Dies ist normal, da sich Mitarbeiter und Prozesse zunächst noch

einspielen müssen. In dieser Übergangsphase wäre es daher verkehrt, den Erfolg an den gleichen Zielen zu messen, die zu Beginn mit dem externen Partner, der in der Regel über mehr Erfahrung verfügt, vereinbart wurden (Krekeler und Heinemann 2017).

Oft ist auch zu beobachten, dass Dienstleister/Outsourcing-Partner, die beim Start eines Digitalprojektes gut geeignet waren, da sie eine große Bandbreite von Services anboten, beim weiteren Wachstum nicht mehr die optimalen Partner sind, weil in der späteren Phase eine Spezialisierung wichtig ist, damit die digitalen Aktivitäten des Unternehmens weiter wachsen können. Im Bereich des Marketings ist zum Beispiel das Kompetenzprofil für die Produktion und die erfolgreiche Vermarktung eines TV-Spots deutlich anders als für die erfolgreiche Planung und Messung einer digitalen Customer Journey über mehrere digitale Touchpoints hinweg; beides sind Aktivitäten, die typischerweise in verschiedenen Phasen des Lebenszyklus eines Unternehmens und seiner Produkte aktuell werden. Auch wenn zunächst der Weg über das Outsourcing beschritten wird, ist der Aufbau von internen Mitarbeitern zum Start durchaus wichtig, damit es zum einen eine interne Vernetzung zu den Geschäftsaktivitäten der weiteren Unternehmensbereiche gibt und zum anderen die Chance genutzt wird, den Insourcing-Grad gegebenenfalls flexibel erhöhen zu können. Zudem wird so sichergestellt, dass es gute „Briefings" und eine Steuerung auf „Augenhöhe" mit den Outsourcing-Partnern gibt (Krekeler und Heinemann 2017).

Wie bereits beschrieben, ist es möglich, dass es im Rahmen von Digitalisierungsprojekten sinnvoll sein kann, sukzessive digitales Know-how intern aufzubauen und in gleichem Maße das Modell von mehr Outsourcing hin zu mehr Insourcing zu verändern, um noch schneller von den digitalen Möglichkeiten zu profitieren. Klar ist auch, dass es für große Unternehmen strategisch sinnvoll sein kann, unterschiedliche Modelle bezüglich des Out-/Insourcing-Grades zu testen, um herauszufinden, was für die jeweilige Aktivität/Situation das richtige Modell ist (Krekeler und Heinemann 2017).

Suche nach Outsourcing-Kunden Bei der Suche nach Outsourcing-Kunden sind mehrere Fragestellungen erfolgskritisch, die deswegen gemeinsam und rechtzeitig geklärt werden müssen. Zuallererst ist zu klären, welche Referenzen der der Service-Provider aufzuweisen hat. Dies betrifft sowohl spezifische Projektreferenzen als auch mögliche Vorteile, die das anbietende Team für die konkrete Aufgabenstellung mitbringt. Ferner ist zu hinterfragen, was genau die Leistungen sind, die angeboten werden und was diesbezüglich eher Mitwirkungsleistungen darstellt, die noch vom Outsourcing-Kunden zu erbringen sind. Oft hilft es, zur Eingrenzung die Umkehrfrage zu stellen, nämlich welche Leistungen nicht vom Service-Provider erbracht werden. Ferner sollte ermittelt werden, was die Mitwirkungsleistungen sind, die vom Kunden bzw. auch von anderen Outsourcing-Partnern erbracht werden müssen. Beispielsweise können bei der Anbindung bzw. Weiterentwicklung des E-Shops erweiterte Aufgaben für den Anbieter der ERP-Software anfallen, die entweder inhouse oder durch bestehende oder neue Partner erbracht werden müssen. Ebenfalls relevant ist die Frage, wie das Modell der Abrechnung sein soll. Dies betrifft sowohl die Laufzeit des Modells inklusive

Kündigungsmöglichkeiten für beide Seiten als auch die Frage, wie bei Kündigung ein reibungsloser Übergang sichergestellt wird. Auch muss feststehen, was nach Aufwand, was fix und was nach Performance-Komponenten abgerechnet wird (Krekeler und Heinemann 2017).

Die richtige Zusammenarbeit mit dem Outsourcing-Kunden Arbeiten beispielsweise Mitarbeiter des Service-Providers vor Ort beim Kunden? Und: Welche Systeme werden eingesetzt, um die geplanten Projekte umzusetzen (zum Beispiel JIRA für technische Entwicklung, Google Analytics für Auswertung von Traffic und Marketing-KPIs, Systeme für Zeitbuchung wie u. a. Projektron)? Geklärt sein muss auch, was Routinen sind, die regelmäßig abgehalten werden, und ob es ein Steering Board gibt, um Richtungsentscheidungen für die Zusammenarbeit zu treffen. Ebenfalls ist zu recherchieren, welche Software-Module zu welchen Bedingungen eingesetzt werden. Wer hat zum Beispiel die Rechte an den Arbeitsergebnissen und wie können diese verwertet werden? Oder: Ist das Lizenzmodell zum Beispiel „On Premise“ oder „Software as a Service“? Wer schließt bei Plattformen den Vertrag mit dem Partner, der die Applikation hostet, und wie sind die Service-Level-Agreements in dem Vertrag geregelt? Ebenfalls von Relevanz sind sicherlich auch die nicht-funktionalen Anforderungen an die Plattform (zum Beispiel Skalierbarkeit, Release-Fähigkeit etc.). Es sollte darauf geachtet werden, dass auf Unternehmensseite Mitarbeiter diese Vereinbarung so strukturieren, dass für beide Vertragsparteien ein Anreizsystem geschaffen wird, um gemeinsam die vereinbarten Ziele zu erreichen (Krekeler und Heinemann 2017).

Nach Bearbeitung der Checkliste und der damit verbundenen Modellentwicklung ist es wichtig, das gewählte Modell in regelmäßigem Abstand von zum Beispiel zwei oder drei Jahren zu überprüfen, um sich ständig weiterzuentwickeln. Dies kann sowohl in dem Szenario, dass sich alles besser als geplant entwickelt, als auch im umgekehrten Fall sinnvoll sein. Eine gute Methode dafür ist ein Audit, das heißt, eine Befragung der beteiligten Projektpartner nach einem vorher definierten Kriterienkatalog. Die Ergebnisse werden dann anschließend in einem gemeinsamen Workshop besprochen (Krekeler und Heinemann 2017).

3.3.4 B2B bei Sourcing und eSourcing

Nicht selten werden die Begriffe Outsourcing und Sourcing verwechselt. Während Outsourcing auf Basis einer „Make-or-Buy“-Entscheidung im Endeffekt Fremdbezug bedeutet, kann Sourcing als „Gesamtheit aller auf die Beschaffungsmärkte gerichteten Aktivitäten von Organisationen mit dem Ziel ihrer Beeinflussung“ (Liebmann und Zentes 2001; Ahlert et al. 2009) definiert werden. Sourcing stellt gewisse Aktivitäten im Zuliefergeschäft dar, die in der Regel mit dem Finden und der Auswahl neuer Lieferanten verbunden sind (Backhaus und Voeth 2014). Für potenzielle Lieferanten stellt dieses eine große Chance dar, zumal die Suche überwiegen internetbasiert erfolgt.

Lieferanten sollten sich deswegen über die Ziele im Klaren sein, die mit dem Sourcing der potenziellen Zuliefer-Kunden verbunden sind. So verfolgt Sourcing vordergründig kundengerichtete, lieferantengerichtete und wettbewerbergerichtete Ziele (Liebmann und Zentes 2001):

- **Konsumentengerichtete Ziele** umfassen die Sicherstellung der Versorgung der Kunden. In Hinblick auf das gestiegene Anspruchsniveau der Konsumenten gilt es Lösungen zu finden, um diesem Anspruchsdenken gerecht werden zu können. Dabei rückt die ausschließliche Beurteilung von Lieferanten nach Preis- und Produktqualitätskriterien zunehmend in den Hintergrund bzw. muss um zusätzliche Aspekte erweitert werden.
- **Lieferantengerichtete Ziele** sind darauf ausgerichtet, auf Basis stabiler Lieferantenbeziehungen über Mengeneffekte und stabile Vertrauenspositionen eine Konditionenverbesserung im Zeitablauf zu erzielen. Dabei geht es vor allem auch um die Innovationsfähigkeit der Lieferanten. Lieferantenbezogene Aspekte gewinnen auch angesichts der Thematik „Efficient Consumer Response" (ECR) zunehmend an Bedeutung. In diesem Zusammenhang geht es nicht mehr nur um eine optimale Abwicklung der Beschaffung von Produkten, sondern vielmehr auch um den partnerschaftlichen Aufbau eines effizienten Versorgungssystems. Die ECR-Bestrebungen führen dabei zu einer deutlichen Verringerung der Lieferantenzahl, wodurch die Abhängigkeit von den Lieferanten steigen kann.
- **Wettbewerbergerichtete Ziele** stellen auf eine konkurrierende Abgrenzung ab, die bis zum Abschluss von Ausschließlichkeitsverträgen führen kann. Entscheidend dafür ist aber die Wettbewerbsposition des Handelsunternehmens. Können nämlich Unternehmen aufgrund ihrer Größe alleine keinen nennenswerten Einfluss auf die Einkaufskonditionen ihrer Lieferanten nehmen, sollte eher über eine kooperative Beschaffung nachgedacht werden.

Es gibt keine generell anwendbare Sourcing-Strategie, vielmehr wird durch die Produkt- bzw. Sortimentsstrategie maßgeblich bestimmt. Ist beispielsweise ein Bekleidungshändler gezwungen, aufgrund von Pull-Wirkungen starke Marken (z. B. Boss, Adidas und Puma) im Sortiment zu führen, sind Lieferanten-, Beschaffungs- und Verhandlungsmanagement aus Handelssicht kaum beeinflussbar. Dies trifft für Zweit- und Drittmarken sowie Eigenmarkenlieferanten jedoch nicht zu. Da der größte Sortimentsanteil im Bekleidungshandel auf nicht markierte Ware oder Produkte mit Eigenlabels entfällt, spielt das Sourcing hier eine große Rolle.

Bei der Systematisierung der Sourcing-Geschäftsfelder kann eine Sourcing Toolbox herangezogen werden, wie sie in Abb. 3.17 dargestellt ist. Wie aus der Abbildung zu entnehmen ist, bestehen die Sourcing-Strategien aus sechs Teilstrategien, die sich jeweils auf eine bestimmte Dimension beziehen (Liebmann und Zentes 2001; Ahlert et al. 2009):

Beschaffungssortiment	Wide		Narrow	
Beschaffungsobjekt	Passive		Active	
Lieferant	Sole	Single	Dual	Multiple
Beschaffungszeit	Stock	Stock Reduced		Stockless
Beschaffungssubjekt	Individual		Cooperative	
Beschaffungsareal	Local	Domestic		Global

Abb. 3.17 Sourcing Toolbox. (Quelle: Liebmann und Zentes 2001)

- In der Dimension „Beschaffungssortiment" steht der Sortimentsumfang im Vordergrund, der entweder eng („narrow sourcing") oder breit („wide sourcing") sein kann.
- Bei der Dimension „Beschaffungsobjekt" geht es darum, ob der Bekleidungshändler versucht, aktiv Einfluss auf die Produktgestaltung des Herstellers zu nehmen („active sourcing") oder nicht („passive sourcing").
- Bezüglich der Dimension „Lieferant" bestimmt die Anzahl der Lieferanten die zu wählende Strategievariante. Existiert nur ein Lieferant als Quasimonopolist, über den nur ein bestimmtes Produkt bezogen werden kann (zum Beispiel starke Markenartikler), dann spricht man von „sole sourcing". Demgegenüber liegt „single sourcing" vor, wenn aufgrund freiwilliger Entscheidung der Bezug der Ware nur von einem Lieferanten erfolgt. Handelt es sich um zwei Lieferanten, spricht man von „dual sourcing", bei vielen Lieferanten von „multiple sourcing".
- In Bezug auf die Dimension „Beschaffungszeit" wird festgelegt, inwieweit Zeitpunkt der Beschaffung und des Abverkaufes auseinander liegen sollen, wobei zwischen bedarfsnaher Beschaffung („stockless") und bedarfsferner Beschaffung („stock") unterschieden wird.
- Die Teilstrategie „Beschaffungssubjekt" differenziert zwischen einer Alleinstellung („individual") und einem kooperativen Vorgehen („cooperative").
- Im Rahmen des Aspektes „Beschaffungsareal" geht es schließlich um die internationale Ausdehnung der Beschaffungsmärkte, die entweder „local", „domestic" oder „global" sein kann.

Welche dieser Sourcing-Ansätze die beste Möglichkeit für eine Kundenakquisition gibt, muss einer eingehenden Prüfung unterzogen werden. So kann ein international tätiges Unternehmen bei Konzentration auf ein oder zwei Lieferanten seine Nachfragemacht dazu benutzen, beim Anbieter überhöhte Preisvorteile durchzusetzen. Andererseits kann dies jedoch dazu führen, dass die eigene Liefersicherheit bei einem Ausfall des Vorlieferanten (zum Beispiel bei einem Streik) Schaden nimmt, was dem Anbieter wiederum helfen kann (Zentes et al. 2004).

Unabhängig von der gewählten Sourcing-Strategie besteht ein ungelöstes Kernproblem der internationalen Beschaffung bislang darin, dass ein ganzheitliches Konzept fehlt, mit dem die zahlreichen Aspekte der komplexen Beschaffungsrealität abgebildet werden können. Neuere Ansätze des Multi-Channel-Sourcing versuchen deshalb, eine ganzheitliche Betrachtungsweise der internationalen Beschaffung sicherzustellen und die relevanten Stellhebel aufzuzeigen, durch die das unternehmensspezifische Mehrkanalbeschaffungssystem gesteuert werden kann (Rudolph und Loos 2006, S. 726 ff.).

eSourcing

Weitere Möglichkeiten, für Zulieferer B2B-Geschäft online zu generieren, bietet das „eSourcing", das sich mittlerweile bei vielen Herstellern etabliert hat. Dem liegt die Tatsache zugrunde, dass die Beschaffung größtenteils durch die Prozesskosten belastet wird. Kostensenkungsmaßnahmen können daher aus Maßnahmen zur Vereinfachung dieser Prozesse bestehen. Durch die Integration von eProcurement-Systemen ist es möglich, die Prozesse effektiver und gleichermaßen effizient zu gestalten. Dabei ist eine ausführliche Analyse der Prozesse und ihrer Kosten die Grundvoraussetzung. Unter eSourcing können dementsprechend alle Maßnahmen bzw. Aktivitäten eines Unternehmens verstanden werden, die webbasierte Einkaufs-Tools einsetzen, um die Effizienz und Effektivität zu verbessern (Booz-Allen & Hamilton 2003; Ahlert et al. 2009; TCW 2018).

Das eSourcing kann in unterschiedlichster Form in Erscheinung treten. Entweder geht es um die Nutzung sogenannter E-Kataloge, in denen Lieferanten ihre Produkte präsentieren und die je nach Statik und Konfigurationsmöglichkeit in unterschiedlicher Form vorliegen können. Diese Form des eSourcing hat einen relativ geringen Interaktionsgrad, der zum Beispiel steigt, wenn via Internet gezielt Angebote eingeholt werden (Bidding bzw. Tender). So können kleinere Unternehmen, die nicht unbedingt über das notwendige Marktwissen und Know-how verfügen, beispielsweise ohne großen Aufwand über internet-basierte Procurement-Plattformen Aufträge an fähige Hersteller vergeben. In den letzten Jahren haben sich dafür einige Systeme etabliert. Größere Bekleidungsunternehmen können über eingerichtete Plattformen ihre geplanten Artikel den weltweit verteilten Lieferanten präsentieren und dabei die notwendigen Informationen übertragen. Die interessanteste Variante ist hierbei eine Art Lieferantenauktion. Über die eingerichtete Plattform können die Unternehmen bestimmte oder alle Lieferanten zum Bieten einladen. Dabei sind entweder „englische Auktionen" möglich, die von der Verkäuferseite initiiert werden, oder „Reverse Auktionen", die von Käuferseite aus durchgeführt werden. Neben den Auktionen besteht auch die Option, über verschiedene Tools Informationen über Lieferanten zu erhalten und diese somit zu bewerten. Gerade in der Modeindustrie bietet eProcurement ein breites Anwendungsfeld, das jedoch bisher erst von wenigen Bekleidungsunternehmen genutzt wird. Der virtuelle Marktplatz bietet entscheidende Vorteile auf Beschaffungsseite. Kalkuliert man zu den Geboten lieferanten- bzw. länderspezifische Fakten hinzu, lassen sich alle Angebote vergleichen. Die Prozesse sind für alle transparent, womit eine extreme Konkurrenzsituation zwischen den Lieferanten geschaffen wird.

Das eSourcing spart dem Beschaffungsmanagement demnach nicht nur Zeit, sondern auch Kosten. Diese Mechanismen greifen jedoch nur, wenn eine entsprechend leistungsfähige eSourcing-Plattform in Form eines elektronischen Marktplatzes auch tatsächlich nutzbar ist. Dabei ist entscheidend, ob es sich um handels- bzw. käufergetriebene, industrie- bzw. verkäufergetriebene oder neutrale Tauschsysteme handelt. In diesem Zusammenhang ist auch die Wahl eines geeigneten Providers eine wichtige Entscheidung. Dieser kann schnell einen Wissensvorsprung erwerben, den er als aktiver Marktteilnehmer für sein eigenes Angebots- und Nachfrageverhalten gewinnbringend einsetzen kann (Bergauer und Wierlemann 2008). Zudem kann eSourcing die Transaktionskosten senken und den Orderprozess beschleunigen. Auch steht eine erheblich größere Auswahl an Lieferanten zur Verfügung.

Auch wenn die Vorteile des eSourcing offensichtlich sind, so ist es dennoch nicht ohne Risiken. Erfahrungsgemäß kommt es im Rahmen von eSourcing-Projekten immer noch zu Problemen im Zusammenhang mit Sicherheitsaspekten, unvorhergesehenen Kosten sowie Schwierigkeiten in der neuen Käufer-Verkäufer-Beziehung. Hier besteht immer noch eine Nische für seriöse Anbieter. Außerdem darf nicht vernachlässigt werden, dass Sourcing zu erheblichen Veränderungen in den Unternehmensprozessen führt und hohe Anforderungen an ein professionelles Change Management stellt.

eSourcing gilt als umfassendes Konzept, bei dessen Realisierung zusätzlich zur Implementierung von Systemleistungen die vorherrschenden Beschaffungsprozesse angepasst bzw. optimiert werden müssen. Neben der ertragsorientierten Gestaltung der Beschaffungsprozesse finden eSourcing-Ansätze dort Anwendung, wo sie zu einer beschleunigten Nutzung externen Know-hows sowie einem verbesserten Kostenmanagement führen (vgl. Abb. 3.18). Bei der Kundengewinnung im Sourcing bzw. eSourcing geht es im Endeffekt darum, zeitnah passende Ausschreibungen zu identifizieren und mit dem eigenen Selling Center sowie allen Instrumenten des B2B eCommerce schnell und passgenau darauf zu reagieren.

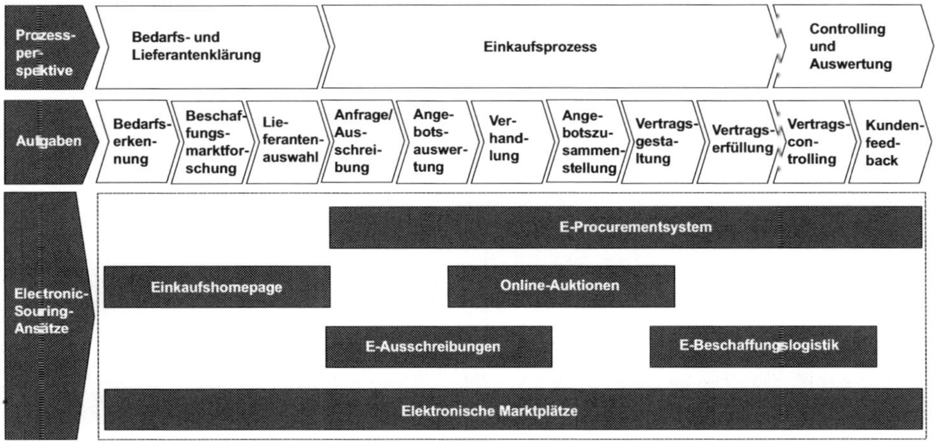

Abb. 3.18 Ansätze des eSourcing. (Quelle: TCW 2018)

3.3.5 B2B-Kundengewinnung von PLMs

Wenn **OEM**-Produkte von einer Firma entwickelt und hergestellt, aber nicht unter ihrem Namen in den Verkehr gebracht werden, handelt es sich um „Private Label Manufacturing" (PLM). Private Label Manufacturer beliefern in der Regel Handelsunternehmen, welche die bezogenen Leistungen mit einer eigenen Markierung in den Markt bringen, obwohl sie diese nicht selbst hergestellt haben. Die Suche von PLMs nach Geschäftspartnern gestaltet sich ähnlich wie das Sourcing bzw. eSourcing. Für einen PLM mit B2B eCommerce geht es im Endeffekt darum, zeitnah die auf ihn passenden Ausschreibungen zu identifizieren und mit seinem Selling Center schnell und passgenau darauf zu reagieren. Als „Quasihersteller" ist ein PLM ein Unternehmen, das Produkte von einem OEM bezieht und sich bei der Zulassung auf die Zulassung des OEMs verlässt. Der OEM ist dabei nicht erkennbar. Es erscheinen nur der PLM und dessen Kennzeichen auf dem Label. Diese Zusammenarbeit von PLM und OEM kann vor allem im Medizinbereich für beide Seiten erhebliche Vorteile haben (Johner-Institut 2018).

Vorteile für die herstellenden OEMs

- Die Originalhersteller können sich auf ihre Kernkompetenz fokussieren, nämlich die Entwicklung und Produktion ihrer Produkte.
- Sie müssen keine eigene Marke aufbauen oder eine (weltweite) eigene Vertriebsorganisation implementieren.
- Dadurch, dass die OEMs an viele PLMs liefern, können sich Skaleneffekte einstellen, wodurch Stückkosten sinken.
- Die OEMs müssen sich nicht um die Zulassung in den Märkten und die damit verbundene Marktüberwachung kümmern. Es muss kein entsprechendes regulatorisches und marktspezifisches Wissen etabliert werden.

Vorteile für die vermarktenden PLMs

- PLMs kaufen in der Regel verschiedene OEM-Produkte zu und können so ihr eigenes Portfolio abrunden.
- Sie müssen kein eigenes Entwicklungs- und Produktions-Know-how aufbauen, was in der Regel kostenintensiv ist.
- Falls sie bereits über eine starke Eigenmarke verfügen, lassen sich die preisgünstig zugekauften Produkte unter dieser Marke weiterverkaufen.

Eine PLM-OEM-Konstellation unterscheidet sich von einer Hersteller-Distributoren-Konstellation, bei der ein Distributor die Produkte des Herstellers unverändert unter der Handelsmarke des Herstellers weiterverkauft. –In diesem Fall bleibt der herstellende Betrieb auch der Hersteller im Sinne der Medizinprodukterichtlinie bzw. -verordnung. OEMs und Lieferanten unterscheiden sich auch insofern, als ein OEM das komplette

Medizinprodukt im Sinne eines Fremdbezugs fertigt, dabei die vollständige technische Dokumentation vorhält und das Produkt auch selbst zulässt. Demgegenüber stellen Lieferanten lediglich Produkte, Komponenten oder ausgelagerte Prozesse zur Verfügung. Der OEM bzw. Hersteller des endfertigen Produktes erstellt auch die technische Dokumentation, während ein PLM nur eine „Identitätsaussage" macht und lediglich auf die technische Dokumentation des OEMs verweist. Dabei gibt es Quasihersteller, deren Geschäft ausschließlich auf zugekauften Produkten basiert. Im Medizinproduktemarkt sind viele Importeure und EU-Repräsentanten als Quasihersteller (PLM) von außereuropäischen, insbesondere asiatischen Herstellern (OEM) anzutreffen. Diese stellen potenzielle Kunden für die PLMs dar, allerdings gibt es verschiedene Varianten von PLM-OEM-Konstellationen (Johner-Institut 2018):

- **Variante 1 – Hersteller ist auch OEM:** Etliche PLMs treten gleichzeitig als OEMs auf, indem sie andere Hersteller mit ihren „umgebrandeten" Produkten beliefern. Das kann zum Beispiel sinnvoll sein, wenn eine Billigmarke für andere Märkte etabliert werden soll, ohne die eigene Hauptmarke zu kannibalisieren. Zudem kann es genutzt werden, um Überproduktionen, ältere Produktversionen oder Waren minderer Qualität abzuverkaufen, ohne die Hauptmarke zu schädigen. Zusätzlich werden immer auch Skaleneffekte in der Produktion genutzt.
- **Variante 2 – Händler statt PLM:** Bei dieser Beziehung zwischen Hersteller (bisheriger OEM) und Händler (bisheriger PLM) ist denkbar, dass entweder der Hersteller die Produkte als „White Label" ausliefert und der Händler das Labeling übernimmt, oder aber dass der Hersteller die Produkte bereits in der Verpackung des Händlers ausliefert. Zusätzlich ist möglich, dass der Hersteller „Bulk Ware" an den Händler schickt, der dann erst die Verpackung macht. In jedem Fall muss der Originalhersteller aber als solcher erkennbar und auf dem Label (zusätzlich) genannt sein. Das ist ein Unterschied zu den bisher genannten OEM-PLM-Konstrukten.
- **Variante 3 – PLM wird Hersteller:** Hierbei übergibt der (bisherige) OEM dem (bisherigen) PLM die vollständige Akte, also nicht nur die technische Dokumentation, sondern auch sämtliche Aufzeichnungen aus dem QM-System sowie Informationen über Zulieferer und ausgelagerte Prozesse des OEMs. Dabei müsste der bisherige OEM nicht mehr auf dem Label erscheinen, da der „PLM" dann alle Herstellerpflichten übernommen hat. In der Regel versuchen die OEMs, genau das zu verhindern. Sonst würde der „PLM" als neuer OEM über alle Informationen verfügen, um das Produkt bei einem anderen Produzenten bzw. PLM fertigen zu lasen.
- **Variante 4 – Gemeinsamer Vertrauter:** Es ist auch denkbar, dass ein gemeinsamer Vertrauter von „PLM" und „OEM" als ausgelagerter Prozess des neuen OEMs bzw. Inverkehrbringers (bisherigen PLMs) vollen Zugriff auf die Dokumentation bekommt und somit dem „PLM" zugerechnet wird. Der Vertraute kann über ein Non-disclosure Agreement an den „OEM" gebunden sein, was es ihm verbieten würde, vertrauliche Informationen an Dritte weiterzugeben.

Abgesehen von den Sonderregelungen bei Medizinprodukten sind auch in anderen Branchen derartige Konstruktionen üblich. So stellt zum Beispiel die BSH Hausgeräte GmbH als OEM Küchengeräte für andere Markenhersteller (PLMs) wie Bosch oder Siemens her. Auch bei den Discountern finden sich häufig „White-Label-Versionen" von Markenprodukten.

3.4 Geschäftsmodelle im B2B-Systemgeschäft

Das Systemgeschäft umfasst **Software- und Hardwareprodukte,** die der Informationstechnologie zuzuordnen sind. Derartige Systeme kann theoretisch jeder Unternehmenskunde kaufen, womit sich das Angebot an einen anonymen Markt richtet. Dabei besteht in der Regel ein Kaufverbund, wobei mit dem Erstkauf zwangsläufig Folgekäufe verbunden sind, zumindest wenn es bei Systemen nötig ist, Anpassungen vorzunehmen. Dies kann erforderlich sein, wenn sich die Prozesse im Unternehmen verändern, Unternehmen wachsen oder neue Geschäftsfelder entwickelt werden. Derartiges Customizing kann das Unternehmen in der Regel nicht selber durchführen, sondern muss es beim Anbieter oder Partner des Anbieters einkaufen. Auch gibt es zu Systemen oft Updates und neue Releases sowie Erweiterungen. Diese sind immer auch kostenpflichtig und sollten vom Anwender nachgekauft werden, um immer auf dem neuesten Stand zu sein (Kreiss 2013).

Dieser Kaufverbund kennzeichnet die Besonderheiten im B2B-Systemgeschäft. Der System Commerce muss im Rahmen der Kundengewinnung immer auch Neukäufe generieren bzw. erstkonvertieren und diese zugleich in Wiederkäufe quasi zweitkonvertieren. Bei den Systemanbietern kann es sich auch um OEMs handeln, sodass OEM auch ein Geschäftsmodell für Systeme ist (Abschn. 3.4.3). Insofern ergibt sich auch die Notwendigkeit der Markenführung auf der Basis von Wertfaktoren (Abschn. 3.4.4). Durch den enormen Erfolg von Amazon Web Services (AWS) wird deutlich, dass das Cloud Computing eine besondere Form des Systemgeschäftes darstellt, das sich auch sehr gut im B2B eCommerce verkaufen bzw. vermarkten lässt (Heinemann 2018a) (vgl. Abschn. 3.4.5).

3.4.1 B2B-Systemgeschäft als Systems Selling

Die hohe Integrationsfähigkeit von Systemen führt dazu, dass nicht nur einzelne Produktkonzepte hohe Funktionalitäten erzielen, sondern durch Interaktionsmöglichkeiten zwischen den Produkten auch neue Vorteilspotenziale für die Nachfrager erzielt werden können. Shop- oder Plattformsysteme machen das mehr als deutlich. Daraus resultieren neuartige Eigenschaften wie zum Beispiel Individualisierung sowie innovative Nutzungsmöglichkeiten von Produkten, die gleichzeitig zu Veränderungen in den Ablaufprozessen führen. Dies betrifft vor allem auch die Verkaufs- und Beschaffungsmethoden von Unternehmen (Weiber 1997; Kreiss 2013).

Für das Marketing stellt sich damit die Frage, inwieweit sich daraus Veränderungen in der Vermarktung und somit Anpassungsnotwendigkeiten für das Marketing ergeben. Insbesondere der zu beobachtende Wandel in den Vermarktungsprozessen wird zunehmend mit dem Begriff „Systemgeschäft" belegt. Allerdings kann das Systemgeschäft sehr unterschiedlich definiert werden, wobei gleiche Sachverhalte zum Teil mit unterschiedlichen Bezeichnungen belegt sind. Dabei lassen sich Systemgeschäfte im Sinne eines Systemmarketing oder aber nach dem Prinzip des Systems Selling oder schließlich als Geschäftstypenansatz beschreiben. Allerdings wird schnell deutlich, dass sich der Geschäftstypenansatz auf Besonderheiten im Nachfrageverhalten bezieht, während die beiden anderen Begriffsinterpretationen primär an produktbezogenen Merkmalen orientiert sind. Diese sind in erster Linie auch Basis des B2B-Systemgeschäfts, das primär den Verkauf von Software- und Hardwareprodukten oder Informationstechnologien umfasst. Mit der Vernetzung von Maschinen (Fabrik 4.0) oder dem Internet of Things (IoT) wird es allerdings immer schwieriger, zwischen Produkt- und Systemgeschäft sauber zu trennen. Dabei hilft zweifelsohne das Prinzip des Kaufverbundes, das wesentliches Merkmal des B2B-Systemgeschäfts ist. Zentrale Aufgabe der Absatzpolitik sollte daher sein, Verbunderscheinungen in der Marketingstrategie der anbietenden Unternehmen im Rahmen eines **„Systems Selling"** zu berücksichtigen (Weiber 1997; Kreiss 2013; Backhaus und Voeth 2014). Im Rahmen des Systems Selling geht es immer um Gesamtpakete aus dem Neu- und Wiederkauf von Produkten und damit um die „Total Cost of Ownership". Mit der Aussicht auf Folgegeschäfte (z. B. Lizenzgebühren) lassen sich Neuprodukte günstiger kalkulieren und anbieten, wie es in der Mobilfunkbranche mit den Handysubventionen gang und gäbe ist.

In diesem Sinne wird der Begriff Systems Selling häufig auch auf die Vermarktung von Industrieanlagen angewandt, die als komplexe Systeme interpretiert werden, die als in einem geschlossenen Angebot erstelltes Anlagen-Dienstleistungsbündel zur Befriedigung eines komplexen Bedarfs zu verstehen sind (Weiber 1997; Backhaus und Voeth 2014). Darauf wird aber im Abschn. 3.5 gesondert eingegangen, da hier der B2B eCommerce anderen Regeln folgt und der Begriff „Systems Commerce" im engeren Sinne nicht passt.

Abb. 3.19 stellt die wesentlichen Erfolgsfaktoren für Systemanbieter vor. Dabei spielt im Systemgeschäft, anders als im Projektgeschäft, ein eigener Online-Shop – so wie AWS das als Innovator vormacht – heutzutage eine herausragende Rolle.

3.4.2 Nachfrageverbundenheit im B2B-Systemgeschäft

Im Allgemeinen können als Nachfrageverbunde all jene Fälle definiert werden, bei denen die Beschaffungsentscheidungen nicht isoliert getroffen werden, sondern untereinander in Verbindung stehen. Dabei ist nicht ein bestimmter Güterbezug entscheidend, sondern die Gemeinsamkeit der Handlungen im Sinne einer gemeinsamen Nachfragestrategie (Weiber 1997; Backhaus und Voeth 2014). Zur Systematisierung von systemrelevanten

Abb. 3.19 Erfolgsfaktoren für Systemanbieter als Systems Seller. (In Anlehnung an Kühlborn 2004)

Nachfrageverbunden lassen sich entweder solche Verbunde unterscheiden, bei denen im Rahmen eines Einkaufsvorganges mehrere Produkte gleichzeitig nachgefragt werden, oder solche, die sich auf die Verbindung zeitlich hintereinander liegender Einkaufsvorgänge beziehen. Beide Fälle sind für das Systemgeschäft relevant, da einerseits im Rahmen des Erstkaufs von IT-Systemen als zeitpunktbezogener Nachfrageverbund in der Regel auch Dienstleistungen und Services miteingekauft werden, um die Systeme zu implementieren. Andererseits sind zeitlich hintereinander liegende Einkaufsvorgänge zum Beispiel im Rahmen von Systemerweiterungen, Lizenzverlängerungen bzw. Updates an der Tagesordnung (Weiber 1997; Backhaus und Voeth 2014). Dabei kann von Lieferantentreue gesprochen werden, wenn unterschiedliche Produkte im Zeitablauf immer wieder bei demselben Lieferanten bezogen werden. Demgegenüber liegt Markentreue vor, wenn im Zeitablauf immer wieder das gleiche Produkt eines bestimmten Anbieters gekauft wird. Ein Preisklassenwechsel erfolgt dabei, wenn innerhalb der gleichen Produktkategorie eines bestimmten Anbieters (z. B. bei Shop-Systemen) der Nachfrager im Zeitablauf ein „upgrade" vornimmt, indem er ein System mit veränderter Funktionalität und evtl. auch Qualität nachfragt und damit in der Preiskategorie „aufsteigt" (Weiber 1997; Backhaus und Voeth 2014).

Die Besonderheiten des B2B-Systemgeschäfts ergeben sich einerseits daraus, dass Leistungen für den anonymen Markt konzipiert werden. Andererseits erwerben die B2B-Kunden die nachgefragten Leistungen zeitlich versetzt im Verbund mit anderen Leistungsangeboten. Dabei handelt es sich um eine sogenannte „nachfrageseitige Sukzessiv-Beschaffung" auf Basis einer vom Anbieter vorgegebenen Systemarchitektur

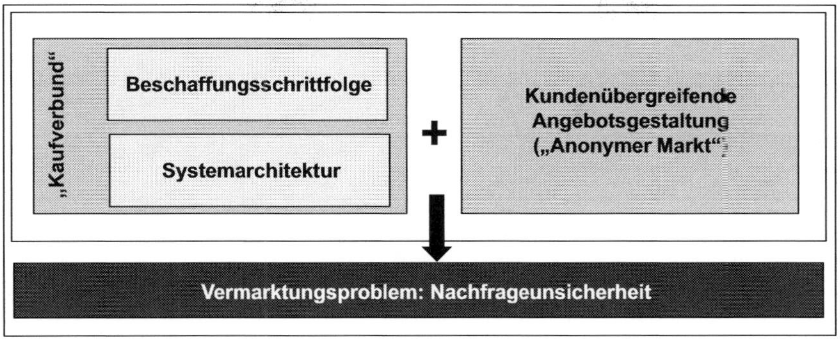

Abb. 3.20 Zusammenhang der Vermarktungsbesonderheiten im Systemgeschäft. (Quelle: Backhaus und Voeth 2014)

und einer kundenübergreifenden Angebotsgestaltung. Typisch dabei sind die einseitige Abhängigkeit des Nachfragers vom Anbieter sowie eine hohe Nachfrager-Unsicherheit im Vorfeld des Systemeinstiegs, da dieser mit erheblichen Investitionsrisiken verbunden ist.

Das Phänomen der verbundenen Nachfrage macht deutlich, dass aus Marketingsicht nicht ein bestimmtes Produkt im Vordergrund der Betrachtungen stehen sollte, sondern die Bedürfnis- bzw. Problemsituation des Nachfragers. Für dessen Bedürfnisbefriedigung bzw. die Problemlösung existieren aber meist mehrere Möglichkeiten, und vielfach sind hierfür auch mehrere „Einzelprodukte“ erforderlich. Die Nachfrageverbundenheit ist damit in vielen Fällen relevant und beeinflusst unmittelbar die Kaufentscheidungen der Nachfrager.

In Abb. 3.20 sind die Vermarktungsbesonderheiten im Systemgeschäft dargestellt. Die Vermarktungsprozesse zeichnen sich durch eine bestimmte Beschaffungsschrittfolge aus. So kann ein Systemgeschäft dadurch entstehen, dass B2B-Kunden Leistungsbündel in separaten Teilbeschaffungen beziehen. Diesbezüglich ist zwischen einem Initialkauf (Einstiegsinvestition) und Folgekäufen (Folgeinvestition) zu unterscheiden. Zwischen der Einstiegsinvestition, bei der es u. a. um die Festlegung auf die Systemarchitektur bzw. Systemphilosophie geht, und den Folgekäufen besteht dabei eine enge Verbindung. Für Anbieter steht gewöhnlich der Entscheidungsprozess bis zum Zeitpunkt der Erstinvestition im Mittelpunkt, während die Verbindung zwischen Initialkauf und Folgeinvestition für den Nachfrager mit zwei – häufig entgegengesetzten – Effekten verbunden ist. Zum einen geht es um einen potenziellen Nutzenzuwachs, andererseits kann die Systemarchitektur auch als Beschaffungsrestriktion wirken, da die Systembindung den Nachfrager sehr stark vom System abhängig macht. Das Ausmaß der Systembindung hängt davon ab, ob eine Erstinvestition weitere Folgekäufe anstößt. Dabei werden keine system- und anbieterbezogenen Abhängigkeitsverhältnisse geschaffen, wenn Folgekäufe lediglich durch vorhandene Technologien angeregt werden. Demgegenüber besteht ein limitiertes Abhängigkeitsverhältnis, wenn nach Festlegung der Systemarchitektur nur eine begrenzte Anzahl möglicher Alternativen zur Ergänzung des Systems zulässig ist.

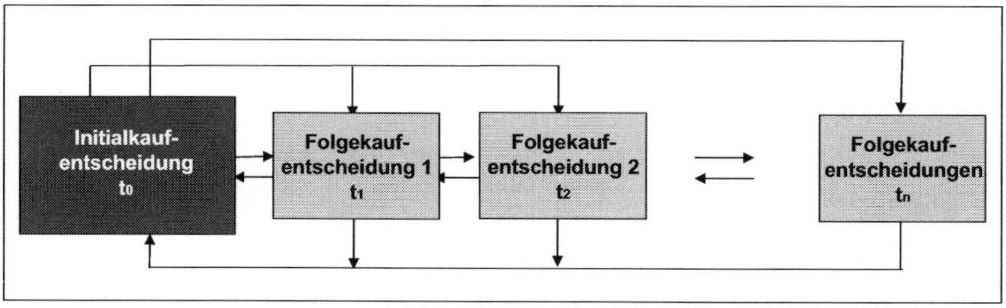

Abb. 3.21 Sukzessive Beschaffungsschrittfolge im Systemgeschäft. (Quelle: Backhaus und Voeth 2014)

Von determinierter Abhängigkeit wird gesprochen, falls nur noch Angebote des Lieferanten zur Systemerweiterung passen. Dabei liegt ein grundlegendes Vermarktungsproblem vor, nämlich Nachfragerunsicherheit, die sich aus zwei Komponenten zusammensetzt, und zwar einer verhaltensbezogenen sowie einer nutzungsbezogenen Unsicherheit. So steht einem möglichen Nutzungsvorteil stets auch ein Lock-in-Effekt gegenüber, der in der Festlegung auf eine Systemarchitektur beim Initialkauf begründet liegt. Dies verursacht Gefährdungspotentiale für den Fall, dass vertragliche Vereinbarungen enden. Es ist auch denkbar, dass aufgrund fehlender Spezifikation zukünftige Leistungsmerkmale enden müssen. Dieser Lock-in-Effekt führt immer auch zu einem Nutzenentgang auf der Nachfragerseite, der mit dem potenziellen Nutzenvorteil dieses Systems abgeglichen werden muss. Dabei sind zwei Verhaltensrichtungen möglich, und zwar entweder ein systemimmanenter Vergleich oder ein systemübergreifender Vergleich. Für das Ergebnis spielen insbesondere die Wechselkosten eine Rolle, als Ausdruck der Abhängigkeit für den Fall, dass dem Nachfrager durch den Lock-in-Effekt nur eingeschränkte Investitionsalternativen verbleiben. Insofern ist die Preissetzung für Folgekaufentscheidungen immer auch an die „Schmerzgrenze" des Nachfragers gekoppelt. Wird diese erreicht bzw. überschritten, werden mitunter bisherige Systementscheidungen mit anderen Systemalternativen infrage gestellt (Backhaus und Voeth 2014). In Abb. 3.21 ist das Prinzip der sukzessiven Beschaffungsschrittfolge im Systemgeschäft veranschaulicht.

3.4.3 OEM als Geschäftsmodell im B2B-Systemgeschäft

Die Eigenschaft OEM ist nicht nur Automobilherstellern vorenthalten, sondern auch im B2B-Systemgeschäft durchaus gängig. Dabei handelt es sich nicht nur um die Art der Lizenzierung, sondern auch um ein Geschäftsmodell, das sowohl Anbietern von IT-Produkten als auch deren Kunden neue Möglichkeiten und Vorteile bietet (Orhanovic 2009). Vom OEM-Geschäftsmodell sind die Begriffe OEM-Software und OEM Hardware zu trennen.

Der Verkauf von **OEM-Software** ist in der Regel lizenzrechtlich nur in Verbindung mit Hardware erlaubt. Diese kann sich von der sogenannten Vollversion durch einen geringeren Lieferumfang oder eingeschränkte Funktionalität unterscheiden, sollte aber upgrade- oder updatefähig sein. So verkauft zum Beispiel Microsoft deutlich günstigere OEM-Versionen seiner Software (z. B. Office) an Händler, die dann die Software zusammen mit einem neu gekauften PC als Bundle ausliefern. Die Softwarelizenzen sind dabei aber mit weniger bzw. eingeschränkten Nutzungsrechten verbunden. Insofern zahlt ein Kunde beim Neukauf eines PCs zusammen mit einer vorinstallierten OEM-Software-Version deutlich weniger, als wenn er denselben PC und eine normale Verkaufsversion der gleichen Software separat kaufen würde. Microsoft bezeichnet die OEM-Versionen als OSB (was für OEM for System Builder steht) bzw. als SB(V) (System Builder [Version]). OEM- und SB-Versionen unterscheiden sich in den eingeräumten Rechten kaum voneinander. In Deutschland sind OEM-Versionen theoretisch auch legal separat erhältlich. Microsoft bzw. seine Distributoren verkaufen allerdings die System-Builder-Versionen von Windows und Office nur an spezielle Vertragspartner Microsofts. Dabei verpflichtet sich der System Builder vertraglich, diese Versionen nur auf Neu-PCs zu installieren und nicht separat zu verkaufen. Im Einzelfall muss der Händler Microsoft gegenüber Verkaufsnachweise darüber vorlegen (Wikipedia OEM 2019).

Von OEM-Software ist die **OEM-Hardware** zu unterscheiden, die für andere Unternehmen gefertigt wird, unter deren Markennamen sie dann angeboten wird. Sogenannte Bulk-Versionen stellen dann OEM-Produkte dar, sofern sie von einem Systemintegrator oder Value-added Reseller (VAR) in ein System fest verbaut und verkauft werden. So vertreibt der Hersteller Hewlett-Packard auch CD-Recorder (Brenner), produziert die entsprechenden Komponenten jedoch nicht mehr selbst, sondern kauft OEM-Laufwerke von Philips, Samsung, LG und Lite-On. Diese werden dann in die mit dem eigenen Markennamen versehenen Gehäuse eingebaut. Ähnlich verfährt auch die Marke Medion bei Digitalkameras (Wikipedia OEM 2019).

Das **OEM-Geschäftsmodell** steht demgegenüber für Komplettlösungen im Systemgeschäft. Dies bietet sich deswegen an, weil B2B-Kunden in der IT immer häufiger einen zu hohen und unkalkulierbaren Kosten- und Risikofaktor sehen, weil die Themen Lizenzierung, Auswahl der richtigen Hard- und Software sowie der Middleware und der erforderlichen Dienstleistungen immer unüberschaubarer werden (Orhanovic 2009). Dabei interessiert den Anwender in der Regel nur die Lösung und Unterstützung für sein Unternehmen. Diese Problematik lässt sich durch ein OEM-Geschäftsmodell lösen. Wichtige Vorteile für den B2B-Kunden sind, dass der Anwender eine Lösung und nicht einzelne Komponenten bekommt, um die er sich dann selbst kümmern muss. Darüber hinaus hat der Kunde nur einen einzigen Ansprechpartner für alle Teilkomponenten (Hardware, Middleware, Dienstleistungen, Standard-Softwarelösungen etc.). Er hat zudem keine Probleme mit der Softwarelizenzierung von Middleware-Produkten und den von Herstellern sehr gerne eingesetzten Compliance-Prüfungen. Dadurch wird die IT nicht zum Selbstzweck, sondern dient der Unterstützung der Unternehmen und der Mitarbeiter, damit diese die an sie gestellten Anforderungen schnellstmöglich und kostenoptimiert erfüllen können (Orhanovic 2009). Den OEM-System-Anbieter sollten dabei Themen wie Kundenbindung, geringstmögliche Kosten für den Endkunden (bei höchstmöglichem Gewinn für den Anbieter), Kundenschutz, Schaffen von Alleinstellungsmerkmalen und Unabhängigkeit von Herstellern sowie die Bildung mehrerer Standbeine interessieren. Dadurch können sich auch für ihn erhebliche Vorteile ergeben. So besitzt er quasi Kundenschutz, schafft sich ein Alleinstellungsmerkmal und sichert sich damit das Folgegeschäft, also eine stärkere Kundenbindung. Neben relativ stabilen Konditionen wegen nicht vergleichbarer Angebote eröffnen sich ihm neue Geschäftsmöglichkeiten durch Produkt-Bundles. Er kann damit Preisdumping eliminieren und darüber hinaus mit einem vereinfachten Preismodell Komplettlösungen verkaufen (Orhanovic 2009; Wikipedia OEM 2019). Deswegen darf nicht verwundern, dass zum Beispiel Salesforce mit einem solchen OEM-Modell herausragenden Erfolg hat und quasi weltweit zum Vorbild für eine ganze Branche geworden ist. Einziger Knackpunkt bleibt immer der bestmögliche Preis bei lösungsorientierten Angeboten.

3.4.4 Wertfaktoren und Markenführung im B2B-Systemgeschäft

Wie oben bereits ausgeführt (Abschn. 3.4.2), besteht ein grundlegendes Vermarktungsproblem im Systemgeschäft in der Nachfragerunsicherheit. Diese entsteht aus der einseitigen Abhängigkeit des Nachfragers vom Anbieter (Lock-in-Effekt) und speist sich aus der Unsicherheit über eine mögliche Ausnutzung der Machtstellung zum Nachteil des Nachfragers (z. B. in Bezug auf Preisgestaltung, Qualitäts- oder Servicebereitschaft). Dabei resultiert die Höhe der Unsicherheit aus dem Grad der Systembindung, denn je höher diese ist, desto größer ist die verhaltensbezogene Unsicherheit des Nachfragers. Zentrale Aufgabe bei der Vermarktung im Systemgeschäft ist daher das Management der Nachfragerunsicherheit. Dies sollte folglich auch Aufgabe der Markenführung sein. Deswegen sollte geprüft werden, inwieweit die Marke dies leisten kann bzw. welche Potenziale sich aus der Markenführung im Systemgeschäft ableiten lassen. So kann eine Marke helfen, der bestehenden Tendenz der Nachfrager, Lock-in-Effekte und Abhängigkeiten von komplexen Systemen zu umgehen, entgegenzuwirken. Ist die Marke in der Lage, klare, positive innere Vorstellungsbilder aufzubauen und damit hohes Vertrauen in die Marke zu fördern, liegt ein elementarer Hebel zur Abmilderung dieser Tendenzen vor. Auf Basis der grundsätzlichen Funktionen der Markenführung einerseits sowie der Besonderheiten des Systemgeschäfts andererseits lässt sich somit eine Relevanzeinschätzung vornehmen (vgl. Abb. 3.22). Dabei werden die jeweiligen Markenfunktionen auf ihre Relevanz im Systemgeschäft überprüft, wobei nur solche Funktionen berücksichtigt sind, die eine Besonderheit für das Systemgeschäft darstellen (Jungmann 2014).

Anhand von Garantien, Test-Installationen, Referenzen sowie des Aufbaus von Service Netzwerken lassen sich üblicherweise Informationsungleichgewichte abbauen und Lock-in-Effekte reduzieren. Vor allem im Hinblick auf die hohe Nachfragerunsicherheit

Funktion	Relevanz
Schaffung einer hohen Markenbekanntheit	Relevant beim Erst- und Folgekauf
Hohe Kundenbindung und -loyalität	Relevant beim Folgekauf bei geringer Systembindung
Einzigartige Positionierung und differenziertes Markenimage	Relevant beim Erst- und Folgekauf bei geringer Systembindung
Schutz vor Einflüssen der Wettbewerber	Relevant beim Folgekauf bei geringer Systembindung
Hallo-Effekt: Image der Marke wirkt sich positiv auf Beurteilung von Markeneigenschaften aus	Relevant beim Erst- und Folgekauf

Abb. 3.22 Relevanz von Markenfunktionen im Systemgeschäft. (Quelle: Jungmann 2014)

beim Erstkauf kann eine professionelle Markenführung Potenziale schaffen, um diese Unsicherheit einzudämmen. Daraus lässt sich ein Zusammenhang zwischen Systembindung und Bedeutung der Markenführung erschließen (Backhaus und Voeth 2014; Jungmann 2014), die auch für die Kundenbindung im Rahmen der Folgekäufe wichtig ist. Insofern besteht ein Zusammenhang zwischen Systembindung, Kundenbindung bzw. Kundenabwanderung und Markenführung. Dabei lassen sich durch eine gelungene Markenführung Risiken für das Unternehmen, die sich aus Kundenabwanderung und -ausstieg (z. B. Entscheidung der Kunden für Leistungen ohne Systemcharakter), Kaufverzögerung oder Kaufzurückhaltung (keine oder eingeschränkte Folgekäufe) ergeben, vermindern. Über eine durch mehr Kundenbindung resultierende Systembindung können sich dabei zusätzliche Vorteile ergeben, wie zum Beispiel eine Beschränkung des Wettbewerbs, eine flexible Preisgestaltung der Einstiegsinvestition durch Ausgleich über Folgeangebote mit dynamischer Preisanpassung sowie die Möglichkeit zur laufenden Integration von Kundenwünschen und -bedürfnissen (Backhaus und Voeth 2014; Jungmann 2014).

Je nachdem, ob der Erst- oder der Folgekauf stärker zu gewichten ist, ergibt sich eine unterschiedliche Ausrichtung und Intensität in der Markenführung. Diese hat aber auch Grenzen. So kann die Marke eigentlich erst nach Erfüllung physischer und materieller Anforderungen greifen. Zudem sind Qualität, Flexibilität und Zuverlässigkeit zwar zwingend notwendig, aber kein Wettbewerbsvorteil. Markenführung kann deswegen Defizite in anderen Bereichen nicht immer ausgleichen. Zudem braucht die Einführung einer Marke Zeit, sodass kurzfristige Ergebnisse nicht erwartet werden sollten, denn ohne passende Strategie und Ressourcen ist Markenführung nicht möglich. Andererseits wird die Markenwahrnehmung bei Produkt-Flops und Fehlleistungen als Ganzes negativ beeinflusst. Die Möglichkeiten negativer Transfers können besonders im Systemgeschäft durchschlagen: So wirkt es sich negativ auf das komplette System und auch die Marke aus, wenn ein Systemelement negativ besetzt ist. Auch Marken können beim Kunden keine Illusion aufbauen und aus einem Produkt ein besseres machen, als es ist. Deswegen müssen Vertriebs- und Verkaufsmitarbeiter auch im Systemgeschäft die B2B-Marke auch positionierungskonform transportieren, so wie HILTI es bei Industriegütern vormacht (Jungmann 2014).

3.4.5 Cloud Computing Commerce im B2B-Systemgeschäft

Die rasante Entwicklung im Cloud-Computing-Geschäft, das beim Marktführer AWS mehr oder weniger komplett über B2B eCommerce abgewickelt wird, rechtfertigt es, sich mit dem Thema Cloud Computing als besonderer Form des Systemgeschäfts genauer auseinanderzusetzen.

Insgesamt sind die weltweiten Umsätze im Public-Cloud-Markt in 2018 um deutlich über 20 % gewachsen. Vor allem die mächtigen „Hyperscaler" im Cloud-Geschäft, neben Amazon Web Services auch Microsoft und Google, bauen ihre dominierende Position weiter aus. Aktuellen Berechnungen zufolge konnten sich die Provider 2018 über Einnahmen in Höhe von rund 186 Mrd. US$ freuen, während es in 2017 noch 1535 Mrd. $ waren (Herrmann 2018). Einerseits können Unternehmen von Kosten- und Effizienzvorteilen der großen Cloud-Anbieter profitieren, andererseits nutzen sie diese auch zunehmend für den Aufbau eigener Plattformen oder gar Ökosysteme. Beispielsweise hat Philips Healthcare ein ausgeklügeltes Plattform-Ökosystem geschaffen und kann so seinen Kunden professionelle Gesundheitslösungen anbieten. Dieses Ökosystem nutzt unter anderem AWS für die Speicherung von Daten sowie Salesforce für das Cloud-Computing und die Kundenbindung. Das gesamte Partnerangebot umfasst 40 Gesundheitsdienstleister sowie den Gerätehersteller Qualcomm Life. Außerdem unterhält Philips Healthcare Partnerschaften mit Universitäten, Forschungszentren sowie Kliniken, was einen direkten Bezug zur Zielgruppe schafft (Rotax et al. 2019) (vgl. Abb. 3.23).

Philipps Healthcare ist ein Paradebeispiel für eine Cloud-Computing-Lösung, in der sich viele Anwender gemeinsame Ressourcen teilen und die deshalb mandantenfähig sein muss. Dabei werden nur die Ressourcen bezahlt, die auch tatsächlich in Anspruch genommen wurden (Pay per Use Model), wobei es auch Flatrate-Modelle geben kann (BSI 2019; Wikipedia CC 2019).

Obwohl es mittlerweile viele und sehr namhafte Cloud-Computing-Lösungen gibt und wahrscheinlich alle DAX-Unternehmen derartige Lösungen in Anspruch nehmen, konnte sich bisher noch keine allgemeingültige Definition für das Phänomen Cloud Computing durchsetzen. Entsprechend der Definition der US-amerikanischen Standardisierungsstelle NIST (National Institute of Standards and Technology) stellt Cloud Computing ein Geschäftsmodell dar, „das es erlaubt, bei Bedarf über ein Netz jederzeit und überall auf einen geteilten Pool von konfigurierbaren Rechnerressourcen zuzugreifen, die schnell

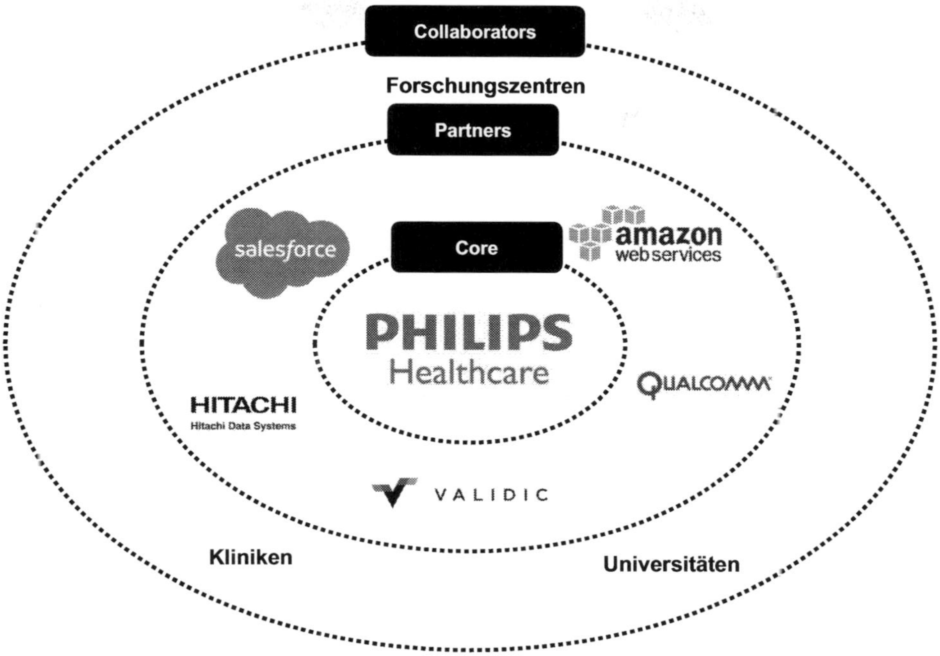

Abb. 3.23 Das Ökosystem von Philips Healthcare mit Digital Leaders in Healthcare und Tech, Krankenhäusern und Forschungsinstituten. (Quelle: Rotax et al. 2019)

und mit minimalem Managementaufwand oder geringer Serviceprovider-Interaktion zur Verfügung gestellt werden können" (Mell und Grance 2011).

Bei den Rechnerressourcen kann es sich zum Beispiel um Netze, Server, Speichersysteme, Anwendungen und Dienste handeln. Fünf Eigenschaften charakterisieren dabei einen Cloud Service (BSI 2019; Wikipedia CC 2019):

- **On-demand Self Service:** Die Provisionierung der Ressourcen erfolgt automatisch ohne Interaktion mit dem Service Provider, z. B. Gebühren für Rechenleistung, Storage etc.
- **Broad Network Access:** Alle Services sind über das Netz verfügbar und nicht an einen bestimmten Client gebunden, also über Standard-Mechanismen abrufbar.
- **Resource Pooling:** Aus dem Ressourcen-Pool eines Anbieters können sich viele Anwender bedienen. Bei diesem „Multi-Tenant Modell" wissen die Anwender gewöhnlich nicht, wo die Ressourcen sich befinden. Speicherort (bzw. Region, Land oder Rechenzentrum) lässt sich aber vertraglich festlegen.
- **Rapid Elasticity:** Alle Services können sofort und elastisch zur Verfügung gestellt werden. Aus Anwendersicht haben die Ressourcen daher unendlichen Charakter und werden in manchen Fällen auch automatisch zur Verfügung gestellt.

- **Measured Services:** Ressourcennutzung wird in der Regel gemessen und überwacht. Sie kann auch Cloud-Anwendern bemessen zur Verfügung gestellt werden.
- **Service-orientierte Architektur (SOA):** Die Cloud-Dienste werden in der Regel über ein sogenanntes REST-API (Representational State Transfer Application Programming Interface) angeboten. Dieses ist eine der Grundvoraussetzungen für Cloud Computing.

Die Nutzung von Cloud Services erinnert nicht nur in vielem an das klassische Outsourcing, sondern stellt selbst auch eine gewisse Form des Outsourcings dar. Aber es kommen noch einige Unterschiede hinzu, die zu berücksichtigen sind. Während beim klassischen Outsourcing Arbeits-, Produktions- oder Geschäftsprozesse einer Institution ganz oder teilweise zu externen Dienstleistern ausgelagert werden, teilen sich in einer Cloud aus wirtschaftlichen Gründen mehrere Nutzer eine gemeinsame Infrastruktur. Cloud Services gelten als extrem dynamisch und sind deswegen innerhalb viel kürzerer Zeiträume nach oben und unten skalierbar. Dementsprechend können Cloud-basierte Angebote sehr flexibel und schnell an den tatsächlichen Bedarf des Kunden angepasst werden. Dabei erfolgt die Steuerung der in Anspruch genommenen Cloud-Dienste in der Regel mittels einer Webschnittstelle durch den Cloud-Nutzer selbst. Dabei kann der User automatisiert die genutzten Dienste auf seine Bedürfnisse abstimmen. Demgegenüber ist das klassische IT-Outsourcing häufig so gestaltet, dass die komplette gemietete Infrastruktur exklusiv von einem Kunden genutzt wird (Single Tenant Architektur), auch wenn Outsourcing-Anbieter normalerweise mehrere Kunden haben. Hinzu kommt, dass Outsourcing-Verträge meistens über längere Laufzeiten abgeschlossen werden und deswegen sehr starr und unflexibel sind. Dagegen ist es durch die genutzten Techniken beim Cloud Computing möglich, die IT-Leistung dynamisch über mehrere Standorte zu verteilen, die geografisch weltweit verstreut sein können. Dabei kann der Kunde die genutzten Dienste und seine Ressourcen einfach über Web-Oberflächen oder passende Schnittstellen administrieren, wobei wenig Interaktion mit dem Provider notwendig ist. Dabei unterscheidet die NIST vier **Bereitstellungsmodelle (Deployment Models)** (BSI 2019; Wikipedia CC 2019):

- **Private Cloud:** Hier wird die Cloud-Infrastruktur nur für ein einzelnes Unternehmen bzw. eine Institution betrieben und von diesem/dieser selbst oder von einem Dritten organisiert und geführt. Die Infrastruktur bzw. der Server kann dabei im Rechenzentrum des eigenen Unternehmens oder einer fremden Institution stehen.
- **Public Cloud:** In diesem Fall können die Services, die von einem Anbieter zur Verfügung gestellt werden, von der Allgemeinheit oder einer großen Gruppe, wie beispielsweise einer ganzen Industriebranche, genutzt werden.
- **Community Cloud:** In einer derartigen Cloud wird die Infrastruktur von mehreren Institutionen geteilt, die ähnliche Interessen haben. Sie kann von einer dieser Institutionen oder einem Dritten betrieben werden.

- **Hybrid Cloud:** Bei diesem Modell werden mehrere Cloud-Infrastrukturen, die für sich selbst eigenständig sind, über standardisierte Schnittstellen gemeinsam genutzt.

Die oben genannten Formen decken aber nicht alle Varianten von Cloud-Angeboten ab, was zu weiteren Definitionen wie „Virtual Private Cloud" etc. geführt hat.

Darüber hinaus müssen noch drei verschiedene Kategorien von Servicemodellen unterschieden werden (BSI 2019; Wikipedia CC 2019):

- **Infrastructure as a Service (IaaS):** Bei diesem Service werden IT-Ressourcen wie z. B. Rechenleistung, Datenspeicher oder Netze als Dienst angeboten. Derartige virtualisierte und in hohem Maß standardisierte Services werden von einem Cloud-Kunden gekauft. Er baut darauf eigene Services zum internen oder externen Gebrauch auf. Dabei kann ein Cloud-Kunde z. B. Rechenleistung, Arbeitsspeicher und Datenspeicher anmieten und darauf ein Betriebssystem mit Anwendungen seiner Wahl laufen lassen.
- **Platform as a Service (PaaS):** Hier stellt ein PaaS-Provider eine komplette Infrastruktur bereit und bietet dem Kunden auf der Plattform standardisierte Schnittstellen an. Diese werden von Diensten des Kunden genutzt. Die Plattform kann auf diese Weise z. B. Mandantenfähigkeit, Skalierbarkeit, Zugriffskontrolle, Datenbankzugriffe etc. als Service zur Verfügung stellen. Allerdings hat der Kunde dabei keinen Zugriff auf die darunterliegenden Schichten (Betriebssystem, Hardware), er kann aber auf der Plattform eigene Anwendungen laufen lassen, für deren Entwicklung der Cloud-Anbieter in der Regel eigene Werkzeuge anbietet.
- **Software as a Service (SaaS):** In diese Kategorie fallen sämtliche Angebote von Anwendungen, die den Kriterien des Cloud Computing entsprechen, wobei das Angebotsspektrum nicht limitiert ist. Häufige Anwendungsfälle sind Kontaktdatenmanagement, Finanzbuchhaltung, Textverarbeitung oder Kollaborationsanwendungen.

Der Begriff „as a Service" kann noch für eine Vielzahl weiterer Angebote benutzt werden, wie u. a. Storage as a Service, Security as a Service oder Business Process (BP) as a Service. Nicht selten wird auch von „XaaS" gesprochen, womit dann „irgendetwas" (X) als Dienstleistung gemeint ist. Dabei lassen sich die meisten dieser Angebote zumindest grob einer der obigen Kategorien zuordnen. Die Servicemodelle unterscheiden sich auch bezüglich des Einflusses des Kunden auf die Sicherheit der angebotenen Dienste. So hat bei IaaS der Kunde die volle Kontrolle über das IT-System vom Betriebssystem aufwärts, da alles innerhalb seines Verantwortungsbereichs betrieben wird. Demgegenüber kann er bei PaaS nur noch Kontrolle über seine Anwendungen, die auf der Plattform laufen, ausüben. Bei SaaS übergibt er praktisch die ganze Kontrolle an den Cloud-Anbieter (BSI 2019; Wikipedia CC 2019):

Größter Wachstumstreiber ist das Public-Cloud-Geschäft mit dem Segment Infrastructure as a Service (IaaS), das in 2018 um über 35 % auf insgesamt rund

40 Mrd. US$ angewachsen ist. Die zehn größten IaaS-Provider werden bis zum Jahr 2021 wahrscheinlich rund 70 % des Markts unter sich aufteilen, gegenüber 50 % in 2016 (Herrmann 2018). Unternehmen werden deswegen vermutlich verstärkt darauf achten, dass die Cloud-Riesen nicht zu viel Einfluss nehmen. Aufgrund der wachsenden Popularität von Multicloud-Umgebungen wird außerdem ein verändertes Verhalten der Cloud-Nutzer erwartet, die von ihren Providern verstärkt einfachere Möglichkeiten fordern werden, ihre Daten ohne Einschränkungen auf die Plattform eines anderen IaaS-Anbieters zu transferieren (Herrmann 2018).

Dabei investieren die Cloud-Giganten massiv in den Ausbau ihrer IT-Infrastruktur, wobei ein großer Teil davon in den Ausbau oder die Erweiterung von Rechenzentren fließt. An der Spitze stehen diesbezüglich die „Big Five", Google, Microsoft, Amazon, Apple und Facebook, und dabei vor allem Facebook und Amazon. Aber auch Alibaba, IBM, Oracle, SAP und Tencent sind beim IT-Ausbau vorne mit dabei. Der chinesische Internet- und Cloud-Gigant Alibaba hat in 2017 seine Ausgaben dafür sogar mehr als verdoppelt.

Abgesehen vom Infrastrukturgeschäft bleibt Software as a Service (SaaS) das größte Segment im Cloud-Markt mit weltweiten Umsätzen von rund 736 Mrd US$ in 2018, was einer Steigerung von 22 % gegenüber 2017 entspricht. Bereits 2021 sollen 45 % aller Application-Software-Ausgaben auf SaaS-Dienste entfallen, die damit bevorzugtes Delivery-Modell sind. Aber auch Datenbank-Services im Segment Platform as a Service (PaaS) wachsen besonders schnell, mit voraussichtlich zehn Milliarden Dollar Umsatz im Jahr 2021 (Herrmann 2018).

3.5 Geschäftsmodelle im B2B-Projektgeschäft

Wie im Zuliefergeschäft, steht aus Anbieterperspektive auch im Projekt- bzw. Anlagengeschäft der Einzelkunde im Fokus. Es handelt sich hier um einzelne und wenige große Kunden, die in der Regel individuelle Leistungen in Einzelfertigung beziehen. Diese Leistungen zeichnen sich dadurch aus, dass sie nicht in einem zeitlichen Kaufverbund stehen und über einen langen Zeitraum in mehreren Phasen (vgl. Abb. 3.24) vermarktet und erbracht werden. Deswegen kann auch der B2B eCommerce im Projekt- bzw. Anlagengeschäft nur phasenbezogen erfolgen. Trotz eines insgesamt wachsenden Marktes nimmt der Druck auf die Margen offensichtlich bei vielen Anlagenbauern zu. Nicht wenige verdienen mit ihren Leistungen kaum noch Geld, sodass die Service- und Ersatzteilgeschäfte auf der Suche nach alternativen Ergebnisträgern immer wichtiger werden. Diesbezüglich sollten sich die Unternehmen über ihre Preishebel genau im Klaren sein und diese dann gezielt ausspielen. Das ist angesichts der Komplexität und Einbindung sehr vieler Mitentscheider nicht trivial. Andererseits ermöglicht modernes Marketing eine gezieltere Kommunikation der Wertfaktoren. Eine besondere Herausforderung stellt zweifelsohne die Einbindung von Generalunternehmern und/oder Konsortien dar.

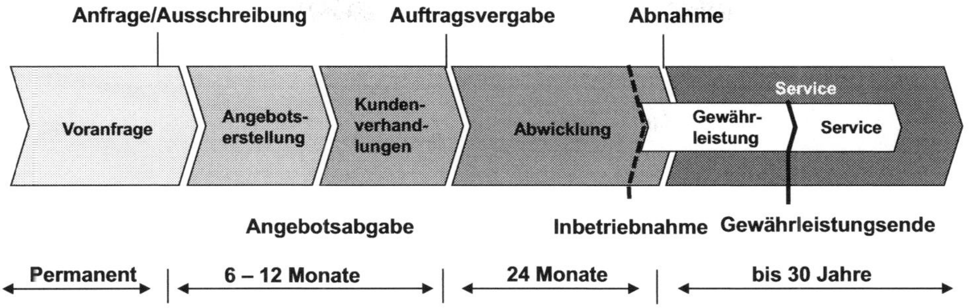

Abb. 3.24 Phasenschema der Anlagenvermarktung. (Quelle: Backhaus und Voeth 2014)

3.5.1 Phasenbezogener eCommerce im B2B-Projektgeschäft

Bei Projektgeschäft und Anlagenbau handelt es sich nicht um anonyme Märkte, sondern in der Regel um wenige Einzelkunden, an die kundenindividuelle Leistungen (Projekte oder Anlagen) ohne zeitlichen Kaufverbund vermarktet werden. Dabei erfolgt der Vermarktungsprozess vor dem Herstellungsprozess und ist gewöhnlich sehr aufwendig. Typische marketingrelevante Charakteristika im Anlagengeschäft sind die Auftrags-(Einzel-)Fertigung, die Variabilität des Lieferumfangs und Auftragsinhalts sowie ein Know-how-Gefälle zwischen Anbieter und Nachfrager, da bei letzterem durch den fehlenden Kaufverbund kein produktspezifisches Know-how aufgebaut wird. Zwischen den Beschaffungsvorgängen liegen zudem längere Zeiträume, woraus sich eine Diskontinuität der Geschäftsbeziehung ergibt. Dabei führt die technische Komplexität insbesondere industrieller Anlagen häufig dazu, dass Anbieter nicht in der Lage sind, alle Teilleistungen selbst zu erbringen und deswegen kooperative Anbietergemeinschaften bilden. Dabei erstreckt sich der Vermarktungsprozess aufgrund der Komplexität über einen relativ langen Zeitraum mit mindestens drei Phasen bis zur Auftragsvergabe (Backhaus und Voeth 2014) (vgl. Abb. 3.24).

- **Voranfragephase:** Die Voranfragephase ist Bindeglied zwischen strategischen und projektbezogenen Entscheidungen. Hier kann zwischen einem aktiven und einem passiven Akquisitionsverhalten der Anbieter unterschieden werden. Aufgrund der hohen Markttransparenz, die typisch für das komplexe Anlagengeschäft ist, liegt in der Praxis häufig passives Marktverhalten vor (Backhaus und Voeth 2014). Da die Nachfrager versuchen, den Wettbewerb auf der Anbieterseite zu forcieren, erfahren trotz großer geographischer Streubreiten potenzielle Lieferanten weltweit von geplanten Objekten und glauben deswegen, in der Voranfragephase nicht aktiv absatzpolitisch tätig werden zu müssen. Darin liegt eine enorme Chance für aktiven und auf Kundengewinnung ausgerichteten B2B eCommerce, also aktives Akquisitionsverhalten, bei dem die Interaktion zwischen Anbieter und Nachfrager primär durch

Akquisitionsbemühungen seitens der Anbieter gekennzeichnet ist (Backhaus und Voeth 2014). Dabei kommen alle Instrumente des modernen Kommunikations-Mixes und diesbezüglich insbesondere der Online- und Multi-Channel-Kommunikation infrage (siehe Abschn. 3.5.4). Ziel dabei sollte sein, bei potenziellen Kunden eine Problemidentifikation zu erreichen. Insbesondere Beratungsgesellschaften tun dies in der Regel mit der Darstellung und Aufbereitung aktueller Themen wie u. a. derzeit Digitalisierung und digitale Transformation. Neben E-Mail-Marketing wird dabei vor allem eine Präsenz in sozialen Netzen (u. a. YouTube und Instagram) immer wichtiger, wo zunehmend auch Downloads von aktuellen Studien angeboten werden. In der Darstellung hat grundsätzlich der Faktor Image und Seriosität eine zentrale Bedeutung, da es ja schließlich um die Vermarktung von sogenannten Quasi-Vertrauensgütern geht. Hauptaufgabe beim aktiven Akquisitionsverhalten ist aber die Stimulierung des Bedarfs an Projekten bzw. Anlagen (Backhaus und Voeth 2014).

- **Angebotserstellungsphase:** In der Angebotserstellungsphase geht es um die Anfragenselektion (Backhaus und Voeth 2014). Die Entscheidung über die Beteiligung an einer Ausschreibung bzw. die Erstellung eines Angebots auf eine Anfrage hat weitreichende kostenmäßige Konsequenzen. Um entsprechende Angebotskosten überschaubar zu halten, ist eine selektive Anfragenbearbeitung sinnvoll (Shortlist). Dabei ist der Angebotsselektionsprozess so zu systematisieren, dass der Planungs- und Entscheidungsprozess transparent wird. Das Anfragenbewertungsverfahren wirft die Frage auf, welche Kriterien zur Beurteilung von Anfragen herangezogen werden sollten, um diese in bearbeitungswürdige und chancenlose Anfragen untergliedern zu können (Backhaus und Voeth 2014). Quantitative Konzepte zur Anfragenselektion benutzen zum Beispiel strategische Aspekte wie die Prüfung, ob die Anfrage zum definierten Geschäftsfeldportfolio passt und zur Erreichung der strategischen Marketing-Ziele beitragen kann. Operative Aspekte betreffen die Aussicht auf das Erreichen der operativen Unternehmensziele unter Berücksichtigung der gegebenen Angebotskosten sowie der in Aussicht gestellten Ertragswirkungen (GuV-Relevanz). Das dabei zugrunde gelegte unternehmensindividuelle Anspruchsniveau hängt von exogenen Faktoren (z. B. Markt- und Konjunkturlage) sowie endogen von den Angebotskosten ab (Backhaus und Voeth 2014).
- **Verhandlungsphase mit Kommunikations-/Verhandlungspolitik:** Aufgrund der hohen Komplexität im Anlagengeschäft verhandeln auf Kunden- und Anbieterseite i. d. R. mehrere Personen (Buying und Selling Center). Diese Verhandlungen sind im Projekt- und Anlagengeschäft immer Mehr-Themen-Verhandlungen. Zweifelsohne sollte die Kalkulation die möglichen Pricing-Hebel nutzen. Doch daneben besteht ein großer Einfluss von Persönlichkeitsmerkmalen auf das Verhandlungsergebnis. Daher ist die Einbindung von erfahrenen Mediatoren sowie die Berücksichtigung informeller Aspekte sinnvoll. Im international ausgerichteten Anlagengeschäft sind darüber hinaus auch interkulturelle Schulungen sowie die Kenntnis der landesspezifischen Customer Journeys empfehlenswert. Die Verhandlungsobjekte wie technische Leistungsmodifikationen, kommerzielle Konditionen, Projektabwicklung

sowie Vertragsstörungen und Konsequenzen werden in den fortgeschrittenen Verhandlungsphasen zunehmend nebensächlich, wo es immer stärker um „die Chemie" und das Vertrauen geht. Hier sollten deswegen auch Referenzen und vertrauensbildende Maßnahmen besonders gewichtet werden. Aber auch die Darstellung ähnlicher Projekterfahrungen – auch auf der Website – ist sinnvoll.

Der Abschluss der Verhandlungsrunde endet mit der Auftragsvergabe. Diese erfolgt zwar im Projekt- und Anlagengeschäft überwiegend noch offline, allerdings zunehmend auch online (Cisco Commerce 2019). Dafür müssen auf Anbieterseite allerdings die neuen Einkaufsanforderungen im B2B-Projektgeschäft bekannt sein und berücksichtigt werden, die nachfolgend genauer erläutert werden.

3.5.2 Neue Einkaufsanforderungen im B2B-Projektgeschäft

Auch wenn die Anzahl der Einkaufsentscheidungen für Projekte und Anlagen deutlich geringer ist als bei anderen B2B-Geschäftstypen und für andere Bedarfe, ist ihre Tragweite enorm. So führte eine Fehlentscheidung der Firma Thyssenkrupp, die im neuen Stahlwerk in Brasilien bei der Kokerei am falschen Ende sparen wollte, 2017 zum Notverkauf des Werkes und einer Wertberichtigung in Höhe von 900 Mio. EUR (Handelsblatt 2017). Die Entscheidung für eine Anlage kann nicht nur Teile der Produktionsstrategie über Jahre hinweg festschweißen, sondern das ganze Unternehmen gefährden. Es ist daher notwendig, alle direkten und indirekten Kosten wie u. a. die Instandhaltungsintensitäten und die After-Sales-Services mit ins Kalkül einzubeziehen sowie einer Gesamtbewertungsgröße zuzuführen (TCW 2019). Gleiches gilt für die Entscheidungen über die Leistungstiefe. Der erforderliche Aufwand, insbesondere für die Koordination mit anderen Unternehmensbereichen, ist enorm. Deswegen ist eine anforderungsgerechte Einkaufsfunktion gerade bei Projekten und Anlagen erfolgskritisch (Backhaus und Voeth 2014; TCW 2019).

Um schlagkräftige Einkaufsstrukturen und -prozesse im Anlagenbau umzusetzen, muss die Systematik dafür hohen Anforderungen genügen. Die Unternehmensberatung TCW hat dafür einen Methodenbaukasten entwickelt (vgl. Abb. 3.25), der alle Gestaltungsbereiche des Investitionsgütereinkaufs umfasst. Dieser gibt dem B2B-Anbieter unzählige Ansatzpunkte an die Hand, einem potenziellen Kunden Hilfestellung zu geben und ihn dabei als Neukunden zu gewinnen (TCW 2019). Die Säulen dieses Konzeptes sind Kostenoptimierung, Durchlaufzeitreduzierung, Synergierealisierung sowie frühzeitige Einbindung des Einkaufs in die Angebots-, Entwurfs- und Konstruktionsphase. Die zentralen Methodenbausteine des Ansatzes sind dabei die Einkaufspotenzialanalyse zur Sourcing-Strategieentwicklung, das Linear Performance Pricing (LPP) zur Angebotsanalyse, der Konzeptwettbewerb zur Lösungsfindung, Global Sourcing-Portfolios sowie Kennzahlencockpits. Das Vorgehen gliedert sich in die folgenden fünf Schritte (TCW 2019):

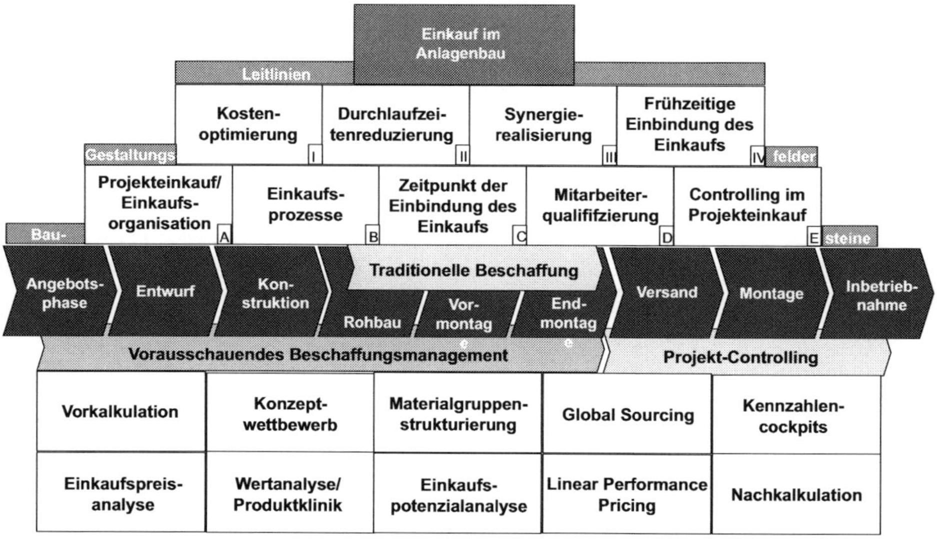

Abb. 3.25 Veränderte Anforderungen an den Einkauf im Anlagengeschäft. (Quelle: TCW 2019)

I. **Entwicklung eines Projektleitfadens:** Hier erfolgt eine detaillierte Analyse bestehender Vorarbeiten für eine erste Positionsbestimmung sowie die Erarbeitung eines strukturierten Projektleitfadens.

II. **Best-Practice-Check:** In diesem Schritt ist eine detaillierte Analyse des Reifegrades der Einkaufsfunktion vorgesehen. Dabei werden auch die wesentlichen Aspekte der Beschaffung im Anlagengeschäft untersucht und bewertet. Gegenstand sind auch die prozessuale und organisatorische Schlagkraft sowie die Einbindung des Einkaufs in die Gesamtorganisation. Auch findet die Überprüfung des aktuellen und zukünftigen Beschaffungsspektrums und dessen Segmentierung anhand passender Materialgruppen statt. Auch die Ermittlung der Leistungstiefe sowie der Global Sourcing-Anteile kann auf der Grundlage eines Benchmarkings erfolgen.

III. **Quick Wins:** An dieser Stelle werden Sofortmaßnahmen identifiziert, denn sie zeichnen sich durch geringes Risikoprofil und geringe Implikationen für die weitere Vorgehensweise aus. Inhalt können beispielsweise Sale-and-Lease-back-Entscheidungen oder die Entscheidung zur Erneuerung von Anlagenkomponenten sein, die im Best-Practice-Check als zu instandhaltungsintensiv identifiziert wurden. Um keine Zeit zu verlieren, werden die Quick Wins von einer temporären Arbeitsgruppe sofort initiiert.

IV. **Konzeptentwicklung:** Hier werden die Handlungsfelder für die Optimierung der betrachteten Einkaufsorganisation abgeleitet. Deren Ansatzpunkte sind erfahrungsgemäß vielfältig und betreffen u. a. die Optimierung des Lieferantenmanagements, des Einkaufscontrolling, des Global Sourcing, des Advanced Purchasing sowie des Methodeneinsatzes (z. B. TCO- und Life-Cycle-Cost-Modelle). Sinnvoll ist dabei die organisatorische Trennung zwischen strategischen **und** operativen

Einkaufsaufgaben. So können Freiheiten für die genannten strategischen Einkaufsaufgaben geschaffen und den unterschiedlichen Anforderungsprofilen der Aufgaben kann Rechnung getragen werden.

V. **Umsetzung:** Zur Vermeidung von Umsetzungshürden empfiehlt sich eine Umsetzungsbegleitung durch erfahrene Spezialisten. Ein Proof of Concept im Rahmen eines Pilotprojektes stellt sicher, dass die geplanten Ziele erreicht werden. Erste Erfolge bilden dann den Multiplikatoreffekt für die Gesamtumsetzung, begleitet durch ein Kommunikationskonzept und Maßnahmencontrolling. Als erfolgskritisch hat sich die Implementierung von umfassend verantwortlichen Projekteinkäufern erwiesen, die für die Abwicklung aller strategischen Einkaufsaktivitäten im Projekt zuständig sind und parallel zu den herkömmlichen Materialgruppenmanagern arbeiten. Für die Umsetzung müssen Materialgruppenmanager und Projekteinkäufer beauftragt und deren Zuständigkeiten an den Schnittstellen zwischen Projekt- und Materialgruppeneinkauf festgelegt werden.

Für die dauerhafte Implementierung bietet sich die Arbeit mit standardisierten Kalkulationsmodellen an, um eine korrekte Bewertung von Investitionsalternativen sicherzustellen. Denn auch Anlagen beeinflussen maßgeblich die Herstellkosten, zum Beispiel durch Instandhaltungsintensitäten, Nonkonformitätskosten, Schulungsbedarfe, Produktivitätspotenziale, Anlaufkurven, Ersatzteilkosten sowie die Harmonisierung mit bestehenden Steuerungssystemen (Backhaus und Voeth 2014; TCW 2019). Die Kalkulationsmodelle können auch Basis für Konfigurations-Tools sein, mit denen sich potenzielle Kunden im Rahmen ihrer Spezifikations- und Suchphase bereits auf der Website des Projektanbieters beschäftigen können.

3.5.3 Pricing-Hebel und Value Selling im B2B-Projektgeschäft

Bezüglich des sehr wichtigen Pricing-Themas geht es hier nicht um die Wiedergabe des gemeinhin bekannten Lehrbuchwissens, das etwa bei Backhaus und Voeth (2014) nachzulesen ist, sondern um sechs direkte Pricing-Hebel (Abb. 3.26), die auch im B2B eCommerce umsetzbar sind und den Ertrag signifikant und nachhaltig beeinflussen können (Roll 2017). Cisco Systems wendet diese sechs Pricing-Hebel in vorbildlicher Weise an und erzielt nicht ohne Grund seit Jahren rund 25 % „operating margin" (Cisco 2018).

- **Ertragshebel Nummer 1: Klare Preisstrategie.** Häufig läuft die interne strategische Preisfindung in den Unternehmen sehr holprig ab. Typisch ist entweder die Quersubventionierung des Erstgeschäfts oder die Quersubventionierung des Servicegeschäfts. Im Erstgeschäft werden den Kunden bei Vertragsabschluss nicht selten Sonderkonditionen auf Ersatzteile oder gleich ganze Teilepakete kostenlos oder rabattiert zugesagt. Dadurch wird der Vertrieb von Ersatzteilen möglicherweise langfristig eingeschränkt und einem nachhaltigen Preisdruck ausgesetzt, ohne ein Regulativ zur nachhaltigen Änderung dieses Vertragsbestandteils. Hersteller mit externen Service-

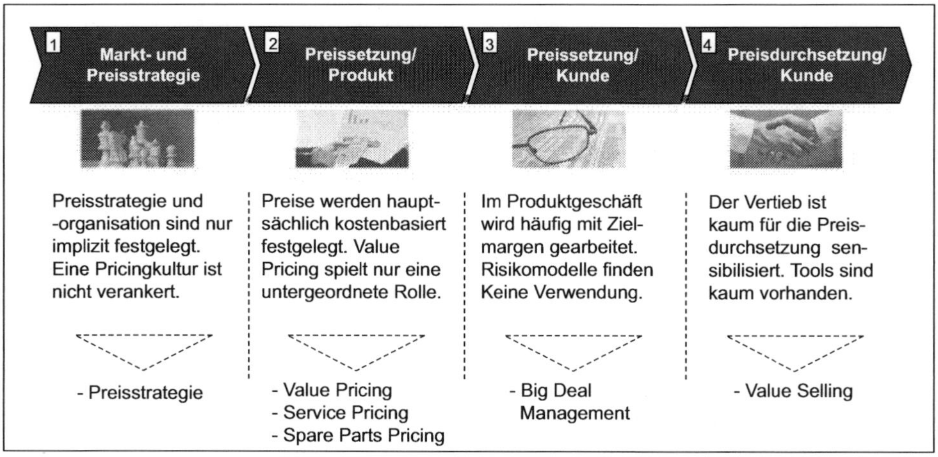

Abb. 3.26 Die sechs Pricing-Hebel im Anlagengeschäft. (Quelle: Roll 2017)

partnern stützen diese darüber hinaus nicht selten mit hohen Margen bei Ersatzteilen. Hintergrund ist, dass sie die Erstattung angemessener Stundensätze für Gewährleistungen und andere Dienstleistungen scheuen, um möglichst geringe Gewährleistungskosten in ihren Bilanzen auszuweisen. Das hat dann aber schnell zur Folge, dass durch überhöhte Teilepreise unnötig Marktanteile an Drittanbieter verschenkt werden. Deswegen sollten alle Ziele vollständig beschrieben sowie Regularien und Vereinbarungen implementiert werden, um die Umsetzung der Strategie bei allen Mitgliedern des Selling-Teams sicherzustellen (Roll 2017).

- **Ertragshebel Nummer 2: Value Pricing.** Undifferenzierte Margenvorgaben sind vielfach das einzige Instrument der Preisfindung, sollten aber mit Vorsicht gesehen werden. Empfehlenswert ist eine Preisdifferenzierung nach Projekttypen oder Anwendungsfeldern, denn bei Projekten und Anlagen kann es eigentlich keinen Einheitsstandard geben. Differenzierte Zielmargen, die sich an den individuellen Kundengegebenheiten und deren Zahlungsbereitschaften orientieren, erlauben häufig eine verbesserte Ergebnissteuerung. Sollte es Standards geben – wie zum Beispiel im Beratungsgeschäft eine Voranalyse –, macht dafür ein modularisiertes Pricing Sinn, um die Komplexität der jeweils individuellen Entwicklung zu reduzieren und Standards zu schaffen. Sicherlich können einzelne Features im Hinblick auf ihren Nutzen isoliert bewertet und kalkuliert werden. Zudem kann auch eine leistungsbasierte Preisfindung in Einzelfällen Sinn machen. Nicht standardisierbare Leistungen erlauben kaum eine Vorabkalkulation für alle denkbaren Optionen. In derartigen Fällen kann die Preisfindung durchaus auch nutzenbasiert auf Basis einer modifizierten Kostenrechnung erfolgen, die neben der Standardkalkulation auch eine wertbasierte Kalkulation berücksichtigt. Teilleistungen mit einem besonderen Nutzen oder Wettbewerbsvorteil können damit wertbasiert höher kalkuliert werden, so dass die Preise dann dem tatsächlichen Wert der Leitung entsprechen (Backhaus und Voeth 2014; Roll 2017).

- **Ertragshebel Nummer 3: Service Pricing.** Trotz der zunehmenden Bedeutung des After Sales im Projekt- und Anlagengeschäft mangelt es oftmals bereits an den Basisvoraussetzungen für dessen Umsetzung, wie zum Beispiel ein nachvollziehbares und klar strukturiertes Service-Portfolio. In vielen Fällen existiert gar keine Preisliste für die angebotenen Services. Oft stellt der After-Sales-Bereich überwiegend den Vertrieb von Ersatzteilen in den Vordergrund, wodurch viele Unternehmen weit hinter ihren Möglichkeiten zurückbleiben. Der Aufbau eines umfassenden Service-Portfolios ist gar nicht so schwierig, zumal viele Services bereits implizit erbracht werden und nur noch nicht ausreichend formalisiert und ausgepreist sind. Nicht selten werden sie nur schnell erbracht, um Kundenanfragen abzudecken. Die Frage der grundlegenden strategischen Ausrichtung, warum überhaupt Services angeboten werden, gibt bereits den Rahmen für ein Service-Portfolio vor. Dabei kann der Service lediglich als notwendiges Übel für den Vertrieb verstanden oder aber als eigenes Profit-Center organisiert werden. Ferner sollte die Aufnahme der Kundenanforderungen nicht vergessen und mit dem eigenen Service-Portfolio abgeglichen werden. Wichtig ist, neue Services in Hinblick auf ihre Wirtschaftlichkeit zu überprüfen. Bleibt festzuhalten, dass alle bestehenden Services erfasst und die Service-Bedarfe der Kunden ermittelt werden sollten, um sie erfolgreich monetarisieren zu können (Roll 2017).
- **Ertragshebel Nummer 4: Spare Parts Pricing.** Die Komplexität von Ersatzteilportfolios ist in vielen Fällen ein Thema für sich. Dabei erfolgt die Preisfindung nicht selten auf Basis einfacher Cost-Plus-Ansätze, obwohl gerade hier in der Preisfindung ein großer Ertragshebel liegt. Bei zu pauschaler Kalkulation verlieren Unternehmen schnell die Wettbewerbsfähigkeit bei standardisierten Produkten wie zum Beispiel Schrauben – auch auf Kosten der Kundenzufriedenheit. Andererseits wird bei proprietären bzw. herstellerspezifischen Teilen oft unnötig Marge verschenkt. Reine Fokusteile sollten immer einer individuellen Auspreisung unterliegen. Empfehlenswert ist ein differenziertes Vorgehen mit einem abgestuften Ansatz, der die Komplexität des Projektgeschäfts am besten berücksichtigt. Damit kann der Aufwand für die Preisfindung wenig relevanter Teile begrenzt und zugleich eine optimale Preisfindung für die wichtigsten Leistungen sichergestellt werden. Proprietäre Teile müssen einer stringenten, wertbasierten Preislogik folgen, bei der die Preistreiber nach Teilegruppen individuell zu bestimmen sind. Für die meisten Ersatzteile ist die Einführung eines Scoring-Modells angebracht, das eine (teil-)automatisierte Preisfindung für große Sortimente bzw. Programme erlaubt und problemlos mehrere hunderttausend Teile abdecken kann. Dies lässt sich technisch häufig in den bestehenden IT Systemen umsetzen, sodass der Aufwand dafür überschaubar bleibt. In jedem Fall lohnt sich eine Bestandsaufnahme, welche Methoden aktuell zum Einsatz kommen und wie hoch die Fehlerquote (Ausreißer/Inkonsistenzen) ist, die zur Verärgerung der Kunden führt. Darüber hinaus sollte überprüft werden, ob es zielführend ist, die Preisfindung auf eine neue Grundlage zu stellen (Backhaus und Voeth 2014; Roll 2017).
- **Ertragshebel Nummer 5: Big Deal Management.** In vielen Unternehmen ist die Aufbauorganisation noch traditionell funktional ausgerichtet und nur selten mit durchgängigen Vertriebsprozessen hinterlegt. Dabei hängt es dann von den individuellen

Erfahrungen und Fähigkeiten jedes einzelnen Mitarbeiters ab, wie die Kunden vertrieblich bearbeitet werden. In der Regel liegen zwar Unterschriftenregelungen und Limits vor, allerdings erfolgt die Ableitung von Angebotspreisen und die Verhandlungsvorbereitung selten richtlinienbasiert und systematisch. Vor allem bei Projekten mit außergewöhnlicher Relevanz, den sogenannten Big Deals, zeigen sich häufig große Defizite bei den Angebotsprozessen. So lässt vielfach das Sales Funnel Management (Auftragseingangsplanung/Forecast) zu wünschen übrig. Nicht selten sendet dieses viel zu lange positive Signale und fungiert nicht als Frühwarnindikator. Die Vertriebsleitung arbeitet und plant dann unter hoher Unsicherheit ohne exakte Steuerung des operativen Vertriebes. Ein erster Ansatz für eine weitreichende Professionalisierung kann die Einführung von Standardprozessen zur Marktbearbeitung und Kundenentwicklung sein. Diesbezüglich können Richtlinien zur Angebotsklassifikation und -bewertung eine stringente Priorisierung für die Anfrage- und Angebotsbearbeitung sicherstellen. Denn das abgestimmte Vorgehen zur Angebotsbelegung und Verhandlungsvorbereitung ist zentrale Basis für eine erfolgreiche Verhandlungsführung. Darüber hinaus erlaubt professionelles Vertriebs-Controlling ein organisatorisches Lernen und ist ein wichtiger Erfolgsfaktor. Deswegen sollte immer untersucht werden, welche Aspekte im Vertriebsprozess professionell adressiert sind und wo noch Lücken bei Richtlinien und Tools bestehen, die nachhaltig zu schließen sind (Backhaus und Voeth 2014; Roll 2017).
- **Ertragshebel Nummer 6: Value Selling.** Obwohl die Innovationskraft und Qualität der deutschen Industrie weltweit geschätzt wird, scheitern viele Anbieter an der richtigen Kommunikation ihrer komparativen Wettbewerbsvorteile (Backhaus und Voeth 2014). Dadurch zählen echte Mehrwerte kaum und Hersteller werden austauschbar. Das hat negative Folgen für die Zahlungsbereitschaft des Kunden und damit auch für den langfristigen Umsatz und Ertrag. Vor allem für die Wettbewerbsvorteile gilt: Tue Gutes und sprich darüber! Professionelles Value Selling darf nicht erst am Tag der Verhandlungsführung einsetzen, sondern erfordert eine fortlaufende Begleitung des Kaufprozesses des Kunden. Diesbezüglich bedarf es einer sehr engen Abstimmung zwischen Marketing, Vertrieb und insbesondere B2B eCommerce. In der Regel wird hier noch nicht Hand in Hand gearbeitet, sodass im Marketing oft am Bedarf des Vertriebs vorbeigearbeitet wird. Eine Möglichkeit zur Systematisierung des eigenen Value Selling ist die Prüfung der vorhandenen Tools entlang des AIDA Schemas (Attraction, Interest, Desire, Action). Mängel im eigenen Toolset werden dabei transparent und lassen sich schnell beheben (vgl. Abb. 3.27). Diesbezüglich ist zu hinterfragen, ob die richtigen Tools für erfolgreiches Value Selling eingesetzt werden und welchen Bedarf jeweils der Vertrieb und das Marketing sehen (Backhaus und Voeth 2014; Roll 2017).

Das Pricing sollte dabei durchaus auch auf Konfiguratoren zurückgreifen und mit Hilfe von CPQs (Configure Price Quotes) auch erste Angebote direkt erstellen. Der CPQ ist als Preiskalkulator vor allem sinnvoll für variantenreiche sowie kundenindividuelle Produkte und Dienstleistungen, die vor dem Verkauf bzw. der Angebotserstellung erst konfiguriert

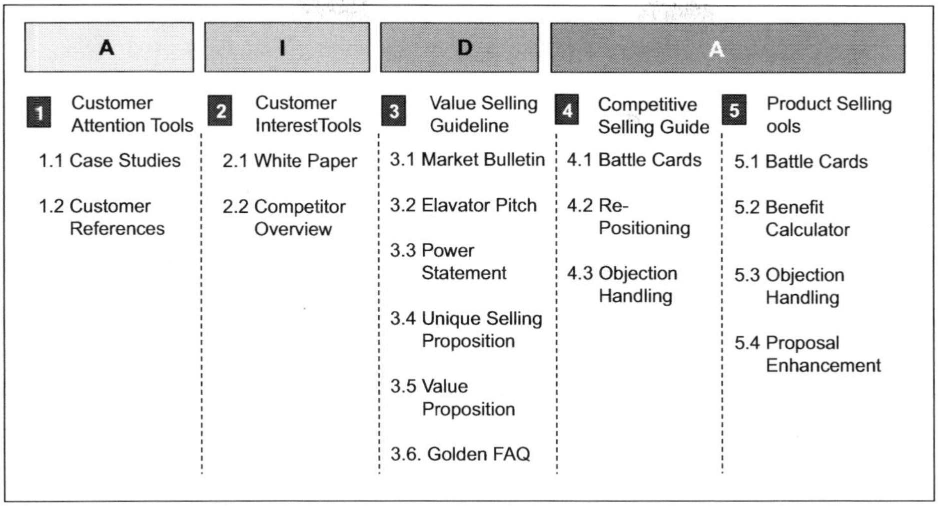

Abb. 3.27 Tools des Value Selling. (Quelle: Roll 2017)

und kalkuliert werden müssen. Derartige CPQ-Systeme können auf Anbieterseite zudem die Vertriebsmitarbeiter bei der Angebotserstellung unterstützen und dadurch den Prozess der Angebotserstellung wesentlich beschleunigen. CPQs sind in der Regel entweder mit einem CRM-System gekoppelt oder innerhalb des CRM-Systems integriert (Wikipedia CPQ 2019).

3.5.4 Online-Konfigurator und Multi-Channeling im B2B-Projektgeschäft

Für das Projektgeschäft gelten grundsätzlich auch die allgemeinen Grundlagen der Marketing- und Verkaufspolitik des B2B eCommerce. Während der Offline-Aspekt hier zweifelsohne eine wesentlich größere Rolle spielt als zum Beispiel im Industriegütergeschäft, so darf die Rolle einer exzellenten Online-Präsenz im Rahmen der Customer Journey nicht unterschätzt werden. Hier zeigt Cisco Systems ganz klar, dass vor allem regelbasierte **Produkt-Konfiguratoren** in Kombination mit einer automatisierten und regelbasierten Preisfindung hervorragende Tools zur Kundengewinnung sein können (Cisco Commerce 2019). Sie ermöglichen im Idealfall eine automatisierte Generierung von Angebotsdokumenten. Mittlerweile besteht sogar die Möglichkeit, selbst komplizierte Produktkonfigurationen so einfach zu gestalten, dass diese ohne Vertrieb direkt vom Kunden erstellt werden können. Diese sind dann direkt online in den B2B Shop integriert und mit dem ERP-System bzw. der Produktion gekoppelt. Der Netzwerkgigant Cisco Systems ermöglicht seinen potenziellen Kunden damit nicht nur die Konfiguration für Netzwerkprojekte, sondern auch eine „Online-Auftragsabgabe“

(Cisco Commerce 2019). Ein solcher Online-Konfigurator wird auch in der B2C Mass Customization eingesetzt (z. B. bei Deinschrank.de) und kann den Vorteil haben, dass weniger Vertriebspersonal benötigt wird. Allerdings sollten die Produkte im Online-Konfigurator dann durch eine exzellente 3D-Produktvisualisierung unterstützt werden. Im Idealfall ist dabei die komplette Prozesskette vom Vertrieb/Kunden und CRM-System über die Webseite mit Online-Konfigurator sowie über das ERP-System bis in die Produktion abgedeckt (Wikipedia CPQ 2019).

Die meisten Anbieter von CPQ-Systemen führen heute die Prozesskette bis zur Produktion fort, so dass nach der Erstellung und Annahme des Angebots durch den Kunden die im CRM-System erstellte Konfiguration automatisiert über ein ERP-System in die Produktion übergeben werden kann. Dies ist nicht trivial, da eine Produktionsanweisung bei variantenreichen Produkten konkrete Stücklisten voraussetzt und mit dem Endkunden in der Angebotsphase eigentlich nicht über konkrete Stücklisten kommuniziert wird. Allerdings sollte der Produkt-Konfigurator innerhalb der CPQ-Software diese Lücke zwischen Vertrieb und technischer Produktion schließen können. Dabei werden die vertriebliche Konfiguration und die Produktfindung nicht in Form von Stücklisten bzw. einzelnen Bauteilen aufgebaut, sondern so gestaltet, dass sie für Vertrieb und Endkunden verständlich sind. Dabei sollte der Konfigurator die kundenverständliche Produktkonfiguration automatisiert in eine technische, merkmalsgesteuerte Produktkonfiguration umwandeln, die für die Produktion geeignet ist (Wikipedia CPQ 2019).

Produkt-Konfiguratoren in einem eigenen Online-Shop sind zweifelsohne die Kür im B2B-Projektgeschäft. Bis diese Kür allerdings Sinn macht, gibt es im Marketing von Anlagenbauern zweifelsohne erst einmal andere Pflichten zu erfüllen. Darüber hinaus sehen die Anbieter nach heutigem Stand die Wichtigkeit moderner Online-Marketing-Tools anders als die Fachexperten. Dies zeigt eine Studie des Marktforschungsinstituts „TNS Infratest“ im Auftrag der B2B-Onlinedruckerei „Saxoprint“ aus dem Jahr 2016 (Furth 2016). Im Rahmen der Untersuchung wurden fast 1000 deutsche technische Mittelständler über ihre Marketing-Aktivitäten befragt. Wesentliche Erkenntnis ist, dass die „Darstellung von Produkt- und Servicequalität“ für 85 % aller Befragten die wichtigste Tätigkeit im Maschinenbau-Marketing ist, gefolgt von der Lead-Generierung. Ganz hinten rangiert die „Kommunikation der eigenen Preisführerschaft“, denn „Made in Germany“ steht schließlich für Qualität und nicht für Preisverhau. Dabei steigen die Ausgaben der Maschinenbauer für Online-Marketing-Maßnahmen, allerdings von niedriger Basis aus. In 2016 flossen rund 21 % der Budgets in digitale Maßnahmen, dieser Anteil soll sich bis Ende 2018 jedoch auf 31 % erhöhen (Furth 2016). Insofern ist Multi-Channeling im Maschinenbau-Marketing angesagt.

In welche Maßnahmen die steigenden **Online-Marketing-Budgets** im Maschinenbau fließen, wurde ebenfalls untersucht (Furth 2016). Dabei stuften die Befragten die Unternehmenswebseite als wichtigstes Element ein. Auf Platz zwei und drei kamen die Suchmaschinenoptimierung (SEO) und das E-Mail-Marketing. Interessant dabei ist, dass profitablere Unternehmen SEO deutlich stärker priorisierten als der Durchschnitt. Diesbezüglich gibt es zweifelsohne Potenzial nach oben. Anbieter sollten daher ihre

SEO-Maßnahmen ausbauen und guten Content auf die eigene Webseite bringen, zu der Links aufgebaut werden sollten. Das ist zum Beispiel durch gute Pressearbeit möglich, da sie Links in Medien-Artikeln erzeugt. Der Content sollte sich mit den Informationen decken, die potenzielle Kunden beim Kauf oder der Konstruktion von Maschinen im Internet suchen. Es ist auch möglich, Firmenprofile auf passenden Seiten zu kaufen, allerdings sollten diese im richtigen thematischen Kontext mit hoher Reputation stehen. Dies leisten zum Beispiel ältere redaktionelle Portale wie u. a. der „Maschinenmarkt" von Vogel Business Media mit einer Reichweite von über 130.000 Lesern, davon die Mehrzahl in verantwortlichen Industriepositionen.

Die Stärken des E-Mail-Marketing haben bereits 47 % der Befragten erkannt, allerdings halten lediglich 11 % der Maschinenbau-Marketer Corporate Blogs für relevant. Und nur ein Drittel der Befragten hält Google-Anzeigen (Adwords) für wichtig, und gerade mal ein Viertel Social Media-Marketing. Hier liegt zwar Facebook auf Platz eins, jedoch gewichten Maschinenbau-Marketer Youtube mit 31 % recht hoch, was im Prinzip gut ist, da Video-Marketing auch im B2B-Segment hervorragende Möglichkeiten für die Vermarktung erklärungsbedürftiger Produkte und Services bietet.

Neben den Online-Marketing-Maßnahmen fließt der große Offline-Rest in Druckprodukte wie Kataloge, Broschüren und Print-Mailings. Auffallend ist auch die Dominanz kostspieliger Messe-Maßnahmen, um Neukunden und Leads zu generieren. Hier sollte hinterfragt werden, ob nicht besser Teile des Budgets für mehr Content Marketing und digitale Lead-Generierung ausgegeben werden sollten, vor allem, da die „Costs per Lead" bei ähnlicher Qualität online niedriger ausfallen als offline. Weitere Ergebnisse der Studie in Bezug auf Online- und Offline-Kanäle sind in Abb. 3.28 dargestellt.

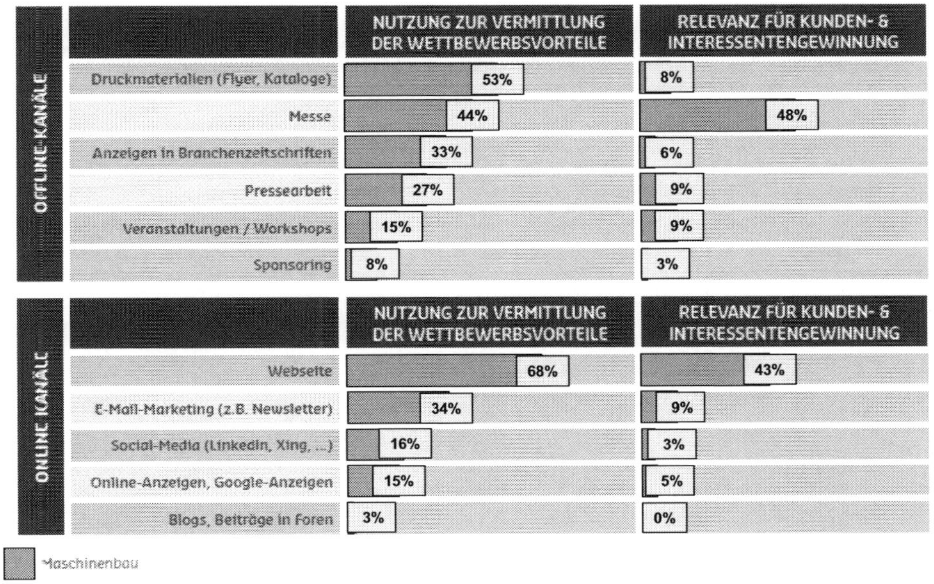

Abb. 3.28 Formen des Multi-Channel-Marketing im Anlagenbau. (Quelle: Furth 2016)

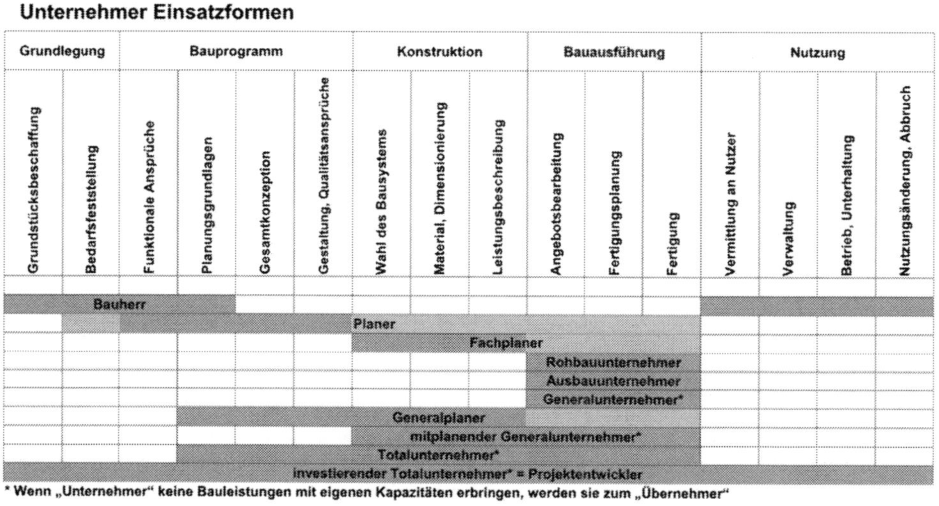

Abb. 3.29 Generalunternehmer versus Teilunternehmer. (Quelle: Wikipedia GU 2019)

3.5.5 Generalunternehmer und Konsortien im B2B-Projektgeschäft

Im Projekt- und Anlagengeschäft wird nicht selten ein Generalunternehmer mit der gesamten schlüsselfertigen Erstellung eines komplexen Produktes beauftragt. Dieses ist im Anlagen du bei Bauprojekten gang und gäbe. Werden nicht alle, sondern nur mehrere Gewerke an einen Generalunternehmer vergeben, spricht man auch vom Teil-Generalunternehmer. Dies kann zum Beispiel bei der Vergabe von Baukonstruktion sowie Dach und Fassaden der Fall sein. In Teil-Generalunternehmerverträgen werden häufig auch die gesamte Haustechnik oder verschiedene Fassadengewerke gebündelt (vgl. Abb. 3.29).

Für den Bauherrn bietet der Einsatz von Generalunternehmern (GU) den Vorteil, dass er bzw. der von ihm beauftragte Planer die Koordination der einzelnen Gewerke nicht selbst übernehmen muss. Auch im Falle von Mängeln, die ansonsten nicht eindeutig zuzuordnen wären, braucht er sich nur an den GU zu wenden (Wikipedia GU 2019). Nachteil einer Vergabe an Generalunternehmer kann ein höheres Preisniveau sein, da der GU eine zusätzliche Vergütung für seine Koordinierungsleistungen veranschlagen wird. Er beaufschlagt dabei die Preise der von ihm beauftragten Subunternehmer durch einen so genannten GU-Zuschlag (zwischen 10 und 15 %). Andererseits erspart sich der Bauherr nicht unbeträchtliche Koordinierungsaufgaben. Darüber hinaus hat der Generalunternehmer häufig eine größere Markterfahrung als der Bauherr und kann deswegen häufig auch kostengünstigere Subunternehmen binden. Auch wenn der Generalunternehmer in der Regel (Teil-)Leistungen weiter an Subunternehmer vergeben darf, ist er einziger Vertragspartner des Bauherrn und hat deswegen auch die volle Verantwortung für die Gesamtleistung zu tragen (Backhaus und Voeth 2014; Wikipedia GU 2019).

Auch in anderen Branchen spielen ähnliche Werk- oder Liefervertragskonstruktionen im Projekt- und Anlagengeschäft eine Rolle. Allgemein wird dabei von einem Hauptunternehmer gesprochen, der einen Teil seiner zu erbringenden Werkleistungen an Nach- oder Subunternehmer vergibt (z. B. Transportleistungen). Denkbar ist allerdings auch ein Konsortium, also ein Verbund mehrerer rechtlich und wirtschaftlich selbstständig bleibenden Unternehmen, der sich zur zeitlich begrenzten Durchführung eines vereinbarten Projekts bildet. Dieses Konsortium besteht gewöhnlich aus Unternehmen verschiedener Branchen und wird gegründet, um zum Beispiel eine große, komplexe Industrieanlage oder ähnliche Projekte zu erstellen. Dabei haften die Konsortional-Partner oder auch Konsorten dem Auftraggeber gesamtschuldnerisch für die Erfüllung des gesamten Vertrages, auch wenn sie intern nur für ihren jeweiligen Liefer- und Leistungsanteil verantwortlich sind und ihn selbstständig ausführen (z. B. Bau, Stahlbau, Elektroausrüstung, Maschinen, Prozesssteuerung, Know-how etc.). Dabei wird zwecks Koordination im Konsortium in der Regel ein Konsortialführer bestimmt, der vertraglich berechtigt ist, die Verhandlungen mit dem Kunden im Namen und für Rechnung des Konsortiums zu führen sowie die Kundenzahlungen einzuziehen und an die Konsorten zu verteilen (Backhaus und Voeth 2014; Wikipedia GU 2019). Zum Bau von Industrieanlagen oder Großprojekten wird im internationalen Geschäft in der Regel ein „Consortium Agreement" abgeschlossen. Es gibt dafür zwar kein allgemein eingeführtes standardisiertes Vertragsmuster, doch haben sich aus den immer wieder ähnlichen Problemstellungen übliche Formulierungen entwickelt, die in einer Vielzahl von Konsortialverträgen vereinbart werden (Wikipedia GU 2019).

Werden bei Großbauprojekten im Objektgeschäft Einkaufsentscheidungen getroffen, sind dabei aber weniger die Generalunternehmer eingebunden, sondern Planer, Investoren, Handwerker, Betreiber etc. Um welche Organisationen es sich dabei handeln kann und wie derartige Einkaufsentscheidungen zustande kommen können, ist in Abb. 3.30 beispielhaft dargestellt. Auf unterster Ebene ist zunächst zu unterscheiden, ob es sich um einen Neubau oder eine Gebäudesanierung handelt. Auf nächster Ebene ist die Art der Produkte – in diesem Fall Badeinrichtungen – zu unterscheiden. Für diese kommen auf der wiederum nächsten Ebene verschiedene Informationsquellen infrage. Auf oberster Ebene stehen die Entscheider. Pro Ebene ist in horizontaler Richtung die Verteilung dargestellt. Dabei wird deutlich, dass das Internet zwar nur ein kleines Rädchen im Räderwerk der Entscheidungskette ist, jedoch wesentliche Entscheidungen zumindest mit beeinflussen kann. Das macht deutlich, dass der B2B Online-Shop im Objektgeschäft vor allem unter Marketinggesichtspunkten gesehen werden muss und nicht ausschließlich nach Umsatz beurteilt werden kann. Umsatz sollte zwar möglich sein, stellt aber eher eine „positive Draufgabe" dar.

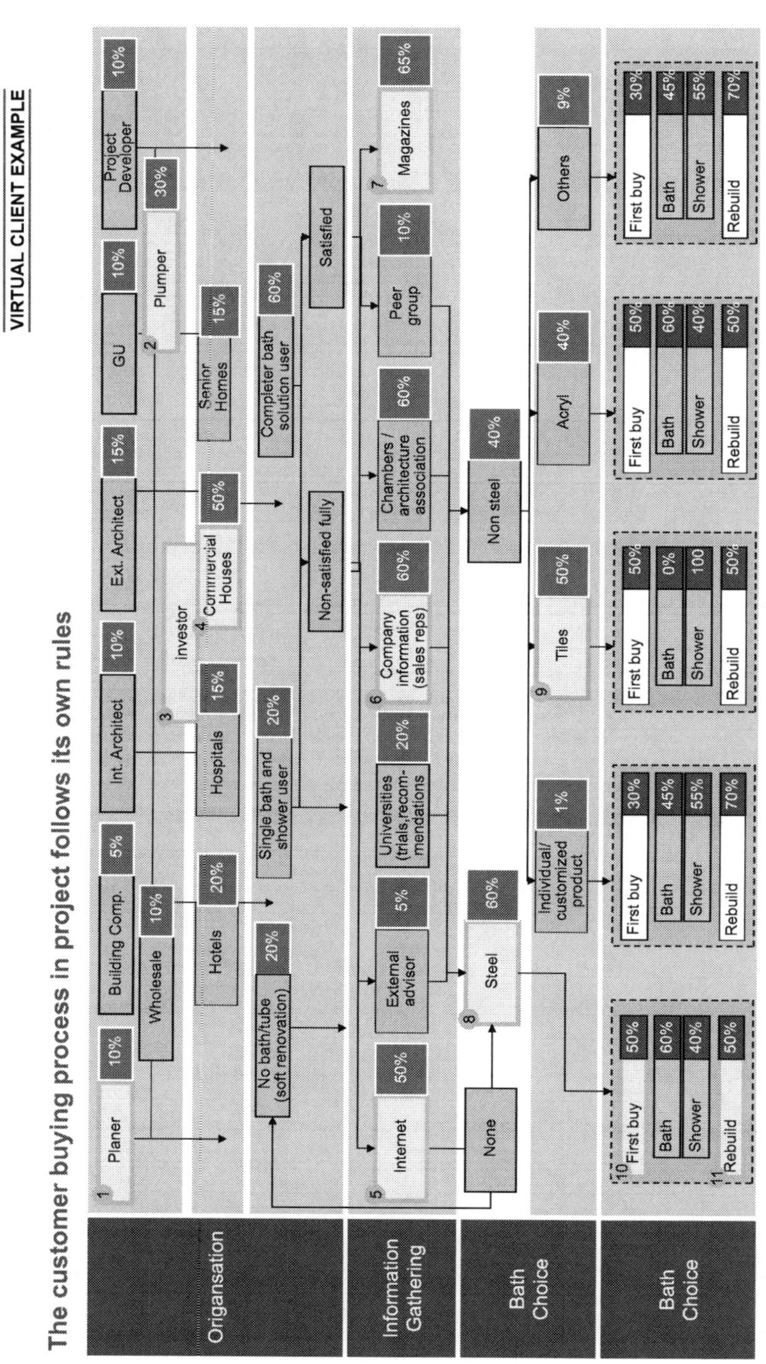

Abb. 3.30 Beispielhafter Einkaufsprozess im Großprojektbaugeschäft für Badausstattung

3.6 Integrationsgeschäft als wertsteigender Ansatz im B2B

Das Integrationsgeschäft stellt eine Sonderform im B2B Commerce dar, das unterschiedlich verstanden werden kann. Einerseits wird es als klassisches Zuliefergeschäft gesehen, bei dem eine enge Integration zwischen Lieferant und Kunde normal ist (Backhaus und Voeth 2014). Es kann auch als „All-in-One-Problemlösung" angesehen werden. So wandeln sich viele Industrieunternehmen derzeit vom Anbieter einzelner Komponenten oder Bedarfe zum All-in-One-Problemlöser. Auch werden zunehmend angrenzende Geschäftsfelder erschlossen, Maschinenausrüstungen durch cloud-basierte Dienstleistungen ergänzt oder eben Hardware-Produkte mit Software-Lösungen gebündelt. Im Endeffekt bedeutet das, dass die Geschäftsmodelle des B2B-Integrationsgeschäfts sich nahezu 1:1 mit den gezeigten Ansätzen des B2B-Zuliefergeschäfts decken. Demgegenüber ist eine „All-in-One-Problemlösung" mit einem Projektgeschäft gleichzusetzen. Dieses wird in Kombination mit dem ehemaligen Produktgeschäft angeboten und stellt damit dann ein B2B-Integrationsgeschäft dar.

Ein Beispiel hierfür ist Krones, der Weltmarktführer für Abfüll- und Verpackungstechnik. Der ehemalige produktorientierte Maschinenlieferant setzte im Jahr 2000 rund eine Milliarde EUR mit einem Jahresüberschuss von rund 38 Mio. EUR um. In den letzten Jahren erfolgte allerdings eine Transformation zum Anbieter kompletter Getränkefabriken und zudem zum Systemlieferanten. Dadurch betrug der Umsatz 2018 rund 27 Mrd. EUR (plus 262 %) (Krones 2018). Der Gewinn konnte proportional auf 98 Mio. EUR gesteigert werden (plus 258 %). Damit ist Krones vom B2B-Produktgeschäft zum B2B-Integrationsgeschäft mit All-in-One-Problemlösung übergegangen (Gottwald 2013).

Vergleichbare Transformationen hin zum Integrationsgeschäft absolvierten auch SGL Carbon und Oerlikon Barmag, während Zeppelin Systems eine andere Richtung nahm. Bei diesem Hersteller kam es in Folge der Krise im deutschen Behälterbau und einem deswegen stark veränderten Markt- und Wettbewerbsumfeld zu einer strategischen Neupositionierung. Dabei transformierte sich Zeppelin Systems vom ehemaligen Schüttgutexperten zu einem global agierenden Turn-Key-Lieferanten und damit zu einem Engineering-Unternehmen für komplexe Anlagen. So sicherte der Umbau des früher stark fertigungsorientierten Betriebs hin zu einem High-Tech-Unternehmen den Fortbestand der Traditionsfirma. Hierbei waren der systematische Auf- und Ausbau eines eigenen Engineerings sowie der Zukauf von Engineering-Firmen in den strategischen Know-how-Feldern wesentliche Erfolgsfaktoren auf dem Weg zu einem Komplettanbieter (Gottwald 2013).

Derzeit ist der klassische Maschinenbau noch überwiegend produktgetrieben. Seine Leistungen – zum Beispiel Motoren, Werkzeuge, Pumpen, Armaturen oder Antriebe – werden in Serienproduktion gefertigt und zeichnen sich durch einen hohen Wiederholungsgrad aus. Dabei sind die Liefer- und Leistungsgrenzen in der Regel sehr eng gefasst. Auch die Projektlaufzeiten und somit die Zeit zwischen Auftrags- und

Zahlungseingang sind überschaubar. Darüber hinaus ist die Anzahl der internen und externen Schnittstellen in der Regel begrenzt. Dabei ist gewöhnlich die Interaktion mit dem Auftraggeber – sei es bei der Auftragsvergabe, der Werksabnahme oder der Abnahme – gering. Wird hier das Angebot auf Anlagen oder Systeme ausgeweitet, ändern sich die beschriebenen Rahmenbedingungen gravierend. So erhöht sich die interne Komplexität signifikant, was in der Regel nicht abrupt erfolgt, es sei denn, der Markt verlangt dies, wie damals bei Zeppelin Systems.

Während bei Serienfertigung Änderungswünsche beispielsweise eher selten vorkommen, sind Modifikationen im System- und Anlagengeschäft die Regel. Änderungsverfahren sind hier entsprechend komplex, weswegen ein durchdachtes Vertrags- und Claimmanagement zur Beherrschung dieser Abweichungen erforderlich wird. Auch die Stellenanforderungen im Vertrieb, Produkt- und vor allem Projektmanagement ändern sich massiv. Jeder neue Auftrag ist zugleich auch ein Projekt – und damit etwas völlig anderes als ein Serienprodukt. Der Transformationsprozess vom Produkt- zum Projektanbieter dauert oft viele Jahre. Diesbezüglich ist das Geschäftsmodell des Unternehmens völlig neu auszurichten. Das impliziert auch die Anpassung der Geschäftsstrategie, der Geschäftsprozesse sowie der Produktstrukturen. Vor allem ist die Organisationsform neu festzulegen und auf das „Projektgeschäft" auszurichten. Dabei müssen auch die Fachkompetenzen der Mitarbeiter den veränderten Erfordernissen angeglichen und für die neuen Aufgaben neue Stellen geschaffen sowie besetzt werden. In diesem Prozess muss das Top-Management natürlich als Vorbild agieren, die erforderlichen Maßnahmen einleiten und umsetzen. Auch muss die Belegschaft die neue Strategie unterstützen und als „ihr" Projekt verstehen. Deswegen fällt vor allem dem Projektleiter als Auftragsverantwortlichem eine zentrale Rolle zu, denn er muss die internen Stakeholder – also Geschäftsleitung, Engineering, Einkauf, Montage etc. – koordinieren und führen. Zugleich muss er auch die externen Stakeholder im Blick haben, also Zulieferer und Kunden (Gottwald 2013).

Best Practices im B2B eCommerce

4

Zusammenfassung

Die hier vorgestellten Best Practices im B2B eCommerce wurden durch Online-Recherchen identifiziert. Bei den meisten Best Practices handelt es sich entweder um Preisträger verschiedener Wettbewerbe oder um Klienten der mehrfach ausgezeichneten Digitalagentur „Kommerz – The Frontend Company GmbH“ aus Essen, die sich auf B2B Shops spezialisiert hat. Alle dargestellten Shop-Beispiele zeichnen sich durch eine überdurchschnittliche Bedienbarkeit nach den Usability-Kriterien aus. Die Daten, Zahlen und Fakten zu den dargestellten Beispielen wurden größtenteils den aktuellen Geschäftsberichten (2018/2019), Wikipedia oder Informationen auf den Websites und aus der Presse entnommen.

Erfolgsbeispiele für den B2B eCommerce sind höchst unterschiedlich, je nachdem, welchem der in Kap. 3 vorgestellten 18 Geschäftsmodelle sie zuzurechnen sind. Außerdem lassen sich bei den Geschäftsmodellen jeweils auch noch verschiedene Betriebsformen unterscheiden: Online Pure Player, Multi-Channel-Anbieter sowie Plattformen/Marktplätze.

Abb. 4.1 gibt eine Übersicht über alle Geschäftsmodellkonstellationen und die nachfolgend vorgestellten Beispiele, wobei die eingekreisten Unternehmen vertieft vorgestellt werden.

G. Heinemann, *B2B eCommerce,* https://doi.org/10.1007/978-3-658-27367-5_4

B2B-Betriebsformen	Konsumgütergeschäft	Industriegütergeschäft	Zuliefergeschäft	Systemgeschäft	Projektgeschäft	Integrationsgeschäft
	B2B-Geschäftstypen					
Online-Pure-Play	Delti.com	Zamro.de Contorion.de	De.materials4me.com Automation24.de	de.supr.com Lexware.de Aws.amazon.com	apps.cisco.com Gastro-hero.de	Haufe.de
Multi-Channel	Costco.com Conrad.de	Engelbert Strauss.de Eshop.wuerth.de Esska.de	Normfest.de Shop.klöckner.de	Support.apple.com Gsuite.Google.com	Bürosuche.de Time-matters.com Cairo.de	Em-group.de Würth.com
Plattform/ Marktplatz	Kollex.de Restposten.de Zentrada.de	Mercateo.com Roobeo.com	Industrialboard.de Freighthub.com	Portal.dhitelecom.com Ikt-symphony.de*	Customer.Liefery.com	Valeroo.com

*Pre-Seed-Phase

Abb. 4.1 Best Practices im B2B eCommerce nach Geschäftsmodellen

4.1 Best Practices im B2B-Konsumgütergeschäft

Online Pure Player

Die **Delticom AG** mit Sitz in Hannover ist ein börsennotierter Online-Reifenhändler für fabrikneue Pkw-Ersatzreifen mit mehr als 100 Reifenmarken und 25.000 Modellen sowie Felgen und Kompletträdern. Als reiner B2B eCommerce-Anbieter gilt Delticom (delti.com) als Pionier und ist mit mehr als 600 Mio. EUR Umsatz p. a. Europas größter Online-Reifenhändler. In 245 Online-Shops werden Geschäftskunden (und Privatkunden) in 45 Ländern branchentypische Reifensortimente angeboten. Neben Pkw-Ersatzreifen sind auch Reifen für andere Fahrzeuge wie Motorräder, Lkw, Industriefahrzeuge und Fahrräder im Angebot (Wikipedia Delticom 2019).

Multi-Channel-Anbieter

Metro Cash & Carry sowie Conrad Electronics sind deutsche Beispiele für Multi-Channel-Commerce im B2B-Konsumgütergeschäft, doch als Best Practice ist zweifelsohne Costco Wholesale anzusehen.

Der Food-Großhändler **Metro** ist speziell auf den Bedarf gewerblicher Kunden ausgerichtet, wobei Cash & Carry bedeutet, dass die Kunden ihre Ware im Großmarkt selbst zusammenstellen, bar bezahlen und direkt mitnehmen können. Mittlerweile ist Metro auch online aktiv, mit rund 50.000 Artikeln des traditionellen Kernsortiments im Online-Shop (shop.metro.de) – ob Obst und Gemüse, Fisch, Fleischartikel, Weine oder Küchen- und Büroausstattungen.

Conrad Electronics verkauft demgegenüber auch an Privatkunden, verfolgt also ein duales Konzept und ist seit jeher auch Versender. So erhielt der Elektronikhändler vom bevh bereits 2007 den Branchenpreis „Versender des Jahres". Darüber hinaus gehört

Conrad Electronics auch zu den B2B-Online-Pionieren. Der Online-Shop von Conrad (conrad.de) gehört seit Jahren zu den zehn meistbesuchten in Deutschland. Das Sortiment für B2B-Kunden auf dem Conrad-Marketplace conrad.biz umfasste Ende 2018 mehr als zwei Millionen Artikel. Seit 2013 wird in Kooperation mit tiramizoo.com ein Filial-Bring-Service als Express-Lieferung angeboten (Wikipedia Conrad 2019).

Costco Wholesale (costco.com) punktet nicht nur durch schiere Größe (138,4 Mrd. US$ Umsatz in 2018) und Profitabilität (4,5 Mrd. US$ Operating Income in 2018). Lange vor Amazon Prime besaß Costco auch bereits ein exzellentes Kundenbindungsprogramm (Costco Membership). Mehr als 51 Mio. Großhandelskunden sind Mitglied und zahlen dafür im Durchschnitt 2,27 % vom Umsatz, was jährlich rund 3,14 Mrd. US$ „Membership Fees" in die Kassen von Costco spült (Costco 2018).

Plattform/Marktplatz

In dieser Betriebsform tummeln sich Restposten.de sowie Zentrada. Beide gelten bereits als alte Hasen im Konsumgüter-B2B eCommerce; seit Mitte 2018 gesellt sich die Getränke-Plattform kollex hinzu.

Restposten.de ist ein Großhandels-Marktplatz für Restposten, Aktionsware, Abverkäufe, B-Waren und Retouren. Die Plattform wird von über 30.000 Mitgliedern aus 97 Nationen genutzt. Bis zu 280.000 Lagerartikel sind dort sofort verfügbar. Die Mitglieder erhalten auf Wunsch die Kontaktdaten jedes Lieferanten direkt zum Angebot angezeigt. Nach der online vereinbarten Kontaktaufnahme erfolgen die Warenbesichtigung sowie die Vertragsabwicklung außerhalb der Plattform (Restposten.de 2019).

Restposten.de wird allerdings von der Plattform Zentrada.de getoppt, die auf rund 122.000 Mitglieder kommt. Über diesen „größten Großhandels-Marktplatz in Deutschland" werden sortimentsübergreifende Angebots- und Handelsaktivitäten zwischen den gewerblichen Mitgliedern abgewickelt. Das Online-Netzwerk startete auf Basis der Zeitschrift Zentralmarkt 2002 in Deutschland und expandierte 2005 ins europäische Ausland. Zentrada bietet europaweit über 300.000 Artikel von 3000 Anbietern an und ist für alle verifizierten gewerblichen Einkäufer und Anbieter offen (Wikipedia Zentrada 2019).

Im Folgenden wird vertiefend auf Kollex.de eingegangen. Es handelt sich dabei um ein Start-up, das 2018 von den Getränkeherstellern Coca-Cola, Bitburger und Krombacher als Joint Venture gegründet wurde, um die „Digitalisierung und das B2B-Commerce-Geschäft im Außer-Haus-Markt in Deutschland" federführend zu gestalten. Die Gesellschafter investierten einen zweistelligen Millionenbetrag in den Aufbau von Kollex. Die B2B-Plattform soll vor allem den Getränkefachgroßhandel ansprechen, der hier alle Produkte aus dem Sortiment der teilnehmenden Großhändler bestellen kann und dessen Gesamtumsatz sich immerhin auf rund 10 Mrd. EUR im Jahr beläuft. Die drei Getränkekonzerne hinter Kollex gehen davon aus, dass mit der Plattformlösung eine Kosten- sowie Zeitersparnis in der Lieferkette realisiert werden kann. Sie wollen darüber hinaus Fehler in der Datenübertragung verringern, die bisher überwiegend manuell erfolgte. Nach ersten Pilotprojekten ist für 2019 der bundesweite Roll-out vorgesehen (Mumme 2018). Damit wird realisiert, was Lebensmittel-Experten schon lange fordern, nämlich eine kooperative digitale Branchen-Plattform, die vor allem die Abläufe erleichtert. Denn Kollex bringt den B2B eCommerce an die Nahtstelle zwischen den Gastronomiekunden und dem Getränkefachgroßhandel, wo bislang noch die Abwicklung mit Faxen Vorrang hatte. Über die Plattform können Gastronomen demnächst sämtliche Angebote aller teilnehmenden Großhändler online einsehen und daraus in Echtzeit und „anywhere and anytime" online bestellen. Für die B2B-Kunden ist der Zugang zur Plattform kostenfrei. Das Geschäftsmodell sieht vor, durch Mehrwertdienste wie etwa vollautomatische Absatzprognosen nach Wetter bzw. Saison oder durch Serviceleistungen rund um das Sortiment und fachlichen Content Geld zu verdienen. Der Name „Kollex" hat übrigens Tradition, denn zu Zeiten des Königreichs Preußen wurden die fliegenden Händler so genannt. Der Kollex war ein gern gesehener Partner, der immer interessante Angebote vorrätig hatte und stets auch die neuesten Informationen aus dem Umland weitergab (Mattgey 2018).

4.2 Best Practices im B2B-Industriegütergeschäft

Online Pure Player
Als reine B2B-eCommerce-Anbieter haben 2017 Zamro und Contorion von sich reden gemacht, aber auf recht unterschiedliche Art und Weise.

Zamro ist ein B2B-Großhändler, der technische Bauteile und Werkzeuge anbietet. Der Industriegüterhändler richtet sich vornehmlich an kleine und mittelständische Unternehmenskunden und hat in seinem Sortiment mit über 400.000 Produkten nicht nur Werkzeuge und Befestigungstechnik, sondern auch Produkte für die Wartung, Reparatur und Instandhaltung von Maschinen im Angebot. Das Start-up wurde 2016 als Teil der niederländischen Eriks-Gruppe gegründet. Seit März 2017 ist Zamro auch in Deutschland aktiv (zamro.de). Für die 50.000 gängigsten Produkte verspricht Zamro eine Lieferung am nächsten Tag. Die Wettbewerbspositionierung sieht vor, sich im Vergleich zu den klassischen Anbietern der Branche mit exzellenten Online-Kenntnissen und im Vergleich zu Online-Händlern wie Amazon mit der Größe des Sortiments und dem Know-how als Spezialist abzusetzen (Wilhelm 2018).

Im Vergleich zu Zamro positioniert sich der B2B-Online-Anbieter **Contorion** eher als digitaler Fachhändler für Handwerks- und Industriebedarf. In 2017 wurde der 2014 gegründete Berliner Online-Marktplatz von dem fast 100 Jahre alten Werkzeugspezialisten Hoffmann SE aus München übernommen. Damit treibt die Hoffmann-Gruppe, die in über 50 Ländern rund 1,1 Mrd. EUR umsetzt, die eigene Digitalisierung voran. So soll das Contorion-Team Kern eines neuen Innovations-Hubs in Berlin werden, der weitere digitale Angebote entwickeln soll, wobei der Online-Marktplatz als eigenständige Unternehmensmarke weitergeführt wird (Contorion.de).

Multi-Channel-Anbieter
Neben den Online-Shops von Würth und Esska gilt Engelbert Strauss als Erfolgsbeispiel für einen B2B-Multi-Channel-Anbieter.

Die **Engelbert Strauss GmbH & Co. KG** ist ein deutsches Versand- und Großhandelsunternehmen für Industriegüter mit Schwerpunkt Berufsbekleidung, Warnschutz, Arbeitsschuhe, Handschuhe und weitere persönliche Schutzausrüstung sowie Industriebedarf, Werkzeuge und Büroartikel. Das Unternehmen bietet auch eine eigene Textilveredelung an, unter anderem mit Stick-, Druck- oder Lasertechnik. Engelbert Strauss wurde mit dem Preis „Top Nationaler Arbeitgeber 2017" in der Kategorie „Bekleidung, Schuhe und Sportausstattung" ausgezeichnet und erhielt 2015 den Deutschen Logistik-Preis sowie 2016 den Europäischen Logistik-Preis. Das Unternehmen gilt als einer der am schnellsten wachsenden Mittelständler in Deutschland. Zweifelsohne ist Engelbert Strauss auch ein Pionier der Vertikalisierung, da beträchtliche Umsätze mittlerweile im B2C-Geschäft gemacht werden (Wikipedia Engelbert Strauss 2019).

Die Online-Umsätze sind allerdings noch recht überschaubar im Vergleich zu **Würth,** denn über seinen Online-Shop (eshop.wuerth.de) erzielt der Spezialist für Montage- und Befestigungsmaterial bereits mehr als 20 % der deutschlandweiten Umsätze, also rund 400 Mio. EUR. Mit mehr als 125.000 hochwertigen Produkten für den Industrie- und Handwerkerbedarf erfüllt Würth online und offline die Anforderungen der verschiedensten Branchen und Projekte. Der Fokus liegt dabei auf Qualität und Service. Mit dem Online-Shop steht den Kunden rund um die Uhr auch online das gesamte Produktsortiment zur Verfügung, das direkt zur Baustelle geliefert werden kann. Aber auch die Abholung ist in einer der 470 Niederlassungen deutschlandweit als „Click & Collect im Industriegüterhandel" möglich (Würth 2019).

Demgegenüber hat **Esska** zwar nur eine Niederlassung in Hamburg, dafür aber bereits 33 % Online-Anteil. 1980 zunächst als stationärer PVH-Großhändler gegründet, wurde 2000 die erste Website und 2002 der erste Online-Shop gelauncht (esska.de). Heute stellt der Standort Hamburg auch die Zentrale für die eigenen B2B-eCommerce-Aktivitäten dar. Esska verfolgt als Ziel den kostenminimierenden Handel mit Technik und Werkzeugen sowie eine große Sortimentsvielfalt und professionelle Beratungsleistung. Esska gilt in der B2B-Szene als Pionier und zeigt, dass erfolgreicher B2B eCommerce nicht eine Frage der Größe ist. So betrug der Umsatz in 2018 zwar nur gut 10 Mio. EUR, der Einstieg in den eCommerce erfolgte aber bereits im Jahr 2000. Und schon 2002 ging Esska.de als der erste Shop für industrielle Fachartikel in Europa online. Ebenso zügig wie die Online-Umsätze hat sich das Online-Sortiment entwickelt, und zwar auf mittlerweile 150.000 von insgesamt 300.000 Artikeln. Ein wesentlicher Bestandteil des Geschäftsverständnisses ist die individuelle Beratung, die sich auch in einem individuellen Kontobereich für Angebotsanfragen niederschlägt. Die mit Unterstützung der Digitalagentur „Kommerz – The Frontend Company GmbH" konsequent auf gute Bedienbarkeit ausgerichteten Shop-Funktionen ermöglichen ein schnelles und gezieltes Auffinden der erforderlichen Produkte. Zusätzlich macht der persönliche Kontakt als Multi-Channel-Anbieter eine proaktive Shop- und Angebotsplanung möglich.

Plattform/Marktplatz

Als B2B-Plattform-Pionier schlechthin gilt Mercateo, zu dem sich jetzt das Start-up Roobeo gesellt.

Mercateo betreibt eine offene B2B-Handelsplattform (mercateo.com), die 1,5 Mio. registrierten gewerblichen Kunden die Möglichkeit bietet, das Angebot vieler Lieferanten aus dem Industriegüterbereich nach Produkten zu vergleichen. Das Angebot besteht aus über 23 Mio. Artikeln von rund 700 Lieferanten und umfasst Büromaterial, Labor- und IT-Bedarf sowie Lager- und Betriebsausstattungen. Im Gegensatz zum klassischen Handel entsteht die Preisbildung durch täglichen Wettbewerb der Anbieter untereinander: Diese erhalten artikelbezogen Auswertungen zu den eigenen Absätzen im Verhältnis zum günstigsten Wettbewerber und erfahren somit artikelspezifisch die Preiselastizitäten (Abnahmemengen im Bezug zum Preis). Aus Käufersicht werden identische Produkte verschiedener Lieferanten verglichen, um damit einen günstigeren Gesamtpreis für einen Warenkorb zu finden. Das Programm beachtet Mindestbestellwerte und Versandkosten und kann nach Lieferzeit, Anzahl der Lieferanten oder Preis priorisiert werden. Ein Großteil der Handelspartner erscheint pseudonymisiert, d. h., dem Kunden wird der Originallieferant nicht angezeigt. Stattdessen ist Mercateo alleiniger Ansprechpartner des Kunden und regelt in dessen Auftrag Bestellungen, Beschwerden sowie Retouren. Darüber hinaus übernimmt der B2B-Anbieter die Abwicklung der Transaktionen. Es wird jedoch kein Lager betrieben (Wikipedia Mercateo 2019).

Roobeo fokussiert sich ausschließlich auf Baumaterialien für Großkunden, Handwerker und Heimwerker. Als innovativer und gewerke-übergreifender Online-Marktplatz ist Roobeo Ansprechpartner für die gesamte Handwerks- und Industriebranche. Auf der Plattform (roobeo.com) werden rund eine Million Artikel von 500 Marktplatzpartnern angeboten, und zwar Baumaterialien, Baustoffe, Werkzeuge, Maschinen, Schrauben, Arbeitskleidung sowie Profi-Marken wie Fischer, Bosch, 3M, Tesa, Caparol, Uzin etc. Neben den Industriegütern sind auch unterschiedliche Services und Zusatzfunktionen im Angebot. So wird beispielsweise durch baustellenbezogene Projektlisten der Überblick über die Baumaterialien, Kosten und projektbezogenen Rechnungen vereinfacht. Verbrauchs- und Flächenrechner ermitteln die individuellen Bedarfsmengen bzw. Verpackungseinheiten. Der Online-Shop ist auf leichte Bedienbarkeit und Navigation ausgerichtet. Dort finden sich detaillierte Produktbeschreibungen mit einer eigenen Datenerfassung und -verwaltung sowie einfache Bestellprozesse. Gewerbekunden müssen nur ihre Gewerbeanmeldung hochladen, um den vollen Zugang zum Geschäftskundenbereich zu erhalten und alle Preisvorteile in Anspruch nehmen zu können (Roobeo 2019).

4.3 Best Practices im B2B-Zuliefergeschäft

Online Pure Player

Als reine B2B-eCommerce-Anbieter gelten materials4me und Automation24.

Bereits 2007 legte **Thyssenkrupp** in den USA mit „OnlineMetals" den Grundstein für die Digitalstrategie seiner Business Area Materials Services. Seit Ende April 2016 steht nun der Online-Shop „materials4me.com" in Deutschland zur Verfügung. Dieser hat Werkstoffe in Standardabmessungen sowie in kundenspezifischen Kurzlängen im

Angebot. Damit setzte Thyssenkrupp Materials Services seine Digitalstrategie planmäßig um und forciert nun die Abdeckung des europäischen Marktes. Der Online-Shop soll neue Zielgruppen ansprechen, darunter Hand- und Heimwerker. Diese können aus einem umfangreichen Produktangebot aus Metall- und Kunststoffprodukten wählen. So umfasst das Sortiment von materials4me derzeit 10.000 Produkte. Um eine bestmögliche Bedienbarkeit und Kundenorientierung zu gewährleisten, überprüft Materials Services kontinuierlich die Funktionalitäten in Bezug auf Angebot und Anwenderfreundlichkeit. Dabei fließt auch das Feedback der Kunden mit ein. Ergebnis ist u. a. der in Belgien als Pilot gestartete Online-Anarbeitungs-Shop, der auf Basis von CAD-Zeichnungen funktioniert und sich ebenfalls positiv entwickelt. Insbesondere durch „Materials4Me" wird die digitale Transformation bei Thyssenkrupp Materials Services angestoßen und innerhalb des Unternehmens von einem umfassenden Change-Management-Prozess begleitet (thyssenkrupp.com/de/).

Automation24 ist ein international agierender B2B Online-Shop für Standardprodukte der Automatisierungstechnik. Ziel ist es, einen einfachen und schnellen Einkaufsprozess mit einer kompetenten Beratung sowie einer schnellen und sicheren Lieferung der Ware zu gewährleisten. Die Kunden sind überwiegend kleine und mittelständische Unternehmen (KMU) aus dem Maschinenbau, der Konstruktion & Entwicklung, dem produzierenden Gewerbe und der Elektrotechnik sowie öffentliche Einrichtungen. Der Verkauf der Produkte erfolgt ausschließlich online über den B2B Online-Shop (automation24.de). Aufträge werden via Telefon, Fax, E-Mail oder über andere Online-Plattformen angenommen, auf eine Vertriebsmannschaft im Außendienst, ein Filialnetz mit Niederlassungen sowie kostenintensive Messepräsentationen wird komplett verzichtet. Die Kosteneinsparungen werden direkt und ohne Mindermengenzuschlag an die Kunden weitergegeben, sodass die Preise durchschnittlich 24 % unter der unverbindlichen Preisempfehlung der Hersteller liegen. Dabei bleibt das Portfolio vom Umfang her „kuratiert begrenzt", um alle Produkte in ausreichender Menge auf Lager vorhalten und die technische Beratung für die Produkte gewährleisten zu können. Die mehr als 60.000 Kunden schätzen gemäß der Trusted-Shop-Bewertung besonders die schnelle Lieferung, den guten Service mit Live-Chat und technischem Know-how sowie die umfassenden Informationen zur Lieferung nach dem Bestellabschluss (Automation24 2019).

Multi-Channeli-Anbieter

Mit dem Besten aus zwei Welten wollen die Anbieter Klöckner sowie Normfest punkten.

Die **Klöckner & Co SE** (häufig als KlöCo oder KCO abgekürzt) ist ein börsennotierter Metall-Großhändler, der vornehmlich Stahl und Nichteisenmetalle an 170 Standorten in 13 Ländern an über 120.000 Kunden vertreibt. Das Produktprogramm umfasst Langprodukte (Stahlträger für die Bauindustrie), Flachprodukte (Bleche für Maschinenbauer), Hohlprofile (Stahlbauhohlprofile), Rostfrei und Qualitätsstahl (hochlegierte Rundstähle für den Maschinenbau), Aluminium (Aluminiumprofilstäbe für den Anlagenbau) sowie Spezialprodukte wie Kunststoffe, Eisenwaren und Zubehör.

Insgesamt hat Klöckner & Co mehr als 200.000 Produkte im Angebot; das Kernsortiment wird auch im Online-Shop (klöckner.de) angeboten. Die Wertschöpfungskette des Konzerns erstreckt sich von der Produktion über Einkauf, Handel und Distribution bis hin zu Lagerhaltung, Beratungsdienstleistungen rund um die Lagerhaltung, Anarbeitung, Logistik und Servicedienstleistungen. Typische Services sind Schneiden und Spalten von Stahlbändern, Ablängen, Brennschneiden und Oberflächenbehandlung. Auch liefert Klöckner Vorprodukte für die Automobilindustrie, den Schiffbau und die Gebrauchsgüterindustrie. Der Kundenkreis setzt sich aus kleinen und mittelständischen Unternehmen sowie international tätigen Großkonzernen aus der Bauindustrie sowie dem Maschinen- und Anlagenbau zusammen. Erklärtes Ziel ist es, die Liefer- und Leistungskette durchgängig zu digitalisieren und den Ausbau der unabhängigen und offenen Industrieplattform XOM Materials voranzutreiben. Diese soll zur führenden vertikalen Plattform der Stahl- und Metallbranche werden (Wikipedia Klöckner 2019).

Normfest ist demgegenüber kein Konzern, sondern ein B2B-Zulieferer für Autowerkstätten, der seit 1982 Teil der Würth-Gruppe ist. Mehr als 20.000 verschiedene Artikel aus den Bereichen Wartung und Inspektion, Windschutzscheiben, Karosseriereparatur, Aufbereitung und Reifenmontage vertreibt das Unternehmen aus Velbert an Kfz-Werkstätten – und das zunehmend online. Normfest kommt auf einen Online-Anteil von rund 30 % und gewann 2018 den Shop-Award der Internetworld als bester B2B Online-Shop (normfest-shop.com). Auch dieser Shop wurde von der Digitalagentur „Kommerz – The Frontend Company GmbH“ entworfen und umgesetzt. Vorbildlich sind hier die Bedienbarkeit sowie die digitale Integration der 240 Normfest-Außendienstler. Darüber hinaus können in der Kontoverwaltung spezielle Kundenwünsche – zum Beispiel hinsichtlich Autorisierung bzw. Limit der Einkäufer – eingerichtet werden. Das Sortiment umfasst vor allem C-Teile für Kfz-Betriebe, also Produkte, die nicht im direkten Zusammenhang mit der eigentlichen Reparatur stehen, wie z. B. Kleber für Glasreparaturen oder Hohlraumversiegelungen für die Karosseriereparatur. Im Grunde sind alle Produkte, die eine Werkstatt benötigt und verbraucht, im Normfest-Portfolio enthalten. Dabei sind eine hohe Beratungskompetenz und deswegen die Einbindung des Außendienstes wichtig. So werden 30.000 Kunden im 14-tägigen Rhythmus besucht, um sie in ihrem C-Teile-Management zu unterstützen. Trotz dieser Unterstützung verursacht das C-Teile-Management offline enorme Kosten. Diese lassen sich durch eine Bestellung im Normfest-Online-Shop erheblich reduzieren. Außerdem bietet der Shop schnelle Suchfunktionen an, mit denen eine Werkstatt jeden gewünschten Artikel rasch finden kann (Wenz 2007).

Plattform/Marktplatz

Bemerkenswerte Start-ups im Bereich „Marktplatz“ sind Industrialboard und FreightHub.

Industrialboard ist ein B2B Online-Marktplatz für mechanische, pneumatische, hydraulische und elektronische Komponenten. Kunden des vielfältigen und großen Sortiments sind unter anderem Maschinenbauer, Zulieferer, Ersatzteilhändler und

Industriebetriebe. Der B2B Shop (industrialboard.de) verkauft Baugruppen, Anlagen, Ersatzteile, Rohmaterial und Zubehör. Außerdem sind auch seltene und alte Komponenten in Top-Qualität und zu günstigen Preisen verfügbar. Marktplatzpartner können dadurch Lagerplatz und Liquidität besser freisetzen und die Komponenten schnell und unkompliziert einstellen, vermarkten und fakturieren. Dauer und Menge sind nicht limitiert. Die Partner profitieren von der großen Reichweite und einer automatisierten Suchmaschinenaufbereitung. Sie können auf der Plattform auch einen eigenen Shop als Shop-in-Shop-System einrichten.

FreightHub ist eine komplett digitale Spedition (freighthub.com). Ziel ist es, globalen Kunden durch den effektiven Einsatz modernster Technologien eine optimale und reibungslose Speditionsdienstleistung anzubieten. So dauert es beim Import normalerweise eine Weile, bis alle Formalitäten mit den Frachtpapieren und den notwendigen Genehmigungen für den Zoll oder die Transportversicherung geklärt sind. Das Start-up FreightHub möchte genau diese Logistikschritte, die heute vielfach noch auf Papier erfolgen und in Ordnern abgeheftet werden, beschleunigen und auf digitaler Basis abwickeln. Das in 2016 gegründete Unternehmen beschäftigt mittlerweile 80 Mitarbeiter und beliefert rund 650 Kunden in der Luft, auf der Schiene oder zu Wasser. Zum Kundenkreis gehören u. a. Home24, Viessmann und der Küchenproduzent Franke. Dabei baut FreightHub sein komplettes Geschäft ohne eigene Vermögenswerte, also ohne Schiffe, Lagerhallen oder Container auf. Der Newcomer kooperiert mit dem ebenfalls deutschen Start-up Instafreight, das Logistik auf der Straße koordiniert und zu Rocket Internet gehört (Jansen 2017).

4.4 Best Practices im B2B-Systemgeschäft

Online Pure Player

Für Furore sorgt insbesondere Amazon Web Services (AWS) als reiner B2B eCommerce-Anbieter. Aber auch SUPR und Lexware beweisen, dass Systemanbieter keinen Außendienst mehr brauchen.

AWS (aws.amazon.com) erzielte mit 25,7 Mrd. US$ Umsatz in 2018 mehr als 11 % des gesamten Amazon-Umsatzes (vgl. Abb. 4.2) und wahrscheinlich einen großen Anteil des gesamten Ergebnisses. Dabei handelt es sich um reine B2B-Umsätze, zu denen noch die gewerblichen Umsätze des Handels- sowie Marktplatzgeschäftes hinzugerechnet werden müssen. Diese machen nach Expertenschätzungen mittlerweile rund ein Sechstel der Handelsaktivitäten aus, sodass noch einmal ein Umsatzvolumen von 27,6 Mrd. US$ hinzukommt, was in Summe 53,3 Mrd. US$ ergibt. Damit dürfte Amazon einer der Top-5 B2B-Anbieter weltweit sein.

AWS wurde 2006 als Cloud-Computing-Anbieter und Tochterunternehmen von Amazon Inc. gegründet. Bemerkenswert ist, dass sämtliche Dienste von AWS online angeboten werden und über die Website im B2B eCommerce zu erwerben sind. Damit stellt AWS ein Paradebeispiel für einen B2B eCommerce-Anbieter im Systemgeschäft

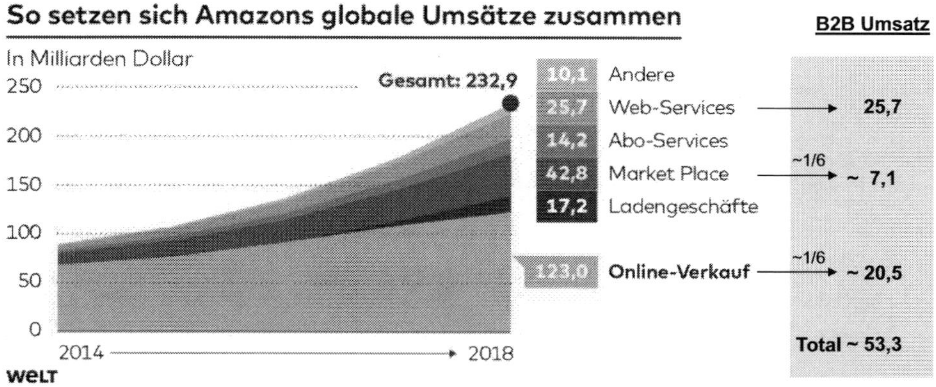

Abb. 4.2 Umsatzanteil Amazon Web Services 2018. (Quelle: Fuest 2019)

dar. Bedienbarkeit und Bestellabwicklung sind vergleichsweise einfach und die Gebühren extrem wettbewerbsstark. Dadurch wird es für andere Cloud-Anbieter extrem schwer, mit AWS auch nur annähernd mitzuhalten. Von Beginn an standen bei AWS vornehmlich B2B-Kunden und weniger Endanwender im Fokus. Ziel ist es, Entwicklen eine IT-Infrastruktur auf Abruf anbieten zu können, zumal der Internet-Gigant Amazon für den Betrieb seiner E-Commerce-Plattform selbst auch für sich Rechenzentren und hochverfügbare Dienste sowie Schnittstellen zu anderen Anwendungen benötigt, die über AWS dann auch Dritten bereitgestellt werden können. Es geht aber weniger um die Auslastung ungenutzter Kapazitäten als vielmehr um den Aufbau eines neuen Geschäftsfeldes. Teilweise werden die Dienste in einem kostenlosen Kontingent gebührenfrei angeboten, um potenzielle Kunden „anzufüttern". Nach Ablauf des ersten Jahres müssen diese dann jedoch auf einen kommerziellen Tarif wechseln und die üblichen Gebühren für die Dienste entrichten. Diese bestehen aus Servernutzung, Speicherbereitstellung, Netzwerkdiensten, Datenbank-Services sowie der Entwicklung. Bei den Server-Diensten handelt es sich um virtuelle Server (EC2 Elastic Compute Cloud), die keine feste Vertragslaufzeit besitzen und stundenweise oder sogar sekundenweise abgerechnet werden. Die Tarife unterscheiden sich je nach verfügbaren sowie virtuellen Prozessoren. Der Speicher stellt einen Filehosting-Dienst dar, der theoretisch beliebig große Datenmengen speichern kann, nach Verbrauch abgerechnet wird (S3 Simple Storage Service) und auf den der Zugriff über HTTP/HTTPS erfolgt. Das Netzwerk ist ein Content Delivery Network, das Inhalte aus anderen AWS-Diensten wie beispielsweise EC2 oder S3 global verteilt bereitstellen kann, um die Zugriffszeit zu reduzieren (CloudFront). Der Dienst wird nach abgerufenen Gigabyte in Abhängigkeit von der jeweiligen Region berechnet. Die Abrechnung der virtuellen Datenbank erfolgt nach Speicher und Rechenleistung. Darüber hinaus werden noch Dienste als PaaS für Entwickler bereitgestellt wie u. a. Simple Workflow Service (SWS), Simple Email Service (SES), Simple Queue Service

(SQS) oder Simple Notification Service (SNS). Außerdem sind umfangreiche Verzeichnis- sowie Verwaltungs-Dienste im Angebot (Wikipedia AWS 2019).

SUPR ist eine Tochter der Firma Supreme New Media. Diese hat in 2014 bekannt gegeben, dass sie das bisher kostenpflichtige System SUPR (de.supr.com) komplett kostenfrei anbieten wird, also ohne monatliche Grundgebühren, ohne Umsatzbeteiligung und ohne einmalige Transaktionsgebühren. Die Finanzierung erfolgt durch die „verpflichtende Einbindung“ von Servicepartnern wie u. a. Wirecard und Hermes. Das einfache SaaS-Shopsystem richtet sich vornehmlich an eCommerce-Einsteiger und kleinere Online-Händler. Es ermöglicht frischgebackenen Start-ups einen schnellen Start – so wie alle gängigen SaaS-Systeme. Die einfachen Baukasten-Systeme sind mit einem Knopfdruck einsetzbar und auch ohne tiefere HTML- oder CSS-Kenntnisse in einem gewissen Rahmen an die eigenen Vorstellungen grafisch anpassbar. SUPR ist damit geeignet für Einsteiger mit überschaubarem Sortiment, die noch kein großes Budget für einen professionell aufgesetzten Onlineshop haben. Für diese Zielgruppe ist der kostenlose Shop durchaus eine gute Plattform mit einem optisch recht ansprechenden Frontend. Allerdings ist SUPR nicht auf große Skalierung ausgelegt. Online-Händler, die es nach einer gewissen Wachstumsphase zu größeren Umsätzen und zu einem umfangreichen Sortiment gebracht haben, wachsen unweigerlich aus dem System heraus (t3n 2014).

Lexware bietet seit 1989 Selbstständigen, Freiberuflern sowie kleinen und mittleren Unternehmen kaufmännische Software-Lösungen an, die einfach zu bedienen sind und durchweg im Lexware-Shop online eingekauft werden können (lexware.de). Der Systemanbieter ist in diesem Segment Marktführer. Seit 2010 wird die Marke Lexware unter dem Dach der Haufe-Lexware GmbH & Co. KG geführt, die zur Haufe Gruppe gehört. Ziel ist es, die rund 1 Mio. Kunden bei der aufwendigen Büroarbeit optimal zu unterstützen und zwar insbesondere durch innovative und benutzerfreundliche Software-Lösungen für alle Bereiche der Unternehmensverwaltung sowie innovative Online-Services. Damit können Unternehmer ohne Vorkenntnisse nahezu sämtliche kaufmännischen Aufgaben von der Buchhaltung über die Warenwirtschaft und Lohnabrechnung bis hin zur Reisekostenabrechnung oder Fehlzeitenverwaltung abwickeln. Mehr als 1000 Autoren, Redakteure und Softwareentwickler stehen für eine hohe inhaltliche und technische Qualität der Software-Lösungen zur Verfügung (Lexware 2019).

Multi-Channel-Anbieter

Zweifelsohne haben die beiden Internetgiganten Apple und Google als Mitglieder der GAFA-Gruppe nicht nur Geschichte geschrieben, sondern gelten als Ikonen einer ganzen Generation. Sie beweisen aber auch täglich aufs Neue, dass es selbst bei Internet-Ikonen nicht mehr nur um Online-Präsenz, sondern vor allem um ein intelligentes Multi-Channeling geht.

In diesem Zusammenhang sei hier auf Support.apple.com sowie Gsiute.Google.com verwiesen. Eine detaillierte Beschreibung der Ansätze würde den Rahmen dieses Buches sprengen und ist jederzeit online recherchierbar.

Plattform/Marktplatz

Als B2B-Plattform agieren DHI Telecom sowie IKT-Symphony.

DHI Telecom (portal.dhitelecom.com) war ursprünglich unter dem Namen Sniperhill bekannt, bevor das Unternehmen 2007 reorganisiert wurde. Die Plattform ist der weltweit größte Internet-Provider in militärischen Einsatzgebieten und dient vorrangig den US-Truppen und deren Vertragspartnern. Bisher agierte DHI Telecom als digitale Plattform vornehmlich auf U.S. und Nato-Stützpunkten im Mittleren Osten inklusive Irak, Kuweit und Afghanistan. DHI richtet sich dabei vor allem an US-Soldaten, Angehörige befreundeter Truppen bzw. Nato-Partner sowie an Zivilisten, die in den jeweiligen Ländern arbeiten, und bietet diesen die Nutzung verkabelter Netze, Glasfasernetze und kabelloser Internetzugänge an. Im B2B können aber auch kooperierende Unternehmen gegen Gebühr die Netze nutzen. DHI konkurriert also als B2B-eCommerce-Anbieter und Provider mit anderen Telekommunikations-Unternehmen und vermarktet seine Leistungen über die eigene Plattform. Der Service wird als „Internet Forces" angeboten und je nach Netzgeschwindigkeit und Datenvolumen abgerechnet (Wikipedia DHI 2019). Im Segment globales Internet und mobiles Wi-Fi will das Unternehmen aktuell in die florierende Reiseindustrie expandieren; den Startschuss dazu gab es auf der New Yorker „Times Travel Show" am 25. Januar 2019. Das mobile Internet hat zwar die Reisebranche revolutioniert, bringt aber immer noch erhebliche Probleme an Flughäfen mit sich. Denn freie Websites, die über mobiles Internet aufgerufen werden, sind in der Regel unsicher, haben schwache Signale und sind häufig Ziel für Diebstähle. Auch ziehen Mobiles nicht selten unkontrolliert enorme Roaming-Gebühren. Die Lösung liegt im eigenen Sapphire-Gerät in Kombination mit TEP Wireless. Ursprünglich als Hotspot im Taschenformat für militärische Zwecke eingesetzt, kann Sapphire hervorragend die Internetprobleme an Flughäfen beheben. Basis ist eine CloudSIM 3G und 4G mit Reichweite in über 100 Ländern. SIM-Karten werden nicht benötigt. Das Wi-Fi-Device wird automatisch zum stärksten Zellsignal verbunden und kann sich gleichzeitig mit bis zu fünf Geräten verbinden (FinanzNachrichten.de 2019).

Die Plattform IKT-Symphony (ikt-symphony.de) befindet sich zwar noch in der Pre-Seed-Phase, stellt jedoch den Idealtypus eines B2B Online-Marktplatzes im Systemgeschäft dar, auf dem Firmenkunden künftig IP-basierte Telekommunikationsdienste erwerben und verwalten können (Symphony 2018). Das hätte den Vorteil, dass die dazugehörigen Geschäftsvorfälle nicht mehr mit jedem einzelnen Anbieter separat abgewickelt werden müssen, sondern miteinander kombiniert werden können. So könnte beispielsweise durch die Verknüpfung einer virtuellen Telefonanlage mit einer ACD (Automatic Call Distribution) oder einem CRM-System für die Verwaltung von Kundendaten ein erheblicher Mehrwert geschaffen werden. Auch wären die Anbieter dieser Systeme für den Kunden auf der Plattform vergleichbar. Zudem kann der Kundenservice wie z. B. das Billing oder das Störungsmanagement in vereinheitlichter Form über die Plattform angeboten werden. Das Projekt Symphony wird vom Bundesministerium für Wirtschaft und Energie (BMWi) und von einem Konsortium namhafter und erfahrener Partner wie u. a. die Adesso AG in Dortmund durchgeführt (Symphony 2018).

4.5 Best Practices im B2B-Projektgeschäft

Online Pure Player

Hier muss Cisco als Best Practice hervorgehoben werden, allerdings hat sich auch das Start-up GastroHero hier in einer Spezialnische exzellent positioniert.

Cisco Systems ist zweifelsohne ein digitales Schwergewicht und galt in den Anfangsjahren des Webs sogar als das wertvollste Unternehmen der Welt. Es wurde später zwar von Apple & Co. Überholt, inzwischen wendet sich das Blatt jedoch wieder. So legte der Aktienkurs in letzter Zeit erneut stärker zu und erreichte vor kurzem sogar ein 17-Jahres-Hoch. Unbenommen ist Cisco seit mehr als 20 Jahren Vorzeigebeispiel im B2B-Geschäft und glänzt durch exzellente SB-Lösungen, selbst für hochkomplizierte Projekte. Mit ausgeklügelten Konfigurations- und Kalkulations-Tools können Kunden ihre Anwendungen sowohl vorkonfigurieren als auch vorkalkulieren, bevor sie diese online erwerben. Derzeit befindet Cisco sich mitten in einer Übergangsphase, und zwar weg vom traditionellen Hardwarekerngeschäft mit Routern und Switchern hin zu Softwarelösungen, Security-Technologie und Cloud-Services. Mittel- bis langfristig sollen die Bereiche Software und Services mehr als die Hälfte zum Gesamtumsatz beitragen. Die 5G-Datenübertragung verschafft Cisco offensichtlich zusätzlichen Rückenwind. Derzeit wird in den Bereichen IP-basierte Dienste für Sprache, Video- und Webkonferenzen sowie künstliche Intelligenz gezielt dazugekauft und Fachwissen erworben. Für 2018 vermeldete Cisco Systems einen Umsatzanstieg auf 49,2 Mrd. US$ bei 25 % operativer Marge (Cisco 2018; Finanzen.net 2019).

Auf diese Zahlen kommt das Start-up **GastroHero** (gastro-hero.de) zwar bei Weitem nicht. Dennoch sind die Ziele alles andere als bescheiden: GastroHero möchte Europas führender Anbieter für Gastronomiebedarf werden und sieht seine Kunden als Partner auf Augenhöhe. Mit der Idee, Gastronomiebedarf kompetent online zu verkaufen, begann im Sommer 2013 die Erfolgsstory des B2B Online-Pure-Players. Mittlerweile kümmern sich über 170 Mitarbeiter darum, den Kunden hervorragenden Service zu bieten. Leitgedanke ist, gute Qualität zu fairen Preisen anzubieten, ohne dabei den Vorteil von lösungsorientiertem und kundennahem Service zu vernachlässigen. Die Geschäftsidee ist, Geräte wie Kühlschränke oder Gasherde online zu vertreiben. Mehr als 35.000 Produkte umfasst mittlerweile das Sortiment. Die Gastronomie-Produkte werden selbst eingekauft und gelagert. GastroHero bezieht die Geräte aus dem Großhandel, direkt vom Hersteller oder lässt eigene Produkte in Fabriken in Europa und Asien produzieren. Obwohl GastroHero zu dem Zeitpunkt gerade einmal zwei Jahre alt war, übernahm das Unternehmen in 2015 einen zwölf Jahre alten Wettbewerber, und zwar Gastro24, der sich auf Küchenprodukte wie Töpfe und Besteck fokussiert. GastroHero verfügt über einen 24-h-Kundenservice. Das Angebot wurde 2017 auf komplette Küchen ausgeweitet, die von internen Beratern geplant werden können; GastroHero ist damit auch zum Projektanbieter geworden (Gründerszene 2017; GastroHero 2019).

Multi-Channel-Anbieter
Hier lassen sich Buerosuche.de, time:matters und Cairo als Best-Practice-Beispiele nennen.

Das Motto von Buerosuche.de bringt es auf den Punkt: Das Beste aus zwei Welten – die optimale Kombination aus Online-Immobiliensuche und lokaler Beratung. Mit diesem Konzept macht der Büromakler das Finden von Büroflächen im Internet übersichtlicher, komfortabler und anwenderfreundlicher. Auf den kompetenten Immobilienberater vor Ort wird nicht verzichtet, sobald die interessanten Projekte im Netz identifiziert wurden. So lässt sich der Aufwand der Bürosuche und Büroanmietung auf ein Minimum reduzieren und zugleich ein gutes Ergebnis erzielen. Anwenderfreundliche Suchfunktionen ermöglichen eine flächengenaue Trefferliste sowie ein komplettes Angebot von Büroimmobilien in bevorzugten Büromarktlagen. Während des gesamten Suchprozesses wird die volle Transparenz garantiert und ein Komplettservice von der Bürosuche bis hin zum Vertragsabschluss angeboten (Bürosuche.de 2019).

Ein weiteres Beispiel für B2B Multi-Channeling ist die Lufthansa-Cargo-Tochter **time:matters.** Der B2B-Logistiker hat Zugang zum Netzwerk der Lufthansa-Gruppe sowie zum ICE-Netz der Deutschen Bahn AG. Der B2B-Anbieter verfügt über ein eigenes Kurier-Terminal und beliefert Destinationen in 90 Ländern mit maximal möglicher Geschwindigkeit. Das Unternehmen entwickelt dabei Customized Logistiklösungen, indem Räumlichkeiten des Kunden sowie eigene Logistik-Infrastruktur genutzt werden. In 2014 übernahm Lufthansa Cargo „time:matters" als einziger Shareholder.

Die **Cairo AG** (cairo.de), zunächst als Versandhändler für Büromöbel gestartet, wandelte sich über die letzten Jahre zu einem B2B eCommerce-Unternehmen mit rund 85 Mitarbeitern und einem Umsatz von gut 31 Mio. EUR. Das Unternehmen hat eine gewisse Start-up-Mentalität beibehalten, denn die Prozesse sind schlank, die Hierarchien flach und die Entscheidungen dementsprechend schnell. Immerhin kommt Cairo auf eine 98-prozentige Warenverfügbarkeit und verspricht, jeden der 2560 Artikel am nächsten Tag zu liefern. Geht ein B2B-Kunden heute zu Cairo, wird er höchstwahrscheinlich von einem Berater betreut, der ein iPad in der Hand hat, den Kunden anhand des Webshops informiert, multimediale Inhalte wie z. B. Produktvideos zeigt und online den Bestand prüft. Dabei schaut ihm der Kunde über die Schulter und sieht, wie die verschiedenen Kanäle zusammenfließen. Trotz der digitalen Begeisterung ist Cairo aber immer noch stark kataloggetrieben. Fast jeden Monat wird ein neuer Katalog herausgegeben, da dieser weiterhin als Kundenbindungsinstrument funktioniert. Andererseits bietet das digitale Instrumentarium für Cairo die Chance, sich mit Programmatic Advertising bei Kunden in Erinnerung zu bringen, die quasi nur als Passanten im Webshop vorbeigekommen waren. Zudem macht Cairo Datenerkenntnise und Datengewinne auch für das Katalogmarketing nutzbar (Wilhelm 2017).

Plattform/Marktplatz
Als B2B Plattform-Pionier im B2B-Projektgeschäft gilt **Liefery** (customer.liefery.com). Das Unternehmen wurde 2014 als Spin-off von time:matters gegründet und sieht

sich als Technologie- und Serviceplattform für flexible Lösungen im Umfeld der letzten Meile. Dabei werden taggleiche Lieferungen angeboten, indem Händler, Endkunden und Transportdienstleister bzw. Kuriere miteinander verbunden werden. Liefery bietet seine Dienste aktuell in 25 deutschen Städten an, mit monatlich rund 600.000 Lieferungen mit einer Zustellquote von mehr als 99 % (Liefery 2018; Jonas et al. 2019). Dabei umfasst das Kundenportfolio mehr als 1700 Einzelhändler und 25 große Handelsketten, darunter auch Amazon, Zalando, Bringmeister (Edeka), Rewe, HelloFresh und Würth. Liefery betrachtet sich also nicht bloß als Logistik- oder KEP-Dienstleister, sondern arbeitet im Bereich der B2B2C-Dienstleistungen, d. h. als Intermediär zwischen Konsument und Händler. Dabei fungiert natürlich der Händler als primärer B2B-Geschäftskontakt und beauftragt das Unternehmen. Innerhalb des Bestellprozesses nimmt Liefery eine eher zurückhaltende Rolle ein und stellt dadurch Kontinuität in der gesamten User Experience (UX) seiner Kunden sicher. Regulär werden taggleiche Lieferungen über den Onlinehändler gebucht und im Hintergrund über Systemschnittstellen (APIs) an Liefery übermittelt. Liefery wiederum schränkt sein Angebot nicht auf den reinen Onlinehandel ein, sondern versucht, seinen Nutzern eine Vernetzung verschiedener Verkaufskanäle zu ermöglichen. Lieferungen werden im Regelfall abends zwischen 19.00 und 22.00 Uhr innerhalb eines einstündigen Zeitfensters zugestellt. Dies stellt die hohe Zustellquote des Unternehmens sicher. Lieferys Kernkompetenzen liegen dabei in der Orchestration aller involvierten Parteien. Dementsprechend setzt die Technologie-Plattform auf ein breites Kuriernetzwerk aus mehr als 4500 Paketzustellern. Das reduziert das Risiko potenzieller Engpässe im Bereich von Transportkapazitäten, bei gleichzeitiger Maximierung der Flexibilität. Die Plattform fokussiert dabei in erster Linie auf die Automation von manuellen Prozessschritten und die gleichzeitige Erhöhung von Effizienz und Flexibilität. Dadurch ist eine dynamische, automatisierte Routenplanung mit GPS-basierter Navigation und einem minutengenauen und echtzeit-adaptierenden Zeitplan möglich, der die Zustellaktivitäten steuert (Jonas et al. 2019). Eine extrem genaue Navigation des Kuriers bis auf den letzten Meter ermöglicht eine bisher nicht gekannte Transparenz und Prozessqualität für alle Verfahrensbeteiligten. Die Lieferempfänger werden kontinuierlich und proaktiv über das jeweilige Lieferfenster informiert und erhalten 30 min vor Ankunft des Kuriers eine Mitteilung zum zeitlich weiter eingegrenzten Liefertermin. Zudem kann die Liefery Software, im Gegensatz zu herkömmlichen Systemen, auf eine Vielzahl dynamischer Daten zugreifen. Das macht alle Prozessschritte einfach und günstig auf mobilen Endgeräten verfügbar und vermeidet hohe Investitionen, z. B. in Scanner.

Im Wettbewerbsvergleich agiert Liefery als sogenannter Same Day Delivery (SDD)-Allrounder. Im Vergleich zu reiferen SDD-Märkten entwickelt sich der deutsche SDD-Markt erst noch. Dies zeigt sich auch in der Anzahl der agierenden Unternehmen, die in Abb. 4.3 dargestellt sind. Neben der Dimension der „logistischen Vorerfahrung" können die in Deutschland agierenden Anbieter nach ihrer geografischen Reichweite und dem angebotenen Dienstleistungsportfolio aufgeteilt werden. Werden diese beiden Dimensionen kombiniert, ergibt sich eine Vier-Felder-Matrix, mit der sich der deutsche SDD-Markt erklären lässt (Jonas et al. 2019).

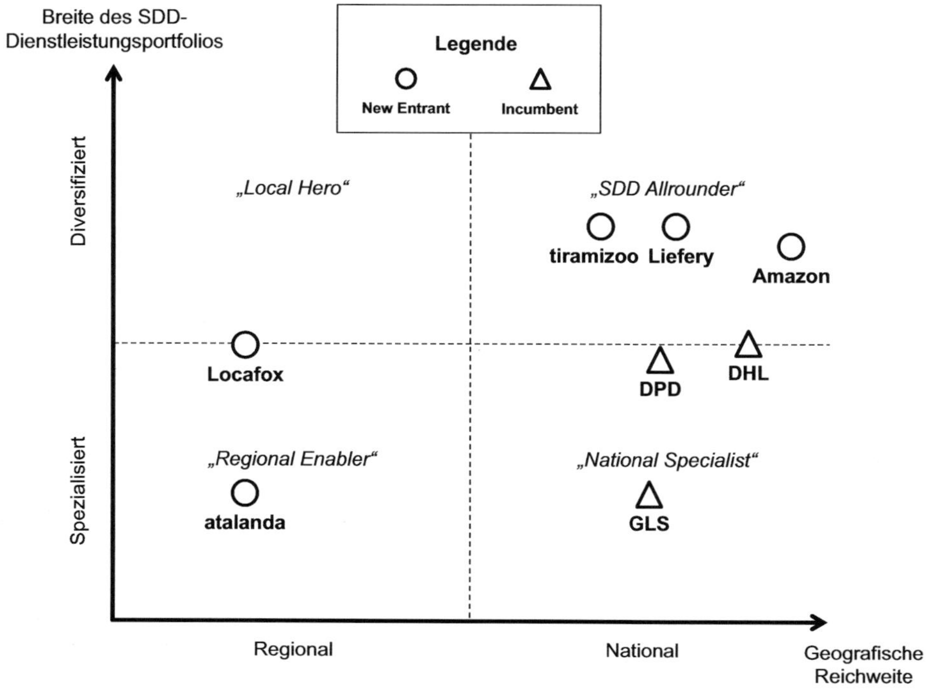

Abb. 4.3 Der Markt für SDD in Deutschland. (Quelle: Jonas et al. 2019)

Demnach lassen sich die auf dem SDD-Markt agierenden Unternehmen in vier generische Anbietertypen unterteilen, nämlich die Local Heros, Regionalen Enabler, SDD-Allrounder sowie National Specialists. Local Heros weisen ein breites Dienstleistungsportfolio auf, spezialisieren sich jedoch auf eine bestimmte Region. Regional Enabler verfügen in der Anzahl der Lieferregionen sowie auch in den angebotenen SDD-Optionen über eine starke Fokussierung (z. B. atalanda oder Local Fox). SDD-Allrounder streben eine Diversifizierung in den angebotenen Dienstleistungen und in den bearbeiteten Regionen an (z. B. Amazon oder Liefery). National Specialists sind zwar deutschlandweit aktiv, weisen jedoch nur ein sehr spezialisiertes SDD-Dienstleistungsangebot auf (z. B. GLS) (Jonas et al. 2019).

4.6 Best Practices im B2B-Integrationsgeschäft

Online Pure Player

Hier muss als reiner B2B eCommerce-Anbieter und Best Practice die Haufe-Gruppe (Haufe.de) genannt werden. Diese zählt zu den innovativsten Medien- und Softwarehäusern in Deutschland und ist hierzulande in den Branchen Recht, Wirtschaft und Steuern unangefochtener Marktführer. Dabei hat sich Haufe zu einem integrierten

Komplettanbieter entwickelt, um die Kunden bei der aufwendigen Büroarbeit optimal unterstützen und entsprechende Serviceleistungen anbieten zu können. Dies erfolgt entweder durch benutzerfreundliche Software-Lösungen für alle Bereiche der Unternehmensverwaltung, innovative Online-Services, praxisnahe Schulungen, umfassendes Fachwissen, hilfreiche Business-Netzwerke oder einen kundennahen Software-Support. Mit den angebotenen Services können Unternehmer quasi ohne Vorkenntnisse sämtliche kaufmännische Aufgaben besser erfüllen, und zwar von der Buchhaltung über die Warenwirtschaft und Lohnabrechnung bis hin zur Reisekostenabrechnung oder Fehlzeitenverwaltung (Haufe.de).

Multi-Channel-Anbieter

Zum Vorbild im Multi-Channel-Integrationsgeschäft haben sich die Würth-Gruppe sowie die Erwin Müller Group entwickelt.

Die **Würth-Gruppe** (wuerth.com) ist weltweit führender Anbieter von Befestigungs- und Montagematerial sowie Werkzeugen. Zu den über 3 Mio. Kunden zählen in erster Linie Betriebe aus der Bauwirtschaft, dem holz- und metallverarbeitenden Gewerbe, Kraftfahrzeugbetriebe sowie zunehmend auch Industriekunden. Würth operiert weltweit, beschäftigt über 77.000 Mitarbeiter und bietet über 125.000 verschiedene Produkte an. Neben der deutschen Adolf Würth GmbH & Co. KG in Künzelsau zählen weltweit über 400 Gesellschaften in über 80 Ländern zum Konzern. Dieser ist in zwei Linien unterteilt, die das Integrationsgeschäft verdeutlichen, und zwar in die Würth-Linie sowie die Linie „Allied Companies". Die Würth-Linie verkörpert Gesellschaften mit dem Firmennamen Würth, unterteilt in die Divisionen Metall, Auto, Holz, Industrie und Bau. Bei den Allied Companies handelt es sich um über 260 Unternehmen, die zum Großteil zugekauft wurden, unter ihrem angestammten Namen operieren oder in eine andere Allied Company integriert wurden. Allied Companies sind in die Bereiche Elektrogroßhandel, Handel, Elektronik, Produktion, RECA (Direktvertrieb), Werkzeuge, Schrauben und Normteile, Finanzdienstleistungen sowie Diversifikation aufgeteilt. Die meisten der rund 400 Gesellschaften betreiben auch B2B eCommerce und erzielen dort bis zu 30 % Online-Anteil (Wikipedia Würth-Gruppe 2019). Im Gegensatz zu anderen Großhändlern betreibt Würth einen hohen Aufwand für Forschung und Entwicklung, mit bis zu 60 Patentanmeldungen pro Jahr.

Die **Erwin Müller Group,** die zur E. M. Group Holding AG mit Sitz im bayerischen Wertingen gehört, ist spezialisiert auf den gewerblichen Handel mit Textilien, Produkten und Dienstleistungen für die Hotellerie- und Gastronomiebranche, für die sie integriert nahezu ein Komplettangebot zusammenstellt (Wikipedia EM-Group 2019). Das Unternehmen ist heute in Österreich, der Schweiz, Frankreich, Italien, Schweden und Spanien vertreten und besitzt außerdem Einkaufsbüros in China und Indien. Mit den Marken VEGA, Hotelwäsche Erwin Müller, JOBELINE, Lusini, Poggemeier und Pulsiva ist die Erwin Müller Group integrierter B2B-Anbieter für Hotels. Mit mehr als 40.000 Artikeln und einem Umsatz von über 150 Mio. EUR ist das Unternehmen Marktführer im Versand- und Online-Handel für Gastronomiebedarf. In 2017 wurde die

Einkaufsgesellschaft MIMCO GmbH gegründet, die unter einem einheitlichen Auftreten die umfangreiche Produktpalette für die Marken VEGA, Hotelwäsche Erwin Müller, JOBELINE und Pulsiva weltweit beschafft. Dabei bildet die Hotelwäsche Erwin Müller GmbH & Co. KG als Versand- und Online-Händler für Textilien in der Gastronomie, Hotellerie sowie im Catering einen wesentlichen Kern der Erwin Müller Group und hat sich auf Tischwäsche, Frottierwaren, Bettwäsche und -waren spezialisiert. JOBELINE bietet demgegenüber Berufsbekleidung für Gastronomie, Hotellerie sowie Catering an und vertreibt ebenfalls über den Versand- und Online-Handel. Das Sortiment reicht von Koch- und Servicebekleidung über Trachtenmode bis hin zur Kleidung für die Raumpflege, den Wellness- sowie den Outdoor-Bereich. Über die Marke VEGA vertreibt der Online-Händler auch Möbel, Geschirr sowie weitere Produktlinien für den Hotellerie- und Gastronomiebedarf (Wikipedia EM-Group 2019). Mit Unterstützung der Digitalagentur „Kommerz – The Frontend Company GmbH“ wurden die Online-Shops für Vega (vega-direkt.de), JOBELINE (jobeline.de) sowie Hotelwäsche Erwin Müller (de.erwin-mueller.com) neu kreiert und nach den neuesten Aspekten der Bedienbarkeit aufgebaut.

Plattform/Marktplatz
Das Start-up Valeroo funktioniert als integrierter B2B-Marktplatz für technische Komponenten und Industriegüter. Mit Valeroo (valeroo.com) können sich B2B-Kunden automatisch mit den qualifiziertesten Lieferanten für alle denkbaren integrierten Bedarfe vernetzen, sämtliche Einzelkosten transparent darstellen lassen und dadurch deutliche Kosteneinsparungen erzielen. Mit dem Geschäftsmodell „Industrie Einkauf 4.0“ liefert Valeroo eine Online-Plattform für den europäischen Mittelstand, mit der Lieferanten und Einkäufer effizient und transparent zusammenarbeiten können. Damit katapultiert die Website Valeroo.com den kompletten Ausschreibungsprozess ins digitale Zeitalter. Mit einem integrativen Ansatz werden alle Prozessschritte in der Angebotskommunikation durch eine digitale Komplettlösung vereinheitlicht und standardisiert. Dabei bietet Valeroo nicht nur die Vorteile einer Suchmaschine bzw. Plattform, sondern unterstützt den Industrie-Einkauf mit einer einfachen und effizienten Kommunikation entlang des gesamten Ausschreibungsprozesses. Lieferanten erhalten über Valeroo direkten Zugang zu Projekten des Einkaufs und können so ihre Leistungen auch aktiv platzieren. Sie können alle angebotsrelevanten Informationen einsehen und auf diese Anfragen mit detaillierten Angeboten und Produktbeschreibungen reagieren. Die gesamte Kommunikation im Ausschreibungsprozess ist sowohl für die Selling-Teams als auch für die Buying-Teams transparent abgebildet und jederzeit übersichtlich abrufbar. Dabei arbeiten die Lieferanten autark und direkt mit den richtigen Entscheidungsträgern im Einkauf zusammen. Mithilfe detaillierter Analysemodelle unterstützt Valeroo dabei den Einkauf, hilft bei der Vorqualifizierung und koordiniert den Lieferantenpool. Dies ermöglicht schnelle und fundierte Entscheidungsgrundlagen. Der gesamte Ausschreibungsprozess läuft dabei automatisiert ab. Der Einkauf kann innerhalb des standardisierten Systems Daten und Informationen mit seinen Lieferanten austauschen. Die Kategorisierung und Auswahl der Lieferanten erfolgt auf Basis vorher festgelegter Kriterien ebenfalls automatisch (Valeroo 2017).

5 Risiken im B2B eCommerce

Zusammenfassung
Häufig versteht sich die eCommerce-Branche noch eher als High-Tech-Branche denn als Teil von „Industrie und Handel“. Darin liegt zweifelsohne auch im B2B eCommerce eines der Hauptrisiken für Start-ups, von denen erfahrungsgemäß nur ein kleiner Teil dauerhaft überleben wird, sofern nicht auch die kaufmännischen Grundprinzipien im Rahmen einer realistischen Businessplanung berücksichtigt werden. Umgekehrt liegt ein großes Risiko für die vielen B2B Multi-Channel-Anbieter darin, das Online-Thema zu unterschätzen und systemtechnisch zu kleckern statt zu klotzen. Unabhängig davon gilt es, die rechtlichen Risiken im Auge zu behalten, die sich vor allem im Zuge der EU-Harmonisierung ergeben.

5.1 Rechtliche Risiken im Online-Handel

5.1.1 Login und Kenntlichmachung von B2B

Grundsätzlich müssen B2B-eCommerce-Unternehmen sicherstellen, dass Endverbraucher sich nicht von B2B-Angeboten angesprochen fühlen und daraufhin im B2B Shop bestellen. Sonst verstößt dieser gegen eine Reihe von Bestimmungen und läuft Gefahr, abgemahnt zu werden. Dafür kann es schon ausreichen, dass ein B2B Online-Shop nicht klar genug herausgestellt hat, dass sein Angebot sich nur an Geschäftskunden richtet. Dementsprechend wird von B2B Shops zwingend gefordert, dass diese in ihrer Geschäftstätigkeit alles ihnen Zumutbare unternehmen, um eine mögliche Verbraucherbeteiligung weitestgehend auszuschließen (Heukrodt-Bauer 2014).

Die bisher extrem strengen Anforderungen hat der BGH mit Urteil vom 11.05.2017 (I ZR 60/16) jedoch teilweise aufgehoben. Im eigenen B2B Online-Shop ist demnach

G. Heinemann, *B2B eCommerce,* https://doi.org/10.1007/978-3-658-27367-5_5

eine „virtuelle Ein- und Ausgangskontrolle" in Form eines expliziten Logins nicht mehr erforderlich. Dies gilt allerdings nicht für Verkaufsplattformen wie eBay, die auch für Verbraucher zugänglich sind.

Eine neue, zusätzliche Herausforderung für B2B-Anbieter stellen aber zweifelsohne die im Mai 2018 in Kraft getretene Datenschutzgrundverordnung sowie die geplante ePrivacy-Verordnung dar. Durch sie hat sich der Umgang mit Daten erheblich verändert. Während viele Online-Shops ihre Kunden bisher über Cookies identifizieren, erschwert die neue Datenschutzregelung dieses Vorgehen erheblich. Insofern ist auch in Zukunft ein Nutzer-Login für B2B Shops durchaus angeraten (Giese 2017).

Für die Trennung des B2B- und B2C-Geschäftes gibt es grundsätzlich zwei Möglichkeiten:

- **Eigenes Kundenprofil:** Ein eigenes Kundenprofil für den B2B-Kunden, das durch einen separaten Login geschützt ist. Für den Zugang muss ein Gewerbe nachgewiesen werden, zum Beispiel über den Gewerbeschein oder die Angabe der Umsatzsteuer-ID. Dabei lassen sich bestimmte Regeln definieren, etwa für die Darstellung von Preisen, Rabatten und Versandkosten, die im B2B nicht für jeden Artikel schon bei der Auswahl einzeln ausgewiesen sein müssen (Ucar 2016).
- **Separater B2B-Shop:** Je nach Shopsystem ist es auch möglich, dem Kunden nur spezielle B2B-Produkte anzuzeigen. Damit bietet es sich an, einen eigenen B2B-Shop auf der Systembasis des B2C-Shops zu implementieren. Eine derartige Multistore-Umgebung ermöglicht es, dass im Backend nicht nur Sortiments- und Kundenbereiche sauber getrennt und verwaltet werden. Sie erlaubt es auch, das Frontenddesign sowie den Content an das B2B-Segment anzupassen. Damit ist die B2B-Zielgruppe wesentlich besser adressierbar. Allerdings muss der Händler dabei sicherstellen, dass im B2B-Shop ausschließlich Gewerbetreibende bestellen können (Ucar 2016), was zweifelsohne ja der Login am ehesten sicherstellt.

5.1.2 Die Datenschutz-Grundverordnung (DSGVO)

Seit dem 25. Mai 2018 gilt die neue Datenschutz-Grundverordnung (DSVGO). Sie ist eine Verordnung der Europäischen Union, mit der einerseits der Schutz personenbezogener Daten innerhalb der Europäischen Union sichergestellt, andererseits der freie Datenverkehr innerhalb des Europäischen Binnenmarktes gewährleistet werden soll. Die neuen Datenschutzregeln der EU ersetzen das weniger strenge Bundesdatenschutzgesetz, also die aus dem Jahre 1995 stammende Richtlinie 95/46/EG zum Schutz natürlicher Personen bei der Verarbeitung personenbezogener Daten und zum freien Datenverkehr.

Ziel der DSGVO ist es, die Regeln zur Verarbeitung personenbezogener Daten durch private Unternehmen und öffentliche Stellen EU-weit zu vereinheitlichen und den Datenschutz als ein Grundrecht in der EU durchzusetzen (Wikipedia DSGVO 2018). Entsprechend heißt es schon in der EU-Grundrechtecharta aus dem Jahre 2000, dass jede

Person das Recht auf Schutz der sie betreffenden personenbezogenen Daten hat. Die entsprechenden Regeln waren allerdings veraltet und nicht internetbezogen. Damals waren die radikalen Umwälzungen durch die Internetgiganten – also Google, Amazon, Facebook und Apple (GAFA) sowie neuerdings auch Tencent, Alibaba und Baidu (TAB) – noch nicht absehbar.

Bereits im April 2016 hatten sich die EU-Staaten und das Europaparlament auf die sogenannte Datenschutz-Grundverordnung (DSGVO) geeinigt, die dann in 2018 in Kraft trat. Die Regeln gelten nicht nur für alle EU-Länder, sondern auch für Unternehmen, die ihren Sitz außerhalb der EU haben, ihre Dienste aber hier anbieten. Nicht zuletzt der Facebook-Datenskandal vom März 2018, bei dem bekannt wurde, dass die Daten von bis zu 87 Mio. Nutzern unbefugt weitergegeben worden waren, lieferte eine Bestätigung für die Notwendigkeit der neuen Verordnung. Facebook-Chef Mark Zuckerberg bekundete prompt Reue und kündigte an, die Regeln künftig weltweit anwenden zu wollen (Seibel 2018).

Regelungen der DSGVO

Im Grunde genommen soll durch die neue Verordnung die Verarbeitung personenbezogener Daten durch Unternehmen oder Institutionen geregelt werden. Dies betrifft z. B. Name, Adresse, E-Mail-Adresse, Ausweisnummer oder IP-Adresse, unabhängig von der Art der Speicherung. Nur in besonderen Ausnahmefällen dürfen sensible Daten zu religiösen Überzeugungen, Gesundheit oder Sexualleben verarbeitet werden. Deswegen haben Verbraucher nunmehr ein Recht auf Auskunft, wobei Unternehmen und Organisationen ihnen die über sie gespeicherten Daten auf Anfrage zur Verfügung stellen müssen. Bezogen auf ihr Kundenkonto dürfen Kunden z. B. erfahren, welche Daten dazu gespeichert wurden, wie oft sie wo was eingekauft haben. Darüber hinaus wird dem EU-Bürger ein „Recht auf Vergessenwerden" zugestanden. Dementsprechend hat jeder Nutzer das Recht, die Löschung ihn betreffender Daten zu fordern, sobald die Gründe für die Speicherung entfallen sind. Außerdem müssen Daten, die für den ursprünglichen Zweck der Speicherung nicht mehr benötigt werden, auch aktiv durch die Verarbeiter gelöscht werden. Weiterhin erhalten Internetnutzer mehr Kontrolle über ihre persönlichen Daten. Auch wenn sie von einem Anbieter zu einem anderen wechseln, können sie in einem sogenannten Datenrucksack E-Mails, Fotos oder Kontakte mitnehmen. Schließlich müssen User über Datenschutzverstöße informiert werden – etwa bei Datenlecks oder Hackerangriffen. Sofern dadurch auch ein Risiko für die Nutzer entstanden ist, müssen Unternehmen und/oder Organisationen die Verstöße zudem bei nationalen Behörden melden. Grundsätzlich dürfen nur notwendige Informationen gesammelt werden, also Daten, die auch tatsächlich gebraucht werden. Diese müssen so sicher gespeichert werden, dass Unbefugte keinen Zugriff haben und auch ein versehentlicher Datenverlust unmöglich ist. Auch dürfen Daten nicht länger gespeichert werden, als sie tatsächlich gebraucht werden. Sie dürfen zudem für keinen Zweck genutzt werden, den die Kunden nicht kennen. Den Usern müssen Unternehmen deswegen verständlich und nachvollziehbar erklären, wozu und wie lange sie die Daten benötigen. Große Unternehmen, die viel mit personenbezogenen Daten arbeiten, benötigen nun zudem einen Datenschutzbeauftragten. Größe spielt zukünftig auch beim Strafmaß eine Rolle, denn hier sollen Faktoren wie Schwere und Dauer des Verstoßes, die Zahl der Betroffenen und die Vorsätzlichkeit berücksichtigt werden.

Und es geht weiter, denn die EU-Kommission hat im vergangenen Jahr weitere Reformvorschläge eingereicht. Diesmal geht es um die elektronische Kommunikation über WhatsApp, Facebook oder Skype. Dabei ist in vielen Fällen die ausdrückliche Einwilligung der Nutzer zur weiteren Verwendung von Informationen wie Inhalt und Metadaten vorgesehen (Internetworld 2018; Seibel 2018).

Reaktionen auf die neue Verordnung

Die neue DSGVO löste zunächst eine Flut von Beschwerden bei den Aufsichtsbehörden aus. So erhielten die zuständigen Aufsichtsbehörden des Bundes und der Länder nach Inkrafttreten der Verordnung Ende Mai 2018 bis zu zehnmal mehr E-Mails, Briefe und Anrufe, in denen Verbraucher auf mögliche Datenschutzverstöße von Unternehmen hinweisen. Das war das Ergebnis einer Umfrage von *Welt am Sonntag* bei den Aufsichtsbehörden (Seibel 2018). Aber auch die Anzahl der Meldungen von Unternehmensmeldungen, denen personenbezogene Daten abhandengekommen waren, stieg deutlich an. Mittlerweile pendelt sich die Zahl der Beschwerden zwar wieder ein, sie beträgt aber immer noch in etwa das Dreifache der ursprünglichen Menge. Dabei machen Verbraucher vor allem auf Missstände bei sozialen Netzwerken wie Facebook aufmerksam. Zudem zeichnet sich ab, dass fast nur Privatpersonen auf Missstände hinweisen. Darüber freuen sich vor allem die Verbraucher- und Datenschützer, denn sie befürworten die neuen Regeln, die mehr Kontrolle über die eigenen Daten sowie mehr Macht für Strafverfolgungsbehörden bei Rechtsverstößen und Schutz der Privatsphäre gewährleisten sollen.

Demgegenüber warnt jedoch der Deutsche Industrie- und Handelskammertag, dass vor allem kleine und mittelständische Unternehmen Probleme mit der DSGVO haben, nicht zuletzt, weil die neuen Regeln zu unpräzise seien. Mittelständler und Vereine fürchten vor allem den bürokratischen Aufwand und die hohen Strafen (Seibel 2018). Dies dürfte zum Beispiel auch die Frage betreffen, ob die DSGVO zwingend die Anwendung von SSL/TLS-Verschlüsselungen für Websites und insbesondere Formulare erfordert. Zwar ist die Nutzung von SSL/TLS heute eindeutig Stand der Technik und sollte für die Übertragung von schützenswerten Daten, wie zum Beispiel Webformularen mit personenbezogenen Daten, auf jeden Fall verwendet werden. Doch könnte auch bei einfachen Webformularen schon die DSGVO zuschlagen.

Ein Fallbeispiel: Schadensersatz für fehlende SSL-Verschlüsselung?

Was zunächst wie ein Aprilscherz klingt, kommt tatsächlich vor: Abmahnungen, bei denen fünfstellige Summen als Schadensersatz für eine nicht vorhandene SSL-Verschlüsselung bei der Übersendung eines Kontaktformulars geltend gemacht werden. Im konkreten Fall handelte es sich um den bereits seit längerer Zeit im Bereich von fragwürdigen Abmahnungen tätigen Gereon Sandhage aus Berlin (Heidrich 2018). Sandhage vertrat einen Augenoptiker, für den er offensichtlich bereits in anderen Fällen Abmahnungen versendet hatte. Demnach habe der Optiker über die Webseite des abgemahnten Händlers eine Anfrage per Kontaktformular übersandt. Dabei stellte der „Geschädigte" fest, dass der Website-Betreiber „die personenbezogenen Daten über das Kontaktformular ohne https als Transportverschlüsselung" übertrage, obwohl die Website nicht über ein SSL-Zertifikat verfüge. Dadurch lägen „ganz erhebliche Verletzungen bei der Verarbeitung der Daten" seines Mandanten vor. Bei der fehlenden SSL-Verschlüsselung handele es sich um eine „drastische Missachtung der Vorschriften der DSGVO" (Heidrich 2018). Unter Verweis auf Artikel 82 der DSGVO verlangte Sandhagen von dem Händler einen Schadensersatz in Höhe von 8500 EUR, zumal sein Mandant dadurch „persönliches Leid" erfahren habe und es um eine Abschreckungsfunktion „im Hinblick auf die besondere Bedeutung der DSGVO" gehe. In der Tat sieht Artikel 82 DSGVO vor, dass einer Person, der wegen eines Verstoßes gegen die Vorschriften des Datenschutzes ein materieller oder immaterieller Schaden entstanden ist, Anspruch auf Schadenersatz zusteht. Als Beispiele dafür werden Identitätsdiebstahl oder -betrug, ein finanzieller Verlust, eine Rufschädigung oder „andere erhebliche wirtschaftliche oder gesellschaftliche Nachteile" genannt. Zu welchem Leid die unverschlüsselte Übersendung des Kontaktformulars des Mandanten konkret geführt habe, wird bisher offengelassen. Es ist zu hoffen, dass auch in Zukunft nicht mit der Unterstützung der Gerichte rechnen darf, wer versucht, es allein durch die Nutzung einer Website, die diesen Vorgaben nicht genügt, zu Wohlstand zu bringen (Heidrich 2018).

Kritik an DSGVO und Uploadfiltern

Die Bundesregierung verschlimmbessert offensichtlich die von deutschen Online-Experten als verkorkst angesehene DSGVO, die ja auf europäischer Gesetzgebung beruht So heißt die Forderung von CDU/SPD/FDP: Unzulässigkeit von Abmahnungen wegen Datenschutzverstößen sowie die Schaffung von schnellen Lösungen für eine Entlastung von Unternehmen und Ehrenamtlern. Schnellstmöglich soll die entstandene Rechtsunsicherheit beseitigt werden, und zwar mit Auflagen, die über die europäische Datenschutzgrundverordnung hinausgehen würden und die es nur im deutschen Recht gäbe. Damit wird es wohl wieder ein Stück dunkler im Internet-Deutschland (Moldenhauer 2018).

Zwar kritisierte die Mittelstands- und Wirtschaftsvereinigung der CDU/CSU (MIT) gemeinsam mit den Wirtschaftsvereinigungen von SPD und FDP umgehend das neue Datenschutzrecht und wandte sich in einer gemeinsamen Erklärung vom 12. Juni 2018 „gegen unpraktikable Lösungen und deutsche Sonderwege, die deutsche Unternehmen stärker belasten als Unternehmen in anderen EU-Ländern". Diese sollten dann wieder abgeschafft werden, sodass „bei leichten erstmaligen Verstößen" keine Bußgelder fällig würden. Auch sollten die DSGVO-Abmahngebühren zumindest durch eine Klausel im Gesetzesentwurf zur sogenannten Musterfeststellungsklage vorerst ausgesetzt werden (Moldenhauer 2018).

Insofern ist die DSGVO ein klarer Fall von „Gut gemeint, aber nicht gut gemacht". Anders als Österreich beispielsweise hat die Bunderegierung darauf verzichtet, Ausnahmen für Kleinunternehmen einzubauen oder die Öffnungsklausel für Berufsfotografen zu nutzen. Schlimmer: Berlin hat sogar die EU-Vorgaben benutzt, um daraus ein regelrechtes Datenüberwachungsgesetz zu basteln. Kommt es zu einer Beschwerde bei einer Datenaufsichtsbehörde, dann ist das beschuldigte Unternehmen gezwungen, sämtliche Schutzmaßnahmen und Verarbeitungsprozesse offenzulegen bzw. zu dokumentieren im Zusammenhang mit den Personen, die Zugang zu den personenbezogenen Daten haben. Zwar wird mit Schrot auf die Datenkraken wie Google und Facebook geschossen, doch getroffen werden vor allem kleinste Anbieter, Vereine, Schulen, Klubs. Sie alle unterliegen denselben Regeln wie die Giganten, verfügen allerdings nicht über vergleichbare Ressourcen, Rechtsabteilungen sowie die technischen Voraussetzungen. Die Internetgiganten stecken die Strafe locker weg, nicht jedoch die Mittelständler, wenn mit „Bußgeldern von bis zu vier Prozent des Jahresumsatzes" gedroht wird. Dementsprechend bremst auch die DSGVO die digitale Wirtschaft aus und blockiert vor allem die Weiterentwicklung von Künstlicher Intelligenz (KI) in Deutschland, die doch die deutsche Wirtschaft ins digitale Zeitalter hieven sollte. Denn KI braucht jede Menge Daten. Deren Nutzung und Weitergabe wird durch die DSGVO massiv erschwert (Moldenhauer 2018).

5.2 Geschäftliche Risiken im B2B eCommerce

5.2.1 Risiko fehlender Businessplanung

Das wohl größte Risiko im B2B eCommerce liegt in einer fehlenden Businessplanung. Diese ist eine unverzichtbare Basis für den Aufbau einer neuen Organisation und kann bzw. sollte sich an den gängigen Strukturierungen von Unternehmensgründungen orientieren. In einem Businessplan sind dabei folgende Aspekte abzuarbeiten (Kailer und Weiß 2012; Kollmann 2013; Nagl 2015):

- **Meta-Targeting:** Erfolgskritisch für den Innovationserfolg ist eine genaue Abschätzung der Marktpotenziale sowie die Identifizierung (noch) nicht besetzter Marktnischen. Neben einer Wettbewerbsanalyse sollten auch die Marktsegmente und Zielkunden bestimmt sowie definiert werden.
- **Geschäftsidee:** Auf Basis der Marktanalyse ist die Geschäftsidee detailliert zu beschreiben. Dabei ist darauf zu achten, dass es sich nicht einfach nur um Kopien oder Nachahmungen handelt, sondern um echte Neuerungen, die einen potenziellen Mehrwert für ihre Nutzer bieten.
- **Geschäftsmodell:** Für die beschriebene Geschäftsidee muss stichhaltig dargelegt werden, wie mit ihr Umsätze realisiert werden können. Das beinhaltet die Beschreibung des Marketingkonzeptes inklusive Preispositionierung sowie der

Verkaufswege. Mit der Erläuterung des Geschäftsmodells wird die Umsatzplanung in der abschließenden Finanzplanung ermöglicht.

- **Geschäftssysteme:** Ausgehend vom Geschäftsmodell ist in Bezug auf das Geschäftssystem genau zu erklären, mit welchen Prozessen und Ressourcen die fakturierten Leistungen zu erbringen sind. Dies betrifft auch die Infrastruktur, das Betreibermodell sowie die IT-Systeme. Die Beschreibung des Geschäftssystems erlaubt die genauen Kosten- und Investitionsplanungen für die Finanzplanung.
- **Finanzplanung:** In der Finanzplanung werden alle Zahlen dargelegt. Erforderlich sind dafür nicht nur eine Plan-Gewinn-und-Verlust-Rechnung für die ersten zehn Jahre nach Markteinführung, die den Break-even ermittelt, sondern auch entsprechende Planbilanzen inklusive Finanzierungs- und Liquiditätsplanung.

Untrennbar verknüpft mit der Festlegung des Geschäftsmodells ist die Frage nach der Positionierung, der eine umfassende Markt- und Wettbewerbsanalyse vorausgehen sollte. Es ist besser, nicht besetzte Marktnischen anzupeilen, als überbesetzte Marktfelder anzugehen. Darüber hinaus ist eine bewusste Entscheidung über das Leistungsversprechen sowie über das Wertschöpfungs- und Ertragsmodell zu treffen. Im Hinblick auf das Geschäftsmodell ist in einem vorhandenen Optionenraum eine gezielte Entscheidung zu treffen, deren Auswirkungen auf alle anderen strategischen Dimensionen zu berücksichtigen sind. In Abb. 5.1 ist ein derartiger Optionenraum für Geschäftsideen dargestellt, die sich nach B2B Transaction, B2B Marketing, B2B Subscription und B2B Sharing unterscheiden (Gehrckens und Boersma 2013; Boersma 2017).

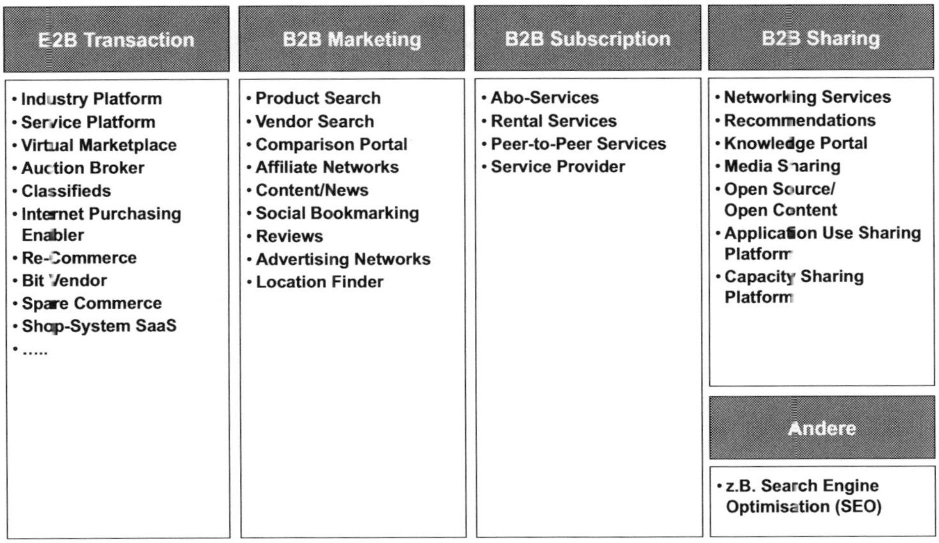

Abb. 5.1 Beispiele für Geschäftsideen im B2B eCommerce. (In Anlehnung an Gehrckens und Boersma 2013; Boersma 2017)

Im nächsten Schritt gilt es, das ausgewählte Geschäftsmodell einer Businessplanung zu unterziehen. Für viele Online-Händler stellt sich im Rahmen der Businessplanung allerdings die Frage, ob es ihre Geschäftsmodelle überhaupt schaffen, nachhaltig rentabel zu werden und einen angemessenen Return on Investment sicherzustellen. Deswegen sollte auch die Entscheidung „Outsourcing versus Insourcing" gut überlegt sein. Sie muss für alle Kernfunktionen in regelmäßigen Abständen hinterfragt und betriebsgrößenabhängig entschieden werden. Das geht aber nur, wenn die Vertragsbindungen mit möglichen Outsourcing-Partnern nicht zu langfristig und rigide gestaltet sind. Oberstes Gebot sollten insofern flexible Verträge mit kurzfristigen Ausstiegsmöglichkeiten sein. Dies bedingt allerdings, dass nicht nur das Geschäftsmodell, sondern vor allem das Betreibermodell auf den Prüfstand kommt (Krekeler und Heinemann 2017), was wiederum nur auf Basis einer detaillierten Businessplanung erfolgen kann, die sämtliche Kostenarten transparent aufschlüsselt. Dabei sind neben den Personalkosten vor allem auch die Sachkosten unter Einschluss aller externer Kosten (Outsourcing-Partner, Service-Provider, Fulfillment-Dienstleister etc.) relevant. Außerdem macht es Sinn, in die Verträge mit den Outsourcing-Partnern Einblick zu nehmen. Ansonsten besteht die Gefahr, dass trotz Umsatzausweitung und relativer Verkleinerung der Anlaufverluste die absolute Höhe der negativen Periodenergebnisse fast unverändert bleibt und damit der Shop keine Chance hat, über kurz oder lang den Break-even zu erreichen.

Betreibermodelle und Rentabilisierung im Online-Handel
Zweifelsohne sind die meisten Online-Shops noch nicht rentabel, was jedoch häufig hausgemachte Ursachen hat und nicht generell am Geschäftsmodell eCommerce liegt. Wesentliche Ursache ist die Investition in falsche und überdimensionierte Systeme, was den B2B eCommerce über Jahre hinaus lahmlegen kann oder weitere Ausbaustufen wie zum Beispiel eine Internationalisierung verhindert. Häufig liegt es aber auch am Outsourcing des B2B Online-Shops oder seiner Kernfunktionen. Outsourcing hat zwar den Vorteil, mit relativ geringen Fixkosten starten zu können. Großer Nachteil ist allerdings, dass sich keine Skalierungseffekte einstellen können und damit eine Rentabilisierung häufig in weite Ferne rückt. Wichtiger „Erfahrungswert" der letzten Jahre ist insbesondere im Hinblick auf die Rentabilisierung, Insourcing-tendenziell Outsourcing-Lösungen vorzuziehen. Insofern ist die Rentabilisierung eines Online-Shops eng mit der Entscheidung für ein Betreibermodell verknüpft (Krekeler und Heinemann 2017).

Deswegen ist für jede einzelne Aktivität der Wertschöpfungskette zu hinterfragen, was unbedingt selbst betrieben werden sollte oder welche Funktionen besser an Dienstleister delegiert werden sollten. Die Betreibermodellentscheidung stellt demnach die wesentliche Basis bei der Entwicklung des B2B eCommerce dar. Sie betrifft alle Schritte, die dafür durchlaufen werden müssen, und bildet zusammen mit der Businessplanung einen zentralen Aspekt des Detailkonzeptes für ein nachhaltiges Geschäftsmodell (vgl. Abb. 5.2). Die „Make-or-Buy"-Entscheidung sollte deswegen für alle Unternehmens-

Abb. 5.2 Schritte zur Entwicklung des B2B eCommerce

aktivitäten ständig neu geprüft werden. Dies kann aber nur auf Basis einer Digitalstrategie und daraus abgeleiteten Businessplanung erfolgen.

Für die Grundsatzentscheidung über das Betreibermodell muss in einem ersten Schritt Transparenz hinsichtlich des Online-Shops einschließlich der entsprechenden Quantitäten und aller verfügbaren Kennzahlen hergestellt werden. Weiterhin ist ein Überblick über die Organisations-, Prozess- sowie Kostenstrukturen notwendig. Auf dieser Basis ist es möglich, eine erste grobe Analyse vorzunehmen und diese einer Benchmarking- bzw. Best-Practice-Betrachtung zu unterziehen. Damit kann eine erste Einschätzung hinsichtlich der Wettbewerbsfähigkeit der aktuellen Strukturen und der möglichen Potenzialvolumina entwickelt werden. Eine Schlüsselrolle für die „Make-or-Buy"-Entscheidung sollten dabei vor allem auch die Kundenperspektive und das Kundenverhalten einnehmen. Erfolgskritisch ist, die richtigen Leistungen situationsadäquat den richtigen Kunden anzubieten und die entsprechenden Leistungen richtig zu bewerben. Die meisten Besucher kaufen nicht, halten sich aber im Schnitt sechs bis zwölf Minuten im Online-Shop auf. Daher bietet er als möglicher Online-Flagshipstore die Chance, dem Endverbraucher relativ effizient das gesamte Sortiment zu präsentieren, was in der Regel offline nur selten möglich ist. Dies dürfte allerdings in einem total outgesourcten Shop schwierig sein. Demgegenüber bietet es sich an, Commodity-Leistungen wie unter anderem die Logistik an hochspezialisierte Dienstleister zu delegieren (Krekeler und Heinemann 2017).

5.2.2 Fehlende Digital Readiness

Immer noch gibt es Unternehmer, die vom Internet als einem Trend sprechen, der bald vorbei sei, oder sich damit brüsten, noch nie im Internet gewesen zu sein. Auch vertreten viele Unternehmer insbesondere aus dem Mittelstand die Ansicht, dass es bei der Digitalisierung doch nur um einen Medienwechsel ginge und lediglich darum, allenfalls Kataloge im Frontend gegen eine Website auszutauschen bzw. sie damit zu ergänzen (Dialogplattform Einzelhandel 2015). Tatsache ist jedoch, dass die Digitalisierung alle bisherigen Kompetenzen und Geschäftsprozesse beeinflusst. Mittelständische Unternehmen stehen dabei häufig vor drei wesentlichen Problemen (Agentur Handel 2016):

- **Vielfalt innovativer Technologien:** Stationären Händlern ist oft nicht klar, welche Technologien für das Unternehmen am besten einzusetzen sind, den Konsumenten einen Zusatznutzen bringen und sich in der Praxis bewähren.
- **Prozessanpassung und -integration:** Die Unternehmen sind sich in der Regel nicht darüber bewusst, dass nicht bloß Prozesse digitalisiert werden sollten, sondern diese für eine sinnvolle Automatisierung vorher auch optimiert werden müssen. Dabei sind Medienbrüche möglichst zu vermeiden.
- **Barrieren der Digitalisierung:** Abgesehen von den fehlenden technischen Voraussetzungen (zum Beispiel Software-Auswahl, Informationsübertragung verschiedener Systeme) sehen sich insbesondere stationäre Händler auch mit mentalen Barrieren konfrontiert (zum Beispiel die Rolle des Vertriebs bei Aufbau eines Online-Shops).

Wie die vom BVDW publizierte Studie „Digital Readiness" zeigt (vgl. Abb. 5.3), haben sich 25 % der Unternehmer noch überhaupt nicht mit der Digitalisierung auseinandergesetzt oder stehen noch ganz am Anfang ihrer Überlegungen (Bohl 2016; BVDW 2016). Ein weiteres Viertel befindet sich gerade einmal in der Pilotphase. Zusammengenommen also wieder die besagten 50 % der Unternehmer mit Widerstand und damit ein bedenklicher Befund, denn „wer nicht mit der Zeit geht, geht mit der Zeit" – so eine zentrale Weisheit der Handelsbranche (Bohl 2016). Sicherlich ist ein eigener Online-Shop nicht immer zwingend notwendig und sinnvoll – auch aufgrund der Online-Marktkonzentration. Aber die Auffindbarkeit im Internet und vor allem im mobilen Netz ist mittlerweile ein Muss.

Immerhin befinden sich 16 % der deutschen Unternehmen im höchsten Reifegrad der Digitalisierung. Allerdings sind auch digitale Player in der Studie als Unternehmen definiert. Zweifelsohne fällt es vor allem den mittelständischen Unternehmen schwer, sich auf veränderte Anforderungen im Kontext der Digitalisierung einzustellen (Agentur Handel 2016). Sowohl die vorausgehenden Befragungsergebnisse im Mittelstand als auch die Erfahrungen der eingebundenen Experten zeigen, dass die Unternehmen immer noch

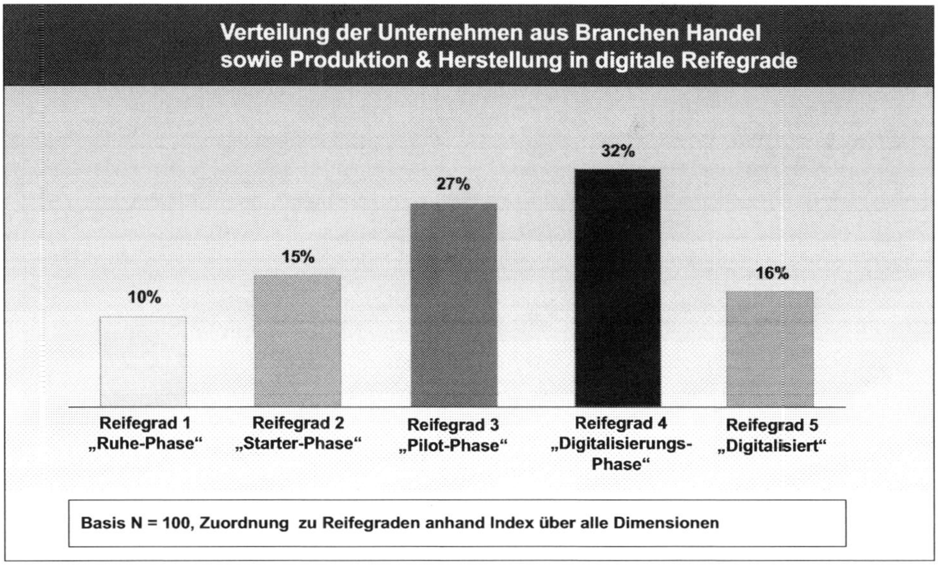

Abb. 5.3 Digital Readiness. (Quelle: BVDW 2016)

nicht ausreichend über die Auswirkungen der Digitalisierung informiert sind. Deswegen sind Politik und Verbände sowie Institutionen wie IHK und Wirtschaftsförderungen dazu aufgerufen, weiterhin Aufklärungsarbeit zu leisten. Mit aller Kraft muss ein Problembewusstsein mit Lösungswegen geschaffen werden. Dafür sollten Leitfäden jeglicher Art, Austauschformate wie Stammtische, Roadshows sowie Schulungen etabliert werden.

Sicherlich dürfte auch die Fortbildung eine Schlüsselrolle spielen, um bestehende Widerstände weiter abzubauen. Die durch die Digitalisierung verursachten Veränderungen in den Tätigkeitsanforderungen müssen auch bei der Neuordnung der Berufe im industriellen Verkauf ihren Niederschlag finden (Heinemann 2019a). Auch die Weiterentwicklung anderer Berufe, die ebenso für die Vermarktung Bedeutung haben (zum Beispiel Kaufmann/frau für Dialogmarketing, Kaufmann/frau für Marketingkommunikation, die IT-Berufe sowie die Lager- und Logistikberufe), muss die durch die Digitalisierung veränderten Qualifikationsanforderungen aufgreifen (HDE 2019).

Im Grunde bringt es folgende Aussage auf den Punkt: „Digitale Kompetenz wird zu einer Schlüsselkompetenz, denn soziale und wirtschaftliche Teilhabe ist künftig ohne digitale Teilhabe kaum mehr denkbar. Deshalb sollte nachdenklich stimmen, dass sich eine Sättigung der privaten IT-Nutzung bei knapp 85 % der Bevölkerung abzeichnet" (Rinne und Zimmermann 2016). Nun sind offensichtlich die wichtigsten Hürden genommen, denn ab dem Berufsschuljahr 2018/2019 soll endlich die Ausbildung zu eCommerce-Kaufleuten angeboten werden (aubi-plus 2017).

5.3 Die Mythen des B2B eCommerce

Wie das Kaninchen vor der Schlange sitzen viele Hersteller und Großhändler vor der Frage, was digital zu tun ist. Nach dem „Prinzip Hoffnung“ werden dabei nicht selten Online Pure Player einfach für tot erklärt oder als „Non-Profit-Veranstaltung“ abgetan. Es fehlt zuweilen am Bewusstsein für die Notwendigkeit der digitalen Transformation, vor allem aber fehlt es an Risikobereitschaft. Der Grund liegt auf der Hand: Ein Handelskonzern hat viel Geld in die Hand zu nehmen, wenn das Management beschließt, die Digitalisierung mit Vollgas voranzutreiben. Auch müssen Komfortzonen abgebaut werden, sowohl bei den Führungskräften als auch bei den Mitarbeitern. Die schnellen Online Pure Player machen vor, dass ausgeprägte Statussymbole und Hierarchien bei der Digitalisierung eher hinderlich sind. Um von ihnen zu lernen, können sich Traditionshändler sicherlich in der Frühphase an Start-ups beteiligen und so ein intelligentes digitales Portfolio aufbauen. Beispiele gibt es mittlerweile genug: Ob Axel Springer, Metro oder Würth, selbst der Stahlhändler Klöckner & Co. lässt sich bereits als Start-up-Schmiede feiern. Eine konsequente digitale Transformation kommt allerdings mehr einem umfassenden Sanierungsprojekt gleich; mit dem Zukauf von Start-ups ist es hier nicht getan. Das Vorgehen muss radikal sein – vielleicht trifft deswegen der Begriff „disruptive Transformation“ stärker den Kern der Sache. Vor allem im Hinblick auf den Anspruch, im Leistungsvermögen mindestens mit den disruptiven Pure Playern gleichziehen zu wollen. Denn wer bei diesem Thema zu vorsichtig agiert, wird auf Dauer gegen Amazon, Alibaba & Co. keinen Schnitt machen können. Dafür muss allerdings die bestehende Organisation radikal geöffnet und erneuert werden, um die Impulse aus dem digitalen Portfolio im bisherigen Kern umsetzen zu können. Vermutlich werden etliche Unternehmen das Momentum verpassen, weil sie das Thema und die digitale Neuausrichtung unterschätzen oder immer noch versuchen, es kleinzureden.

Insgesamt halten sich im Zusammenhang mit der digitalen Transformation folgende zehn Mythen dauerhaft wie Mühlsteine (Heinemann 2016; Heinemann 2017):

Mythos vom mangelnden Profit Häufigstes Argument, den Schritt in Richtung Online nicht zu wagen, ist die Aussage: „eCommerce lohnt sich nicht!“ Bei insgesamt stagnierenden Umsätzen und überproportional steigenden Online-Umsätzen in nahezu allen Branchen ist die Alternative zur Digitalisierung jedoch schlicht und ergreifend Umsatzverlust bis hin zur Existenzgefährdung. Die Digitalisierung wird ganz klar vom Kunden getrieben. Bereits rund 90 % aller erwachsenen Deutschen über 14 Jahren nutzen das mobile Internet, so die neueste Smartphone-Studie von kaufDA (kaufDA 2018). Und sie treiben die „Konsumerisation des B2B“ voran. Allein schon die herausragende Rolle des Smartphones als Zubringer für alle anderen Verkaufskanäle sollte ausreichend Antwort sein auf die die Frage, ob sich Online lohnt, vor allem unter dem Aspekt der Marketingwirkung. Zudem zeigt sich, dass Online Pure Player wie booking.com, fahrrad.de oder der Reuter-Badshop mindestens so profitabel sind wie bisherige Offline-Anbieter oder – wie Amazon – ihre hohen EBITDA-Margen zur Wachstumsbeschleunigung reinvestieren.

Mythos vom „Lead Channel Offline“ Die immer wieder beschworene These, dass die analogen Absatzkanäle oberste Priorität hätten, folgt eigentlich nur dem Prinzip Hoffnung und ist mit keiner Studie zu diesem Thema zu belegen. Das Festhalten am „Lead Channel Offline“ steht völlig im Widerspruch zu den Erwartungen der Kunden. Vor allem die mobile Internetnutzung hat die Geschäftswelt bereits verändert, insbesondere in Bezug auf den Außendienst und dessen Verlinkung im Multi-Channeling. Und auch das immer wieder für beendet erklärte eCommerce-Wachstum ist nach wie vor zweistellig. Insofern ist der „Lead-Channel-Mythos“ offensichtlich nichts anderes als Ausdruck einer digitalen Allergie und offenbart in erster Linie eine grundsätzliche Verweigerung, sich mit der digitalen Transformation offensiv und tabulos auseinanderzusetzen.

Mythos Sortiment „Herz des Großhandels“ ist immer noch das Sortiment. Dieser Erkenntnis wird eigenartigerweise in vielen Online-Shops nicht gefolgt. Skalierungsfähiger Umsatz kann aber auch hier – wie im traditionellen Offline-Geschäft – nur mit ausreichend großen Sortimenten erzielt werden. Das Sortiment sollte im Online-Shop sogar am umfangreichsten sein, denn die Kunden erwarten inzwischen, dass sie alle Produkte im Netz finden und jedes weltweit verfügbare Produkt schnell und einfach beschaffen können. Die zunehmende Bedeutung von Online-Marktplätzen ist dabei zweifelsohne darauf zurückzuführen, dass sie ihren Kunden Zugang zu allen relevanten Produkt- bzw. Preisinformationen und damit maximale Transparenz und Sicherheit bieten. Diese Erkenntnis sollten Unternehmen für sich nutzen, indem sie Self-Service-Funktionen und interaktive Elemente in ihre B2B Online-Shops integrieren. In vielen Unternehmen stehen persönlicher Kontakt und digitale Kanäle immer noch im Wettbewerb zueinander, statt sich sinnvoll zu ergänzen.

Mythos Systeme Stationäre Händler müssen erkennen, dass es ohne nennenswerte Systeminvestitionen nicht gehen wird. Bisher haben weder Hersteller noch Großhändler mit adäquaten Aufwendungen und entsprechendem Kompetenzaufbau ernstzunehmende E-Commerce-Plattformen gegründet, sondern eher Amazon & Co. das Feld überlassen. Doch auch für eine funktionsorientierte „Industrie 4.0“ bzw. Digitalisierung 1.0 werden Systeminvestitionen nötig werden. So erfordern die sich verändernden Kundenerwartungen im Hinblick auf Zeitersparnis und reibungslosen Transport physische Hightech-Logistikzentren mit hochgradig optimierten und automatisierten Abläufen, z. B. auch mit Robotern, wie sie derzeit von Amazon und Alibaba implementiert werden. Um diese logistische Automation zu bewältigen, werden nicht nur Megalogistikzentren auf der grünen Wiese, sondern auch lokale Depots in den Städten und/oder in der Nähe der Kunden erforderlich werden, was nicht ohne Systeminvestitionen möglich sein dürfte.

Mythos Organisation Bereits seit mehr als zehn Jahren weisen die Erkenntnisse des Business Reengineering darauf hin, dass funktionale Organisationen eher nicht geeignet sind, den Anforderungen des digitalen Zeitalters gerecht zu werden, da ihre Führungsstrukturen nicht die Geschwindigkeit, Innovationskraft und Agilität ermöglichen, die für das digitale Zeitalter erforderlich sind. „Kundenzentriertheit" muss das komplette Geschäftssystem des Unternehmens durchdringen und den Mitarbeitern zugleich einen Orientierungsrahmen vorgeben. Dies geht in der Regel mit größeren Leitungsspannen und flacheren Hierarchien einher. Kundenorientierte Rundumbearbeitung mit minimierter Schnittstellenanzahl ist in funktionalen Organisationsformen kaum möglich.

Mythos Harmonie Die Angst vor Konflikten führt zum Mythos, dass die digitale Neuausrichtung nur in Harmonie zu erreichen wäre. Kooperative E-Commerce-Geschäftsmodelle stellen allerdings ein Risiko dar: Gelangen Hersteller und Großhändler aufgrund der zu starken Einbindung der Kunden zu einer Kompromisslösung, ist diese schnell kontraproduktiv. Denn nicht die Kritik einzelner „ewig gestriger" Kunden ist das größte Risiko, sondern vielmehr der faule Kompromiss, zu dem Anbieter aus Rücksicht auf Kunden gelangen. Aber auch auf Mitarbeiterseite bremsen häufig Gewerkschafts- und Betriebsratsandrohungen die digitale Transformation. Groß ist zudem die Angst vor Kulturveränderung: Traditionelle Konzerne werden oft hierarchisch und konservativ geführt. Damit fällt es ihnen schwerer, an hochqualifizierte Absolventen heranzukommen, die sie für die digitale Transformation benötigen. High Potentials, die im E-Commerce Karriere machen wollen, suchen ihre Erfahrungen lieber bei Google & Co.

Mythos Outsourcing Vor allem Multi-Channel-Anbieter neigen zu diesem Fehler. Während sie ihr Offline-Geschäft niemals outsourcen würden, tun sie dies oft bedenkenlos mit dem Online-Kanal und wundern sich dann darüber, dass dieser nicht funktioniert. Die bisher gängige Annahme, dass Outsourcing-Lösungen in jedem Fall vorzuziehen sind, kann im eCommerce schnell in die Renditefalle führen. Denn mit variablen Vergütungsmodellen sind keine Skalierungseffekte erzielbar. Oberstes Gebot sollte insofern bei Outsourcing-Lösungen eine flexible Vertragsgestaltung mit kurzfristigen Ausstiegsmöglichkeiten sein. Zudem sollte genau bekannt sein, welches die wettbewerbsrelevanten Kernkompetenzen der eCommerce-Aktivitäten sind, und zwar ohne Berücksichtigung der bisherigen Kernkompetenzen im Traditionsgeschäft. Mittlerweile ist unstrittig, dass ein Mindestmaß an Insourcing zur Profitabilität notwendig ist. Vor allem ist es erforderlich, neue digitale Kompetenzen in eigenen schlagkräftigen eCommerce-Organisationen schnellstmöglich aufzubauen, die alle notwendigen Funktionalitäten und dabei vor allem auch Sourcing und Einkauf professionell abbilden.

Mythos Online-Wachstum „Wer wachsen will, sollte einen Online Pure Player gründen. Wer aber die Existenz seines bisherigen Stammgeschäftes nachhaltig sicherstellen will, sollte Kunden binden und Umsatz sichern." Losgelöst vom bisherigen Geschäft lässt sich ohne Zweifel das größte Wachstum mit Online-Pure-Plays entwickeln: Bei den Internet-Giganten sitzen zur weiteren Wachstumsgenerierung tausende von Programmierern im Großraumbüro und konzentrieren sich auf die Entwicklung der Website. Beteiligungen an solchen Unternehmen, wie von etlichen Traditionsunternehmen mit eigenen Venture-Abteilungen bereits praktiziert, liegen insofern nahe. Sie lösen damit allerdings nicht das Problem des schleichenden Umsatzverfalls in den Offline-Kanälen. Die traditionellen Unternehmen müssen sich im Zuge der digitalen Transformation quasi neu erfinden und digitales Wissen ins Haus holen. Bezogen auf das bisherige Stammgeschäft sollte deswegen ein anderes Evolutionsverständnis im Fokus stehen, nämlich aus etwas Bestehendem etwas Besseres zu machen, das zukunftsfähig ist, deswegen im Hauptfokus der Digitalstrategie liegt und daher neu erfunden werden muss. Dies zielt weniger auf Wachstum, sondern vielmehr auf Stabilisierung und Existenzsicherung ab.

Mythos Innovation Digitalisierung stellt per se noch keine Innovation dar. Anders als im stationären Handel sind online sowohl der Shop-Auftritt als auch die Shop-Funktionalitäten permanent zu aktualisieren. Nichts ist schlimmer im eCommerce als ein über mehrere Jahre unveränderter und damit veralteter Shop-Auftritt. Nicht selten erinnert der Auftritt neuer B2B Online-Shops an die erste Generation von Online-Händlern und ist damit schon beim Set-up veraltet. Stattdessen sollte sich auch das B2B-Segment kompromisslos an den neuesten Standards orientieren. Auch geht es darum, dem veränderten Nutzungs- und Kaufverhalten der Kunden Rechnung zu tragen, denn auch im B2B-Bereich nimmt der Gebrauch des mobilen Internets konstant zu. Insofern ist hier trotz eines vorhandenen Online-Auftritt teilweise bereits erheblicher Handlungsdruck gegeben, denn viele B2B Online-Shops sind noch nicht mobil optimiert.

Mythos Erlösung Die Digitalisierung ist keinesfalls die Lösung aller Probleme, sondern schafft auch völlig neue Herausforderungen. Sie weckt vor allem neue Kundenerwartungen – vor allem in Hinblick auf Zugang zu und Transparenz von Informationen. Auf der anderen Seite schafft die geforderte Datensicherheit neue Probleme: Immerhin 41 % der Internetnutzer schicken wichtige Dokumente lieber per Post statt Mail. Eines ist allerdings klar: Ohne entsprechende Systemvoraussetzungen und organisatorische Änderungen wird B2B eCommerce ein Rohrkrepierer. Schnelligkeit und Zuverlässigkeit erfordern neue Prozesse und Organisationen. Das brachte Thorsten Dirks, CEO von Telefónica Deutschland, mit seinem inzwischen legendären Satz schon 2016 auf den Punkt: „Wenn Sie einen Scheißprozess haben und den digitalisieren, dann haben Sie einen scheißdigitalen Prozess" (SZ 2018).

Fazit

Ob offline oder online, ob B2C oder B2B, immer bleibt der Kunde im Zentrum. Jeff Bezos, CEO von Amazon, ist der festen Überzeugung, dass nur überragender Service am Kunden und genaues Verstehen der Kundenwünsche langfristig Erfolg gewährleisten können. Da Kunden Angebote verschiedener Händler zu einem Produkt vergleichen wollen, hat er anderen Händlern erlaubt, ebenfalls bei Amazon anzubieten, selbst auf die Gefahr hin, dass Amazon von anderen Händlern unterboten werden kann. „Tut ihr es nicht, so wird es der Kunde tun", ist dabei sein Motto, entsprechend der Kundenzentriertheit.

Die hohe Kunst der Kundenzentriertheit liegt in der Individualisierung oder Personalisierung des Unternehmens und in der richtigen Implementierung, die „Chefsache“ sein muss. Nur wenn die oberste Führung von der Kundenzentriertheit überzeugt ist, ist sie auch bereit, dies glaubwürdig vorzuleben und das Unternehmen systematisch kundenzentriert auszurichten. Das ist die wichtigste Voraussetzung für Vertrauen und für den Erfolg der Digitalisierung im Handel.

Literatur

Adesnara, K. (2014). 10 wichtige E-Commerce Marketing Trends für 2014. Brandwatch vom 17.03.2014. http://www.brandwatch.com/de/2014/03/10-wichtige-e-commerce-marketing-trends-fur-2014/. Zugegriffen: 23. Aug. 2014.

Agentur Handel. (2016). *Mittelstand 4.0-Agentur Handel. Informationsblatt des Bundesministeriums für Wirtschaft und Energie* (10. Aufl.). Berlin: Bundesministeriums für Wirtschaft und Energie.

Ahlert, D., Große-Bölting, K., & Heinemann, G. (2009). *Handelsmanagement in der Textilwirtschaft – Einzelhandel und Wertschöpfungspartnerschaften*. Frankfurt a. M.: Deutscher Fachverlag.

Alldredge, K., Newaskar, P., Ungerman, & McKinsey, K. (2015). The digital future of consumer-packaged-goods companies. https://www.mckinsey.com/industries/consumer-packaged-goods/our-insights/the-digital-future-of-consumer-packaged-goods-companies. Zugegriffen: 28. Apr. 2018.

at-rs. (2016). Was ist eigentlich ein OEM? Vom 10. August 2016. https://www.at-rs.de/beitrag/items/was-ist-eigentlich-ein-oem.html. Zugegriffen: 22. Jan. 2019.

aubi-plus. (2017). Ausbildung als Kaufmann/-frau im E-Commerce. http://www.ausbildung.de/berufe/kaufmann-im-e-commerce/aubi-plus.de/blog. Zugegriffen: 4. Juli 2019.

Automation24.de. (2019). Das sind wir. Unser innovatives Geschäftsmodell. https://www.automation24.de/ueber-uns. Zugegriffen: 22. Jan. 2019.

Backhaus, K., & Voeth, M. (2014). *Industriegütermarketing. Grundlagen des Business-to-Business-Marketings* (10. Aufl.). München: Vahlen.

Barth, K., Hartmann, M., & Schröder, H. (2015). *Betriebswirtschaftslehre des Handels* (7. Aufl.). Wiesbaden: Springer-Gabler.

Baumgarth, C. (2018). Status quo und Besonderheiten der B-to-B-Markenführung. In C. Baumgarth (Hrsg.), *B-2-B Markenführung. Grundlagen – Konzepte – Best Practices* (2. Aufl., S. 1–33). Wiesbaden: Springer-Gabler.

Bender, M. (2018). TechCenter. Additive Manufacturing: Neue Möglichkeiten für die Industrie. Vom 27. Dezember 2018. https://engineered.thyssenkrupp.com/techcenter-additive-manufacturing-neue-moeglichkeiten-fuer-die-industrie/. Zugegriffen: 13. Jan. 2019.

Bergauer, M., & Wierlemann, F. (2008). *Einkauf – Die unterschätzte Macht*. Frankfurt a. M.: Frankfurter Allgemeine Buch.

bevh. (2019). Studien und Marktzahlen bevh. http://www.bevh.org/presse/studien-und-marktzahlen/html. Zugegriffen: 3. Juli 2019.

Boersma, T. (2017). Erfolgsfaktoren der digitalen Transformation. In G. Heinemann, M. Gehrckens, U. Wolters, & dgroup (Hrsg.), *Digitale Transformation oder digitale Disruption im Handel? Vom Point-of-Sale zum Point-of-Decision im Digital Commerce* (S. 509–528). Wiesbaden: Springer-Gabler.

G. Heinemann, *B2B eCommerce*, https://doi.org/10.1007/978-3-658-27367-5

Bohl, O. (2016). Digitale Transformation: Start-up-Qualitäten sind gefragt. https://www.internetworld.de/onlinemarketing/expert-insights/digitale-transformation-start-up-qualitaeten-gefragt-1115686.html. Zugegriffen: 14. Aug. 2016.

Bolz, J., & Höhn, J.-F. (2019). Die Digitalisierung des Vertriebs in der Konsumgüterindustrie. In G. Heinemann, M. Gehrckens, T. Täuber, & Accenture (Hrsg.), *Handel mit Mehrwert Digitalisierung von Märkten, Geschäftsmodellen und Geschäftssystemen* (S. 183–212). Wiesbaden: Springer-Gabler.

Booking Holdings. (2019). Annual Report 2018. https://ir.bookingholdings.com/node/24076/html. Zugegriffen: 7. Juli 2019.

Booz-Allen und Hamilton. (Hrsg.). (2000). *10 Erfolgsfaktoren im e-business*. Frankfurt a. M.: FAZ Institut.

Booz-Allen und Hamilton. (2003). *E-Sourcing: 21st century purchasing*. Viewpoint: Springer.

Bouwman, V. (2018). Digital in 2018. Global Digital Report 2018 von We Are Social und Hoosuite. https://wearesocial.com/de/blog/2018/01/global-digital-report-2018. Zugegriffen: 13. Juli 2018.

brand eins. (2014). Das alles und noch viel mehr. Der Kunde ist ein unangenehmer Geselle. Und das ist gut so. Sagt der Handelsexperte Gerrit Heinemann. Interview in brand eins Ausgabe 5/2014. https://www.brandeins.de/magazine/brand-eins-wirtschaftsmagazin/2014/im-interesse-des-kunden/das-alles-und-noch-viel-mehr Zugegriffen: 1. Jan. 2016.

Braun, L., Reinecke, S., & Tomczak, T. (2017). *Kundenbindung durch Loyalitätsprogramme*. St. Gallen: IfM-HSG.

Brindöpke, M. (2018). *Plattformen 2015 – Wie die Goliaths und die Davids kämpfen*. Berlin: K5.

Bruhn, M., & Kirchgeorg, M. (Hrsg.). (2018). *Marketing Weiterdenken. Zukunftspfade für eine marktorientierte Unternehmensführung*. Wiesbaden: Springer-Gabler.

Brünen, B. (2017). B2B-Shops: BGH lockert Anforderungen an wirksame Beschränkung des Erwerberkreises. Vom 03. Okt. 2017. https://www.it-recht-kanzlei.de/b2b-.shop-bgh-anforderungen-beschraenkung-erwerberkreis.html. Zugegriffen: 13. Jan. 2019.

BSI. (2019). Cloud Computing Grundlagen. https://www.bsi.bund.de/DE/Themen/DigitaleGesellschaft/CloudComputing/Grundlagen/Grundlagen_node.html. Zugegriffen: 23. Febr. 2019.

Bürosuche.de. (2019). Das Beste aus zwei Welten: Die optimale Kombination aus Online-Immobiliensuche und lokaler Beratung. https://www.buerosuche.de/ueber-uns. Zugegriffen: 23. Febr. 2019.

BVDW. (2016). Digital Readiness – Ergebnisse der Online-Umfrage. Fokusgruppe Digital Commerce im Bundesverband Digitale Wirtschaft, Düsseldorf. https://www.bvdw.org/fileadmin/bvdw/upload/publikationen/digital-commerce/Digital_Readiness_2016.pdf.

Chaffey, D. (2014). *Digital Business and E-Commerce Management* (6. Aufl.). Harlow: Pearson.

CIO. (2018). VW-Gebrauchtwagenplattform: Daimler steigt bei Heycar ein. Vom 13. Sept. 2018. https://www.cio.de/a/daimler-steigt-bei-heycar-ein,3589120. Zugegriffen: 27. Jan. 2019.

Cisco. (2018). 2018 Annual Report 2018. https://www.cisco.com/c/dam/en_us/about/annual-report/2018-annual-report-full.pdf. Zugegriffen: 1. März 2019.

Cisco Commerce. (2019). Commerce. https://www.apps.cisco.com/Commerce2019. Zugegriffen: 27. Jan. 2019.

Conrad, W., & Bräu, S. (2017). Electronic goes Multi-Channel – Erfahrungsbericht. In G. Heinemann, M. Gehrckens, U. Wolters, & dgroup (Hrsg.), *Digitale Transformation oder digitale Disruption im Handel? Vom Point-of-Sale zum Point-of-Decision im Digital Commerce* (S. 353–378). Wiesbaden: Springer-Gabler.

Costco. (2018). Costco Wholesale. Annual Report 2018. http://investor.costco.com/static-files/05c62fe6-6c09-4e16-8d8b-5e456e5a0f7e. Zugegriffen: 12. Febr. 2019.

Custer, C. (2014). Jack Ma talks about Alibaba's plans for rural commerce. Vom 19.12.2014. https://www.techinasia.com/jack-ma-talks-alibabas-plans-rural-ecommerce. Zugegriffen: 29. Febr. 2016.

Destatis. (2019a). Gesamtumsatz Industrie, verarbeitendes Gewerbe 2,2 Bill. EUR. https://www.destatis.de/DE/Themen/Branchen-Unternehmen/Industrie-Verarbeitendes-Gewerbe/_inhalt.html. Zugegriffen: 1. Juni 2019.

Destatis. (2019b). Schnelles Internet bei Unternehmen: Deutschland 2018 weiter im EU-Mittelfeld. Pressemitteilung vom 18. Januar 2019. https://www.destatis.de/DE/Presse/Pressemitteilungen/2019/01/PD19_024_52911.html. Zugegriffen: 19. Jan. 2019.

Deutscher Bundestag. (2015). Digitalisierung verändert Industrie. Ausschuss Digitale Agenda. Öffentliche Anhörung vom 7. Mai 2015. https://www.bundestag.de/presse/hib/2015_05/-/373730. Zugegriffen: 14. Aug. 2016.

dgroup. (2012). *Customer-Data-Plattform, Interne Unterlage zum Thema Big Data*. Hamburg: Ehemals Diligenz.

dgroup. (2016). Von Investoren befeuerte MarktsegmenteInterne und unveröffentlichte Studie, Hamburg.

Dialogplattform Einzelhandel. (2015). Handel im digitalen Zeitalter und seine Anforderungen. Zusammenfassung des 1. Workshops der Reihe „Digitalisierung und technologische Herausforderungen" im Rahmen der Dialogplattform Einzelhandel am 28. Mai 2015 im Bundesministerium für Wirtschaft und Energie, Berlin. https://www.bmwi.de/Redaktion/DE/Downloads/C-D/dialogplattform-einzelhandel-handel-im-digitalen-zeitalter-und-seine-anforderungen.pdf?__blob=publicationFile&v=9. Zugegriffen: 1. Apr. 2017.

Die Welt. (2018). Peter Altmaier findet das deutsche Handynetz „total peinlich". Vom 24. November 2018. https://www.welt.de/politik/deutschland/article184405194/Peter-Altmaier-findet-das-deutsche-Handynetz-total-peinlich.html. Zugegriffen: 25. Nov. 2018.

Diekmann, M., Grab, H., & Bomm, S. (Hrsg.). (2012). *eCommerce lohnt sich nicht*. Gescher: Shopmacher.

Disrupt Consulting. (2016). *Digitalisierung – Ein weiteres Kapitel in der Geschichte der Produktivitätssteigerung*. Ulm: Disrupt Consulting.

Doll, N. (2019). Daimler und BMW verbünden sich gegen US-Tech-Konzerne. Vom 24. Januar 2019. https://www.welt.de/print/die_welt/article187608106/Daimler-und-BMW-verbuenden-sich-gegen-US-Tech-Konzerne.html. Zugegriffen: 25. Jan. 2019.

Donnelly, C., & Wright, O. (2017). Painting the digital future of retail and consumer goods companies. https://www.accenture.com/t20170628T051101Z__w__/us-en/_acnmedia/PDF-52/Accenture-Strategy-DD-Painting-Digital-Future-POV-v2.pdf. Zugegriffen: 28. Apr. 2018.

Düweke, E., & Rabsch, S. (2012). *Erfolgreiche Websites. SEO, SEM, Online-Marketing, Usability* (2. Aufl.). Bonn: Galileo Computing.

eSales4u. (2018). Aktuelle Studie zum Kaufverhalten im B2B E-Commerce. Mai 2018. https://www.esales4u.de/2018/studie-kaufverhalten-umsatz-b2b-e-commerce.php. Zugegriffen: 20. Jan. 2019.

Expedia Group. (2018). Annual Report 2017. https://ir.expediagroup.com/static-files/965a3092-d2f0-4383-82a4-f27946e379eb. Zugegriffen: 12. Febr. 2019.

FAZ. (20. Juli 2017). Streit um schnelles Internet. *Frankfurter Allgemeine Zeitung, 166,* 20.

Finanzen.net. (2019). Cisco Aktie. https://www.finanzen.net/aktien/cisco-aktie. Zugegriffen: 7. Juli 2019.

FinanzNachrichten.de. (2019). dhi-telecom-introduces-mobile-wi-fi-hotspots-once-only-available-to-the-military-at-the-new-york-times-travel-show. Vom 24. Januar 2019. https://www.finanznachrichten.de/nachrichten-2019-01/45799101-dhi-telecom-introduces-mobile-wi-fi-hotspots-once-only-available-to-the-military-at-the-new-york-times-travel-show-january-25-27-004.htm. Zugegriffen: 22. Febr. 2019.

Fost, M. (2014). *E-Commerce-Strategien für produzierende Unternehmen. Mit stationären Handelsstrukturen am Wachstum partizipieren*. Wiesbaden: Springer-Gabler.

Fries, T. (2018). Kauf und Verkauf von Internet-Projekten. Websiteboosting 2018. https://www.websiteboosting.com/magazin/15/kauf-und-verkauf-von-internet-projekten.html. Zugegriffen: 27. Jan. 2019.

Fuest, B. (2019). In dieser Nummer offenbart sich Amazons Allmacht. Vom 2. März 2019. https://www.welt.de/wirtschaft/article189659795/Amazons-Allmacht-Eigene-Seriennummern-fuer-Markenprodukte.html. Zugegriffen: 20. Febr. 2019.

Fuhlhage, D. (2009). Prosument 2.0. http://www.denk-selbst.com/2009/08/19/prosument-2-0/. Zugegriffen: 31. Dez. 2011.

Furth, D. (2016). Maschinenbau-Marketing: So macht die Branche Werbung (Studie). https://b2bmarketing.works/blog/fokus-industriebranchen/marketing-maschinenbau-studie/. Zugegriffen: 27. Jan. 2019.

Furth, D. (2018). Impulse für Ihre B2B-Marketing-Strategie 2019. https://b2bmarketing.works/blog/allgemein/b2b-marketing-strategie-2019/. Zugegriffen: 27. Jan. 2019.

Gabler Wirtschaftslexikon. (2019). Produktionsverbindungshandel. Definition. https://wirtschaftslexikon.gabler.de/definition/produktionsverbindungshandel-43991. Zugegriffen: 28. Apr. 2018.

GastroHero. (2019). Wie alles begann. https://www.gastro-hero.de/%C3%9Cber-uns. Zugegriffen: 27. Jan. 2019.

Gehrckens, M., & Oersma, T. (2013). Zukunftsvision Retail – Hat der Handel eine Daseinsberechtigung? In G. Heinemann, M. Gehrckens, K. Haug, & dgroup (Hrsg.), *Digitalisierung des Handels mit ePace – Innovative E-Commerce-Geschäftsmodelle unter Timing-Aspekten* (S. 51–76). Wiesbaden: Springer-Gabler.

Geistreich78. (2015). Gerrit Heinemann: Der deutsche Handel war nie innovativ. Interview von Stefan Hoffmeister vom 30. März 2015. http://geistreich78.info/?p=9619&shareadraft=baba9619_55185e7791601. Zugegriffen: 1. Aug. 2015.

GFM. (2014). Mobile Payment: Ein globaler Schnappschuss. gfm-nachrichten.de vom 07.08.2014. http://www.gfm-nachrichten.de/news/aktuelles/article/mobile-payment-ein-globaler-schnappschuss.html. Zugegriffen: 25. Aug. 2014.

Giese, R. (2017). Neue Datenschutzregelungen bestimmen das B2B-Marketing 2018. Vom 22. Dezember 2017. https://www.marconomy.de/neue-datenschutzregelungen-bestimmen-das-b2b-marketing-2018-a-671952/. Zugegriffen: 11. Febr. 2019.

Godefroid, P., & Pförtsch, W. (2013). *Business-to-Business-Marketing* (5. Aufl.). Herne: Kiehl.

Google. (2017). Micro-moments: Your guide to winning the shift to mobile. https://www.thinkwithgoogle.com/marketing-resources/micro-moments/micromoments-guide-pdf-download/. Zugegriffen: 14. Febr. 2018.

Gottwald, K. (2013). Chancen und Risiken. Vom Produkt- zum Projektgeschäft. https://www.chemietechnik.de/vom-produkt-zum-projektgeschaeft/. Zugegriffen: 14. Febr. 2018.

Graehl, S. (2012). Was bringt Web-Analyse? Web-Analyse im eCommerce. In M. Diekmann, H. Grab, & S. Bomm (Hrsg.), *eCommerce lohnt sich nicht* (S. 140–145). Gescher: Shopmacher.

Graf, J. (2017). B2B Markt 2017–2022. Marktstudie: So groß wird der deutsche B2B-Commerce 2020. iBusiness vom 11. April 2017. https://www.ibusiness.de/members/aktuell/db/567000jg.html. Zugegriffen: 14. Apr. 2017.

Gründerszene. (2017). Gründer ohne Szene. Vom 29. Januar 2017. https://www.gruenderszene.de/allgemein/gastrohero-portraet-ranking-2016/2. Zugegriffen: 14. Febr. 2019.

Gründerwelt. (2017). Multi-Channel-Distribution. http://www.gruender-welt.com/multi-channel-distribution/. Zugegriffen: 14. Apr. 2017.

H & P. (2004). *Humm & Partner, Studien zum Multi-Channel-Handel*. Viersen: H & P.

Hage, S. (2018). VWs Millionenflop mit Start-up Gett. Vom 21. Dezember 2018. http://www.spiegel.de/plus/volkswagen-vws-millionenflop-mit-start-up-gett-a-00000000-0002-0001-0000-000161498518. Zugegriffen: 27. Jan. 2019.

Haller, M. (2018a). Unterschiede zwischen B2B von B2C – worauf B2B-Versender achten sollten. Vom 17.12.2018. https://www.shopanbieter.de/14167-unterschiede-zwischen-b2b-von-b2c-worauf-b2b-versender-achten-sollten#more-14167. Zugegriffen: 2. Febr. 2019.

Haller, M. (2018b). Unterschiede in B2B und B2C: Es kommt auf das Einkaufen an. Vom 10.01.2019. https://www.shopanbieter.de/14200-unterschiede-in-b2b-und-b2c-es-kommt-auf-das-einkaufen-an. Zugegriffen: 2. Febr. 2019.

Handelsblatt (2017). Thyssen-Krupp verkauft seinen teuren Fehlschlag. Vom 22. Februar 2017. https://www.handelsblatt.com/unternehmen/energie/stahlwerk-in-brasilien-thyssen-krupp-verkauft-seinen-teuren-fehlschlag/19425284.html?ticket=ST-77164-2UkN5bPoGclMSOP-7seKc-ap5. Zugegriffen: 1. Apr. 2019.

Haug, K. (2013a). Digitale Potenziale für den stationären Handel durch Empfehlungsprozesse, lokale Relevanz und mobile Geräte (SoLoMo). In G. Heinemann, K. Haug, M. Gehrckens, & dgroup (Hrsg.), *Digitalisierung des Handels mit ePace – Innovative E-Commerce-Geschäftsmodelle und digitale Zeitvorteile* (S. 27–49). Wiesbaden: Gabler.

Haug, K. (2013b). It's like air – It's everywhere: Herausforderungen und Chancen durch Social Media. Vortrag vor dem E-Commerce-Club Niederrhein vom 15. Mai 2013, eWeb Research Center der Hochschule Niederrhein, Mönchengladbach.

HDE. (2018). Der neue Ausbildungsberuf: Kaufmann/Kauffrau im E-Commerce. http://einzelhandel.de/ecommercekaufmann. Zugegriffen: 4. Juli 2019.

Heidrich, J. (2018). DSGVO: 8500 Euro Schadensersatz für fehlende SSL-Verschlüsselung? Die Hintergründe. Vom 29. Juni 2018. https://www.heise.de/newsticker/meldung/DSGVO-8500-Euro-Schadensersatz-fuer-fehlende-SSL-Schluesselung-Die-Hintergruende-4094585.html. Zugegriffen: 13. Juli 2018.

Heinemann, G. (1989). *Betriebstypenprofilierung und Erlebnishandel.* Wiesbaden: Gabler.

Heinemann, G. (2014). Kooperative Geschäftsmodelle für Hersteller im E-Commerce. Vom 31. Okt. 2014. http://www.kanal-egal.de/kooperative-geschaeftsmodelle-fuer-hersteller-im-e-commerce/. Zugegriffen: 1. Nov. 2014.

Heinemann, G. (26. Oktober 2015). Digital zerstört alte Kundenbeziehungen. *Frankfurter Allgemeine Zeitung, 248,* 12.

Heinemann, G. (29. März 2016). Online-Handel ist eine Radikalreform. *Frankfurter Allgemeine Zeitung, 73,* 18.

Heinemann, G. (2017). Die Mythologie der Digitalisierung – Plädoyer für eine disruptive Transformation. In G. Heinemann, M. Gehrckens, & U. Wolters (Hrsg.), *Digitale Transformation oder digitale Disruption im Handel? Vom Point-of-Sale zum Point-of-Decision im Digital Commerce* (S. 1–28). Wiesbaden: Springer-Gabler.

Heinemann, G. (4. Juni 2018a). Hinterm Mond - aber alternativlos. In: *Frankfurter Allgemeine Zeitung, 126,* 18.

Heinemann, G. (2018b). *Die Neuausrichtung des App- und Smartphone-Shopping: Mobile Commerce, Mobile Payment, LBS, Social Apps und Chatbots im Handel.* Wiesbaden: Springer-Gabler.

Heinemann, G. (2018c). Die 4 neuen digitalen Lügen. Vom 19.12.2018, https://etailment.de/news/stories/heinemann-digitale-luegen-21904. Zugegriffen: 28. Apr. 2018.

Heinemann, G. (2019a). *Der neue Online-Handel: Geschäftsmodelle, Geschäftssysteme und Benchmarks im E-Commerce* (10. Aufl.). Wiesbaden: Springer-Gabler.

Heinemann, G. (2019b). Offene Flanken im B2B. bevh Blog vom 28. Februar 2019. https://www.bevh.org/blog/post/2019/02/28/offene-flanken-im-b2b-ecommerce.html. Zugegriffen; 28. Febr. 2019.

Heinemann, G., & Gaiser, C. (2016). *SoLoMo – Always-on im Handel: Die soziale, lokale und mobile Zukunft des Omnichannel-Shopping* (3. Aufl.). Wiesbaden: Springer-Gabler.

Heinemann, G., Gehrckens, M., Wolters, U., & dgroup (Hrsg.). (2017). *Digitale Transformation oder digitale Disruption im Handel? Vom Point-of-Sale zum Point-of-Decision im Digital Commerce*. Wiesbaden: Springer-Gabler.

Heinemann, G., Gehrckens, M., Täuber, T., & Accenture (Hrsg.). (2019). *Handel mit Mehrwert. Digitalisierung von Märkten, Geschäftsmodellen und Geschäftssystemen*. Wiesbaden: Springer-Gabler.

Herda, N., Friedrich, K., & Ruf, S. (2018). Plattformökonomie als Game-Changer. Wie digitale Plattformen unsere Wirtschaft verändern: Eine strategische Analyse der Plattformökonomie. *Strategie Journal, 03*(18), 2–18. (Sonderausgabe zum vom 20. November zum Thema Digitalisierung).

Herrmann, W. (2018). Die Konzentration im Cloud-Markt nimmt weiter zu. In: Computerwoche vom 25. April 2018. https://www.computerwoche.de/a/die-konzentration-im-cloud-markt-nimmt-weiter-zu,3544812. Zugegriffen: 25. Febr. 2019.

Heukrodt-Bauer, S. (2014). Damit die Abmahnung nicht in den B2B Online Shop flattert. Vom 25. November 2014. https://www.netz98.de/blog/b2b-e-commerce/damit-die-abmahnung-nicht-den-b2b-shop-flattert/. Zugegriffen: 13. Jan. 2019.

Himmel, M. (2018). *Technologien für E-Commerce und Datenmanagement im online-Zeitalter. Auswahl und Implementierung von PIM, Webshop, CRM, etc*. Frankfurt a. M.: ecom Consulting.

Hollensen, S. (2017). *Global Marketing* (7. Aufl.). Pearson: Prentice Hall.

Hudetz, K. (2017). *Aktuelle Marktstudie: Der PVH im digitalen Zeitalter*. Köln: IfH-Köln.

Hudetz, K. (2018). Begrüßung und Einführung. Vortrag beim ECC B2B-Forum 2018 am 27. September 2018. Köln.

Ibi research. (2018). Online-Kaufverhalten im B2B-E-Commerce 2018. Ergebnisse einer Expertenbefragung von ibi research an der Universität Regensburg, Arithnea, Creditreform und SIX Payment Services. Regensburg, Juli 2018.

iBusiness. (2014a). Zukunft E-Commerce: Zwölf Trends für 2014. iBusiness vom 18.06.2014. http://www.ibusiness.de/members/preview/db/475366SUR.html. Zugegriffen: 25. Aug. 2014.

iBusiness. (2014b). Konsolidierung im deutschen E-Commerce: 80 % der Online-Händler werden nicht überleben. iBusiness vom 10.03.2014. http://www.ibusiness.de/members/aktuell/db/201226jg.html. Zugegriffen: 25. Aug. 2014.

IFH Köln. (2019). B2B-E-Commerce wächst auf 1.300 Milliarden Euro Umsatz. https://www.ifhkoeln.de/pressemitteilungen/details/b2b-e-commerce-waechst-auf-1300-milliarden-euro-umsatz/. Zugegriffen: 1. Juni 2019.

Internetworld. (2018). DSGVO-Überblick: Das sind die wichtigsten Änderungen. Vom 22. Mai 2018. https://www.internetworld.de/technik/datenschutz/dsgvo-ueberblick-wichtigsten-aenderungen-1539745.html. Zugegriffen: 13. Juli 2018.

Internetworld. (2019). WhatsApp Business API erfolgreich umsetzen und einsetzen. Vom 29. Mai 2019. https://digital.internetworld.de/webinar-messengerpeople-api/. Zugegriffen: 28. Mai 2019.

Jansen, J. (2017). Deutsches Logistik-Start-up erhält 20 Millionen Dollar. Vom 13. Dezember 2017. https://www.faz.net/aktuell/wirtschaft/diginomics/logistik-start-up-freighthub-bekommt-20-millionen-dollar-15337471.html. Zugegriffen: 11. Febr. 2019.

Johner-Institut. (2018). OEM (Original Equipment Manufacturer) von Medizinprodukten. Vom 27. September 2018. https://www.johner-institut.de/blog/regulatory-affairs/oem-original-equipment-manufacturer/. Zugegriffen: 25. Febr. 2019.

Jonas, D., Miller, F.-J., & Seng, D. (2019). Von gleich auf jetzt – Same Day Delivery am Beispiel von Liefery. In G. Heinemann, M. Gehrckens, T. Täuber, & Accenture (Hrsg.), *Handel mit Mehrwert. Digitalisierung von Märkten, Geschäftsmodellen und Geschäftssystemen* (S. 473–494). Wiesbaden: Springer-Gabler.

Jungmann, S. (2014). Markenführung im Systemgeschäft – Besonderheiten, Potenziale, Grenzen. In S.-S. Kim & J. Redler (Hrsg.), *Schriftenreihe Angewandtes B2B-Marketing*. Mosbach: DHBW.

Kailer, N., & Weiß, G. (2012). *Gründungsmanagement kompakt: Von der Idee zum Businessplan* (4. Aufl.). Wien: Linde.

kaufDA. (2018). *Studie zum Thema „Zukunft und Potenziale von Location-based Services für den stationären Handel" Sechste Zeitreihenanalyse im Vergleich zu 2013 bis 2018*. Mönchengladbach: Hochschule Niederrhein.

Kenning, P. (2014). Kundendatenmanagement. Gabler Wirtschafts-Lexikon 2014. http://wirt-schaftslexikon.gabler.de/Definition/kundendatenmanagement.html?extGraphKwId=10688. Zugegriffen: 24. Aug. 2014.

Kleine, J., Jolmes, M., & Peschke, T. (2018). Plattformökonomie im Finanzdienstleistungssektor: Ausprägungsarten, Ausgestaltungsoptionen und Konzeptentwicklung für Volksbanken und Raiffeisenbanken. Genossenschaftsverband Bayern. https://www.profil.bayern/11-2018/top-thema/viel-mehr-als-ein-vertriebskanal/.

Kollmann, T. (2013). *E-Business – Grundlagen elektronischer Geschäftsprozesse in der Net Economy*. Wiesbaden: Springer-Gabler.

Kommerz. (2019). Referenzkunde Normfest. Screenshot Normfest.de. http://www.normfest.de/de.html. Essen.

Krah, E.-S. (2019). Schneller zu digitalen Profis werden. Vom 6. März 2019. https://www.springer-professional.de/e-commerce/onlinemarketing/schneller-zu-digitalen-profis-werden/16526460. Zugegriffen: 7. März 2019.

Kreiss, D. (2013). Das Systemgeschäft am Beispiel von CRM. Vom 4. Dezember 2013. https://danielakreiss.wordpress.com/2013/12/04/das-systemgeschaeft-am-beispiel-crm/. Zugegriffen: 22. Febr. 2019.

Krekeler, M., & Heinemann, G. (2017). Outsourcing versus Insourcing – Welches Betreibermodell im Online-Handel ist angeraten? In G. Heinemann, M. Gehrckens, U. Wolters, & dgroup (Hrsg.), *Digitale Transformation oder digitale Disruption? Vom Point-of-Sale zum Point-of-Decision im Digital Commerce* (S. 469–494). Wiesbaden: Springer-Gabler.

Kreutzer, R. T. (2015). *Praxisorientiertes Online-Marketing: Konzepte – Instrumente – Checklisten* (3. Aufl.). Wiesbaden: Springer-Gabler.

Kreutzer, R. T., Rumler, A., & Wille-Baumkauff, B. (2015). *B2B-Online-Marketing und Social Media. Ein Praxisleitfaden*. Wiesbaden: Springer-Gabler.

Krisch, J. (2019). Alibaba peilt für dieses Jahr weiter ein GMV von $1 Billion an. Vom 15. Mai 2019. https://excitingcommerce.de/2019/05/15/alibaba-peilt-fur-dieses-jahr-weiter-ein-gmv-von-1-billion-an/?utm_source=feedburner&utm_medium=email&utm_campaign=Feed%3A+ExcitingCommerce+%28Exciting+Commerce%29. Zugegriffen: 16. Mai 2019.

Krones. (2018). Corporate News-Meldung vom 25. Okt. 2018. https://www.krones.com/unternehmen/investor-relations/corporate-news-meldung-krones-passt-umsatz-undertragsprognose-fuer-2018-nach-unten-an.php. Zugegriffen: 20. Juni 2019.

Kühlborn, S. (2004). *Systemanbieterstrategien im Industriegütermarketing. Eine Erfolgsfaktorenanalyse*. Inauguraldissertation zur Erlangung des akademischen Grades eines Doktors der Wirtschaftswissenschaften der Universität Mannheim, Mannheim.

Laband, T. (2017). Der deutsche Markt ist zu sehr in der Online- und Cookie-Denke gefangen. Vom 27. Januar 2017. http://www.internetworld.de/onlinemarketing/mobile-advertising/deutsche-markt-zu-in-online-cookie-denke-gefangen-1189701.html. Zugegriffen: 19. Apr. 2017.

Lexware. (2019). Wir über uns. https://www.lexware.de/. Zugegriffen: 22. Febr. 2019.

Leybold, C. (2010). Erfolgreiche Internationalisierung von Online-Pure-Plays – Konzeption und Umsetzung am Beispiel der Experteer GmbH. In G. Heinemann & A. Haug (Hrsg.),

Web-Exzellenz im E-Commerce – Innovation und Transformation im Handel (S. 215–227). Wiesbaden: Gabler.

Liebmann, H.-P., & Zentes, J. (2001). *Handelsmanagement*. München: Vahlen.

Liefery. (2018). Liefery – Ihr Last Mile Experte für ein positives Einkaufserlebnis bis an die Haustür! https://www.liefery.com. Zugegriffen: 10. Juni 2018.

Lippold, D., & Lutz, A. (2018). Beschaffungsprozesse im B2B. Wo Buying Center und Selling Center aufeinandertreffen. Vom 25.10.2018. https://www.marconomy.de/wo-buying-center-und-selling-center-aufeinandertreffen-a-765833/. Zugegriffen: 13. Jan. 2019.

Lutz, A. (2018). So können B2B-Unternehmen ihre Customer Journey optimieren. Vom 17. Nov. 2018. https://www.marconomy.de/so-koennen-b2b-unternehmen-ihre-customer-journey-optimieren-a-727646/. Zugegriffen: 13. Jan. 2019.

Mahr, I. (2018). Neue Studie: Die Customer Journey im B2B – Wandel und Chancen. https://www.netz98.de/blog/b2b-e-commerce/neue-studie-die-customer-journey-im-b2b-wandel-und-chancen/. Zugegriffen: 13. Jan. 2019.

Mahrdt, M. (2010). Erfolgsfaktoren von Fashion-Online-Shops – Eine Studie der Beratungsgesell-schaft Media Economics, Köln.

Marchand, D. A. (5. April 1999). Hard IM choices for senior managers. Part 10 of „Your guide to mastering information management". *Financial Times*.

Mattgey, A. (2018). Was Coca-Cola, Bitburger und Krombacher mit der neuen Marke Kollex vorhaben. Vom 5. September 2018. https://www.wuv.de/marketing/was_coca_cola_bitburger_und_krombacher_mit_der_neuen_marke_kollex_vorhaben. Zugegriffen: 13. Jan. 2019.

Meffert, J., & Meffert, H. (Hrsg.). (2017). *Eins oder Null: Wie Sie Ihr Unternehmen mit Digital@Scale in die digitale Zukunft führen*. Berlin: Econ.

Meffert, H., Burmann, C., & Kirchgeorg, M. (2015). *Marketing: Grundlagen marktorientierter Unternehmensführung* (12. Aufl.). Wiesbaden: Gabler.

Meier, S., Lütolf, D., & Schillerwein, S. (2015). *Herausforderung Intranet. Zwischen Informationsvermittlung, Diskussionskultur und Wissensmanagement*. Wiesbaden: Springer Gabler.

Mell, P., & Grance, T. (2011). The NIST Definition of Cloud Computing. National Institute of Standards and Technology (NIST), September 2011. https://www.nist.gov/news-events/news/2011/10/final-version-nist-cloud-computing-definition-published. Zugegriffen: 3. Juni 2019.

Menzel, A. (2012). Führungsrolle – Middleware im eCommerce. In M. Diekmann, H. Grab, & S. Bomm (Hrsg.), *eCommerce lohnt sich nicht*. Gescher: Shopmacher.

Metro.de. (2019). Metro – ein starker Partner. https://www.metro.de/unternehmen. Zugegriffen: 13. Jan. 2019.

mg.retail2020. (2015). Maßnahmenprogramm und Guidelines – Auswirkungen des Online-Handels auf Städte und Gemeinden in NRW und Handlungsperspektiven für den innerstädtischen stationären Einzelhandel. Downloadbar unter https://www.wfmg.de/mg-retail2020.html. Zugegriffen: 31. Dez. 2015.

Moldenhauer, S. (2018). DSGVO und Uploadfilter: Stoppt das Internet – zurück zur Silberfotografie! Vom 30. Juni 2018. https://www.tichyseinblick.de/meinungen/dsgvo-und-uploadfilter-stoppt-das-internet-zurueck-zur-silberfotografie/. Zugegriffen: 13. Juli 2018.

Mumme, T. (2018). Coca-Cola, Bitburger und Krombacher gründen digitale B2B-Plattform. Vom 5. Sept. 2018. https://www.gruenderszene.de/food/coca-cola-bitburger-krombacher-kollex. Zugegriffen: 1. März 2019.

Nagl, A. (2015). *Der Businessplan: Geschäftspläne professionell. Mit Checklisten und Fallbeispielenerstellen*. Wiesbaden: Springer-Gabler.

Neuhaus, D. (2018). Neuartige Kundenerlebnisse durch digitale Ökosysteme. Substanzielle Effizienzpotenziale ausschöpfen – Recht der Kunden auf Privatsphäre und Sicherheit der persönlichen Daten kommt höchste Priorität zu. Vom 28. April 2018. https://www.boersen-zeitung.de/index.php?li=1&artid=2018082813. Zugegriffen:1. Mai 2018.

Nordbayern.de. (2019). Aus für Online-Einzelhandel-Projekt in Erlangen. http://www.nordbayern.de/region/erlangen/aus-fur-online-einzelhandel-projekt-in-erlangen-1.8653485. Zugegriffen: 2. März 2019.

Normfest. (2019). Online-Shop. http://www.normfest.de/de.html. Zugegriffen: 13. Jan. 2019.

OECD. (2018). OECD broadband statistics update 2018 per 31st Dec. 2017. http://www.oecd.org/sti/broadband/broadband-statistics-update.htm. Zugegriffen: 13. Juli 2018.

Olbrich, R., Schultz, C. D., & Holsing, C. (2015). *Electronic Commerce und Online-Marketing – Ein einführendes Lehr- und Übungsbuch*. Wiesbaden: Springer Gabler.

OpenMarket. (2016). Be2Me – The Future of Marketing. March 10, 2016. https://www.openmarket.com/blog/b2me-the-future-of-marketing/. Zugegriffen: 13. Febr. 2019.

Orhanovic, J. (2009). OEM ist nicht nur die Art der Lizenzierung, sondern ein Geschäftsmodell. Vom 3. Dezember 2009. https://www.heise.de/resale/artikel/OEM-ist-nicht-nur-die-Art-der-Lizenzierung-sondern-ein-Geschaeftsmodell-875795.html. Zugegriffen: 13. Febr. 2019.

Osterloh, M., & Frost, J. (2003). *Prozessmanagement als Kernkompetenz – Wie Sie Business Reengineering strategisch nutzen können* (4. Aufl.). Wiesbaden: Gabler.

Peichl, T. (2009). Lebensstile und Zielgruppenmarketing (im Zeitalter der Krise). Vortrag im Rahmen des Marketingclub Dresden, GfK AG, Lebensstilforschung, S. 69–80.

Peppers, D., & Rogers, M. (1997). *Enterprise one to one: Tools for competing in the interactive age*. New York: Crown Publishing Group.

Plewinski, T. (2014). VentePrivee-Gründer verrät die E-Commerce-Trends 2014. Vom 30.01.2014. https://www.onlinehaendler-news.de/online-handel/haendler/3464-venteprivee-e-commerce-trends-2014. Zugegriffen: 25. Aug. 2014.

Quandt, S. (2015). Stefan Quandt: "Der Monopolkapitalismus des Silicon Valley ist nicht zukunftsfähig." Manager-magazin.de vom 25. Juni 2015. https://www.manager-magazin.de/digitales/it/stefan-quandt-silicon-valley-nicht-zukunftsfaehig-a-1040713.html. Zugegriffen: 25. Mai 2019.

Raitner, M. (2018). Eine Kurzgeschichte der Digitalisierung. Vom 27. Juli 2018. https://fuehrung-erfahren.de/2018/07/eine-kurze-geschichte-der-digitalisierung/. Zugegriffen:13. Jan. 2019.

Rayport, J. F., & Jaworski, B. J. (2002). *Introduction to e-commerce*. New York: McGraw Hill.

Rayport, J. F., & Sviokla, J. F. (1996). Die virtuelle Wertschöpfungskette – kein fauler Zauber. In: Harvard Business Manager, Bd. 2/1996. http://www.harvardbusinessmanager.de/heft/d-29861229.html. Zugegriffen: 27. Jan. 2019.

Reichwald, R., & Piller, F. (2009). *Interaktive Wertschöpfung – Open Innovation, Individualisierung und neue Formen der Arbeitsteilung* (2. Aufl.). Wiesbaden: Gabler.

Restposten.de. (2019). Wir sind der Spezialist für Posten! https://www.restposten.de/?gclid=EAIaIQobChMIyPay8r_m4AIVzJPtCh0QjAhhEAAYASAAEgK82PD_BwE. Zugegriffen: 13. Febr. 2019.

Rinne, U., & Zimmermann, K. F. (2016). Die digitale Arbeitswelt von heute und morgen. *Aus Politik und Zeitgeschichte (APUZ), 66,* 18–19.

Rogalla, U. (2012). Grenzüberschreitender Erfolg – Worauf es bei der Internationalisierung ankommt. In M. Diekmann, H. Grab, & S. Bomm (Hrsg.), *eCommerce lohnt sich nicht* (S. 236–239). Gescher: Shopmacher.

Roll, O. (2017). *Pricing im Maschinen- und Anlagenbau. Die 6 Top-Herausforderungen*. Köln: Prof Roll & Pastuch.

Roobeo. (2019). Damit baut der Profi. https://www.roobeo.com/. Zugegriffen: 1. März 2019.

Rotax, O. (2010). Neue Internet-Service-Geschäftsmodelle revolutionieren den E-Commerce-Markt – Zappos war nur der Anfang. In G. Heinemann & A. Haug (Hrsg.), *Web-Exzellenz im E-Commerce – Innovation und Transformation im Handel* (S. 189–206). Wiesbaden: Gabler.

Rotax, R., Marcone, A., & Felsmann, D. (2019). ExO – Exponentielle Organisationen als Beschleuniger der Transformation. In G. Heinemann, M. Gehrckens, T. Täuber, & Accenture (Hrsg.), *Handel mit Mehrwert: Digitalisierung von Märkten, Geschäftsmodellen und Geschäftssystemen* (S. 379–396). Wiesbaden: Springer Gabler.

Rudolph, T., & Loos, J. (2006). Internationalisierung der Beschaffung – Die zunehmende Bedeutung des Multi-Channel-Sourcing. In J. Zentes (Hrsg.), *Handbuch Handel: Strategien – Perspektiven – Internationaler Wettbewerb* (S. 717–734). Wiesbaden: Gabler.

Schleusener, M. (2012). Pricing im Multi-Channel-Handel – Herausforderungen und Chancen für Multi-Channel-Händler. In G. Heinemann, M. Schleusener, & S. Zaharia (Hrsg.), *Modernes Multi-Channeling im Fashion-Handel* (S. 165–181). Frankfurt a. M.: Deutscher Fachverlag.

Schmelter, M., Becker, G., Werth, A. (2018). *Customer Journey im B2B, Studie des ECC Köln.* https://www.ifhshop.de/studien/e-commerce/269/customer-journey-im-b2b.

Schneider, D. (2001). *Marketing 2.0 – Absatzstrategien für turbulente Zeiten*. Wiesbaden: Gabler.

Schobesberger, A. (2007). *Multichannel-Retailing im Einzelhandel: Entwicklung, Motivation*. Berlin: VDM.

Schögel, M., & Schulten, M. (2006). Wertorientierte Kundensteuerung in Mehrkanalsystemen. *Thexis, Fachzeitschrift für Marketing, 4,* 37–42.

Schrödter, J. (2003). *Kundenbindung im Internet*. Köln: Eul.

Schwarz, T. (2007). *Leitfaden Online-Marketing, 28 innovative Praxisbeispiele*. Waghäusel: Marketing-Börse.

Schwarz, T. (2008). *Praxistipps Dialog Marketing – Vom Mailing bis zum Online-Marketing*. Waghäusel: Marketing-Börse.

Seibel, K. (2018). Zahl der Datenschutzbeschwerden explodiert. In: Die Welt vom 30. Juni 2018. https://www.welt.de/wirtschaft/article178537272/DSGVO-Zahl-der-Beschwerden-im-ersten-Monat-bis-zu-zehn-Mal-so-hoch.html. Zugegriffen: 13. Juli 2018.

Siebers, B. (2011). Vertrauensbildende Maßnahmen steigern den Umsatz. Shopanbieter.de-Blog. http://www.shopanbieter.de/news/archives/4542-vertrauensbildende-massnahmen-steigern-den-umsatz/. Zugegriffen: 28. Okt. 2011.

Statista. (2018). Prognostizierte Umsatzentwicklung im Großhandel in Deutschland in den Jahren 2010 bis 2022 (in Milliarden Euro). https://de.statista.com/statistik/daten/studie/248490/umfrage/prognose-zum-umsatz-im-grosshandel-in-deutschland/. Zugegriffen: 1. Juni 2019.

Steireif, A., Rieker, R., & Bückle, M. (2015). *Handbuch Online-Shop. Strategien, Erfolgsrezepte, Lösungen*. Bonn: Rheinwerk Computing.

Symphony. (2018). Symphony: Digitaler Marktplatz für IKT-Dienste. http://www.ikt-symphony.de/. Zugegriffen: 7. März 2019.

SZ. (2018). Alles schon digital? Süddeutsche Zeitung vom 17. Mai 2018. https://www.sueddeutsche.de/wirtschaft/digitalisierung-alles-schon-digital-1.3983161. Zugegriffen: 7. März 2019.

t3n. (2014). Supr: Schickes und kostenloses SaaS-Shopsystem im Test. Vom 7. Juni 2014. https://t3n.de/news/supr-schickes-kostenloses-549494/. Zugegriffen: 20. Febr. 2019.

t3n. (2017). Netz mit weißen Flecken: LTE-Abdeckung weiterhin lückenhaft. T3n vom 4. Sept. 2017. http://www.t3n.de/news/lte-abdeckung-lueckenhaft-853541/. Zugegriffen: 4. Sept. 2017.

Tapscott, D. (17. September 2008). „Unternehmen sind heute nackt". Interview. *Handelsblatt, 181,* 14.

TCW. (2018). Electronic Shopping. https://www.tcw.de/beratungsleistungen/einkaufsmanagement/e-sourcing-103. Zugegriffen: 20. Febr. 2019.

TCW. (2019). Einkauf im Anlagenbau. https://www.tcw.de/beratungsleistungen/produktion/die-herausforderungen-an-die-beschaffung-im-anlagenbau-388. Zugegriffen: 20. Febr. 2019.

Techbook. (2019). In welchen Ländern das Internet am schnellsten ist. Vom 19. März 2019. https://www.techbook.de/easylife/web/internet-speedtest-ranking-international-weltweit. Zugegriffen: 20. März 2019.

Thieme, J. (2006). *Versandhandelsmanagement – Grundlagen, Prozesse und Erfolgsstrategien für die Praxis* (2. Aufl.). Wiesbaden: Gabler.

Thürling, M. (2015). E-Commerce für B2B: Das nächste große Ding im Handel. Vom 6. März 2015. http://t3n.de/magazin/e-commerce-fuer-b2b-237228/. Zugegriffen: 20. Juli 2017.

Ucar, M. (2016). B2B & B2C Shops: Gemeinsma oder einsam? Vom 5. Februar 2016. https://shopbetreiber-blog.de/2016/02/05/b2b-b2c-shops-gemeinsam-oder-einsam-2/. Zugegriffen: 20. Febr. 2019.

Ungerboeck, L. (2017). E-Marktplätze setzen Großhändlern zu. Vom 11. August 2017. https://derstandard.at/2000062531096/E-Marktplaetze-setzen-Grosshaendlern-zu. Zugegriffen: 20. Febr. 2019.

Valeroo. (2017). Der B2B Marktplatz für Einkäufer. https://www.valeroo.com/for-buyers. Zugegriffen: 20. Febr. 2019.

Weforum.org. (2019). This is what happens in a minute on the internet. Vom 15. März 2019. https://www.weforum.org/agenda/2019/03/what-happens-in-an-internet-minute-in-2019/. Zugegriffen: 20. März 2019.

Weiber, R. (1997). Die Bedeutung der Nachfrageverbundenheit im Systemgeschäft. In K. Backhaus, B. Güner, M. Kleinaltenkamp, W. Plinke, & H. Raffée (Hrsg.), *Marktleistung im Wettbewerb. Strategische und operative Perspektive der marktorientierten Leistungsgestaltung*. Berlin: Springer.

Wenz, K. (2007). Komplettes Sortiment von Normfest. Vom 7. Aug. 2007. https://www.kfz-betrieb.vogel.de/komplettes-sortiment-von-normfest-a-138259/. Zugegriffen: 20. Febr. 2019.

Werner, K. (2014). Payment: Die Entwicklung von Bezahlverfahren im Online-Handel bleibt spannend. http://etailment.de/thema/studien/Payment-Die-Entwicklung-von-Bezahlverfahren-im-Online-Handel-bleibt-spannend-2284. Zugegriffen: 3. Juni 2016.

Wikipedia AWS. (2019). Amazon Web Services. https://de.wikipedia.org/wiki/Amazon_Web_Services. Zugegriffen: 20. Febr. 2019.

Wikipedia CC. (2019). Cloud Computing. https://de.wikipedia.org/wiki/Cloud-Computing. Zugegriffen: 13. Jan. 2019.

Wikipedia Conrad. (2019). Conrad Electronic. https://de.wikipedia.org/wiki/conrad_electronic. Zugegriffen: 20. Febr. 2019.

Wikipedia CPQ. (2019). Configure Price Quote. https://de.wikipedia.org/wiki/ Configure Price Quote . Zugegriffen: 13. Jan. 2019.

Wikipedia Delticom. (2019). Delticom. https://de.wikipedia.org/wiki/Delticom. Zugegriffen: 13. Januar 2019.

Wikipedia DHI. (2019). DHI Telecom. https://en.wikipedia.org/wiki/DHI_Telecom. Zugegriffen: 20. Februar 2019.

Wikipedia DSGVO. (2018). Datenschutz Grundverordnung. https://de.wikipedia.org/wiki/Datenschutz-Grundverordnung. Zugegriffen: 13. Juli 2018.

Wikipedia EDI. (2019). EDI Elektronischer Datenaustausch. https://de.wikipedia.org/wiki/elektronischer datenaustausch. Zugegriffen: 13. Jan. 2019.

Wikipedia EM-Group. (2019). EM-Group. https://de.wikipedia.org/wiki/EM-Group. Zugegriffen: 13. Jan. 2019.

Wikipedia ES (2019). Engelbert Strauss. https://de.wikipedia.org/wiki/Engelbert_Strauss. Zugegriffen: 13. Jan. 2019.

Wikipedia Extranet. (2019). Extranet. https://de.wikipedia.org/wiki/Extranet. Zugegriffen: 13. Jan. 2019.

Wikipedia Industrie 4.0. (2019). Industrie-4.0. https://de.wikipedia.org/wiki/industrie_4.0

Wikipedia Intranet. (2019). Intranet. https://de.wikipedia.org/wiki/Intranet. Zugegriffen: 13. Jan. 2019.

Wikipedia GU. (2019). Generalunternehmer. https://de.wikipedia.org/wiki/GeneralUnternehmer. Zugegriffen: 13. Jan. 2019.

Wikipedia Klöckner. (2019). Klöckner & Co. https://de.wikipedia.org/wiki/Kl%C3%B6ckner_%26_Co. Zugegriffen: 13. Jan. 2019.

Wikipedia Konsumgüter. (2019). Konsumgüter. https://de.wikipedia.org/wiki/konsumgüter. Zugegriffen: 13. Jan. 2019.

Wikipedia Mercateo. (2019). Mercateo. https://de.wikipedia.org/wiki/Mercateo. Zugegriffen: 13. Jan. 2019.

Wikipedia OEM. (2019). Erstausrüster. https://de.wikipedia.org/wiki/Erstausr%C3%BCster. Zugegriffen: 13. Jan. 2019.

Wikipedia PVH. (2019). Produktionsverbindungshandel. https://de.wikipedia.org/wiki/Produktionsverbindungshandel. Zugegriffen: 13. Jan. 2019.

Wikipedia Tag. (2019). Tag. http://en.wikipedia.org/wiki/Tag_(Informatik). Zugegriffen: 28. Apr. 2019.

Wikipedia Website. (2019). Website. https://de.wikipedia.org/wiki/Website. Zugegriffen: 13. Jan. 2019.

Wikipedia Würth-Gruppe. (2019). Würth-Gruppe. https://de.wikipedia.org/wiki/W%C3%BCrth-Gruppe. Zugegriffen: 13. Jan. 2019.

Wikipedia Zentrada. (2019). Zentrada. https://de.wikipedia.org/wiki/Zentrada. Zugegriffen: 13. Jan. 2019.

Wikipedia Zulieferer. (2019). Zulieferer. https://de.wikipedia.org/wiki/Zulieferer. Zugegriffen: 13. Febr. 2019.

Wikipedia Zulieferpyramide. (2019). Zulieferpyramide. https://de.wikipedia.org/wiki/Zulieferpyramide. Zugegriffen: 13. Febr. 2019.

Wilhelm, S. (2017). Wie der Möbelhändler Cairo Klassik und digitale Zukunft versöhnt. Vom 8. Februar 2017. https://etailment.de/news/stories/Player-Wettstreit-im-Hause-Cairo-20307#. Zugegriffen: 11. Febr. 2019.

Wilhelm, S. (2018). Kann Zamro die "Nummer 1" für das Handwerk werden? Vom 31. Juli 2018. https://etailment.de/news/stories/B2B-Kann-Zamro-die-Nummer-1-fuer-das-Handwerk-werden--21475. Zugegriffen: 11. Febr. 2019.

Wirtschaftslexikon24 (2019). Selling Center. Definition. http://www.wirtschaftslexikon24.com/d/selling-center/selling-center.htm. Zugegriffen: 13. Jan. 2019.

Wirtz, B. W. (2013). *Multi-Channel-Marketing: Grundlagen – Instrumente – Prozesse* (2. Aufl.). Wiesbaden: Gabler.

Wittkötter, M., & Steffen, M. (2002). Customer Value als Basis des CRM. In D. Ahlert, J. Becker, R. Knackstedt, & M. Wunderlich (Hrsg.), *Customer Relationship Management im Handel: Strategien – Konzepte – Erfahrungen* (S. 73–83). Berlin: Springer.

Wittmann, G., Listl, C., Stahl, E., Seidenschwarz, H. (2017). Der deutsche Einzelhandel 2017 – Erste IHK-ibi-Handelsstudie. Ergebnisse einer deutschlandweiten Händlerbefragung zum Einfluss der Digitalisierung auf den deutschen Einzelhandel. ibi research, Universität Regensburg.

World Economic Forum. (Hrsg.) (2017). Shaping the future of retail for consumer industries. https://www.weforum.org/reports/shaping-the-future-of-retail-for-consumer-industries. Zugegriffen: 28. Apr. 2018.

Wulle, M. (2017). Manufacturer goes Online – Der Aufbau eines globalen digitalen Ökosystems für NIVEA. In G. Heinemann, M. Gehrckens, U. Wolters, & dgroup (Hrsg.), *Digitale Transformation oder digitale Disruption im Handel? Vom Point-of-Sale zum Point-of-Decision im Digital Commerce* (S. 223–240). Wiesbaden: Springer-Gabler.

Würth. (2019). Unternehmens-Porträt. https://www.wuerth.com/web/de/wuerthcom/unternehmen/unternehmen_1.php. Zugegriffen: 1. März 2019.

Yokogawa. (2019). Bausteine der Industrie 4.0. https://www.yokogawa.com/de/loesungen/industrie-4-0.htm. Zugegriffen: 13. Jan. 2019.

Zahn, E., Buhmann, M., Kapmeier, F., Nowak, M., & Stanik, M. (2001). *E-Business in mittelständischen Unternehmen: Leitfaden*. Stuttgart: Industrie- und Handelskammer.

Zenner, A. (2012). Wie finde ich das richtige Shopsystem. Die relevanten Kriterien. In M. Diekmann, H. Grab, & S. Bomm (Hrsg.), *eCommerce lohnt sich nicht*. Gescher: Shopmacher.

Zentes, J., Swoboda, B., & Morschett, D. (2004). *Internationales Wertschöpfungsmanagement*. München: Vahlen.

Zentes, J., Hilt, C., & Domma, P. (2007). *Global Sourcing im Einzelhandel – Low Cost Sourcing – Direct Sourcing – Speed Sourcing*. Frankfurt a. M.: Deutscher Fachverlag.

Zimmermann, F. (2017). Im B2B Online-Handel ist noch Geld zu verdienen. ECommerce-Vision vom 11. April 2017. https://www.ecommerce-vision.de/im-b2b-online-handel-ist-noch-geld-zu-verdienen/. Zugegriffen: 18. Juli 2017.

Zukunftsinstitut (Hrsg.). (2014). *Sales Trends: Strategien für den erfolgreichen Handel von morgen*. Frankfurt a. M.: Studie der Zukunftsinstitut GmbH.

Printed in Poland
by Amazon Fulfillment
Poland Sp. z o.o., Wrocław

50817326R00139